有机化学

(第二版)

主　编　张付利
副主编　黄永伟　汤　昆　张　磊
　　　　邱　娜　王　群　孙伟力
　　　　付丽娜

河南大学出版社
·郑州·

图书在版编目(CIP)数据

有机化学/张付利主编.—2版.—郑州:河南大学出版社,2017.12(2020.8重印)
ISBN 978-7-5649-3172-8

Ⅰ.有… Ⅱ.①张… Ⅲ.有机化学—医学院校—教材 Ⅳ.①O62

中国版本图书馆 CIP 数据核字(2017)第 324137 号

责任编辑　郑　鑫　李亚涛
责任校对　张雪彩
封面设计　陈盛杰

出　版	河南大学出版社		
	地址:郑州市郑东新区商务外环中华大厦 2401 号	邮编:450046	
	电话:0371—86059701(营销部)	网址:hupress.henu.edu.cn	
排　版	郑州市今日文教印制有限公司		
印　刷	开封日报社印务中心		
版　次	2018 年 2 月第 1 版	印　次	2020 年 8 月第 2 次印刷
开　本	787mm×1092mm　1/16	印　张	19
字　数	474 千字	定　价	47.50 元

(本书如有印装质量问题,请与河南大学出版社营销部联系调换)

前　言

有机化学是医学类各专业的重要基础课。为了提高教学质量，培养高素质的医学类人才和加强21世纪教材建设，根据河南大学校级规划教材和有机化学教学大纲的要求，融合我们多年医学、药学等专业的教学实践，编写了这套教材，供临床、基础、预防、护理、口腔、药学等专业使用。

21世纪是生命科学主导的世纪，各学科间的界限越来越模糊。面向时代要求，本书在编写时，坚持"三基"（基本理论、基本知识、基本技能）、"五性"（思想性、科学性、先进性、启发性、适应性）的原则，突出了基础理论的教学，特别是结构和性质之间关系的教学，力求让学生在全面掌握有机化学知识的基础上，增强自学能力，以适应跨学科专业研究的需要；同时注重与医学类各专业后续课程的联系和渗透，具有鲜明的专业针对性和知识内容的可读性。

本教材在编写时注意突出如下几点：(1)以官能团为主线编排各章，依据短学时教学精选教材内容，同时适当提高起点，拓宽知识面，注重联系生命科学中的化学问题。(2)对所列各章，力求突出其在书中特有地位的鲜明性，以及它们在总体框架的构筑上或整个知识链中所负使命的不可替代性；舍弃与医药无关的有机化学部分内容，以及部分在中学及《基础化学》中已经学习过的内容。(3)加大生物大分子的知识分量，注重介绍一些生命过程中有机化学问题的前瞻和热点。(4)加强对有机化学反应机理、立体化学、电子效应和有机波谱等理论知识的阐述，扩大有机理论的应用领域。

参加本书编写工作的有河南大学张付利（第1,17章），黄永伟（第9,10章），汤昆（第5,6章），张磊（第2,3,4章），邱娜（第11,12,13章），王群（第14,15章），孙伟力（第16章），黄河科技学院付丽娜（第7,8章）。

尽管本书出版前做了大量的工作，但由于编者水平有限，疏漏和错误在所难免，不妥之处，恳请批评指正。

编　者
2017年9月

目 录

第一章 绪 论 …………………… （1）
  一、有机化合物与有机化学 ………… （1）
  二、有机化学与生命科学的关系 …… （1）
  三、有机化合物的一般特性 ………… （2）
  四、结构概念和结构理论 …………… （2）
    （一）烷烃分子中碳原子的四面体结构学说 … （3）
    （二）共价键 ………………………… （3）
    （三）原子轨道和电子云 …………… （4）
    （四）价键理论 ……………………… （5）
    （五）杂化轨道理论 ………………… （5）
    （六）分子轨道理论 ………………… （7）
    （七）共价键的类型 ………………… （8）
  五、共价键的属性 …………………… （9）
    （一）键长 …………………………… （9）
    （二）键角 …………………………… （9）
    （三）键能 …………………………… （10）
    （四）共价键的极性和极化性 …… （11）
  六、诱导效应 ……………………… （11）
  七、有机化合物的分类及构造式表示法 ………………………………… （12）
    （一）按官能团分类 ……………… （12）
    （二）按骨架分类 ………………… （13）
    （三）有机化合物构造式的表示方法 … （14）
  八、有机反应类型 ………………… （14）
    （一）共价键的断裂方式 ………… （14）
    （二）键的断裂方式与反应类型 … （15）
  九、有机化学中的酸碱概念 ……… （15）
    （一）阿仑尼乌斯酸碱理论（酸碱电离理论） … （15）
    （二）勃朗斯特酸碱理论（酸碱质子理论） … （16）
    （三）路易斯酸碱理论（酸碱电子理论） … （16）
  十、研究有机化合物的一般方法 … （17）
    （一）分离提纯 …………………… （17）
    （二）元素分析 …………………… （17）
    （三）实验式和分子式的确定 …… （17）
    （四）结构式的测定 ……………… （17）
  习题 ………………………………… （17）

第二章 烷 烃 …………………… （19）
  一、烷烃的同系列和构造异构 …… （19）
  二、烷烃的结构和构象异构 ……… （20）
    （一）烷烃的结构 ………………… （20）
    （二）烷烃的构象异构 …………… （21）
  三、烷烃的命名 …………………… （23）
  四、烷烃的物理性质 ……………… （25）
  五、烷烃的化学性质 ……………… （26）
    （一）氧化与燃烧 ………………… （27）
    （二）卤代反应 …………………… （27）
  习题 ………………………………… （29）

第三章 烯 烃 …………………… （31）
  一、烯烃的结构和命名 …………… （31）
    （一）烯烃的结构 ………………… （31）
    （二）烯烃的顺反异构 …………… （32）
    （三）烯烃的命名 ………………… （33）
  二、烯烃的物理性质 ……………… （35）
  三、烯烃的化学性质 ……………… （35）
    （一）加成反应 …………………… （35）
    （二）氧化反应 …………………… （40）
    （三）烯烃 α-氢的卤代反应 …… （41）
    （四）聚合反应 …………………… （41）
  四、重要的烯烃 …………………… （42）
    （一）乙烯 ………………………… （42）
    （二）异戊二烯 …………………… （42）
  习题 ………………………………… （42）

第四章 炔烃和二烯烃 …………… （44）
  第一节 炔烃 ……………………… （44）
    一、炔烃的结构和命名 …………… （44）
    二、炔烃的物理性质 ……………… （45）

三、炔烃的化学性质 ……………（46）
　（一）加成反应 …………………（46）
　（二）氧化反应 …………………（47）
　（三）炔氢的反应 ………………（47）
　（四）乙炔的聚合 ………………（48）
第二节　二烯烃 …………………（48）
　一、二烯烃的结构和命名 ………（48）
　二、二烯烃的物理性质 …………（51）
　三、共轭二烯烃的化学性质 ……（51）
　（一）1,2-加成反应和1,4-加成反应 …（51）
　（二）Diels-Alder(狄尔斯－阿尔德)反应 …（53）
　三、重要的共轭二烯烃 …………（53）
　（一）1,3-丁二烯 ………………（53）
　（二）环戊二烯 …………………（54）
　（三）共轭亚油酸 ………………（54）
　（四）β-胡萝卜素 ………………（54）
　（五）维生素A …………………（54）
　习题 ………………………………（54）

第五章　环　烃 …………………（56）
第一节　脂环烃 …………………（56）
　一、脂环烃的分类和命名 ………（56）
　（一）脂环烃的分类 ……………（56）
　（二）脂环烃的命名 ……………（56）
　二、脂环烃的物理性质 …………（58）
　三、脂环烃的化学性质 …………（58）
　（一）卤代反应 …………………（58）
　（二）加成反应 …………………（59）
　四、环烷烃的构象 ………………（59）
　（一）环烷烃的结构与稳定性 …（59）
　（二）环己烷的构象 ……………（61）
　（三）十氢化萘的构象 …………（63）
第二节　芳香烃 …………………（64）
　一、苯的结构 ……………………（64）
　（一）苯的凯库勒(Kekulé)结构 …（64）
　（二）苯分子结构的现代观点 …（65）
　二、芳烃的分类、同分异构和命名 …（67）
　（一）单环芳烃 …………………（67）
　（二）多环芳烃 …………………（68）

　三、单环芳烃的物理性质 ………（69）
　四、单环芳烃的化学性质 ………（69）
　（一）亲电取代反应 ……………（70）
　（二）加成反应 …………………（74）
　（三）氧化反应 …………………（74）
　（四）芳环侧链的反应 …………（74）
　五、芳环上亲电取代反应的定位规律 …（75）
　（一）定位规律 …………………（75）
　（二）定位规律的理论解释 ……（76）
　（三）二元取代苯环的定位规律 …（78）
　（四）定位规律的应用 …………（78）
　六、稠环芳烃 ……………………（79）
　（一）萘 …………………………（79）
　（二）蒽、菲及其他稠环芳烃 …（80）
　（三）致癌稠环芳烃 ……………（81）
　七、非苯芳烃 ……………………（81）
　习题 ………………………………（82）

第六章　对映异构 ………………（85）
　一、物质的旋光性 ………………（85）
　（一）平面偏振光和旋光性 ……（85）
　（二）比旋光度 …………………（86）
　二、对映异构体和手性分子 ……（87）
　（一）手性分子和对映异构体 …（87）
　（二）手性和物质结构的关系 …（88）
　三、对映异构体的表示法及构型标记 …（89）
　（一）费歇尔投影式 ……………（89）
　（二）对映异构体的构型标记 …（89）
　四、含一个手性碳原子的化合物 …（91）
　五、含两个手性碳原子的化合物 …（92）
　（一）含两个不相同手性碳原子的化合物 …（92）
　（二）含两个相同手性碳原子的化合物 …（92）
　六、无手性碳原子的对映异构体 …（93）
　（一）联苯型化合物 ……………（93）
　（二）丙二烯型化合物 …………（93）
　七、外消旋体的拆分 ……………（94）
　（一）化学拆分法 ………………（94）
　（二）其他拆分法 ………………（94）
　八、手性分子的生物作用 ………（95）

习题 …………………………………… (96)

第七章 卤代烃 …………………………… (98)
一、卤代烃的分类和命名 ……………… (98)
二、卤代烷的物理性质 ………………… (99)
三、卤代烷的化学性质 ………………… (100)
　(一) 卤代烷的亲核取代反应 ………… (100)
　(二) 消除反应 ………………………… (101)
　(三) 有机金属化合物的生成 ………… (101)
四、亲核取代反应机理及影响因素 …… (102)
　(一) S_N1 反应机理 …………………… (102)
　(二) S_N2 反应机理 …………………… (103)
　(三) 影响因素 ………………………… (104)
五、消除反应的反应机理及影响因素 … (106)
　(一) E1 反应机理 …………………… (106)
　(二) E2 反应机理 …………………… (106)
　(三) 消除反应的取向 ………………… (107)
　(四) 消除反应中卤代烷的活性 ……… (107)
　(五) 消除反应与亲核取代反应的竞争 … (108)
六、卤代烯烃和卤代芳烃 ……………… (109)
　(一) 乙烯型卤代烃和卤苯型卤代烃 … (109)
　(二) 烯丙型卤代烃和苄基型卤代烃 … (109)
习题 …………………………………… (110)

第八章 醇、酚和醚 ……………………… (112)
第一节 醇 …………………………… (112)
一、醇的结构、分类和命名 …………… (112)
　(一) 结构 ……………………………… (112)
　(二) 分类 ……………………………… (112)
　(三) 命名 ……………………………… (113)
二、醇的物理性质 ……………………… (114)
三、醇的化学性质 ……………………… (116)
　(一) 一元醇的化学性质 ……………… (116)
　(二) 二元醇的特性反应 ……………… (121)
四、硫醇 ………………………………… (122)
　(一) 硫醇的结构和命名 ……………… (122)
　(二) 硫醇的物理性质 ………………… (122)
　(三) 硫醇的化学性质 ………………… (122)
第二节 酚 …………………………… (124)
一、酚的结构、分类和命名 …………… (124)
二、酚的物理性质 ……………………… (124)
三、酚的化学性质 ……………………… (125)
　(一) 酚羟基的性质 …………………… (125)
　(二) 芳环上的亲电取代反应 ………… (126)
　(三) 氧化反应 ………………………… (127)
第三节 醚和环氧化合物 …………… (128)
一、醚的结构、分类和命名 …………… (128)
二、醚的物理性质 ……………………… (129)
三、醚的化学性质 ……………………… (129)
　(一) 锌盐的生成 ……………………… (130)
　(二) 醚键的断裂 ……………………… (130)
　(三) 过氧化物的生成 ………………… (131)
四、环氧化合物和冠醚 ………………… (131)
　(一) 环氧化合物的结构和命名 ……… (131)
　(二) 环氧化合物的开环反应 ………… (132)
　(三) 冠醚 ……………………………… (133)
五、硫醚 ………………………………… (134)
　(一) 硫醚的结构、分类和命名 ……… (134)
　(二) 硫醚的性质 ……………………… (134)
习题 …………………………………… (135)

第九章 醛、酮、醌 ……………………… (138)
第一节 醛和酮 ……………………… (138)
一、醛、酮的结构、分类和命名 ……… (138)
　(一) 醛、酮的结构、分类 …………… (138)
　(二) 醛、酮的命名 …………………… (139)
二、醛、酮的物理性质 ………………… (141)
三、醛、酮的化学性质 ………………… (141)
　(一) 亲核加成反应 …………………… (141)
　(二) α-氢的反应 ……………………… (146)
　(三) 羰基的还原反应 ………………… (149)
　(四) 醛的特殊反应 …………………… (149)
第二节 醌 …………………………… (150)
一、分类和命名 ………………………… (150)
二、化学性质 …………………………… (151)
习题 …………………………………… (152)

第十章 羧酸和取代羧酸 ………………… (155)
第一节 羧酸 ………………………… (155)
一、羧酸的分类和命名 ………………… (155)

二、羧基的结构 (156)
三、羧酸的物理性质 (156)
四、羧酸的化学性质 (157)
（一）酸性和成盐反应 (157)
（二）羧基中羟基被取代的反应 (158)
（三）羧酸的还原反应 (160)
（四）脂肪酸α-H的卤代反应 (160)
（五）脱羧反应和二元酸的受热反应 (161)

第二节　羟基酸 (162)
一、羟基酸的分类、结构和命名 (162)
二、羟基酸的物理性质 (162)
三、羟基酸的化学性质 (163)
（一）酸性 (163)
（二）醇酸的氧化反应 (163)
（三）醇酸的分解反应 (164)
（四）醇酸的受热反应 (164)
（五）酚酸的脱羧反应 (165)
四、重要的羟基酸 (165)
（一）乳酸 (165)
（二）苹果酸 (165)
（三）酒石酸 (165)
（四）柠檬酸 (166)
（五）水杨酸 (166)

第三节　羰基酸 (167)
一、羰基酸的分类和命名 (167)
二、羰基酸的化学性质 (167)
（一）酸性 (167)
（二）α-酮酸的氧化反应 (167)
（三）β-酮酸的分解反应 (168)
三、重要的羰基酸 (168)
（一）丙酮酸 (168)
（二）β-丁酮酸 (168)
（三）α-丁酮二酸 (169)
习题 (169)

第十一章　羧酸衍生物 (171)
一、羧酸衍生物的结构、分类和命名 (171)
（一）羧酸衍生物的结构和分类 (171)
（二）羧酸衍生物的命名 (171)

二、羧酸衍生物的物理性质 (173)
三、羧酸衍生物的化学性质 (173)
（一）水解反应 (174)
（二）醇解反应 (174)
（三）氨解反应 (175)
（四）与金属有机化合物的反应 (177)
（五）还原反应 (178)
（六）酯缩合反应 (179)
（七）酰胺的特性 (179)
四、碳酸衍生物 (180)
（一）脲 (180)
（二）胍 (181)
（三）丙二酰脲 (182)
习题 (182)

第十二章　胺 (185)
一、胺的分类和命名 (185)
（一）胺的分类 (185)
（二）胺的命名 (186)
二、胺的结构 (186)
三、胺的物理性质 (188)
四、胺的化学性质 (188)
（一）碱性和成盐 (189)
（二）酰化反应 (190)
（三）与亚硝酸反应 (190)
（四）芳胺的特殊反应 (192)
（五）重氮盐的反应 (192)
五、苯丙胺类化合物 (193)
六、生源胺的概念 (194)
习题 (195)

第十三章　杂环化合物和生物碱 (197)
第一节　杂环化合物 (197)
一、杂环化合物的分类和命名 (197)
二、六元杂环化合物 (200)
（一）吡啶的结构和物理性质 (200)
（二）吡啶的化学性质 (201)
（三）吡啶的重要衍生物 (202)
（四）嘧啶及其衍生物 (202)
三、五元杂环化合物 (203)

（一）吡咯、呋喃和噻吩的结构 ……… （203）
　　（二）吡咯、呋喃和噻吩的性质 ……… （204）
　　（三）五元杂环的衍生物 …………… （205）
　四、稠杂环化合物 ………………………… （207）
　　（一）嘌呤及其衍生物 ……………… （207）
　　（二）吲哚及其衍生物 ……………… （208）
　　（三）喹啉及其衍生物 ……………… （208）
第二节　生物碱 ……………………………… （208）
　一、生物碱的分类与命名 ………………… （209）
　二、生物碱的一般性质 …………………… （209）
　　（一）一般性状 ……………………… （209）
　　（二）碱性 …………………………… （209）
　　（三）溶解性 ………………………… （209）
　　（四）沉淀反应和显色反应 ………… （211）
　三、几种常见的生物碱 …………………… （211）
　习题 ………………………………………… （212）

第十四章　糖类 ………………………… （214）
第一节　单糖 ………………………………… （214）
　一、单糖的结构 …………………………… （214）
　　（一）单糖的构型和开链结构 ……… （214）
　　（二）单糖的变旋光现象和环状结构 … （216）
　二、单糖的物理性质 ……………………… （218）
　三、单糖的化学性质 ……………………… （218）
　　（一）成苷反应 ……………………… （218）
　　（二）差向异构化 …………………… （219）
　　（三）氧化反应 ……………………… （220）
　　（四）磷酸酯的形成 ………………… （221）
　　（五）成脎反应 ……………………… （221）
　四、重要的单糖及其衍生物 ……………… （222）
　　（一）D-葡萄糖 ……………………… （222）
　　（二）D-果糖 ………………………… （222）
　　（三）核糖与2-脱氧核糖 …………… （223）
　　（四）氨基糖 ………………………… （223）
第二节　二糖和多糖 ………………………… （224）
　一、二糖 …………………………………… （224）
　　（一）还原性二糖 …………………… （224）
　　（二）非还原性二糖 ………………… （225）
　二、多糖 …………………………………… （226）

　　（一）淀粉 …………………………… （226）
　　（二）糖原 …………………………… （227）
　　（三）纤维素 ………………………… （228）
　　（四）粘多糖 ………………………… （228）
　习题 ………………………………………… （230）

第十五章　氨基酸、蛋白质和核酸 …… （231）
第一节　氨基酸 ……………………………… （231）
　一、氨基酸的结构、分类和命名 ………… （231）
　二、物理性质 ……………………………… （234）
　三、化学性质 ……………………………… （235）
　　（一）氨基酸的两性电离和等电点 … （235）
　　（二）氨基酸与亚硝酸反应 ………… （235）
　　（三）α-氨基酸的脱水反应 ………… （236）
　　（四）氨基酸的氧化脱氨基反应 …… （236）
　　（五）氨基酸与茚三酮反应 ………… （237）
第二节　多肽和蛋白质 ……………………… （237）
　一、多肽的结构和命名 …………………… （237）
　二、肽键平面 ……………………………… （238）
　三、蛋白质的分子结构 …………………… （239）
　　（一）蛋白质的一级结构 …………… （239）
　　（二）蛋白质的二级结构 …………… （240）
　　（三）蛋白质的三级结构 …………… （241）
　　（四）蛋白质的四级结构 …………… （242）
　四、蛋白质的性质 ………………………… （243）
　　（一）两性电离和等电点 …………… （243）
　　（二）蛋白质的胶体性质 …………… （244）
　　（三）蛋白质的沉淀和变性 ………… （244）
第三节　核酸 ………………………………… （245）
　一、核酸的分类 …………………………… （245）
　二、核酸的基本物质组成 ………………… （245）
　三、核酸的结构 …………………………… （246）
　　（一）核苷的结构 …………………… （246）
　　（二）单核苷酸的结构 ……………… （248）
　　（三）核苷酸的连接方式 …………… （249）
　　（四）DNA的双螺旋结构 …………… （250）
　四、基因与遗传密码 ……………………… （252）
　习题 ………………………………………… （254）

第十六章　脂类 ………………………… （256）

第一节 油脂 ······(256)
 一、油脂的组成、结构和命名 ······(256)
 二、油脂的物理性质 ······(258)
 三、油脂的化学性质 ······(259)
  (一)油脂的皂化 ······(259)
  (二)油脂的加成 ······(259)
  (三)油脂的酸败 ······(260)
  (四)多不饱和脂肪酸的生物活性 ······(260)
第二节 类脂 ······(261)
 一、磷脂 ······(261)
  (一)卵磷脂 ······(262)
  (二)脑磷脂 ······(263)
  (三)鞘磷脂 ······(263)
 二、糖脂 ······(265)
 三、甾族化合物 ······(265)
  (一)甾族化合物的基本结构 ······(265)
  (二)重要的甾族化合物 ······(267)
 习题 ······(272)

第十七章 有机波谱学简介 ······(274)
第一节 红外光谱 ······(274)
 一、基本原理 ······(274)
 二、分子的振动和红外吸收频率 ······(275)
 三、振动自由度和红外吸收峰 ······(276)
 四、红外光谱图 ······(276)
 五、化学键的特征吸收频率 ······(277)
 六、IR 图谱的应用简介 ······(278)
第二节 核磁共振谱 ······(279)
 一、基本原理 ······(279)
 二、化学位移 ······(280)
  (一)化学位移 ······(280)
  (二)影响化学位移的因素 ······(281)
 三、自旋耦合和自旋裂分 ······(283)
 四、峰面积 ······(284)
 五、^{1}HNMR 在有机化学中的应用 ······(284)
第三节 质谱 ······(285)
 一、基本原理 ······(285)
 二、质谱图 ······(286)
  (一)质谱图的表示 ······(286)
  (二)分子离子峰 ······(287)
  (三)同位素离子峰 ······(287)
  (四)碎片离子峰 ······(288)
 三、MS 图谱解析 ······(288)
 习题 ······(290)

参考文献 ······(291)

第一章 绪 论

一、有机化合物与有机化学

有机化学的研究对象是有机化合物。

人类对有机化合物(Organic compounds)的认识,最初主要基于实用的目的。例如,用谷物酿酒和醋;从植物中提取染料、香料和药物等。到十八世纪末,已经得到了一系列纯粹的化合物,例如酒石酸、柠檬酸、乳酸、苹果酸等。这些从动植物体得到的化合物具有许多共同的性质,但与当时从矿物中得到的化合物有明显区别。由于受到生产力水平的限制,在十八世纪末到十九世纪初,曾认为这些来源于动植物的化合物是由动植物有机体内的"生命力"影响而形成(即"生命力"学说),故有别于从没有生命的矿物中得到的化合物。前者称有机化合物,后者称无机化合物。"生命力"学说曾一度阻碍了有机化学的发展,尤其是减缓了有机合成的前进步伐。

1828 年,德国化学家乌勒(Wöhler F,1800~1882)首先加热无机物氰酸铵合成了有机物尿素

$$NH_4CNO \xrightarrow{\triangle} NH_2CONH_2$$

氰酸铵　　　　　　　　尿素

尿素的人工合成,突破了有机化合物和无机化合物之间的绝对界限,不仅动摇了"生命力"学说的基础,开创了有机合成的道路,而且启迪了人们的哲学思想,有助于生命科学的发展。

1870 年,德国化学家拜尔(Beyer A,1835~1917)与他人合作,首次合成了靛蓝。由于他对靛蓝及其衍生物的深入研究而荣获 1905 年的诺贝尔化学奖。与此同时,人们又合成了大量的有机化合物。至此,"生命力"学说被彻底打破。

在十九世纪初期,由于测定物质组成方法的建立和发展,在测定许多有机化合物的组成时发现,它们都含有碳,绝大多数还含有氢,有的还含有氧、氮、硫和卤素等,这样就把有机化合物定义为碳氢化合物及其衍生物。有机化学(Organic Chemistry)则是研究有机化合物的来源、结构、性质、合成、分离纯化、反应机理以及化合物之间相互转变规律等的一门学科。

二、有机化学与生命科学的关系

近代有机化学发展的一个重要趋势是与生命科学的结合。随着生命科学的进展,近年来,复杂生命现象的研究已进入分子水平。从 DNA 的双螺旋结构到人类基因组计划,有机化学的理论和方法在生命科学的发展中起了重要作用。美国著名生物化学家、诺贝尔生理学和医学奖获得者阿瑟·科恩伯格(Arthur Kornberg)指出:"现今分子生物学的成就其实属于化学","生命实际上是一个化学过程","人类的形态和行为就如同它的起源,它与环境的相互作用和它的命运一样,都是由一系列各负其责的化学反应来决定的","生命的许多方面都可用化

学语言来表达,这是一个真正的世界语"。尤其在人类基因组工作框架图的组装完成后,人们的注意力开始转向后基因组计划,从序列基因(Sequence Genomics)转移到结构基因(Structural Genomics)和功能基因(Functional Genomics),进而影响到化学学科,给化学家提出众多的问题和挑战,同时也给有机化学的进一步发展提供了新的契机。

目前,与化学有关的生命科学方面的研究较多地集中在如下几个方面:(1)研究信息分子和受体识别的机制;(2)发现自然界中分子进化和生物合成的基本规律;(3)作用于新的生物靶点的新一代治疗药物的前期基础研究;(4)发展提供结构多样性分子的组合化学;(5)对于复杂生物体系进行静态和动态分析的新技术等等。

生命科学中的化学问题已成为当今有机化学研究中的重大前沿课题之一。

三、有机化合物的一般特性

虽然有机化合物的数目、种类繁多,性质各异,但大多数有机化合物具有共同的特性。有机化合物分子中的化学键是共价键,有机化合物分子之间的相互作用力是较弱的分子间作用力。因此,有机化合物在性质上与离子型化合物有较大的区别。有机化合物的一般特性如下。

1. 元素组成简单,分子种类繁多

绝大多数有机化合物的元素组成较简单,而有机化合物的数量却非常庞大,已知的有机化合物已超过 2000 万种,并且以每年数十万种的速度递增。

普遍存在于有机物中的同分异构现象,是有机化合物数目繁多的重要原因之一。

2. 热稳定性差,容易燃烧

有机化合物的热稳定性较差,受热容易分解。绝大多数有机化合物都容易燃烧,燃烧后分子中的碳氢元素最终生成二氧化碳和水。但也有例外,比如四氯化碳,不仅不能燃烧,而且还可以灭火。

3. 难溶于水,易溶于有机溶剂

大多数有机化合物极性较弱,不溶或难溶于水。但少数极性较强的有机物也能溶于水,个别的还可以与水混溶,像甲酸、乙酸、甲醇、乙醇、葡萄糖、果糖等。

根据"相似相溶"的原则,极性较弱的有机化合物一般较易溶于极性相对较小的有机溶剂。

4. 熔点和沸点较低

有机化合物在固态时为分子晶体,因此它们的熔点和沸点较低,一般不超过 400 ℃。

5. 化学反应速度慢,产物复杂

大多数有机化学反应速度慢、时间长,一般需要加热或使用催化剂来加速反应。有机化合物的分子结构复杂,分子中活性中心相对较多,反应很难局限在某一特定部位,这使反应结果相对复杂,多数伴有副反应发生,主产物收率一般较低。

由于产物复杂,正常情况下,书写有机反应方程式时不要求配平,仅要求写出主要产物。

四、结构概念和结构理论

十九世纪中叶,俄国化学家布特列洛夫(Butlerov A,1828~1886)、德国化学家凯库勒(Kekulé A,1829~1896)等先后将"化学结构"的概念引用到有机化学中,认为有机化合物的化学性质与其化学结构之间存在着一定的依赖关系,通过化学性质的研究,可以推测物质的化学结构;同时,根据化学结构又可预见物质的化学性质。凯库勒并与1858年指出,有机化合物中,碳的化合价为四价,奠定了有机化合物结构理论的基石。

近代观点认为:有机物分子结构的基本含义包括分子的构造(constitution)、分子的构型(configuration)和分子的构象(conforrmation)。按照国际纯粹和应用化学联合会(International Union of Pure and Applied Chemistry,IUPAC)建议:所谓构造是指组成分子的原子或基团的相互连接次序和方式;所谓构型和构象则都是指在分子构造相同时,组成分子的原子或基团的空间排列状态,二者是讨论有机分子的立体化学(stereochemistry)问题。

(一) 烷烃分子中碳原子的四面体结构学说

19世纪末,20世纪初,电子的发现、原子结构的揭示使物质结构理论有了极大的发展。荷兰化学家范荷夫(Van't Hoff J H,1852~1911)和法国化学家勒贝尔(Le Bel J A,1847~1930)分别独立提出了碳原子的立体概念,认为碳原子具有四面体结构。碳原子位于四面体中心,四个相等的价键伸向四面体的四个顶点,各键之间的夹角为109°28′(见图1-1)。例如,当碳原子与四个氢原子结合成甲烷时,碳原子位于四面体中心,四个氢原子在四面体的四个顶点上(见图1-2)。

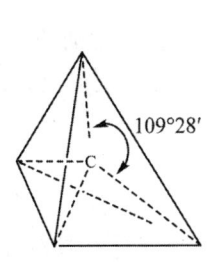
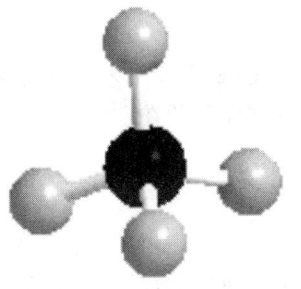

(1)球棒模型　　　　(2)斯陶特模型

图 1-1 碳原子的四面体结构　　**图 1-2 甲烷的四面体结构**

用X射线衍射法测定了甲烷的立体结构,证实了这种模型的正确。碳原子的四面体结构学说,为研究有机分子的立体形象奠定了基础。

(二) 共价键

凯库勒在碳的四价学说的基础上,确定了苯分子的环状结构。人们已认识到,碳原子可以相互连接成碳链或碳环,也可以与其他元素的原子连接成杂环;碳原子可以单键、双键或叁键相互连接或与其他元素的原子相互连接。例如:

H_3C-CH_3　　$H_2C=CH_2$　　$HC≡CH$　　CH_3-OH　　苯环结构

乙烷　　　　乙烯　　　　乙炔　　　　甲醇　　　　苯

碳原子的四面体学说是在有机化学实践的基础上提出的,它能够解释一些以往人们不能理解的现象。

此后,美国物理化学家路易斯(Lewis G N,1875~1946)等,在原子结构学说的基础上提出了著名的"八隅学说"。认为通常化学键的生成只与成键原子的最外层价电子有关。惰性元素原子中,电子的构型是最稳定的。其他元素的原子,都有达到这种稳定构型的倾向。因此,一般情况下,原子相互结合生成化学键时,其外层电子为了达到这种稳定的电子层结构,它们采取失去、获得或共用电子的方式成键。例如,甲烷的分子中,碳原子和氢原子最外层分别达到 8 个和 2 个电子,都达到了最稳定的构型。

$$\cdot \overset{\cdot}{\underset{\cdot}{C}} \cdot \ +\ 4H\cdot \longrightarrow \ H\overset{H}{\underset{H}{\overset{\cdot\cdot}{\underset{\cdot\cdot}{C}}}}H$$

甲烷

原子之间通过共用一对电子而形成的化学键称共价键(Covalent bond)。有机化合物中绝大多数化学键是共价键。

路易斯价键理论虽然有助于对有机化合物的结构与性质的关系的理解,但是仍为一种静态的理论,并未能说明化学键的本质,即未能从电子的运动来阐明问题。而量子力学则较好地解决了化学键形成本质的问题。

量子力学创始于 20 世纪 20 年代,是现今用来描述电子或其他微观粒子运动的基本理论。化学家们用量子力学的观点来描述核外电子在空间的运动状态和处理化学键问题,建立了现代共价键理论。

(三) 原子轨道和电子云

原子核外电子的运动服从微观运动规律,具有波粒二象性。核外电子的运动状态可用波函数 ψ 来描述,波函数 ψ 称为原子轨道(Atomic orbitals,简称 AO)。不同能量的电子分占不同类型的原子轨道,不同原子轨道有不同的形状、不同的空间伸展方向等。

由于电子围绕原子核作高速运动,无法在确定时间内找出电子的准确位置,但是却可以知道电子在某一时间某一空间范围内出现的几率。如果将电子出现的几率看作带负电荷的云,波函数的平方(ψ^2)则代表原子核周围小区域内电子云出现的几率,ψ^2 与几率密度成正比。电子出现的几率越大,则"云层"越厚;电子出现的几率越小,则"云层"越薄。

轨道的形状和"云"的形状大致相似。s 轨道为球形,没有方向性;p 轨道为哑铃形,以通过原子核的直线为轴对称分布。p 轨道在空间有三个不同的伸展方向,为三个能量等同的 p 轨道,分别为,p_x,p_y,p_z。图 1-3 给出了 s 轨道和 p 轨道的空间分布。

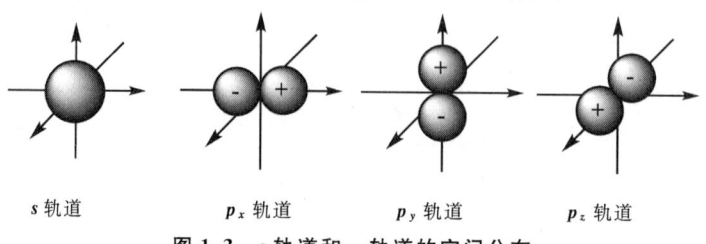

图 1-3 s 轨道和 p 轨道的空间分布

轨道图中的"＋"和"－"表示波位相。

分布形状相同的轨道,层数越高轨道能越高。例如:$E_{2S} > E_{1S}$;同一层内,p 轨道的轨道能大于 s 轨道。例如:$E_{2P} > E_{2S}$。

核外电子按保里(Pauli W)不相容原理、能量最低原理和洪特(Hund F)规则分占不同的原子轨道。

(四) 价键理论

价键理论(Valence Bond Theory)是处理共价键问题的重要理论之一,简称价键(VB)法或电子配对法。

价键理论认为,共价键的形成是电子配对(原子轨道重叠)的结果(见图 1-4)。配对电子首先要满足下列两个基本条件:

(1) 成键两电子必须各自未成对且自旋方向相反。

(2) 成键时原子轨道应该能达到最大程度的重叠。

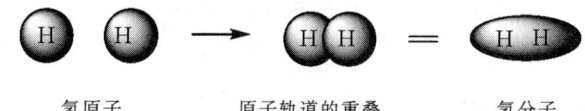

氢原子　　　　原子轨道的重叠　　　　氢分子

图 1-4　氢分子的形成

价键理论的三大特点是:

(1) 定域性:自旋相反的两个电子属于成键两原子共同所有(共享),电子对在两核之间出现的几率最大。

(2) 饱和性:原子间的未成对电子只能两两配对,所以元素原子的共价数等于该原子的未成对电子数。

(3) 方向性:原子轨道具有方向性(s、p 等),所以成键时原子轨道在一定方向上重叠,才能满足最大重叠的要求,由此导致了共价键具有方向性(见图 1-5)。

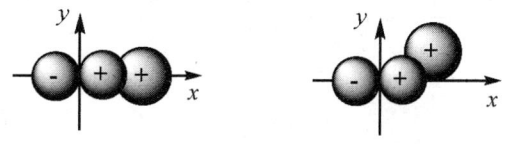

最大重叠　稳定　　　　非最大重叠

图 1-5　s 轨道和 p 轨道的重叠

价键理论形象直观,简单易用,但是它把成键电子定域在成键原子之间,仅从生成化学键的局部考虑化学键的形成,忽视了局部成键对整个分子体系的影响,因而具有一定的局限性。

(五) 杂化轨道理论

为了合理解释碳原子呈四价的原因,鲍林(Pauling)提出了杂化轨道理论(hybrid orbital Theory)。

杂化轨道理论认为:原子在形成分子时,能级相近的(价电子)原子轨道可以重新组合起来,形成新的轨道,这种新的原子轨道称为杂化轨道。

原子轨道的杂化是为了满足化学键生成的需要,杂化前后原子轨道的数目不变(轨道数守恒),但杂化后新轨道的伸展方向、形状和能态发生了变化,变化后更有利于共价键的生成。

碳原子价电子轨道的杂化形式包括:sp^3、sp^2、sp 三种。

1. 碳原子的 sp^3 杂化

碳原子的价电子层填有 4 个电子:$2s^2 2p^2$,原子轨道在杂化时首先要激发(见图 1-6),激发过程中 2S 轨道的一个电子跃迁到能量较高的空的 2P 轨道,然后一个 2s 轨道和三个 2p 轨道进行杂化,得到四个能量等同的 sp^3 杂化轨道(见图 1-7)。可以看出,杂化前后轨道数不变(守恒),轨道间夹角为 $109°28'$。

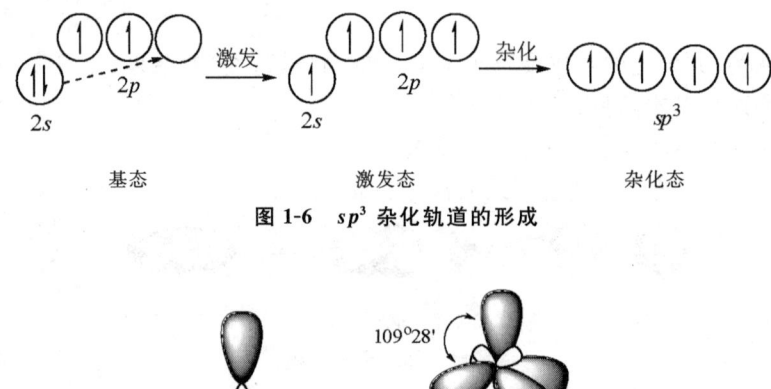

图 1-6　sp^3 杂化轨道的形成

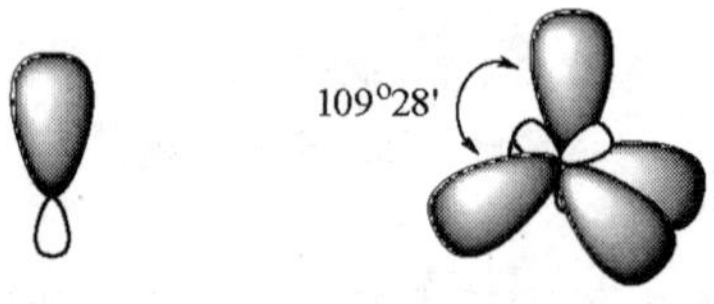

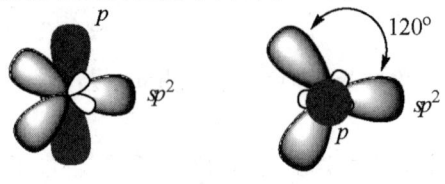

图 1-7　sp^3 杂化轨道的形状及空间排布

2. 碳原子的 sp^2 杂化

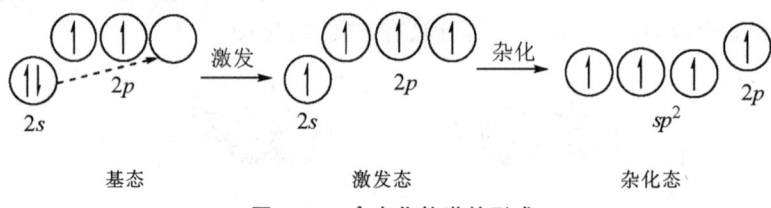

图 1-8　sp^2 杂化轨道的形成

sp^2 杂化是由一个 2s 轨道和两个 2p 轨道之间的杂化,杂化后形成三个 sp^2 杂化轨道。杂化过程同样经历了一个激发态(图 1-8)。与 sp^3 相比,sp^2 杂化时只有两个 p 轨道参与,杂化后原子中还保留了一个未参与杂化的 p 轨道,三个 sp^2 杂化轨道呈平面三角形分布,轨道夹角为 $120°$,P 轨道垂直于三个杂化轨道所在的平面(图 1-9)。

图 1-9　sp^2 杂化轨道的形状及空间排布

3. 碳原子的 sp 杂化

sp 杂化是由激发态的一个 $2s$ 轨道和一个 $2p$ 轨道参与的杂化,杂化后得到两个 sp 杂化轨道(图 1-10)。

与 sp^3 杂化和 sp^2 杂化相比,sp 杂化只有一个 P 轨道参与了杂化,保留了两个未参与杂化的 p 轨道。两个杂化轨道间夹角 180°,呈直线型。两个未参与杂化的 p 轨道相互垂直,且分别垂直于两个杂化轨道的轴线(图 1-11)。

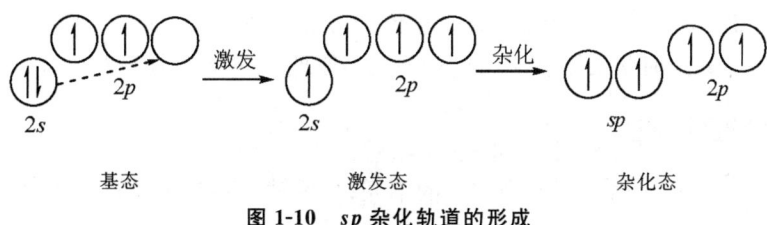

图 1-10 sp 杂化轨道的形成

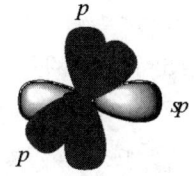

图 1-11 sp 杂化轨道的空间排布

(六) 分子轨道理论

分子轨道法中目前最广泛应用的是原子轨道线性组合法(Linear Combination of Atomic Orbitals),简称 LCAO 法。认为共价键的形成是成键原子的原子轨道相互接近相互作用而重新组合成整体的分子轨道的结果。分子轨道是电子在整个分子中运动的状态波函数,形成共价键的电子分布在整个分子之中,这是一种"离域"(delocation)的观点。

分子轨道由原子轨道线性组合而成,n 个原子轨道线性组合成 n 个分子轨道。

例如,A 和 B 两个原子,原子轨道分别为 Φ_a 和 Φ_b,成键时,二者线性组合成两个分子轨道 Ψ_1 和 Ψ_2。

$$\Phi_a + \Phi_b = \Psi_1 \qquad \Phi_a - \Phi_b = \Psi_2$$

原子轨道组合成分子轨道时,虽然轨道数不变,但必然伴随着轨道能量的变化。能量低于原子轨道的分子轨道称成键轨道(bonding molecular orbital)(Ψ_1);能量高于原子轨道的分子轨道称反键轨道(antibonding molecular orbital)(Ψ_2)。图 1-12 是氢分子的分子轨道示意图。

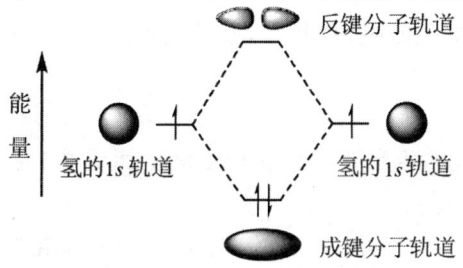

图 1-12 氢分子轨道的形成

如果组合前后轨道的能量没有变化,这样的分子轨道对化学键的稳定性影响不大,称为非键轨道。非键轨道同样会出现在某些原子成键的过程中。

分子轨道理论中化学键生成的三个原则是:

(1) 对称性匹配:所谓对称性,指的是波函数的位相。只有位相相同的原子轨道组合才能形成有效的分子轨道(即位相正的部分和正的部分,负的部分和负的部分的组合)。

(2) 能量相近:原子轨道的轨道能越接近越有利于有效的组合。

(3) 最大重叠:最大重叠是构成稳定化学键的必要条件。

电子填入分子轨道时服从保里(Pauli W)不相容原理、能量最低原理和洪特(Hund F)规则。

(七) 共价键的类型

按照成键时不同原子轨道间结合方式的不同,共价键主要有 σ 键和 π 键两类。

1. σ 键

原子轨道沿着核间连线对称轴的方向以"头对头"方式相互重叠形成的共价键叫做 σ 键,构成 σ 键的电子称为 σ 电子。图 1-13 给出了 σ 键的几种类型;图 1-14 给出了乙烷分子中的 σ 键。

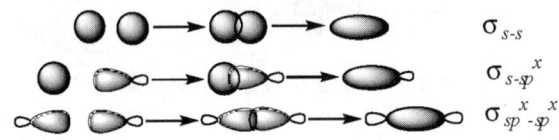

图 1-13 σ 键的几种类型

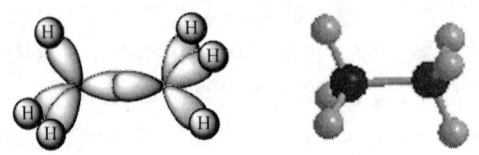

图 1-14 乙烷分子结构示意图

σ 键的结构特点是:

(1) "头对头"重叠成键,成键的电子云绕键轴对称分布,电子云近似圆柱状分布。

(2) σ 键可以绕键轴自由旋转,不会引起键的断裂。

(3) σ 键存在于一切共价键中。

因为构成 σ 键的原子轨道重叠程度较大,形成的共价键相对牢固,所以仅含有 σ 键的化合物(如烷烃)性质较稳定。

2. π 键

原子中垂直于核间连线的相互平行的 p 轨道间侧面重叠(肩并肩平行重叠)形成的化学键称为 π 键。

例如碳-碳双键,就是一个 σ 键和一个 π 键组成的。sp^2 杂化的两个碳原子间,垂直于 σ 键的未参与杂化的 p 轨道"肩并肩"平行重叠,形成了 π 键,π 键电子云分布在分子平面的两侧,如图 1-15。

π 键的结构特点：

(1) p 轨道间"肩并肩"平行重叠。

(2) 电子云分布距两成键原子核较远，较 σ 键活泼。

(3) π 键只能与 σ 键共存，不能独立存在。

(4) π 键为刚性键，成键两原子间不能自由旋转。

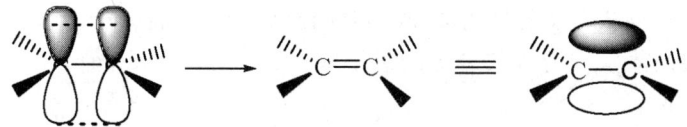

图 1-15　π 键的形成

五、共价键的属性

（一）键长

表 1-1　常见共价键的键长

共价键	键长(nm)	共价键	键长(nm)	共价键	键长(nm)
H—H	0.074	C—I	0.212	N=N	0.123
N—N	0.145	C—N	0.147	C=N	0.128
C—C	0.154	C—O	0.143	C=O	0.120
C—H	0.109	N—H	0.104	C≡C	0.121
C—F	0.140	O—H	0.096	C≡N	0.116
C—Cl	0.177	H—Cl	0.126	N≡N	0.110
C—Br	0.191	C=C	0.134		

分子中两原子核间的平衡距离称为键长（bond length）。相同的共价键在不同分子中其键长会稍有不同。

化学键的键长是考察化学键的稳定性的指标之一。一般说，键长越短，键的稳定性越高。

现在应用 X 射线衍射法、电子衍射法等物理方法可测定各种键的键长。一些常见共价键的键长见表 1-1。

（二）键角

两个共价键之间的夹角称为键角（bond angle）。甲烷分子的键角见图 1-16。

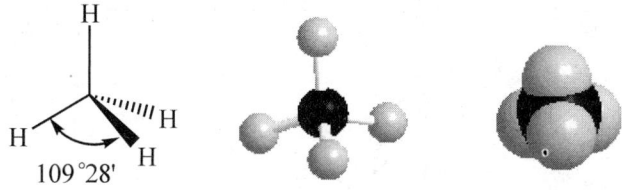

球棒模型　　　斯陶特模型

图 1-16　甲烷分子的键角

实际上键角是成键电子云密度最大方向对称轴之间的夹角。键角的大小与成键中心原子的杂化状态有关。如，sp^3、sp^2、sp 杂化状态的碳，成键时形成的键角约是 $109°28'$、$120°$、$180°$。此外，键角的大小还与中心碳原子上所连的基团有关。

键角对判定有机分子的立体构型有重要意义。

（三）键能

共价键断裂时需要从外界吸收能量，成键时则放出能量。将分子中某一共价键均裂成原子或自由基所需要的能量称为该共价键的离解能（dissociation energy，DH）。一些分子中常见共价键的离解能见表 1-2。

表 1-2　一些分子中常见共价键的离解能（kJ/mol）

共价键	离解能	共价键	离解能	共价键	离解能
F—F	153.2	$C_6H_5CH_2$—H	355.8	CH_3—Br	293.0
H—F	565.1	$CH_2=CH$—H	452.1	I—I	150.6
CH_3—F	435.4	Cl—Cl	242.8	H—I	297.2
C_2H_5—H	410.3	H—Cl	431.2	CH_3—CH_3	368.4
$(CH_3)_2CH$—H	397.4	CH_3—Cl	351.6	$(CH_3)_2CH$—CH_3	351.6
$(CH_3)_3C$—H	380.9	Br—Br	192.6	$(CH_3)_3C$—CH_3	339.1
C_6H_5—H	468.8	H—Br	364.2	$CH_2=CH$—CH_3	406.0

对双原子分子来说，离解能也即键能（bond energy）。但在多原子分子中，同种键的离解能是不相同的，如甲烷分子中 4 个 C—H 键的离解能：

$$\begin{aligned}
&\text{DH(kJ/mol)}\\
CH_3\text{-H} &\longrightarrow \cdot CH_3 + \cdot H \quad 435.4\\
\cdot CH_2\text{-H} &\longrightarrow \cdot CH_2 + \cdot H \quad 443.8\\
\cdot\cdot CH\text{-H} &\longrightarrow \cdot\cdot CH + \cdot H \quad 443.8\\
\cdot\cdot C\text{—H} &\longrightarrow \cdot\cdot C\cdot + \cdot H \quad 339.1
\end{aligned}$$

4 个 C—H 键离解能的平均值为 415.5 kJ/mol。人们将"一个多原子分子中几个同种共价键均裂时每个键平均需要的能量"称之为平均键能，简称键能。可见，甲烷分子中 C—H 键的键能为 415.5 kJ/mol。表 1-3 列出了一些常见共价键的平均键能。

键能表示键的强度，键能越大，键越稳定。

表 1-3　一些分子中常见共价键的平均键能（kJ/mol）

共价键	键能	共价键	键能	共价键	键能
O—H	464.7	C—O	360.0	C—I	217.8
N—H	389.3	C—N	305.6	C=C	611.2
S—H	347.4	C—S	272.1	C≡C	867.2
C—H	414.4	C—F	485.6	C=N	615.3
H—H	435.3	C—Cl	339.1	C≡N	891.6
C—C	347.4	C—Br	284.6	C=O	736.7（醛）
					749.3（酮）

(四) 共价键的极性和极化性

由两个相同原子形成的共价键,由于两成键原子的电负性相同,成键电子云在两原子之间对称分布,共价键的正负电荷中心重合,共价键无极性,称非极性共价键(nonpolar covalent bond)。例如,H—H 键和 Cl—Cl 键。

由两个电负性不同的原子形成的共价键,由于两原子对成键电子的吸引力不同,其电子云在两原子间的分布不对称,造成共价键的正负电荷中心不重合,产生极性。这种由电负性不同的原子构成的、正负电荷中心不重合的共价键称为极性共价键(Polar covalent bond)。例如,HCl 分子中,氯的电负性大于氢,成键电子云偏向于氯,而氢周围的电子云密度小,氯带上部分负电荷,氢带上部分正电荷。H—Cl 是极性共价键。极性共价键两端的带电状况一般用"δ^-"或"δ^+"标在相关原子的上方来表示,"δ^-"表示带有部分负电荷;"δ^+"表示带有部分正电荷。

$$\overset{\delta^+}{H}-\overset{\delta^-}{Cl}$$

共价键极性的大小,主要取决于成键两原子的电负性差,成键原子间电负性差越大,共价键的极性越大。一般情况下,成键原子的电负性差小于 1.7 时为共价键,大于 1.7 时为离子键。

共价键极性的大小可以用偶极矩(Dipole moment, μ)来度量。偶极矩是正电荷和负电荷中心的距离 d(单位为 m)与电荷 q(单位为 C)的乘积。

$$\mu = q \times d$$

式中,μ 的单位为库伦·米(C·m),是一个向量,用符号"+→"表示,箭头指向带负电荷的一端。例如碘代烷中的碳-碘键:

$$\overset{\delta^+}{C}-\overset{\delta^-}{I}$$

多原子分子的偶极矩是分子中各极性共价键偶极矩的向量和。

共价键的极性是键的内在性质,是共价键的一种永久极性(或称永久偶极)。

在外界电场的作用下,共价键的电子云分布会发生改变,即分子的极化状态会发生变化。但当外界电场去除后,共价键以及分子的极化状态又恢复原状。外界电场对共价键的这种作用称为共价键的极化性,用极化度表示。

共价键的极化性与成键电子的可移动性有关。成键电子的可移动性越大,键的极化性越大。例如,C—X 键的极化性大小顺序为:

$$C-Cl < C-Br < C-I$$

共价键的极性和极化性是共价键的重要性质,它们和化学键的反应性能有着密切关系。极化性对反应性能的影响尤为重要。

六、诱导效应

分子中各原子(或基团)之间是相互影响的,相互作用和影响的结果可以改变有机分子的分子结构及反应活性。有机分子中各基团之间的影响一般可以用电子效应和立体效应来描述。电子效应是指对分子中电子云密度分布产生的影响;立体效应是分子中基团在空间的排斥作用所产生的影响,也称空间位阻。

电子效应又主要包括诱导效应和共轭效应两种方式。

诱导效应描述的是键的极性沿着 σ 键传递的现象,诱导效应的实质是由成键原子电负性差造成的。共价键两端原子(或基团)的电负性不同时,会产生极性,形成的极性键又会对与之相邻的共价键产生影响,使之成为新的极性键。这种由于成键原子(或基团)的电负性不同而产生极性,极性又沿着共价键链传递的现象称为诱导效应,用 I 来表示。

例如,氯代烷中的氯原子:

$$\overset{\delta^{+++}}{C} \rightarrow \overset{\delta^{++}}{C} \rightarrow \overset{\delta^{+}}{C} \rightarrow \overset{\delta^{-}}{Cl}$$

电负性较强的氯原子使成键电子对(电子云)向氯原子偏移,产生偶极;偶极带正电一端的碳又吸引另一边的成键电子对,使与 C—Cl 键相邻的 C—C 键的电子云也发生偏移,产生新的偶极,但这时偏移程度会相对小些,键的极性也会减弱一些。这种影响随着距离的增加迅速减弱,三个原子后基本消失。

原子(或基团)的诱导效应通常以 H 作为比较标准,并以符号"→"表示电子云移动的方向。电负性比氢大的原子(或基团)称为吸电子基,具有吸电子诱导效应(—I 效应);电负性比氢小的原子(或基团)称为供电子基,具有供电子诱导效应(+I 效应)。

$$\overset{\delta^{+}}{Y} \rightarrow \overset{\delta^{-}}{CH_3} \qquad H\overset{*}{-}CH_3 \qquad \overset{\delta^{-}}{X} \leftarrow \overset{\delta^{+}}{CH_3}$$

Y 具有 +I 效应 　　　　　　　　　　X 具有 —I 效应

有机化合物中一些常见原子及基团的电负性大小次序为:—F>—Cl>—Br>—I>—OCH₃>—NHCOCH₃>—C₆H₅>—CH=CH₂>—H>—CH₃>—CH₂CH₃>—CH(CH₃)₂>—C(CH₃)₃。

七、有机化合物的分类及构造式表示法

目前对有机化合物的分类主要有两种方法:一是以有机化合物分子结构中的官能团(Function group)或特征化学键为分类基础;二是基于有机化学分子结构的基本骨架特征。

(一) 按官能团分类

官能团是决定有机化合物主要性质和反应的原子或原子团。官能团是有机化合物分子中比较活泼的部位,一旦条件具备,它们就充分发生化学反应。含有相同官能团的有机化合物具有类似的性质。例如,乙酸和丙酸,因分子中都含羧基(—COOH)而都具有酸性。表 1-4 列出了有机化合物中常见的官能团。

表 1-4　常见官能团及有关化合物类别

化合物类别	官能团(或特征化学键)	官能团名称	化合物举例	化合物名称
烯烃	$>C=C<$	碳碳双键	$H_2C=CH_2$	乙烯
炔烃	$-C\equiv C-$	碳碳叁键	$HC\equiv CH$	乙炔
卤代烃	$-X(F,Cl,Br,I)$	卤素	CH_3CH_2Cl	氯乙烷
醇	$-OH$	醇羟基	CH_3CH_2OH	乙醇
酚	$-OH$	酚羟基	C_6H_5OH	苯酚

续表

醚	—O—	醚键	$CH_3CH_2OCH_2CH_3$	乙醚
醛	—CHO	醛基	CH_3CHO	乙醛
酮	>C=O	羰基	CH_3COCH_3	丙酮
羧酸	—COOH	羧基	CH_3COOH	乙酸
酯	—COO—	酯基	$CH_3COOCH_2CH_3$	乙酸乙酯
酸酐	—CO—O—CO—	酸酐键	$CH_3COOCOCH_3$	乙酸酐
酰胺	—CONH	酰胺基	$CH_3CONHCH_3$	乙酰甲胺
酰卤	—COX	酰卤键	CH_3COCl	乙酰氯
硝基化合物	—NO_2	硝基	$C_6H_5NO_2$	硝基苯
胺	—NH_2	氨基	$C_6H_5NH_2$	苯胺
硫醇	—SH	巯基	CH_3CH_2SH	乙硫醇
硫酚	—SH	巯基	C_6H_5SH	苯硫酚
磺酸	—SO_3H	磺酸基	$C_6H_5SO_3H$	苯磺酸

(二) 按骨架分类

按照构成分子的碳原子的骨架,有机化合物可以分为两大类:链状化合物和环状化合物。

1. 链状化合物

具有开链碳骨架的有机化合物称为开链化合物。例如,丙烷($CH_3CH_2CH_3$),丁醇($CH_3CH_2CH_2CH_2OH$)等等。

因为早期发现的脂肪类化合物均具有开链的骨架,所以链状化合物又称为脂肪族化合物(Aliphatic compound)。

2. 环状化合物

环状化合物又包括脂环族化合物、芳香族化合物和杂环化合物三类。

(1) 脂环族化合物　非芳香性的碳环化合物都属于脂环族化合物,因为这类化合物和脂肪族化合物在性质上无本质性的区别,所以称为脂肪族环状化合物,简称为脂环族化合物。例如:

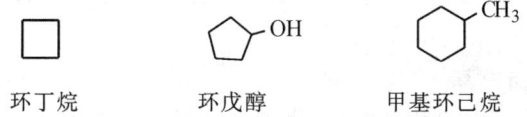

环丁烷　　环戊醇　　甲基环己烷

(2) 芳香族化合物(Aromatic compound)　化合物分子中含有苯环或稠合苯环,它们在性质上与脂环族化合物不同,具有一些特殊性质。例如:

苯　　　萘

(3) 杂环化合物(Heterocyclic compound)　构成环的原子除了碳原子外,还有其他原子的环状化合物称为杂环化合物。例如:

吡啶　　呋喃

（三）有机化合物构造式的表示方法

有机化合物的构造式有蛛网式（实线式）、缩写式（示性式）、键线式（骨架式）几种表示方法。

化合物	蛛网式	缩写式	键线式
2-甲基丁烷	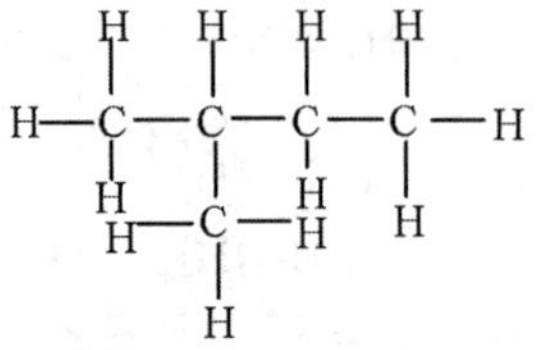	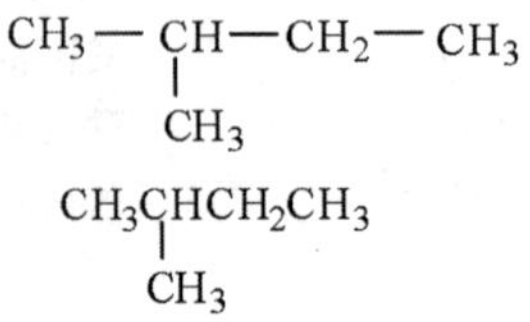 $CH_3-CH-CH_2-CH_3$ 　　　　$\|$ 　　　　CH_3 $CH_3CHCH_2CH_3$ 　　$\|$ 　　CH_3 $(CH_3)_2CHCH_2CH_3$	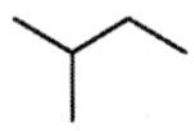
2-戊烯	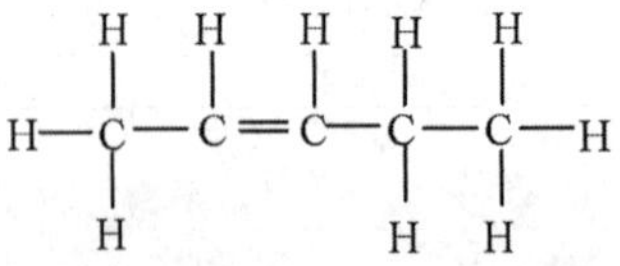	$CH_3-CH=CH-CH_2-CH_3$ $CH_3CH=CHCH_2CH_3$	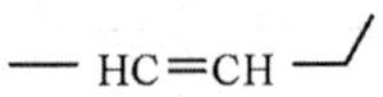
环己烷	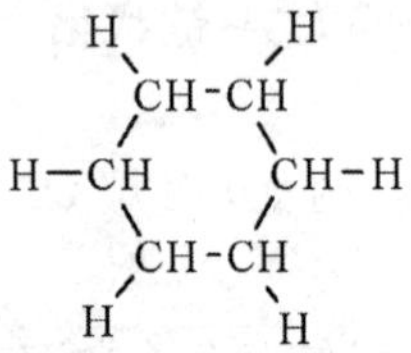	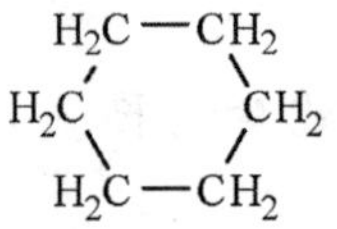	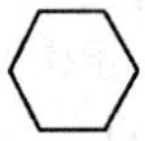

八、有机反应类型

有机化学反应都要涉及旧键的断裂和新键的形成。

（一）共价键的断裂方式

化学反应中，共价键的断裂方式有两种：均裂和异裂。不同的断裂方式产生不同的中间体。

1. 共价键的均裂与自由基

共价键断裂时共用电子对平均分配，两原子各自保留一个电子。共价键的这种断裂方式称为键的均裂。

均裂的结果产生两个带有单电子的自由基：

$$A \colon B \longrightarrow A\cdot + B\cdot$$

2. 共价键的异裂与正负离子

键断裂时共用电子对完全转移到其中一个原子上，共价键的这种断裂方式称为共价键的异裂。异裂时，带走电子对的原子生成负离子，失去电子的原子生成正离子：

$$A \colon B \longrightarrow A^- + B^+$$

（二）键的断裂方式与反应类型

1. 有机化学的反应类型

化学反应中，化学键断裂方式不同，得到的中间体或过渡态不同，不同的中间体或过渡态决定了不同的反应类型。例如，均裂时生成自由基，反应就按自由基历程进行；异裂时产生正负离子，反应就按离子型历程进行。

有机化学的重要反应类型归纳如下：

$$\text{有机反应}\begin{cases}\text{自由基反应（均裂）}\\ \text{离子型反应（异裂）}\begin{cases}\text{亲电反应}\\ \text{亲核反应}\end{cases}\\ \text{协同反应}\end{cases}$$

2. 有机反应的活性中间体

有机化学反应过程中，反应物常常会先生成一类瞬间存在的中间产物，像前面提到的正负离子与自由基。这些中间产物称为活性中间体（active intermediate）。活性中间体一旦生成，马上会转变成产物，但它瞬时的稳定性却对化学反应起着决定性作用。对中间体的研究是了解有机反应历程的重要基础。图 1-17 给出了最常见的活性中间体自由基（free radical）、碳正离子（carbocation）和碳负离子（carbanion）的结构。

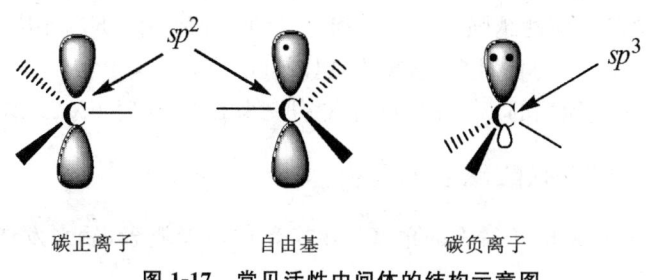

　　碳正离子　　　　自由基　　　　碳负离子

图 1-17　常见活性中间体的结构示意图

九、有机化学中的酸碱概念

有机化合物的许多化学性质与酸碱或电子的转移有关，许多有机反应是酸碱反应，有不少反应是在酸或碱的催化下进行的。酸碱概念对理解有机化学反应（如机理，选择试剂、溶剂、催化剂等）都很有益处。这里对有机化学中使用较多的三种重要酸碱理论作一简单介绍。

（一）阿仑尼乌斯酸碱理论（酸碱电离理论）

1884 年，阿仑尼乌斯（S. Arrhenius）提出了酸碱的概念（Arrhenius acid-base concept），要点如下：

(1) 酸在水中电离出的阳离子全部为 H^+，碱在水中电离出的阴离子全部为 OH^-。

$$H_2SO_4 = HSO_4^- + H^+ \qquad NaOH = Na^+ + OH^-$$

(2) 中和反应的实质是 H^+ 和 OH^- 的反应。$H^+ + OH^- = H_2O$

(3) 水溶液中电解质仅部分电离。

电离理论把酸和碱局限在水溶液中,局限在 H^+ 和 OH^- 的生成上,绝对化了酸和碱的概念,忽视了酸和碱的整体性,适用范围受到很大限制。

(二) 勃朗斯特酸碱理论(酸碱质子理论)

勃朗斯特(J. N. Brfnsted)酸碱理论认为,能释放质子(H^+)的就是酸(质子给予体);能接受质子的就是碱(质子接受体)。

在酸碱质子理论中,酸和碱不再对立,而是统一在对质子的关系上:

$$酸 \rightleftharpoons 碱 + 质子(H^+)$$

酸和碱的这种相互依存,相互转化的关系称为共轭关系。

酸失去质子后形成碱,称为该酸的共轭碱(如 Ac^- 是 HAc 的共轭碱);碱和质子结合后形成酸,称为该碱的共轭酸(如 HAc 是 Ac^- 的共轭酸)。

$$\underset{酸}{HAc} + \underset{碱}{H_2O} \rightleftharpoons \underset{共轭碱}{Ac^-} + \underset{共轭酸}{H_3O^+}$$

酸越强,其共轭碱越弱;碱越强,其共轭酸越弱。反之亦然。

一般把 HAc 和 Ac^- 这种在组成上仅相差一个质子的酸碱对称为共轭酸碱对。

与电离理论相比,质子理论扩大了酸碱的范围,酸或碱除了离子外,也可以是一些不带电荷的分子,例如 HCl、NH_3 等。

表示酸碱强弱的物理量是平衡常数 K,K_a 是酸的电离平衡常数,值越大酸性越强;K_b 是碱的电离平衡常数,值越大碱性越强。与二者相对应的是 pK_a 和 pK_b。pK_a 是 K_a 的负对数,值越小酸性越强;pK_b 是 K_b 的负对数,值越小碱性越强。

碱的强弱也常用其共轭酸的 K_a 或其负对数 pK_a 来表示,这时 pK_a 越大碱性越强。

(三) 路易斯酸碱理论(酸碱电子理论)

路易斯(G. N. Lewis)从电子得失的角度提出了新的酸碱概念,后来发展为路易斯酸碱理论,也称为酸碱电子理论。

酸碱电子理论认为:路易斯酸(Lewis acid)是电子接受体(electron pair acceptor);而路易斯碱(lewis base)是电子给予体(Electron pair donor)。即能接受电子的为酸;能给出电子的为碱。

中和反应在电子理论中也演变为电子对接受体与电子对给予体之间形成共价键的过程。

$$\underset{酸}{H^+} : \underset{碱}{OH} \longrightarrow \underset{酸碱加合物}{H:OH}$$

$$F_3B + :NH_3 \longrightarrow F_3B:\overset{+}{N}H_3$$

路易斯酸一般具有缺电子的结构(如存在空的价轨道),容易和电子云密度高的部位亲和(亲电),称为亲电试剂;而路易斯碱具有富电子的结构(如带有孤对电子等),对正电中心有很强的亲和力(即亲核,核隐指正电中心),又称为亲核试剂。

路易斯酸碱理论是目前应用最广泛的酸碱理论,它涵盖了几乎所有的有机和无机化合物,此理论的最大缺点是不易定量确定酸碱的强度等。

十、研究有机化合物的一般方法

(一) 分离提纯

不管是天然提取还是人工合成,大部分有机化合物成分都比较复杂,常常以混合物的形式存在,分离提纯是研究有机化合物的重要环节之一。

常用的提纯方法有:重结晶、蒸馏(包括分馏和精馏等)、升华、色谱法(层析、制备色谱……)等等。

提纯后的有机物可以通过测定物理常数或色谱分析等手段来验证。

值得一提的是高压液相色谱法(HPLC),这种方法分离效率高,分离速度快,检测样品量可少至 1.0 mg 左右。把 HPLC 和高分辨率质谱仪(HRMS)联合应用,可把分离提纯和分子量、分子式的测定在较短时间内一步完成,是现代有机结构分析常用的手段之一。

(二) 元素分析

元素分析包括元素定性分析和元素定量分析,前者确定元素的种类,后者确定元素的含量,不同元素有不同的分析方法,定性和定量的方法也各不相同。

(三) 实验式和分子式的确定

实验式表示的是有机物分子中不同类原子数目的比例,分子式则是分子真实所含原子的数量。例如乙酸,实验式是 CH_2O,分子式是 $C_2H_4O_2$。

(四) 结构式的测定

结构式的测定一般以仪器分析为主。质谱(MS)可以得到分子量、分子式及部分结构的信息;红外光谱(IR)可以确定官能团的种类;紫外和可见光谱(UV/Vis)用来判断分子的共轭结构;核磁共振谱(NMR,碳谱或氢谱)用以揭示 C—H 的骨架及所处的化学环境;X 射线衍射最终确定分子的空间构型。

有机化合物特别是未知有机化合物分子结构的测定是个复杂而细致的工作,是有机化学研究中必须掌握的基本技能之一。

习 题

1. 请简述有机化合物和有机化学的含义。
2. 什么是 σ 键、π 键?什么是键长、键角、键能?
3. 下列反应中,液氨是酸还是碱?为什么?为什么 NH_3 的碱性比 H_2O 强?
$$2NH_3 \rightleftharpoons NH_4^+ + H_2N^-$$
4. 共价键的极性和极化度是同一个概念吗?如果不同,简述其区别。分别按极性和极化度由大到小的顺序排列下组化学键的顺序。
    (1) C—F   (2) C—Cl   (3) C—Br   (3) C—I

5. 指出下列化合物中官能团的名称,以及它们所属化合物的类别。并指出 * 号所标碳原子的杂化状态。

(1) $\overset{*}{C}H_3CH=\overset{*}{C}HCH_3$　　(2) C_6H_5OH　　(3) C_2H_5OH　　(4) $\overset{*}{C}H≡CH$

第二章 烷 烃

分子中仅含有碳和氢两种元素的有机化合物叫碳氢化合物,简称烃(hydrocarbon)。烃是有机化合物的母体,其它有机物均可看作是烃的衍生物。

根据分子骨架不同,烃可分为链烃(aliphatic hydrocarbons)和环烃(cyclic hydrocarbon);链烃又可分为饱和烃(saturated hydrocarbon)和不饱和烃(unsaturated hydrocarbon)。

烷烃(alkane)属于饱和链烃,分子中碳原子之间以单键相连,彼此连接成链状。不饱和烃分子中碳原子之间的化学键含有双键或者三键等不饱和键,如烯烃、二烯烃和炔烃等。

烷烃在医药、化工、能源等领域有重要应用。例如,作为清洁能源被广泛应用的天然气和沼气中含有大量的甲烷;石油醚主要是戊烷和己烷的混合物,在天然产物分离过程中,可以用作溶剂和萃取剂;液体石蜡主要成分为含 18-30 个碳原子的直链烷烃,可用作缓泻剂;汽油主要成分为含 5-11 个碳原子的烷烃,柴油主要成分为含 14-20 个碳原子的烷烃,两者均可以用作燃料。

一、烷烃的同系列和构造异构

从含有一个碳原子的甲烷开始,依次增加一个碳原子,可得到一系列烷烃。所有烷烃在组成上相差一个或多个 CH_2 单元,分子通式为 C_nH_{2n+2}。这种结构相似,具有相同分子通式,组成上相差一个或多个 CH_2 单元的一系列化合物称为同系列(homologous series),同系列中的各化合物之间互称同系物(homolog),CH_2 则称为同系差。

同系物结构相似,化学性质相近,物理性质也随碳原子数的增加而呈现一定的递变规律。

分子式相同、结构式不同的各化合物之间互称为同分异构体(isomer),这种现象称为同分异构现象。烷烃主要有碳链异构和构象异构两种同分异构现象。

含 3 个以下碳原子的烷烃,分子中的碳骨架只有一种排列方式,无碳链异构;从含 4 个碳原子的烷烃开始,分子中的碳骨架具有多种排列方式,如丁烷分子的 4 个碳原子可以有不同的连接次序,形成两种不同的异构体。

$$CH_3\text{-}CH_2\text{-}CH_2\text{-}CH_3 \qquad CH_3\text{-}CH\text{-}CH_3$$
$$\qquad\qquad\qquad\qquad\qquad\qquad\quad |$$
$$\qquad\qquad\qquad\qquad\qquad\qquad CH_3$$

丁烷 异丁烷
n-butane *iso*-butane

像丁烷和异丁烷这种由于分子中原子或基团结合顺序或者排列方式不同而引起的异构,称为构造异构(constitutional isomer)。烷烃的构造异构是由碳骨架不同而产生的,称为碳链异构(carbon skeleton isomer)。

戊烷有如下三种碳链异构体:

$$\underset{\text{正戊烷}}{\underset{n\text{-pentane}}{CH_3CH_2CH_2CH_2CH_3}} \qquad \underset{\text{异戊烷}}{\underset{iso\text{-pentane}}{\underset{|}{\underset{CH_3}{CH_3CHCH_2CH_3}}}} \qquad \underset{\text{新戊烷}}{\underset{neo\text{-petane}}{H_3C-\underset{\underset{CH_3}{|}}{\overset{\overset{CH_3}{|}}{C}}-CH_3}}$$

烷烃构造异构体的数目随着碳原子数的增多而急剧增加,如含 6~10 个碳原子的烷烃分别有 5、9、18、35、75 个构造异构体,含 20 个碳原子的烷烃,构造异构体的数目理论上可以达到 366319 个。

按照连接其它碳原子数目的不同,烷烃分子中碳原子可分为四类。只与一个其它碳原子直接相连的碳原子,称为伯碳原子,用1℃表示;与二个其它碳原子直接相连的碳原子,称为仲碳原子,用2℃表示;与三个其它碳原子直接相连的碳原子,称为叔碳原子,用3℃表示;与四个其它碳原子直接相连的碳原子,称为季碳原子,用4℃表示。例如。

$$H-\overset{\overset{H}{|}}{\underset{\underset{H}{|}}{C}}\overset{1°}{-}\overset{\overset{H}{|}}{\underset{\underset{H}{|}}{C}}\overset{2°}{-}\overset{\overset{CH_3}{|}}{\underset{\underset{CH_3}{|}}{C}}\overset{3°}{-}\overset{\overset{CH_3}{|}}{\underset{\underset{CH_3}{|}}{C}}\overset{4°}{-}CH_3$$

伯、仲、叔碳原子上连有的氢原子,分别被称为伯(1°)、仲(2°)、叔(3°)氢原子。不同类型的碳原子和氢原子有不同的化学反应活性(reactivity)。

二、烷烃的结构和构象异构

(一)烷烃的结构

甲烷是最简单的烷烃,现代物理方法和电子衍射证明,甲烷分子 C—H 键的键长均为 0.11 nm,键能均为 416 kJ/mol,四个键角均为 109°28′,整个分子在空间呈四面体分布,碳原子处于四面体的中心,氢原子分布于四面体的顶点处,如图 2-1 所示。

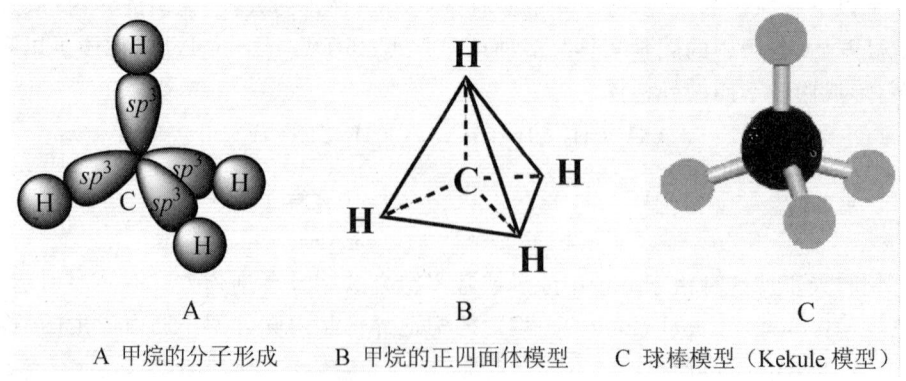

A 甲烷的分子形成　　B 甲烷的正四面体模型　　C 球棒模型(Kekule 模型)

图 2-1 甲烷的分子结构

结构理论认为:甲烷分子中碳原子为 sp^3 杂化,形成四个能量等同的 sp^3 杂化轨道,四个杂化轨道在空间呈正四面体分布,轨道间夹角为 109°28′。四个 sp^3 杂化轨道分别与四个氢原子的 1s 轨道沿键轴方向"头碰头"重叠,重叠部分沿键轴呈圆柱型对称分布,两个成键原子可绕键轴"自由"旋转,这样形成的共价键称为 σ 键。由于原子轨道重叠程度大,σ 键非常稳定,可以单独存在。

乙烷是最简单的含有碳-碳单键的烷烃,分子中两个碳原子均采取 sp^3 杂化,两个碳原子各用一个 sp^3 杂化轨道形成"C—C"σ 键,剩余的 sp^3 杂化轨道分别与氢原子的 s 轨道形成 6 个完全等同的"C—H"σ 键。乙烷分子中,C—C、C—H 键键长分别是 0.154 nm 和 0.110 nm,键角接近 109°28′。

其它烷烃分子的碳原子均采用 sp^3 杂化,只含有"C—C"、"C—H"σ 键,键角、键长与乙烷分子的键角、键长接近。图 2-2 列出了乙烷、丙烷和丁烷分子结构的球棒模型。

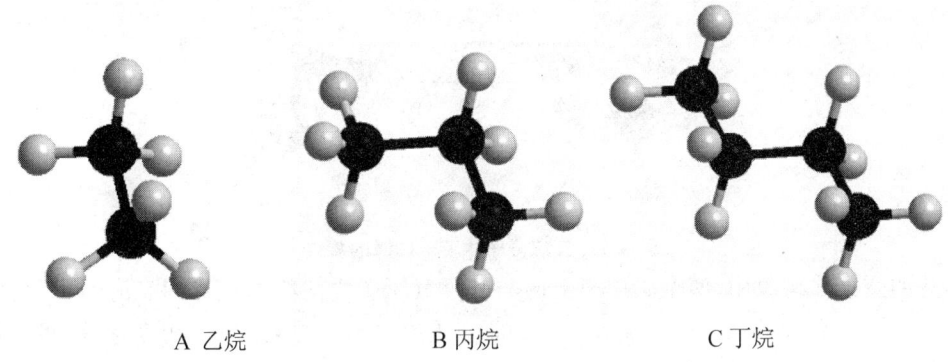

A 乙烷　　　　B 丙烷　　　　C 丁烷

图 2-2　烷烃分子的球棒模型

(二) 烷烃的构象异构

由于烷烃分子中 C—C 键和 C—H 键可以围绕键轴自由旋转,分子中的原子在空间排列方式也不断发生变化,这种由于单键旋转产生的原子或基团在空间不同排列方式称为构象(conformation)。单键旋转产生的异构体称为构象异构体(conformational isomer)。构象异构体构造相同,只是分子中的原子或者基团在空间排列不同,是一种立体异构体(stereo-isomer)。

构象异构体通常用锯架式(sawhorse formula)和纽曼投影式(Newman projection formula)表示。锯架式是观察者从 C—C 键轴斜 45°的方向观察,而纽曼投影式则是沿着 C—C 键轴观察得到的平面表达方式,圆点表示距离观察者近的碳原子,圆圈表示距离观察者远的碳原子。从圆圈中心伸出的三条短线,表示靠近观察者的碳原子上的价键,从圆周向外伸出的三条短线,表示远离观察者的碳原子上的价键。如图 2-3 所示。

1. 乙烷的构象

乙烷分子中围绕 C-C 键轴旋转,两个碳原子上的氢原子在空间相对位置不断变化,产生无数个不同的空间排列方式,如图 2-4 所示。

乙烷分子有无数个构象,最典型构象有两种。一种是沿着 C—C 键轴方向观察,两个碳原子连接的氢原子投影处于完全重叠位置,称为重叠式构象(eclipsed conformation);另一种是将重叠式构象的 C—C 键旋转 60°,此时两个碳原子上的六个氢彼此相距最远,正好处于交叉的位置,称为交叉式构象(staggered conformation)。

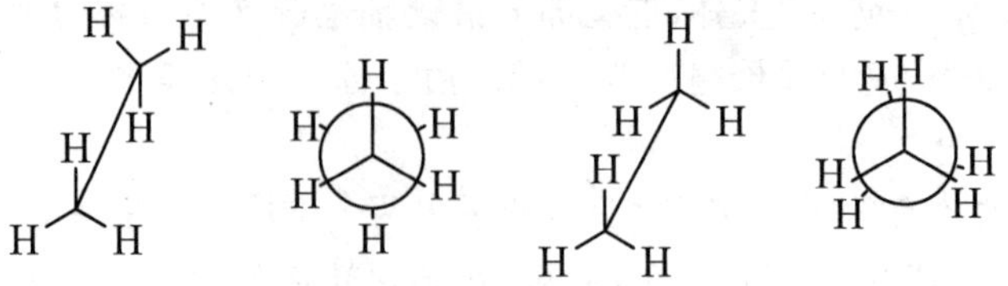

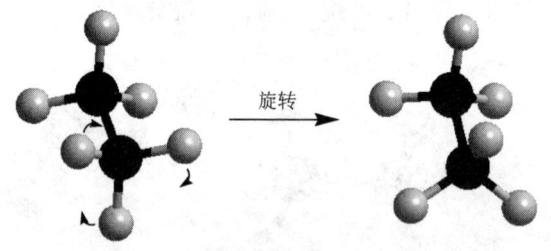

交叉式构象　　交叉式构象　　重叠式构象　　重叠式构象
（锯架式）　　（纽曼投影式）　（锯架式）　　（纽曼投影式）

图 2-3　乙烷的构象

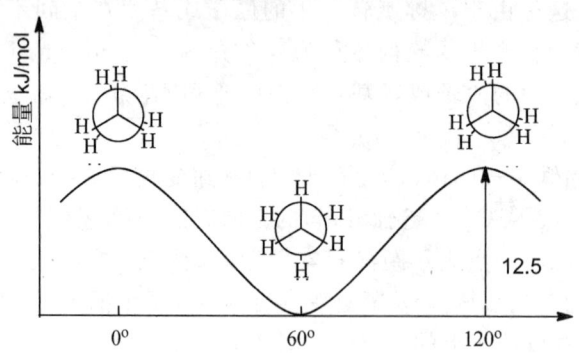

图 2-4　乙烷分子中 C—C 键的旋转

乙烷的交叉式构象中,两个碳原子上的非键合氢原子之间距离最远,相互间排斥力最小,内能最低,是最稳定的构象,称为优势构象。而在重叠式构象中,氢原子相互重叠,距离最近,排斥力最强,内能最高,最不稳定。

乙烷构象的能量变化曲线(图 2-5)显示,乙烷分子重叠式构象和交叉式构象间的能量差为 12.5 kJ/mol。室温下,分子自身的热运动能约为 88.3 kJ/mol,远超过该能垒,足以使"C—C"σ键"自由"旋转,各构象异构体之间快速转换,因而构象异构体不能分离出来,而以动态平衡状态共存,最稳定的交叉式构象在平衡混合物中占绝对优势。

图 2-5　乙烷构象的能量变化曲线

2. 正丁烷的构象

正丁烷的构象比乙烷复杂,可以看作是乙烷的二甲基衍生物。由于甲基对整个分子有较大影响,我们只讨论分子沿 C_2-C_3 键旋转时的构象。当围绕 C_2-C_3 单键旋转时,出现无数种构象异构体,其中对位交叉式、部分重叠式、邻位交叉式和全重叠式是四种典型构象式,如图 2-6 所示。

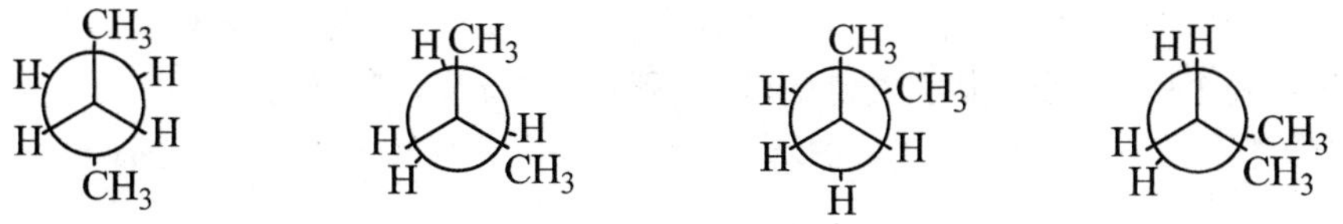

| 对位交叉式 | 部分重叠式 | 邻位交叉式 | 全重叠式 |

图 2-6 丁烷的四种典型构象异构体

正丁烷分子沿 C_2-C_3 键轴旋转时,分子构象和体系能量会发生周期性变化,如图 2-7 所示。从能量曲线可以看出,对位交叉式能量最低,最稳定,为正丁烷的优势构象,这是因为两个体积较大的甲基相距最远,排斥力最小;其次是邻位交叉式,能量比对位交叉式高,较稳定;部分重叠式由于甲基和氢原子重叠使体系能量偏高,较不稳定;全重叠式能量最高,最不稳定,因为两个体积较大的甲基相互重叠,相距最近,排斥力最大。

室温下,正丁烷分子以各构象形式的动态平衡状态共存,但以对位交叉式(约占 63%)和邻位交叉式(约占 37%)构象为主,其它构象所占比例很小。

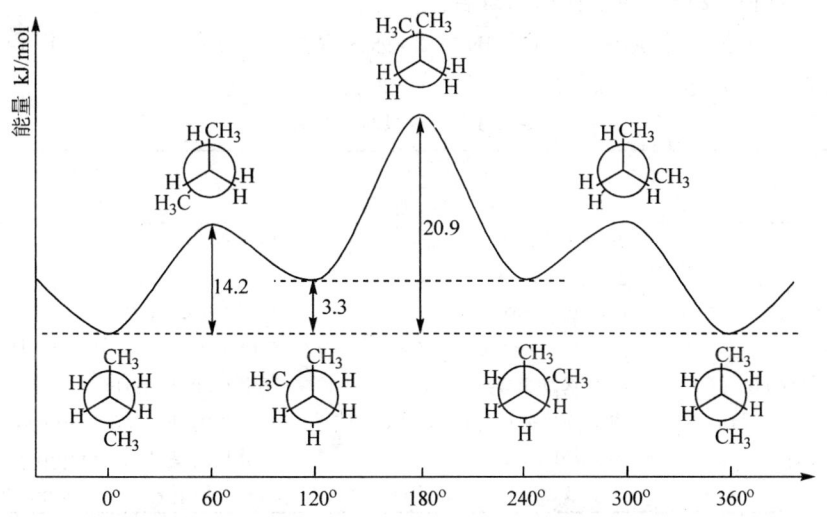

图 2-7 丁烷构象的能量变化曲线

在正丁烷的优势构象中,4 个碳原子呈锯齿形排列,其它直链烷烃的构象,其优势构象类似正丁烷,是能量最低的对位交叉式。所以,直链烷烃的碳链在空间都是锯齿形排列,不是一条真正的直链,通常只是为了书写方便,才将碳链写成直链的形式。

三、烷烃的命名

烷烃常用的命名方法有两种,普通命名法(common nomenclature)和系统命名法(systematic nomenclature)。

直链烷烃的普通命名可根据分子中碳原子数称为"正某烷","正"字可省略。用 10 个天干数字(甲、乙、丙、丁、戊、己、庚、辛、壬、癸)分别表示 1~10 个碳原子的直链烷烃,10 个以上碳原子的直链烷烃分别用十一、十二、十三、……等中文小写数字表示。

简单异构体用"正(*n*)"、"异(*iso*—)"和"新(*neo*—)"前辍区分。直链烷烃称为"正某烷";

碳链链端第二个碳原子上有一个甲基,且无其它支链的烷烃,称为"异某烷";碳链链端第二个碳原子上连有两个甲基,且无其它支链的烷烃,则称为"新某烷"。例如。

$$CH_3CH_2CH_2CH_2CH_3 \qquad CH_3CHCH_2CH_3 \qquad H_3C-\underset{\underset{CH_3}{|}}{\overset{\overset{CH_3}{|}}{C}}-CH_3$$
$$\qquad\qquad\qquad\qquad\qquad\quad \underset{CH_3}{|}$$

(正)戊烷　　　　　　　异戊烷　　　　　　　新戊烷

n-pentane　　　　　*iso*-pentane　　　　*neo*-petane

结构复杂的烷烃,用系统命名法命名。1892 年,日内瓦国际化学学术会议拟定了一个系统的有机化合物命名原则,此后经国际纯粹与应用化学联合会(International Union of Pure and Applied Chemistry,IUPAC)多次修订,称为 IUPAC 命名法。中国化学会根据这个命名原则,结合汉字的特点,制定了我国的有机化合物系统命名原则。

直链烷烃的系统命名法与普通命名法基本相同,省略"正"字。支链烷烃的系统命名是把直链烷烃作为母体,支链作为取代基来命名。

烷烃分子中去掉一个氢原子后剩下的基团,称为烷基(alkyl group),用 —R 表示。烷基的命名可把相应烷烃名称中的"烷"字改为"基"字,如表 2-1。

表 2-1　一些常见的烷基

烷基	普通命名法 中文名(英文名,缩写)	IUPAC 命名法 中文名(英文名,缩写)
—CH_3	甲基(methyl, Me)	甲基(methyl, Me)
—CH_2CH_3	乙基(ethyl, Et)	乙基(ethyl, Et)
—$CH_2CH_2CH_3$	正丙基(*n*-propyl, *n*-Pr)	丙基(propyl, Pr)
—$CH(CH_3)_2$	异丙基(isopropyl, *i*-Pr)	1-甲基乙基(1-methylethyl)
—$CH_2(CH_2)_2CH_3$	正丁基(*n*-butyl, *n*-Bu)	丁基(butyl, Bu)
—$CH(CH_3)CH_2CH_3$	仲丁基(*sec*-butyl, sec-Bu)	1-甲基丙基(1-methylpropyl)
—$CH_2CH(CH_3)_2$	异丁基(isobutyl,*i*-Bu)	2-甲基丙基(2-methylpropyl)
—$C(CH_3)_3$	叔丁基(*tert*-butyl,*t*-Bu)	1,1-二甲基乙基(1,1-dimethylethyl)

命名原则如下:

选择含有取代基最多的最长碳链作为主链,根据主链上的碳原子数称为某烷。例如:

$$CH_3CH_2\overline{CHCH_2CH_3} \qquad \overline{CH_3CH_2CHCH_2CH_3}$$
$$\qquad\underset{\underset{CH_3}{|}}{\overset{|}{CHCH_3}} \qquad\qquad\qquad\underset{\underset{CH_3}{|}}{\overset{|}{CHCH_3}}$$

正确的选择　　　　　　　错误的选择

从靠近支链的一端开始,对主链上的碳原子用阿拉伯数字依次编号;如果有多种编号系列,则按照"最低系列"原则,逐次比较各系列的不同位次,最先遇到位次较小的定为"最低系列"编号。例如:

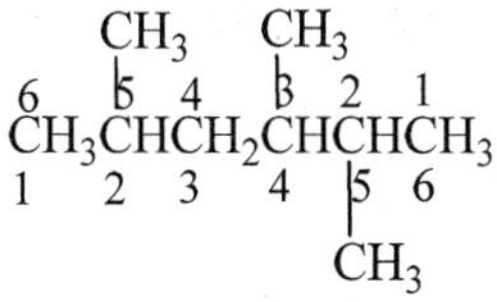

$$\underset{123456}{\underset{654321}{CH_3CHCH_2CHCHCH_3}}$$

2,3,5-三甲基己烷

2,3,5-trimethylhexane

将支链名称及位次表示在母体名称之前。相同的支链可以合并,用"二、三、四…"等中文小写数字表示支链数目,支链的位次用阿拉伯数字表示,数字之间用","隔开,取代基位次和名称之间用半字线"-"连接起来;如果取代基不同,则按"次序规则"排列顺序,较优基团放在后面。例如:

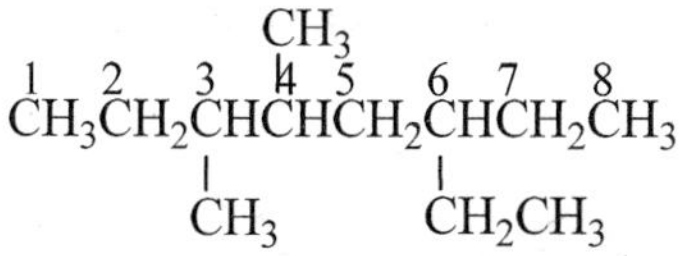

3,4-二甲基-6-乙基辛烷　　　　　　2,3,5-三甲基-4-丙基辛烷

6-Ethyl-3,4-dimethyloctane　　　　2,3,5-trimethyl-4-n-propyloctane

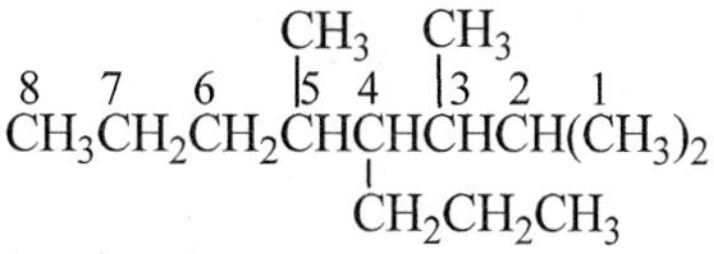

复杂支链系统命名时,从与主链相连的碳原子开始编号,支链的全名放在括号内或用带撇的数字标明取代基在支链的位次。例如:

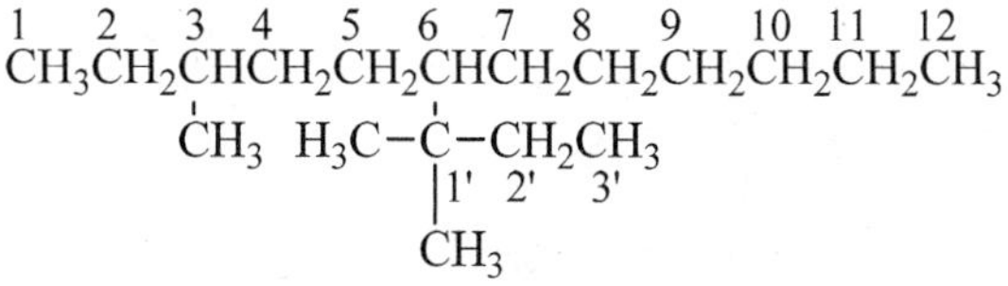

3-甲基-6(1,1-二甲基丙基)十一烷或 3-甲基-6-1',1'-二甲基丙基十一烷

6-(1,1-dimethylpropyl)-3-methylhendecane or 6-1',1'- dimethylpropyl-3-methylhendecane

四、烷烃的物理性质

有机化合物的物理性质主要指物态、沸点、熔点、密度、溶解度和光谱性质等,在一定条件下都有恒定的数值,该数值称为物理常数。物理性质对有机化合物的分离、纯化和结构鉴定等具有重要应用。

烷烃系列中,物理性质随相对分子质量的变化而呈现出一定的变化规律。

直链烷烃的沸点随分子中碳原子数目增加而增高。同分异构体中,含支链的异构体比直链的异构体沸点要低,支链越多,沸点越低。因为随着支链的增多,分子的形状趋于球形,减少了分子间有效接触的程度,使分子间的作用力变弱而降低沸点。

有机物熔点的高低除了和分子间力有关外,还取决于晶格堆积的密集度。直链烷烃随碳原子数的增加,熔点逐渐升高。相同碳原子数的同分异构体中,对称性的异构体熔点相对高些。直链烷烃中,含偶数碳原子的分子对称性好,故偶数碳原子的烷烃比奇数碳原子的烷烃熔点略高。含偶数碳原子烷烃和含奇数碳原子烷烃的熔点分别形成两条曲线,偶数碳原子烷烃

的熔点曲线在上方,奇数碳原子烷烃的熔点曲线在下方。随着碳原子数的不断增加,两条曲线逐渐接近(图 2-8)。

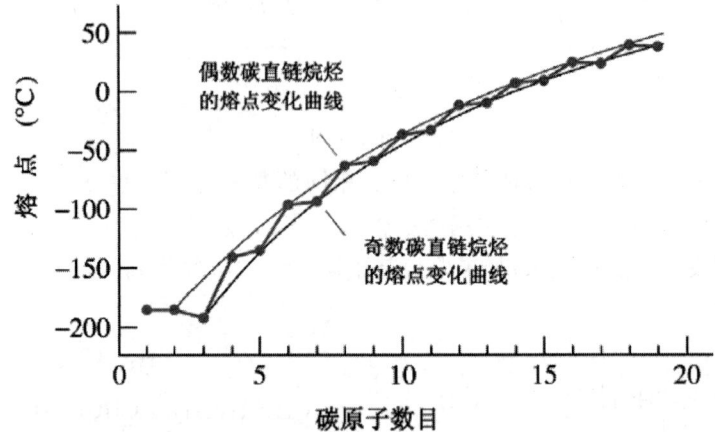

图 2-8 烷烃的熔点变化曲线

表 2-2 一些直链烷烃的物理常数

结构式	名称	沸点(℃)	熔点(℃)	相对密度"d_4^{20}"
CH_4	甲烷	−161.4	−182.6	
CH_3CH_3	乙烷	−88.6	−172.0	
$CH_3CH_2CH_3$	丙烷	−42.1	−187.7	
$CH_3(CH_2)_2CH_3$	丁烷	−0.5	−138.7	0.5788
$CH_3(CH_2)_3CH_3$	戊烷	36.1	−129.7	0.6262
$CH_3(CH_2)_4CH_3$	己烷	68.9	−95.0	0.6603
$CH_3(CH_2)_5CH_3$	庚烷	98.4	−90.6	0.6837
$CH_3(CH_2)_6CH_3$	辛烷	125.7	−56.8	0.7025
$CH_3(CH_2)_7CH_3$	壬烷	150.8	−51.0	0.7176
$CH_3(CH_2)_8CH_3$	癸烷	174.1	−29.7	0.7300
$CH_3(CH_2)_9CH_3$	十一烷	195.9	−25.6	0.7402
$CH_3(CH_2)_{10}CH_3$	十二烷	216.3	−9.6	0.7487
$CH_3(CH_2)_{11}CH_3$	十三烷	235.4	−5.5	0.7546
$CH_3(CH_2)_{12}CH_3$	十四烷	253.7	5.9	0.7628
$CH_3(CH_2)_{13}CH_3$	十五烷	270.6	10.0	0.7690
$CH_3(CH_2)_{18}CH_3$	二十烷	340.0	36.8	0.7886

烷烃的相对密度都小于1,随碳原子数的增多而增大。

烷烃的溶解度符合"相似相溶"的规律,弱极性或非极性的烷烃不溶于强极性的水,而易溶于乙醚、苯和四氯化碳等非极性或弱极性的有机溶剂。

五、烷烃的化学性质

烷烃分子只存在"C—C"和"C—H"σ键,比较牢固,所以烷烃性质稳定,一般不与强酸、强碱、强氧化剂、强还原剂等反应。但在适当条件下,如光照、加热或催化剂作用下,烷烃也能发生一些化学反应,如卤代反应、氧化反应等。

（一）氧化与燃烧

烷烃燃烧生成二氧化碳和水，同时放出大量的热能。

$$C_nH_{2n+2} + (3n+1)/2 O_2 \longrightarrow nCO_2 + (n+1)H_2O$$

天然气、汽油和其它燃料油等能源的主要成分是烷烃混合物，其燃烧放出能量的过程即是烷烃氧化过程。

（二）卤代反应

分子中的原子或基团被其它原子或基团代替的反应称为取代反应（substitution reaction）。烷烃分子中的氢被卤素取代的反应，称为卤代反应（halogenation reaction）。

甲烷与氯气在室温、黑暗环境中不发生反应；在紫外光照射下或加热到 250～400 ℃时，甲烷分子中的氢原子可以逐步被氯原子取代，得到不同氯代烷的混合物。

$$Cl_2 + CH_4 \xrightarrow{\text{光照或加热}} CH_3Cl + CH_2Cl_2 + CHCl_3 + CCl_4 + HCl$$

控制反应物用量，可使某一种氯代烷成为主要产物。

实验证明，甲烷与氯气在光照下发生的氯代反应是按自由基链反应（free radical chain reaction）机理进行的，反应可分为链引发（chain initiation）、链增长（chain propagation）和链终止（chain termination）三个阶段。

氯分子受到光照或者加热时吸收能量发生均裂，生成两个高能量的氯自由基。氯自由基有很强的反应活性，形成后易获得一个电子，从而达到八隅体的稳定结构。该过程称为链引发阶段。

$$Cl-Cl \xrightarrow{\text{光照或加热}} 2Cl\cdot$$

氯自由基与甲烷分子碰撞，夺取甲烷分子中的氢，生成甲基自由基和氯化氢。甲基自由基继续撞击氯分子，可夺取一个氯原子生成一氯甲烷和一个新的氯自由基。反应如此循环，得到多取代甲烷衍生物，该过程称为链增长阶段。

$$Cl\cdot + H:CH_3 \longrightarrow \overset{\cdot}{C}H_3 + HCl$$
$$\overset{\cdot}{C}H_3 + Cl:Cl \longrightarrow Cl\cdot + CH_3Cl$$
$$Cl\cdot + CH_3Cl \longrightarrow \cdot CH_2Cl + HCl$$
$$\cdot CH_2Cl + Cl_2 \longrightarrow Cl\cdot + CH_2Cl_2$$
$$Cl\cdot + CH_2Cl_2 \longrightarrow \cdot CHCl_2 + HCl$$
$$\cdot CHCl_2 + Cl_2 \longrightarrow Cl\cdot + CHCl_3$$
$$Cl\cdot + CHCl_3 \longrightarrow \cdot CCl_3 + HCl$$
$$\cdot CCl_3 + Cl_2 \longrightarrow Cl\cdot + CCl_4$$

自由基之间相互碰撞，形成稳定分子从而使反应终止，这个阶段称为链终止。

$$Cl\cdot + Cl\cdot \longrightarrow Cl_2$$
$$\overset{\cdot}{C}H_3 + \overset{\cdot}{C}H_3 \longrightarrow CH_3CH_3$$
$$\cdot CH_3 + Cl\cdot \longrightarrow CH_3Cl$$

甲烷氯代反应每一步都会消耗一个活泼自由基，同时产生一个新自由基，整个反应像一个链锁,一环扣一环连续进行下去,称为自由基链反应(free radical chain reaction)。

烷烃发生卤代反应时,伯、仲、叔氢原子被取代的活性不同。例如,丙烷氯代。

$$CH_3CH_2CH_3 \xrightarrow[加热或光照]{Cl_2} \underset{45\%}{CH_3CH_2CH_2Cl} + \underset{55\%}{CH_3CHClCH_3}$$

丙烷分子中含有 6 个伯氢原子和 2 个仲氢原子,反应中每种氢原子被卤素取代的概率之比应该为 3∶1。但实际产物中两种氢原子被取代的产物产率之比为 45∶55,可见两种氢原子的相对反应活性之比为:1°H∶2°H=(45/6)∶(55/2)≈1∶4。

再如异丁烷的氯代。

$$(CH_3)_2CHCH_3 \xrightarrow[加热或光照]{Cl_2} \underset{64\%}{(CH_3)_2CHCH_2Cl} + \underset{36\%}{(CH_3)_3CCl}$$

异丁烷分子中含有 9 个伯氢原子和 1 个叔氢原子,反应中每种氢原子被卤素取代的概率之比应该为 9∶1。但实际产物中两种氢原子被取代的产物产率之比为 64∶36,两种氢原子的相对反应活性之比为:1°H∶3°H=(64/9)∶(36/1)=1∶5。

可见,烷烃卤代反应中,不同氢原子的反应活性顺序是叔氢>仲氢>伯氢,其发生氯代反应的相对活性之比为 5∶4∶1。与氯代反应相比,溴对不同类型氢原子有更高的选择性,叔、仲、伯三种氢原子发生溴代反应的相对活性是 1600∶82∶1。

$$CH_3CH_2CH_3 \xrightarrow[加热或光照]{Br_2} \underset{3\%}{CH_3CH_2CH_2Br} + \underset{97\%}{CH_3CHBrCH_3}$$

烷烃卤代反应中,不同卤素的反应活性也不相同,反应活性顺序是:

$$F>Cl>Br>I$$

烷烃卤代反应生成烷基自由基最慢,决定整个反应的反应速率。光谱法证实甲基自由基为平面构型(图 2-9)。烷基自由基中,中心碳原子 sp^2 杂化,三个 sp^2 杂化轨道处于同一平面,未参与杂化的 p 轨道与此平面垂直,p 轨道上有一个电子。

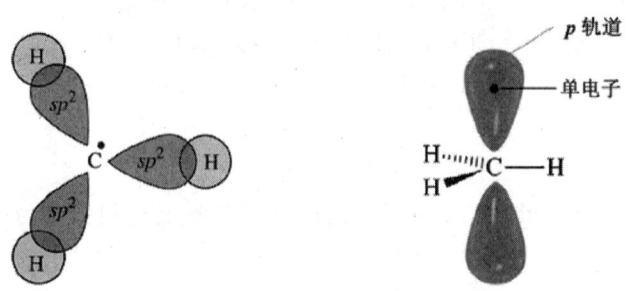

图 2-9 甲基自由基结构示意图

根据烷基自由基中心碳原子上所连接碳原子数目的不同,烷基自由基可分为伯、仲、叔三种自由基。甲烷、乙烷、丙烷仲碳、异丁烷叔碳上的 C—H 键均裂可以分别生成甲基、乙基、异丙基和叔丁基自由基,生成这些自由基所需要的离解能如表 2-4 所示。

表 2-4 烷烃生成不同自由基所需离解能

	$H_3C—H$	$H_3CH_2C—H$	$(CH_3)_2HC—H$	$(CH_3)_3C—H$
离解能(kJ/mol)	435.4	410.3	397.4	380.9

离解能越大,说明生成的自由基获得能量越多,自由基内能越高,越不稳定。不同烷基自由基的稳定性顺序为:叔自由基＞仲自由基＞伯自由基＞甲基自由基。

有机反应中,越稳定的中间体越容易生成,反应速率越快。所以,不同氢原子的反应活性顺序为"叔氢＞仲氢＞伯氢"。

习 题

1. 用系统命名法命名下列化合物,并指出各碳原子的类型。

(1)
$$CH_3CH_2\underset{\underset{CH_3}{|}}{\overset{\overset{CH_3}{|}}{C}}CH_3$$

(2)
$$CH_3\overset{\overset{CH_3}{|}}{C}HCH_2\overset{}{C}HCH_2CH_3 \\ \quad\quad\quad\quad CHCH_3 \\ \quad\quad\quad\quad\ \ CH_3$$

(3)
$$CH_3\overset{}{C}HCH_2\overset{\overset{CH_3}{|}}{C}HCH_2CH_2CH_3 \\ \ \ CH_3\quad\quad\ CHCH_3 \\ \quad\quad\quad\quad\quad\ \ CH_3$$

(4)
$$CH_3CH_2\overset{\overset{CH_3}{|}}{C}H\overset{}{C}HCH_2CH_3 \\ \quad\quad\quad CH_3\ \ C_2H_5$$

(5)
$$CH_2CCH_3 \\ \ \ \ C_2H_5$$

(6)
$$CH_3\overset{\overset{CH_3}{|}}{C}HCH_2\overset{}{C}HCH_3 \\ \quad\quad\quad\quad CHCH_3 \\ \quad\quad\quad\quad\ CH_3$$

2. 写出下列化合物的结构式。
(1) 2,3,4-三甲基壬烷
(2) 2,4-二甲基-3-乙基己烷
(3) 3,3-二甲基-5,6-二异丙基十一烷
(4) 3-甲基-3-乙基己烷

3. 写出符合下列条件的构造式,并用系统命名法命名。
(1) 分子式为 C_5H_{12},且仅含有伯氢,不含有仲氢和叔氢的烷烃
(2) 分子式为 C_5H_{12},且仅含有一个叔氢的烷烃
(3) 分子式为 C_5H_{12},且仅含有伯氢和仲氢的烷烃
(4) 分子式为 C_8H_{18},且仅含有伯氢的烷烃
(5) 分子量为 100,同时含有伯、叔、季碳原子的烷烃

4. 写出分子式为 C_7H_{16} 的烷烃的各种同分异构体,并用系统命名法命名。

5. 写出 2,2,3-三甲基己烷的结构式,并指出该分子中的碳原子各属于哪一类(伯、仲、叔、季)碳原子?

6. 将下列自由基按照稳定性从大到小的顺序排列。

(1) 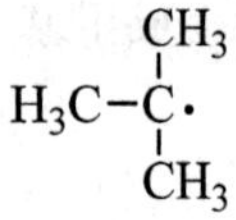 $H_3C-\underset{\underset{CH_3}{|}}{\overset{\overset{CH_3}{|}}{C}}\cdot$ (2) 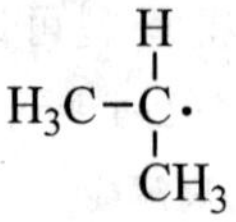 $H_3C-\underset{\underset{CH_3}{|}}{\overset{H}{C}}\cdot$ (3) $CH_3\overset{\cdot}{C}CH_2$ (4) $\cdot CH_3$

7. 写出异戊烷所能形成的各种自由基，并比较他们稳定性的大小。

8. 将下列化合物按照沸点降低的顺序排列：
(1) 正庚烷 (2) 正己烷
(3) 十二烷 (4) 2-甲基戊烷

第三章 烯 烃

分子中含碳-碳双键(C = C)的有机化合物,称为烯烃(alkenes)。烯烃广泛存在于自然界中,是有机合成中的重要原料,如乙烯在农业上是一种植物内源激素,能促进水果成熟,在工业上用于制聚烯烃和合成橡胶,还可以制造塑料,合成乙醇、乙醛、纤维等。β-胡萝卜素是存在于胡萝卜中的一种橙黄色素,是生物体内合成维生素 A 的原料,并对多种肿瘤具有一定的预防作用。与烷烃相比,烯烃分子中的π键碳原子未被氢原子完全饱和,属于不饱和烃。

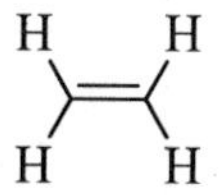

乙烯 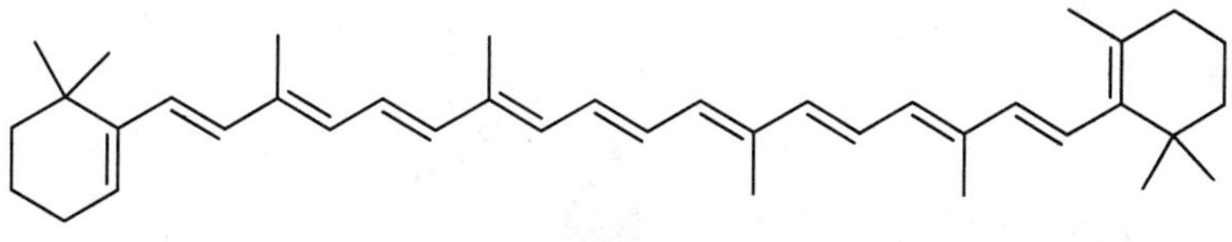　　　　　　　　　　β-胡萝卜素

烯烃分子碳链中含有碳-碳双键。只有一个碳-碳双键的称为单烯烃,通式为 C_nH_{2n};含有两个碳-碳双键的称为二烯烃,通式为 C_nH_{2n-2};含有多个碳-碳双键的称为多烯烃。本章主要讨论链状单烯烃。

一、烯烃的结构和命名

(一)烯烃的结构

烯烃的官能团是碳-碳双键(C = C)。最简单的烯烃为乙烯,电子衍射等物理方法研究表明,乙烯为一平面分子。如图 3-1 所示,分子中碳-碳双键的键长是 0.134 nm,比碳-碳单键的键长(0.154 nm)短,碳-碳双键的键能是 610.28 kJ/mol^{-1},比碳-碳单键键能(346.94 kJ/mol)的两倍(693.88 kJ/mol)小。

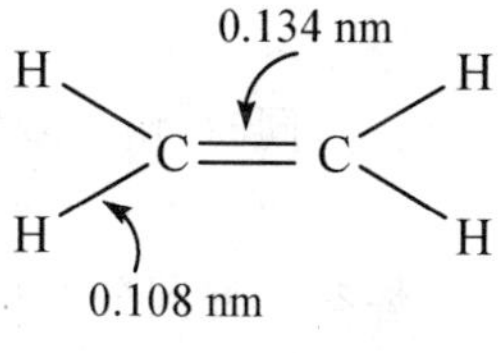

图 3-1 乙烯分子的键参数

杂化轨道理论认为,乙烯双键碳原子为 sp^2 杂化,两个 sp^2 杂化碳原子各用一个 sp^2 杂化轨道"头碰头"相互重叠形成一个碳-碳 σ 键(图 3-2a),每个碳原子剩余的两个 sp^2 杂化轨道分别与氢原子形成碳-氢 σ 键,因此,乙烯的六个原子在同一平面上,形成一平面型分子骨架。另外,每个 sp^2 杂化碳原子中还有一个未参加杂化的 p 轨道,p 轨道与平面型分子骨架相互垂直,两个 p 轨道侧面"肩并肩"相互重叠形成一个π键(图 3-2b)。

根据分子轨道理论,乙烯两个 p 原子轨道线性组合成两个π分子轨道,其中一个为成键π

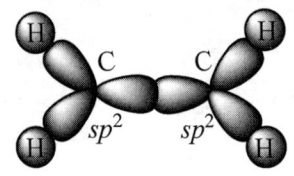
（a）乙烯分子 σ 键形成示意图

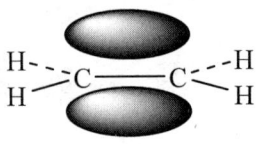
（b）乙烯分子 π 键形成示意图

图 3-2　乙烯分子的形成

分子轨道，另一个为反键 π 分子轨道。成键轨道能量较低，用 π 表示，反键轨道能量较高，用 π * 表示，如图 3-3。乙烯分子处于基态时，两个自旋相反的 π 电子填充在成键 π 分子轨道上，在乙烯分子平面的上方和下方区域出现的几率最大。

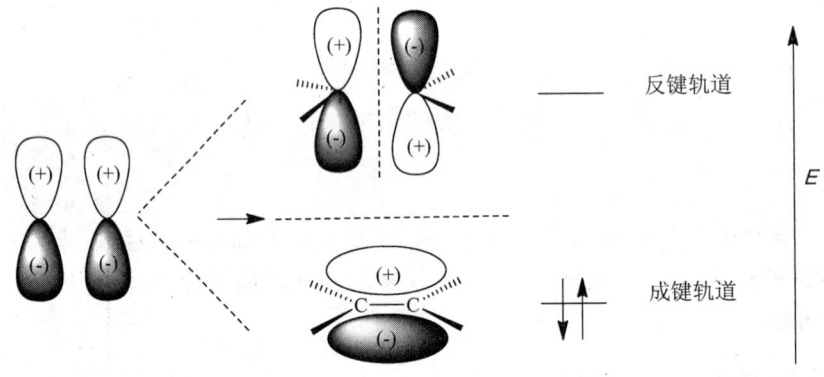

图 3-3　乙烯 π 分子轨道

其它烯烃中双键的结构和乙烯相似，双键碳原子 sp^2 杂化，双键由一个 σ 键和一个 π 键构成。由于双键碳原子之间共用两对电子，碳-碳双键的键长比碳-碳单键的键长短，碳-碳双键的键能比碳-碳单键键能的两倍小。

σ 键是轴对称，而 π 键是面对称，如果旋转碳-碳双键，必然破坏侧面平行重叠的 π 键，所以，碳-碳双键两端碳原子不能绕键轴自由旋转。

（二）烯烃的顺反异构

烯烃存在碳链异构、官能团位置异构等，同时，由于双键不能自由旋转，某些烯烃还存在顺反异构。

乙烯、丙烯都没有同分异构体，而丁烯有 4 种同分异构体。

$H_2C=CHCH_2CH_3$	$\underset{H}{\overset{CH_3}{>}}C=C\underset{H}{\overset{CH_3}{<}}$	$\underset{H}{\overset{CH_3}{>}}C=C\underset{CH_3}{\overset{H}{<}}$	$H_2C=C\underset{CH_3}{\overset{CH_3}{<}}$
1-丁烯	顺-2-丁烯	反-2-丁烯	2-甲基丙烯
1-butylene	cis-2-bytylene	trans-2-bytylene	2-inethyl propene

在两个 2-丁烯结构中，原子的连接方式及次序相同，即构造相同，但取代基在空间的位置不同，称为顺反异构体。顺反异构属于构型异构的一种。构型异构是指构造相同，各基团在空间排列方式不同所产生的异构现象。

分子产生顺反异构必须具备两个条件：一是分子中有限制自由旋转的因素，如碳-碳双键；二是对烯烃而言，双键相连的每个碳原子各自连有不同的原子或基团。如果其中一个碳原子连有两个相同的原子或基团，不存在顺反异构，例如：

$$\underset{a}{\overset{a}{>}}C=C\underset{b}{\overset{b}{<}} \quad \underset{a}{\overset{a}{>}}C=C\underset{c}{\overset{b}{<}} \quad \underset{d}{\overset{a}{>}}C=C\underset{b}{\overset{b}{<}} \quad \underset{b}{\overset{a}{>}}C=C\underset{c}{\overset{a}{<}}$$

(i)　　　　(ii)　　　　(iii)　　　　(iv)

其中(i)(ii)(iii)有顺反异构，(iv)没有顺反异构。

顺反异构体理化性质和生物活性均不相同，表明分子构型与生物功能之间有密切的关系。例如，有降血脂作用的亚油酸分子中碳-碳双键碳原子所连基团都是瞬时构型。

$$H_3C(HC)_4 \overset{H}{\underset{}{C}}=\overset{H}{\underset{}{C}} CH_2 \overset{H}{\underset{}{C}}=\overset{H}{\underset{}{C}} (CH_2)_7COOH$$

亚油酸
(linoleic acid)

（三）烯烃的命名

烯烃的命名类似于烷烃，简单烯烃可用普通命名法命名，称某烯，英文名称烷烃后缀"-ane"改成"-ene"，例如：

$$H_2C=CHCH_2CH_3 \qquad H_2C=\overset{CH_3}{\underset{|}{C}}CH_3$$

正丁烯　　　　　　　　异丁烯
(n-butene)　　　　　　(iso-butene)

烯烃去掉一个氢原子剩余的基团称为烯基。烯基采用系统命名法时，编号从失去氢的碳原子开始，常见烯基见表 3-1。

表 3-1　一些常见烯基的名称

烷基	普通命名法 中文名(英文名)	IUPAC命名法 中文名(英文名)
$CH_2=CH-$	乙烯基(vinyl)	乙烯基(ethenyl)
$CH_2=CH-CH_2-$	烯丙基(propenyl)	2-丙烯基(2-propenyl)
$CH_3-CH=CH-$	丙烯基(allyl)	1-丙烯基(1-propenyl)
$CH_2=\overset{CH_3}{\underset{\|}{C}}-$	异丙烯基(isopropenyl)	1-甲基乙烯基(1-methylethenyl)

结构复杂的烯烃用系统命名法命名，烯烃总是以烯为母体，系统命名原则如下：

选主链　选择含碳-碳双键的最长碳链为主链，按主链的碳原子数目称为某烯；

编号　从靠近双键一端开始，使双键的位次最小；

书写名称　将双键的位号写在母体名称之前，取代基的书写方法与烷烃相同；例如：

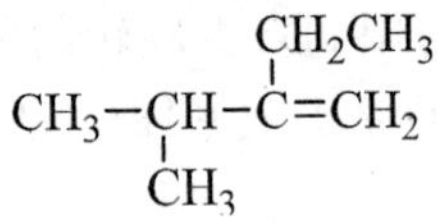

$$\underset{\underset{CH_3}{|}}{CH_3-CH}-\underset{\underset{}{|}}{\overset{\overset{CH_2CH_3}{|}}{C}}=CH_2 \qquad CH_3-\overset{\overset{CH_3}{|}}{C}=CH_2$$

3-甲基-2-乙基-1-丁烯　　　　　　　2-甲基-1-丙烯
(2-ethyl-3-methyl-1-Butene)　　　　(2-methyl-1-propylene)

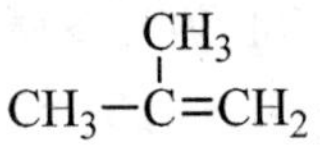

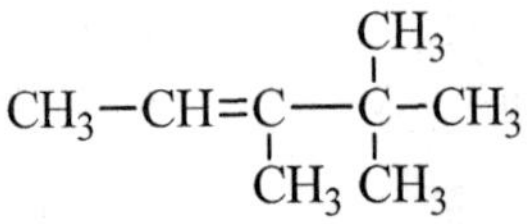

$$CH_3-CH=C-\underset{\underset{CH_3\ CH_3}{|\ \ |}}{\overset{\overset{CH_3}{|}}{C}}-CH_3$$

3,4,4-三甲基-2-戊烯
(3,4,4-trimethyl-2-pentene)

多烯烃 选含多个双键的最长碳链作主链,例如:

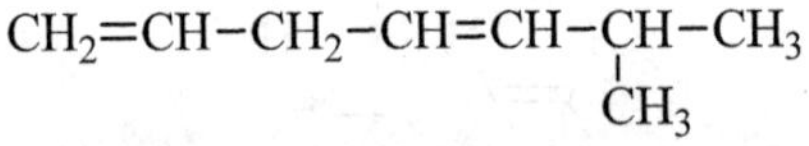

$$CH_2=CH-CH_2-CH=CH-\underset{\underset{CH_3}{|}}{CH}-CH_3$$

6-甲基-1,4-庚二烯(6-methyl-1,4-heptadiene)

烯烃顺反异构体的命名 IUPAC 建议用 Z/E(Z 是德文 Zusammen 的第一个字母,指"在一起"的意思;E 是德文 Entgegen 的第一个字母,指"相反"的意思)来标记两个立体异构体。即按次序规则,分别比较两个双键碳原子上的取代基,优先基团在双键同侧的称为"Z"构型;优先基团在双键异侧的称为"E"构型。

构型标记写在化合物名称的前面,例如:

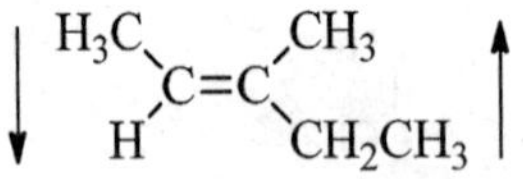

(E)-3-甲基-2-戊烯　　　　　　　(Z)-3-甲基-2-戊烯
(E)-3-methyl-2-pentene　　　　(Z)-3-methyl-2-pentene
顺-3-甲基-2-戊烯　　　　　　　反-3-甲基-2-戊烯
cis-3-methyl-2-pentene　　　　trans-3-methyl-2-pentene

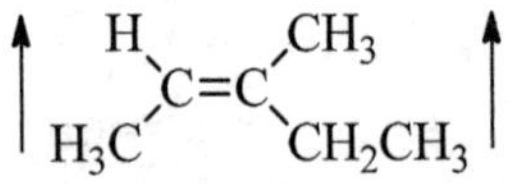

采用 Z/E 表示构型以前,曾采用顺(cis-)、反(trans-)来表示双键的两种不同构型,规定相同基团在双键同侧称为"顺",在双键异侧的称为"反",如上例所示。

Z/E 标记构型和顺/反标记构型之间没有必然的对应关系,顺/反标记法只适用于一些简单的结构,不易标记的复杂结构,采用 Z/E 标记法。

多烯烃则应分别标出不同双键的构型,例如:

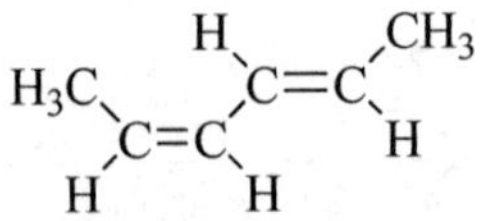

(2Z, 4E)-2,4-己二烯
(2Z, 4E)-2,4-hexdiene

二、烯烃的物理性质

烯烃的物理性质与烷烃相似,其沸点、熔点、溶解度、密度随着碳原子数的增加而规律性变化。常温常压下,含 C_1～C_4 的烯烃为气体,含 C_5～C_{18} 的为液体,高级烯烃为固体;烯烃密度均小于 $1\ g\cdot cm^{-3}$,比相应烷烃略大;烯烃中由于π键的存在,极化性比烷烃强,沸点比相应烷烃高,折射率也略高。

顺反异构体中,顺式沸点通常比反式烯烃高,熔点则顺式比反式低。这是因为顺式烯烃分子比反式烯烃分子的偶极矩大,分子间作用力也大,所以沸点较高;而反式烯烃分子比顺式烯烃分子更有利于紧密堆积,所以熔点高些。

和烷烃相似,弱极性的烯烃难溶于水,易溶于非极性或弱极性有机溶剂。常见烯烃的物理常数见表 3-2。

表 3-2　一些烯烃的物理常数

结构式	名称	沸点(℃)	熔点(℃)	相对密度(d_4^{20})
$CH_2=CH_2$	乙烯	−103.7	−169	
$CH_3CH=CH_2$	丙烯	−47.4	−185.2	0.5192
$CH_3CH_2CH=CH_2$	1-丁烯	−6.3	−185.3	0.5951
顺-$CH_3CH=CHCH_3$	顺-2-丁烯	3.7	−138.9	0.6213
反-$CH_3CH=CHCH_3$	反-2-丁烯	0.9	−105.5	0.6042
$CH_3-C(CH_3)=CH_2$	异丁烯	−6.9	−140.3	0.5942
$CH_3CH_2CH_2CH=CH_2$	1-戊烯	29.0	−138	0.6405
$CH_3(CH_2)_3CH=CH_2$	1-己烯	63.3	−139.8	0.6731
$CH_3(CH_2)_4CH=CH_2$	1-庚烯	93.6	−119	0.6970
$CH_3(CH_2)_{15}CH=CH_2$	1-十八碳烯	179	17.5	0.791

三、烯烃的化学性质

烯烃的官能团为碳-碳双键,双键中的π键易极化、易断裂,烯烃的化学性质非常活泼。特别是π键电子云分布在平面分子骨架的两侧,易受到亲电试剂进攻,所以烯烃的主要反应是亲电加成反应。另外烯烃还易发生氧化、聚合等反应。

(一) 的加成反应

烯烃双键中的 π 键断裂,两双键碳原子上各加上一个其他原子。

$$\diagdown C=C\diagup + XY \longrightarrow -\underset{X}{\overset{|}{C}}-\underset{Y}{\overset{|}{C}}-$$

加成试剂 XY 不同,加成反应的类型也不同。常见的加成反应有催化加氢、亲电加成反应等。

1. 催化加氢

在催化剂作用下,烯烃和氢气加成生成烷烃,加氢反应又叫催化氢化。

$$RCH=CHR' + H_2 \xrightarrow{催化剂} RCH_2-CH_2R'$$

烯烃的加氢反应在无催化剂时很难进行,催化剂可以降低反应的活化能,使加氢反应顺利进行。常用的催化剂有 Pt、Pd、Ni(Raney Ni)等。

一般认为催化加氢反应是在催化剂表面进行的,催化剂把烯烃和氢气吸附在催化剂表面,氢分子在催化剂作用下分解成氢原子,氢原子与双键碳原子结合生成烷烃,并脱离催化剂表面。

烯烃的加氢反应是一个放热反应,每摩尔烯烃催化氢化生成烷烃放出的热量,称为烯烃的氢化热。氢化热的大小反映了烯烃分子能量的高低,氢化热越大,说明烯烃分子的内能越高。所以,用化合物氢化热的数值,可以判断不同烯烃的相对稳定性。

加氢反应是定量完成的,可以通过测定反应吸收氢的量来确定不饱和化合物中不饱和键的数目。

烯烃的催化加氢多数为顺式加成。

2. 亲电加成

(1) 加卤素

烯烃与卤素易发生加成反应,不需要催化剂,室温下即可顺利进行,反应速度很快。

烯烃与卤素加成生成邻二卤代物。例如将乙烯或丙烯气通入溴的四氯化碳溶液中,立即生成无色的 1,2-二溴乙烷或 1,2-二溴丙烷,溴的红棕色褪去。此反应可用于鉴别烯烃。

$$CH_2=CH-CH_3 + Br_2 \longrightarrow \underset{Br}{CH_2}-\underset{Br}{CH}-CH_3$$

1,2-二溴丙烷

不同卤素与烯烃加成的活性次序为:

$$F_2 > Cl_2 > Br_2 > I_2$$

氟与烯烃反应剧烈,反应放出大量热能使烯烃分解,故需要在特殊条件下进行;碘与烯烃一般不发生反应;常用氯、溴与烯烃反应制备邻二氯代物或邻二溴代物。

研究烯烃与溴的加成发现,烯烃与溴在干燥的四氯化碳中反应很慢,加入一滴水后,反应立即发生;当烯烃与溴加成反应在氯化钠水溶液中进行时,除生成 1,2-二溴乙烷外,还生成 1-氯-2-溴乙烷和溴乙醇,若无溴存在,乙烯与氯化钠水溶液不发生反应。

实验结果表明,烯烃与卤素的加成需要在极性条件下进行,两个溴原子分步加成到双键碳原子上。综合大量实验事实,人们认为烯烃与溴的加成按以下机理发生。

第一步:当溴与烯烃接近时,受到烯烃 π 电子云供电子的影响,溴分子发生极化,溴分子中离双键较远的溴原子带有部分负电荷,靠近双键的溴原子带有部分正电荷;溴分子中带部分正电荷的溴原子与双键作用,Br-Br 键断裂,同时形成带正电荷的环状溴鎓离子和溴负离子。

$$\underset{C}{\overset{C}{\|}} + \overset{\delta^+}{Br}-\overset{\delta^-}{Br} \xrightarrow{\text{慢}} \underset{C}{\overset{C}{\rlap{\diagdown}\rlap{\diagup}}}Br + Br^-$$

第二步:溴负离子从背面进攻溴鎓离子,三元环开环,生成邻二溴代物。

$$Br^- + \overset{|}{\underset{|}{C}}\!\!\!\!\overset{\curvearrowright}{\underset{}{\cdot}}\!\!\!\!\overset{|}{\underset{|}{C}}Br \xrightarrow{快} \begin{array}{c} Br-\overset{|}{\underset{|}{C}}- \\ -\overset{|}{\underset{|}{C}}-Br \end{array} \quad (反式加成)$$

并且第一步反应为慢步骤,此步控制整个反应的反应速率,所以,烯烃与卤素的加成称为离子型亲电加成反应。

(2) 加卤化氢

烯烃与卤化氢加成生成一卤代烷,例如:

$$CH_2=CH_2 + HCl \xrightarrow[130-250\ ℃]{AlCl_3} \begin{array}{c} CH_2-CH_2 \\ H \quad\quad Cl \end{array}$$
氯乙烷

不同卤化氢与烯烃加成反应活性为:$HI > HBr > HCl$。

不对称烯烃与卤化氢加成时生成的产物可能有两种,但加成反应的取向具有区域选择性,例如:

$$CH_3CH_2CH=CH_2 \xrightarrow{HBr} \underset{\underset{Br}{|}}{CH_3CH_2CHCH_3} + \underset{\underset{Br}{|}}{CH_3CH_2CH_2CH_2}$$
2-溴丁烷(80%)　　1-溴丁烷(20%)

1869 年俄国化学家马尔柯夫尼柯夫(Markovnikov)根据一些实验事实总结出一条经验规则,即卤化氢与不对称烯烃加成时,氢原子总是优先加到含氢较多的双键碳原子上,卤素原子加到含氢较少的双键碳原子上。此规则称为马尔柯夫尼柯夫规则,简称马氏规则。

马氏规则是经验规则,但得到了理论解释。

烯烃与卤化氢的亲电加成反应分两步进行,第一步,H^+ 加到双键碳原子上生成碳正离子中间体,第二步,卤素负离子与碳正离子结合生成产物。

$$\overset{}{\underset{}{\diagdown}}C=C\overset{}{\underset{}{\diagup}} + H^+ \xrightarrow{慢} -\overset{|}{\underset{H}{C}}-\overset{|}{\underset{+}{C}}-$$

$$-\overset{|}{\underset{H}{C}}-\overset{|}{\underset{+}{C}}- + X^- \xrightarrow{快} -\overset{|}{\underset{H}{C}}-\overset{|}{\underset{X}{C}}-$$

第一步反应较慢,决定整个反应的反应速率。

碳正离子是有机化学反应中最常见的活性中间体,很多有机反应都是通过碳正离子中间体进行的。

杂化轨道理论认为,在碳正离子中,带正电荷的中心碳原子 sp^2 杂化,三个 sp^2 杂化轨道处于同一平面,未参与杂化的 p 轨道垂直于此平面,p 轨道是一个未填充电子的空轨道。图 3-4 为甲基碳正离子的结构示意图。

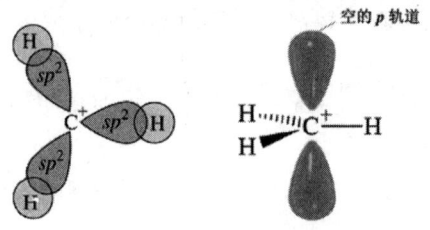

图 3-4 甲基碳正离子结构示意图

烷基碳正离子是一种缺电子的活性中间体,烷基的供电子效应有利于带正电荷的中心碳原子电荷分散,所以,不同烷基碳正离子的稳定性顺序为:叔碳正离子＞仲碳正离子＞伯碳正离子＞甲基碳正离子。

1-丁烯与溴化氢的加成反应中,可生成两种碳正离子中间体(Ⅰ)和(Ⅱ),显然,中间体(Ⅰ)稳定性大于(Ⅱ),所以中间体(Ⅰ)容易生成,该反应取向与马氏规则一致。

$$CH_3CH_2CH=CH_2 \xrightarrow{H^+} \begin{array}{l} CH_3\overset{+}{C}H_2CHCH_3 \\ (I) \end{array} \xrightarrow{Br^-} \begin{array}{l} CH_3CH_2CHCH_3 \\ \quad\quad\quad\quad\;\; |\\ \quad\quad\quad\quad\;\; Br \end{array} (80\%)$$

$$\begin{array}{l} CH_3CH_2\overset{+}{C}H_2CH_2 \\ (II) \end{array} \xrightarrow{Br^-} \begin{array}{l} CH_3CH_2CH_2CH_2 \\ \quad\quad\quad\quad\quad\;\; |\\ \quad\quad\quad\quad\quad\;\; Br \end{array} (20\%)$$

在经历碳正离子的化学反应中,不稳定的碳正离子常发生重排,转变为更稳定的碳正离子,并影响到反应结果。例如,在3,3-二甲基-1-丁烯与 HCl 的反应中,符合马氏规则的加成产物(2,2-二甲基-3-氯丁烷)仅占17%,而重排产物(2,3-二甲基-2-氯丁烷)达到83%,成为主要产物。

$$\underset{\text{3,3-二甲基-1-丁烯}}{(CH_3)_3C-CH=CH_2} \xrightarrow{HCl} \underset{\text{2,2-二甲基-3-氯丁烷}}{\underset{17\%}{(CH_3)_3C-CHCl-CH_3}} + \underset{\text{2,3-二甲基-2-氯丁烷}}{\underset{83\%}{(CH_3)_2CCl-CH(CH_3)_2}}$$

该反应的结果可用如下机理解释:

$$(CH_3)_3C-CH=CH_2 \xrightarrow{HCl} (CH_3)_3C-\overset{+}{C}H-CH_3 \xrightarrow{Cl^-} (CH_3)_3C-CHCl-CH_3$$
$$(I) \quad\quad\quad\quad\quad \text{次要产物}$$

$$\downarrow \text{重排}$$

$$(CH_3)_2\overset{+}{C}-CH(CH_3)_2 \xrightarrow{Cl^-} (CH_3)_2CCl-CH(CH_3)_2$$
$$(II) \quad\quad\quad\quad\quad \text{主要产物}$$

反应首先生成仲碳正离子（Ⅰ），相邻碳原子上的甲基迁移后可转变为更稳定的叔碳正离子（Ⅱ），所以该反应主要生成重排产物。

在过氧化物的作用下，不对称不饱和烃与 HBr 加成得到的是反马氏加成产物，这种由于过氧化物存在引起不饱和烃加成取向的改变，称为过氧化物效应。原因是，在过氧化物存在下，HBr 与烯烃的加成为自由基加成。

$$CH_3CH_2CH=CH_2 \xrightarrow[\text{过氧化物}]{HBr} CH_3CH_2CH_2CH_2Br$$

1-溴丁烷

（3）加硫酸

烯烃与浓硫酸加成时，硫酸中的质子和硫酸氢根负离子分别加到双键的两个碳原子上，生成硫酸氢酯。不对称烯烃与硫酸加成的取向符合马氏规则，例如：

$$H_3C-CH=CH_2 + H-OSO_3H \longrightarrow H_3C-CH(OSO_3H)-CH_3$$

硫酸氢异丙脂

硫酸氢酯水解生成醇，是工业上制备醇的一种方法，称为烯烃的间接水合法。

$$CH_3-CH(OSO_3H)-CH_3 \xrightarrow[\Delta]{H_2O} CH_3-CH(OH)-CH_3$$

异丙醇

烯烃与硫酸反应很快，生成的硫酸氢酯可溶于硫酸，通过此法可以提纯混合有烯烃且不溶于硫酸的有机物（如烷烃、卤代烃等）。

例如，甲烷气中含有少量乙烯，将此混合气体通过硫酸，乙烯与硫酸反应并溶于硫酸，甲烷得到纯化。

烯烃加硫酸的反应机理与烯烃加卤化氢的反应机理相似，也是经历碳正离子中间体的亲电加成反应。

（4）加水

一般情况下烯烃与水不发生反应，但在适当条件下，烯烃也可以直接加水得到醇，这是制备醇的另一种方法，称为烯烃直接水合法。例如：

$$CH_3-CH=CH_2 + H_2O \xrightarrow[195\ ^\circ C,\ 2\ MPa]{H_3PO_4} CH_3-CH(OH)-CH_3$$

工业上利用乙烯或丙烯为原料，可通过直接水合法大规模生产乙醇或异丙醇。

（5）加次卤酸

烯烃与次卤酸加成生成β-卤代醇，服从马氏规则。次卤酸不稳定，实际生产中，常用卤素（氯或溴）与水来代替次卤酸。

$$CH_3-CH=CH_2 \xrightarrow{X_2 + H_2O} CH_3-\underset{OH}{CH}-\underset{X}{CH_2}$$

反应过程可能是通过环状卤鎓离子完成的。第一步,卤素与烯烃加成形成带正电荷的环状卤鎓离子;第二步,HO⁻ 或 H₂O 再与环状卤鎓离子反应,得到反式加成产物。

$$\underset{CH_2}{\overset{CH_2}{\|}} \xrightarrow{Cl_2} \underset{H_2C}{\overset{HC}{\diagup}}\!\!\overset{+}{|}\!\!Cl \xrightarrow{H_2O} \underset{HO-CH_2}{\overset{H_2C-Cl}{|}}$$

氯乙醇

(二) 氧化反应

烯烃容易被氧化,控制氧化条件,可得到不同的氧化产物。常用氧化剂有高锰酸钾、臭氧、过氧化物等。

1. 高锰酸钾氧化

烯烃很容易被高锰酸钾氧化,反应条件不同,氧化产物不同。在稀、冷、中性的高锰酸钾溶液中或在室温、稀碱性条件下氧化,得到邻二醇。

$$\overset{|}{\underset{|}{C}}=\overset{|}{\underset{|}{C}} \xrightarrow[\text{冷, OH}^-]{KMnO_4, H_2O} \overset{|}{\underset{|}{C}}\!\!-\!\!O\!\!\diagdown\!\!MnO_2 \longrightarrow \overset{|}{\underset{|}{C}}\!\!-\!\!OH + MnO_2\downarrow$$

顺式邻二醇

在酸性或碱性加热条件下氧化,烯烃双键断裂,生成酮或酸。

$$\underset{R^2}{\overset{R^1}{\diagdown}}C=CH-R^3 \xrightarrow{KMnO_4, H^+} \underset{R^2}{\overset{R^1}{\diagdown}}C=O + R^3-\overset{O}{\overset{\|}{C}}-OH$$

酮   羧酸

$$\underset{R^2}{\overset{R^1}{\diagdown}}C=CH_2 \xrightarrow{KMnO_4, H^+} \underset{R^2}{\overset{R^1}{\diagdown}}C=O + H-\overset{O}{\overset{\|}{C}}-OH$$

酮   甲酸

$$\xrightarrow{[O]} CO_2 + H_2O$$

利用此反应,可根据产物推测原烯烃的结构。

$KMnO_4$ 氧化不饱和烃时紫色褪去,如果不饱和键在一端,可放出 CO_2 气体,据此可鉴别不饱和烃以及不饱和键在一端的化合物。

2. 臭氧氧化

烯烃被臭氧氧化,经还原水解,双键断裂生成二分子羰基化合物。

$$\underset{R^2}{\overset{R^1}{>}}C=C\underset{H}{\overset{R^3}{<}} \xrightarrow{O_3} \underset{R^2}{\overset{R^1}{>}}\underset{O-O}{\overset{C-C}{|}}\underset{H}{\overset{R^3}{<}} \xrightarrow{H_2O}{Zn粉} \underset{R^2}{\overset{R^1}{>}}C=O + O=C\underset{H}{\overset{R^3}{<}}$$

酮　　　醛

使用锌粉的目的是分解水解过程中生成的双氧水,防止醛进一步被氧化生成羧酸。利用此反应,分析烯烃臭氧化后还原水解的产物,可以推测原烯烃的结构。

3. 烯烃的环氧化反应

工业上,银或氧化银催化剂存在下,乙烯可被空气中的氧气氧化生成环氧乙烷。

$$H_2C=CH_2 + O_2 \xrightarrow[250\ ℃]{Ag} H_2C\overset{O}{\underset{}{\diagdown\diagup}}CH_2$$

环氧乙烷

烯烃用过氧酸氧化,得到1,2-环氧化合物。

$$H_3C-CH=CH_2 \xrightarrow{RCOOOH} H_3C-CH\overset{O}{\underset{}{\diagdown\diagup}}CH_2$$

环氧丙烷

(三) 烯烃α-氢的卤代反应

烯烃中双键α-碳原子上的氢原子(α-H)受到双键影响,比较活泼,在高温(500~600 ℃)或光照条件下,易发生α-H的自由基取代反应。

$$H_3C-CH=CH_2 \xrightarrow[500\ ℃]{Cl_2} \underset{Cl}{\overset{}{H_2C-CH=CH_2}}$$

3-氯-1-丙烯

(四) 聚合反应

在催化剂或引发剂作用下,不饱和烃通过π键断裂自身加成,生成相对分子量较大的化合物,该反应称为聚合反应。能起聚合反应的小分子化合物称为单体,聚合后得到的大分子化合物称为聚合物,又称高分子化合物。

烯烃聚合可得到聚烯烃,如乙烯、丙烯、苯乙烯等聚合,可分别得到聚乙烯、聚丙烯、聚苯乙烯等。

$$n\ H_2C=\underset{R}{\overset{}{CH}} \xrightarrow{催化剂} \left[CH_2-\underset{R}{\overset{}{CH}}\right]_n$$

单体　　　　　　　聚合物

四、重要的烯烃

(一) 乙烯

通常情况下,乙烯是一种无色稍有气味的气体,熔点 −169.4 ℃,比空气的密度略小,难溶于水,易溶于四氯化碳等有机溶剂。

乙烯是合成纤维、合成橡胶、合成塑料(聚乙烯及聚氯乙烯)、合成乙醇(酒精)的基本化工原料,也用于制造氯乙烯、苯乙烯、环氧乙烷、醋酸、乙醛、乙醇和炸药等,还可用作水果和蔬菜的催熟剂,是一种已证实的植物激素。成熟组织释放乙烯较少,而在分生组织、萌发的种子、凋谢的花朵和成熟过程中的果实中乙烯的量较大,其主要存在于成熟的果实、茎的节、衰老的叶子中。

(二) 异戊二烯

异戊二烯是最简单的类异戊二烯化合物,广泛存在于自然界中,常温下是一种无色、易挥发、有刺激性气味的油状液体,沸点 34 ℃,易溶于乙醇、乙醚、丙酮等有机溶剂。异戊二烯含有共轭双键,是萜烯类物质生物合成的共同前体,化学性质活泼,能与多种化合物发生聚合反应,是合成橡胶、类异戊二烯药物的重要原料,广泛应用于医药、农药、食品添加剂等领域,如生产柠檬醛、角鲨烯、氯菊酸乙酯、异戊烯氯等。同时,异戊二烯是天然橡胶的重要单体,天然橡胶的化学成分是顺型或者反型的 1,4-聚异戊二烯。人们通常所说的天然橡胶主要是指顺-1,4-聚异戊二烯。

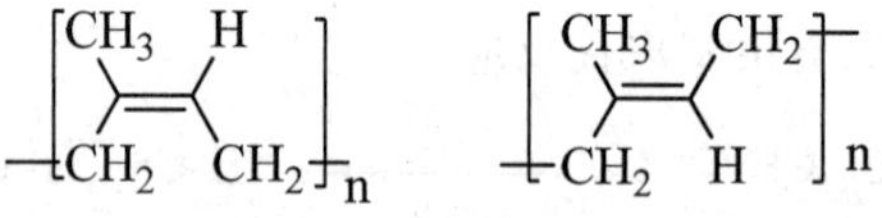

顺-1,4-聚异戊二烯　　反-1,4-聚异戊二烯

传统的异戊二烯主要以石油产品为原料,分离裂解 C5 馏分及化学合成等方法获取。异戊二烯生物体内合成主要有两条途径:甲羟戊酸途径和甲基赤藓糖醇磷酸途径。甲羟戊酸途径主要存在于真核生物、古菌和高等植物的细胞质基质中,主要合成倍半萜、甾醇等三萜以及一些多萜化合物。甲基赤藓糖醇磷酸途径主要存在于大多数细菌、绿藻和高等植物的叶绿体内,主要合成单萜、二萜以及类胡萝卜素、叶绿素、质体醌等多萜化合物。

习　题

1. 用系统命名法命名下列各化合物。

(1) 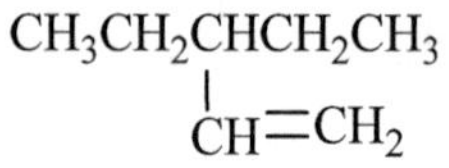 $CH_3CH_2CHCH_2CH_3$
　　　　|
　　　$CH=CH_2$

(2) $CH_3C=CHCHCH_2CH_3$
　　　|　　　|
　　C_2H_5　CH_3

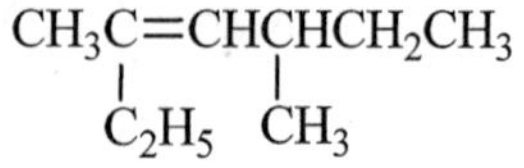

(3) $H_2C=C(CH_3CH_2)_2$

(4) 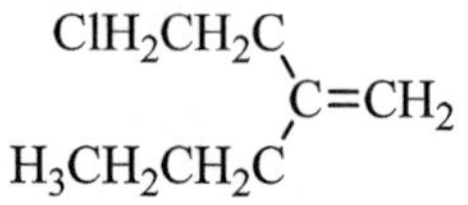 ClH_2CH_2C
　　　　　＼
　　　　　　$C=CH_2$
　　　　　／
　　$H_3CH_2CH_2C$

(5) $\underset{H_3C}{\overset{H}{>}}C=C\underset{CH_2CH_3}{\overset{CH_2CH_2CH_3}{<}}$ (6) $\underset{H_3C}{\overset{H_3CH_2C}{>}}C=C\underset{CH_2CH_3}{\overset{CH_3}{<}}$

2. 指出下列化合物有无顺反异构体，若有，则写出它们的异构体，并用顺、反法或者 Z、E 法表示其构型。

(1) 2-丁烯酸　　　　　　　　(2) 2-甲基-3-溴-2-己烯
(3) 2-苯基-3-甲基-2-戊烯　　(4) 1-氯-1,2-二溴乙烯

3. 写出分子式为 C_5H_{10} 的烯烃的各种异构体（如有顺反异构，写出构型式），并用系统命名法命名。

4. 写出下列取代基或者化合物的结构式：
(1) 顺-4-甲基-2-戊烯　　　　(2) (E)-3,4-二甲基-2-己烯
(3) 4,4-二甲基-2-戊烯　　　 (4) 烯丙基
(5) 2-丁烯基　　　　　　　　(6) 1,4-戊二烯

5. 完成下列反应方程式。

(1) $H_2C=C(CH_3CH_2)_2 \xrightarrow{Br_2}$

(2) $CH_3CH_2CH=CH_2 \xrightarrow{HCl}$

(3) $CH_2=CHCH_3 \xrightarrow[\text{过氧化物}]{HBr}$

(4) $CH_2=CHCH_3 \xrightarrow{Cl_2+H_2O}$

(5) $CH_3CH_2CH=CH_2 \xrightarrow[\text{冷, OH}^-]{KMnO_4, H_2O}$

(6) $CH_3CH_2CH=CH_2 \xrightarrow{H^+, H_2O}$

6. 排列下列碳正离子的稳定性次序。

(1) $H_3C\overset{+}{C}HC=CH_2$ (2) $CH_2=CHCH_2\overset{+}{C}H_2$

(3) $CH_3CH=\overset{+}{C}HCH_2$ (4) $H_3C-\underset{CH_3}{\overset{+}{C}}-CH=CH_2$

7. 分子式为 C_4H_8 的两种化合物，与氯化氢作用，生成相同的氯代烷，试写出两种化合物的结构式。

8. 分子式为 C_5H_{10} 的化合物 A，经催化氢化得到分子式为 C_5H_{12} 的直链化合物 B。A 在酸性溶液中与高锰酸钾作用可得到一种含有 4 个碳原子的羧酸 C。A 经臭氧化并还原水解，得到两种不同的醛 D 和 E。推测 A,B,C,D,E 的结构式，并用反应式表明推断过程。

9. 以下是单烯烃经高锰酸钾氧化所得的产物，试根据这些产物写出烯烃的结构。

(1) $(CH_3)_2CHCOOH$ 和 CO_2 (2) $HOOCCH_2CH_2CH_2COOH$
(3) $(CH_3)_2CO$ 和 CH_3COOH

第四章 炔烃和二烯烃

分子中含有碳-碳叁键的不饱和烃称为炔烃(alkyne)。含有两个碳-碳双键的烃称为二烯烃(diene)。单炔烃和链状二烯烃的分子通式均为 C_nH_{2n-2}，二者互为同分异构体。

第一节 炔烃

一、炔烃的结构和命名

最简单的炔烃是乙炔，分子式为 C_2H_2，结构式为 H-C≡C-H。电子衍射光谱等物理方法表征表明，乙炔是一直线分子，叁键键长为 0.120 nm，C—H 键长为 0.106 nm，叁键与碳氢键间夹角为 180°。

结构理论认为：乙炔分子中，碳原子为 sp 杂化，两个碳原子各以一个 sp 杂化轨道沿轴向互相重叠，形成"C—C"σ 键，又各用一个 sp 杂化轨道分别与氢原子的 $1s$ 轨道形成"C—H"σ 键，得到乙炔分子的 σ 分子骨架。未参加杂化的 p 轨道两两平行重叠，形成两个彼此相垂直的 π 键，如图 4-1。

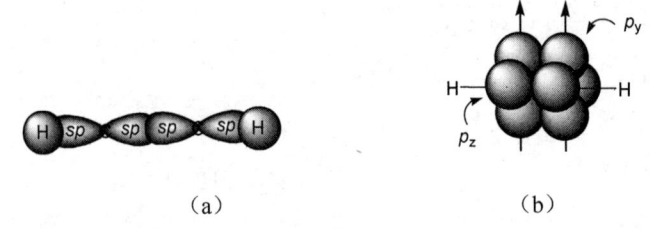

(a)　　　　　　　　(b)

图 4-1　乙炔分子形成示意图
(a) σ 键形成；(b) π 键形成

其它炔烃分子中叁键的结构和乙炔相似，均为 sp 杂化，直线型，叁键由一个 σ 键和两个 π 键组成，和碳-碳双键类似，也是不饱和键。实际上，炔烃分子中 2 对 π 电子呈圆桶型分布在 σ 键的四周。

由于碳架或叁键位置不同而引起炔烃异构，叁键碳原子上无法连接支链，因此，炔烃也没有顺反异构体，同相应烯烃相比，炔烃同分异构体数目较少。

炔烃的普通命名法是以乙炔为母体的衍生物命名法，用于简单炔烃的命名，例如：

CH₃CH₂C≡CH　　CH₃C≡CCH₃
乙基乙炔　　　　二甲基乙炔
ethylacetylene　　dimethylacetylene

炔烃的系统命名和烯烃相似，只需将"烯"改为"炔"，英文命名是将烷烃的"-ane"改为"-

yne", 例如：

$$CH_3CH_2C\equiv CH \qquad CH_3CH_2\overset{CH_3}{\underset{|}{CH}}C\equiv CCH_2CH_3 \qquad CH_3C\equiv C-C\equiv C-C\equiv CCH_3$$

1-丁炔　　　　　　5-甲基-3-庚炔　　　　　　2,4,6-辛三炔

1-butyne　　　　　5-methyl-3-heptyne　　　　2,4,6-octtriyne

分子中同时具有叁键和双键，应选择同时含有两者在内的最长碳链为主链，称为"烯炔"，烯在前，炔在后。碳链编号从最先遇到双键或叁键的一端开始，若在主链两端等距离处遇到双键或叁键，应优先考虑双键，例如：

$$CH_3CH=CHC\equiv CH \qquad CH_3C\equiv CCH=CH_2 \qquad CH_3C\equiv CC\overset{CH_3}{\underset{|}{H}}CH_2CH=CHCH_3$$

3-戊烯-1-炔　　　　　1-戊烯-3-炔　　　　　　5-甲基-2-辛烯-6-炔

3-penten-1-yne　　　1-penten-3-yne　　　　　5-methyl-2-octen-6-yen

复杂炔烃也可将分子中炔键结构部分作为取代基来命名，常见的炔基有。

$CH\equiv C-$　　　　　$CH_3C\equiv C-$　　　　　$CH\equiv CCH_2-$

乙炔基　　　　　1-丙炔基（丙炔基）　　　2-丙炔基（炔丙基）

ethynyl　　　　　1-propynyl　　　　　　2-propynyl

二、炔烃的物理性质

常温下，$C_2 \sim C_4$ 的炔烃为气体，$C_5 \sim C_{15}$ 的炔烃为液体，C_{16} 以上的炔烃为固体。炔烃和烷烃、烯烃相似，熔点和沸点随相对分子质量的增加而升高，但由于炔键中 π 电子增多，同时炔键呈直线型结构，分子间较易靠近，分子间作用略增大，其沸点、熔点、密度均比烷烃和烯烃略高。炔烃在水中的溶解度很小，但易溶于有机溶剂。表 4-1 为常见炔烃的物理常数。

表 4-1　常见炔烃的物理常数

名　　称	结　构　式	熔点（℃）	沸点（℃）	密度（g·cm⁻³）
乙炔(ethyne)	HC≡CH	-81.8	-75	0.6179(l)
丙炔(propyne)	HC≡CCH₃	-101.5	23.3	0.6714(l)
1-丁炔(1-butyne)	HC≡CCH₂CH₃	-122.5	8.6	0.6682(l)
2-丁炔(2-butyne)	CH₃C≡CCH₃	-24	27	0.6937
1-戊炔(1-pentyne)	HC≡C(CH₂)₂CH₃	-98	39.7	0.6950
2-戊炔(2-pentyne)	CH₃C≡CCH₂CH₃	-101	55.5	0.7127
3-甲基-1-丁炔(3-methyl-1-butyne)	HC≡CCH(CH₃)₂		28	0.6650
1-己炔(1-hexyne)	HC≡C(CH₂)₃CH₃	-124	71	0.7195
2-己炔(2-hexyne)	CH₃C≡C(CH₂)₂CH₃	-92	84	0.7305
3-己炔(3-hexyne)	CH₃CH₂C≡CCH₂CH₃	-51	82	0.7255
3,3-二甲基-1-丁炔(3,3-dimethyl-1-butyne)	HC≡CC(CH₃)₃	-81	38	0.6686
1-庚炔(1-heptyne)	HC≡C(CH₂)₄CH₃	-80	100	0.7330

续表

1-辛炔(1-octyne)	$HC{\equiv}C(CH_2)_5CH_3$	−70	126	0.7470
1-壬炔(1-nonyne)	$HC{\equiv}C(CH_2)_6CH_3$	−65	151	0.7630
1-癸炔(1-decyne)	$HC{\equiv}C(CH_2)_7CH_3$	−36	182	0.7700

三、炔烃的化学性质

炔烃的官能团是碳-碳叁键,$C{\equiv}C$ 中有两个较弱的 π 键,因此和烯烃相似,炔烃亦可以发生加成、氧化、聚合等反应。不同于烯烃的是 $C{\equiv}C$ 中的碳原子为 sp 杂化,使得 $C{\equiv}C-H$ 上的 $C-H$ 键极性增大,炔氢具有弱酸性,可以和金属作用生成金属炔化物。

(一) 加成反应

1. 加氢

炔烃催化加氢时,先生成烯,继续加氢得到烷烃。

$$R-C{\equiv}CH \xrightarrow[\text{催化剂}]{H_2} RCH=CH_2 \xrightarrow[\text{催化剂}]{H_2} RCH_2CH_3$$

用 Pt、Pd、Ni 等催化剂,反应很难停留在烯烃阶段,氢气过量,炔烃加氢可直接生成烷烃。用活性较低的催化剂,如 Lindlar(林德拉)催化剂,可高收率得到烯烃,且得到的烯烃为顺式构型,例如:

$$CH_3-C{\equiv}C-CH_3 \xrightarrow[Pd/CaCO_3(BaSO_4)]{H_2} \underset{H}{\overset{CH_3}{>}}C=C\underset{H}{\overset{CH_3}{<}}$$

Lindlar 催化剂是将钯附着在碳酸钙或硫酸钡表面,使催化剂活性降低。

2. 亲电加成反应

(1) 加卤素

炔烃加卤素首先生成邻二卤代烯,进一步加成生成四卤代烷,例如:

$$HC{\equiv}CH \xrightarrow{Br_2} BrHC=CHBr \xrightarrow{Br_2} Br_2CHCHBr_2$$

Br_2 与炔烃的亲电加成反应使溴水褪色,此反应可用于叁键的定性鉴定。炔烃与卤素的加成可以控制在邻二卤代烯的阶段,并且按反式加成方式发生,主要生成反式加成产物,例如:

$$CH_3CH_2C{\equiv}CCH_2CH_3 + Br_2 \longrightarrow \underset{Br}{\overset{CH_3CH_2}{>}}C=C\underset{CH_2CH_3}{\overset{Br}{<}}$$

(2) 加卤化氢

炔烃和一分子 HX 加成,生成一卤代烯,进一步加成生成同碳二卤代烷(也称为偕二卤代烷),例如:

$$HC{\equiv}CH \xrightarrow[HgCl_2]{HCl} H_2C=CHCl \xrightarrow{HCl} CH_3CHCl_2$$

不对称炔烃和卤化氢加成时符合马氏规则,例如:

$$CH_3C{\equiv}CH \xrightarrow{HBr} H_3C\overset{Br}{C}=CH_2 \xrightarrow{HBr} H_3C-\underset{Br}{\overset{Br}{C}}-CH_3$$

炔烃与溴化氢加成时，也存在过氧化物效应，例如：

$$n\text{-}C_4H_9C\equiv CH \xrightarrow[\text{过氧化物}]{HBr} n\text{-}C_4H_9CH=CHBr$$

3. 酸催化加水

乙炔在硫酸汞和硫酸的催化下与水反应，先生成乙烯醇，乙烯醇非常不稳定，立刻转变成稳定的乙醛。

$$HC\equiv CH + H_2O \xrightarrow[H_2SO_4]{HgSO_4} \left[\begin{matrix} HC=CH_2 \\ | \\ OH \end{matrix} \right] \longrightarrow CH_3CHO$$

乙烯醇（不稳定）

其它炔烃的水合符合马氏规则。只有乙炔水合生成醛，其它炔烃生成酮，例如：

$$CH_3(CH_2)_5C\equiv CH + H_2O \xrightarrow[H_2SO_4]{HgSO_4} CH_3(CH_2)_5-\overset{O}{\underset{\|}{C}}-CH_3$$

（二）氧化反应

炔烃被 $KMnO_4$ 氧化，无论是在碱性或酸性条件下，碳-碳叁键都断裂，生成两分子羧酸。例如：

$$CH_3CH_2CH_2C\equiv CCH_3 \xrightarrow[OH^-]{KMnO_4,H_2O} CH_3CH_2CH_2COOH + CH_3COOH$$

丁酸　　　　　乙酸

如果不饱和键在一端，可放出 CO_2 气体，因此可用此法鉴别不饱和烃以及不饱和键在一端的化合物。

$$CH_3CH_2CH_2CH_2C\equiv CH \xrightarrow[OH^-]{KMnO_4,H_2O} CH_3CH_2CH_2CH_2COOH + CO_2$$

戊酸

炔烃和 $KMnO_4$ 反应，$KMnO_4$ 很快褪色，可用于炔烃的定性鉴定，也可以由产物推测原炔烃的结构。

（三）炔氢的反应

sp 杂化轨道中 s 成分占 $1/2$，sp^2 和 sp^3 杂化轨道中 s 成分分别占 $1/3$ 和 $1/4$，sp 杂化轨道中 s 成分比例大，电负性大，所以，炔烃中与 sp 杂化碳原子直接相连的氢原子具有酸性，可被某些金属离子取代，生成金属炔化物。

例如，乙炔与金属钠反应放出氢气，并生成乙炔一钠。

$$2HC\equiv CH \xrightarrow[\text{液氨}]{2Na} 2HC\equiv CNa + H_2$$

炔钠与卤代烷反应，得到烷基取代的炔烃，称为炔烃的烷基化反应，利用此反应可以制备一系列高级炔烃，例如：

$$HC\equiv CNa + CH_3CH_2Br \longrightarrow HC\equiv CCH_2CH_3$$

末端炔烃与硝酸银或氯化亚铜的氨溶液反应，立即生成炔化银白色沉淀或炔化亚铜砖红色沉淀。

$$RC\equiv CH \xrightarrow{[Ag(NH_3)_2]^+} RC\equiv CAg\downarrow \text{(炔基银,白色)}$$

$$RC\equiv CH \xrightarrow{[Cu(NH_3)_2]^+} RC\equiv CCu\downarrow \text{(炔基亚铜,砖红色)}$$

该反应速度快,现象明显,可用来鉴别末端炔烃。重金属炔化物在干燥状态下受热和受到撞击易发生爆炸,所以要用稀硝酸及时处理。

(四) 乙炔的聚合

乙炔在一定条件下可聚合成二聚体或三聚体。

$$2HC\equiv CH \xrightarrow[NH_4Cl]{Cu_2Cl_2} H_2C=CHC\equiv CH \quad \text{乙烯基乙炔}$$

$$3HC\equiv CH \xrightarrow{\text{高温}} \bigcirc \quad \text{苯}$$

第二节 二烯烃

分子中具有两个碳-碳双键的烯烃,称为二烯烃(diene)。二烯烃中,根据两个双键的相对位置不同可分为三类:聚集二烯烃(cumulative diene),例如,$CH_2=C=CH_2$;共轭二烯烃(conjugated diene),例如,$CH_2=CH-CH=CH_2$;隔离二烯烃(isolated diene),又称孤立二烯烃,例如,$CH_2=CH-CH_2-CH=CH_2$。

三类二烯烃中,聚集二烯烃比较少见;隔离二烯烃中的两个双键间隔较远,相互间基本没有影响,各自表现简单烯烃的性质;共轭二烯烃中两双键之间相互影响的结果使其具有特殊的结构和独特的性质。

一、二烯烃的结构和命名

最简单的共轭二烯烃是1,3-丁二烯。物理方法测得,1,3-丁二烯所有原子在同一平面上,键长和键角如图4-2。

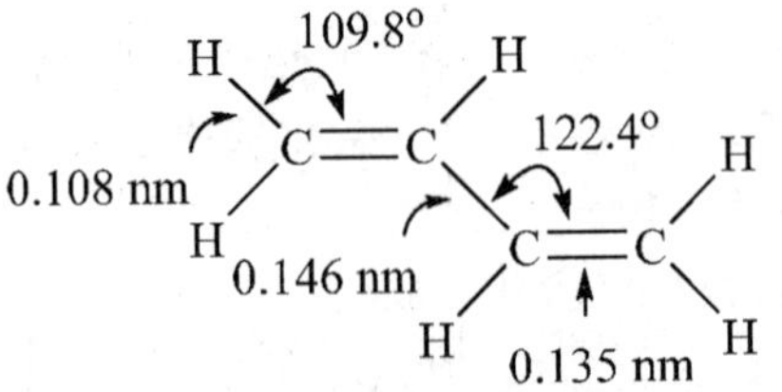

图 4-2 1,3-丁二烯的键长和键角

可见:1,3-丁二烯分子中 C_1 和 C_2、C_3 和 C_4 之间的键长较乙烯中的双键键长(0.134 nm)略长;C_2 和 C_3 间的键长较乙烷中"C—C"键键长(0.154 nm)明显缩短,即键长发生了平均化。说明1,3-丁二烯分子中不存在典型的单键和双键,特别是 C_2 和 C_3 间具有部分双键的性质。

杂化轨道理论认为，在1,3-丁二烯分子中，四个碳原子均为sp^2杂化，相邻碳原子之间均以sp^2杂化轨道沿轴向重叠形成3个C—Cσ键，其余的sp^2杂化轨道分别与氢原子的1s轨道形成6个"C—H"σ键，分子中所有σ键处于同一平面。每个碳原子上未参加杂化的p轨道垂直于该平面，相互平行。这样，四个p轨道之间彼此侧面重叠，形成一个以4个碳原子为中心，含4个p轨道的大π键，称为共轭大π键(conjugated π bond)，如图4-3。

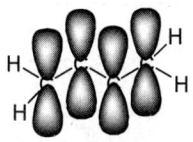

图4-3 1,3-丁二烯的大π键

共轭大π键中，所有π电子在整个大π键中运动，π电子扩大到更大区域的这种运动称为离域(delocalization)，有电子离域的体系称为共轭体系。π电子离域使分子中电子云密度分布趋向于平均化，键长平均化；π电子离域使整个体系内能降低，分子稳定性增加。

像1,3-丁二烯分子，由单双键相间形成的共轭体系称为π-π共轭体系。共轭现象是有机分子中普遍存在的一种现象，除π-π共轭体系外，还可形成p-π共轭体系以及超共轭体系等。

共轭体系中电子可以自由流动，当共轭体系受到外界影响时，通过π电子流的自由流动迅速传递到整个共轭体系而不减弱，存在于共轭体系中的电子效应称为共轭作用(conjugation effect)，用"C"表示。

共轭作用有方向性，分为吸电子共轭作用(electron-withdrawing conjugation，用-C表示)和供电子共轭作用(electron-donating conjugation，用+C表示)。凡共轭体系上的取代基能降低体系的π电子云密度，这些基团均产生吸电子共轭作用，如—NO_2，—C≡N，—COOH，—COR等；凡共轭体系上的取代基能增高体系的π电子云密度，这些基团均产生供电子共轭作用，如—NH_2，—NHCOR，—OH，—OR，—OCOR等。

共轭二烯烃中π电子的离域现象也可以用分子轨道理论及共振论加以说明。

分子轨道理论认为，1,3-丁二烯分子中不存在孤立的π键，而是4个p轨道线性组合形成4个π分子轨道π_1、π_2、π_3^*和π_4^*，如图4-4所示。其中π_1和π_2的能级低于原子轨道，为成键分子轨道，π_3^*和π_4^*的能级高于原子轨道，为反键分子轨道。

基态下4个π电子填充在两个成键分子轨道中，它们在这两个成键分子轨道中围绕4个原子核运动。在成键轨道π_1中，C_2和C_3间有成键电子分布；但在π_2中，C_2和C_3间成键电子云密度为零。所以，C_2和C_3间有部分双键的特征，使键长缩短。

共振论则认为，不能用一个经典结构式表示一个分子（或离子、自由基）的结构时，可用几个经典结构式（称共振极限式）来共同表示，分子的真实结构是这些极限式的共振杂化体，共振的结果使体系的能量降低。

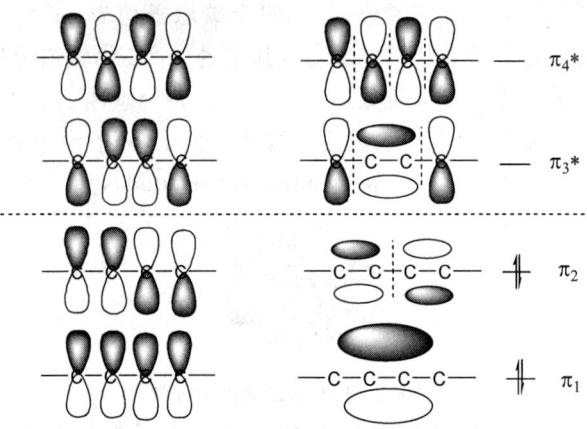

图 4-4　1,3-丁二烯的分子轨道

如 1,3-丁二烯的真实结构为下列极限式的共振杂化体。

$$CH_2=CH-CH=CH_2 \longleftrightarrow \overset{-}{C}H_2-CH=CH-\overset{+}{C}H_2 \longleftrightarrow \overset{+}{C}H_2-CH=CH-\overset{-}{C}H_2 \longleftrightarrow$$
$$(i) \qquad\qquad\qquad (ii) \qquad\qquad\qquad (iii)$$

$$\overset{+}{C}H_2-\overset{-}{C}H-CH=CH_2 \longleftrightarrow \overset{-}{C}H_2-\overset{+}{C}H-CH=CH_2 \longleftrightarrow CH_2=CH-\overset{-}{C}H-\overset{+}{C}H_2 \longleftrightarrow$$
$$(iv) \qquad\qquad\qquad (v) \qquad\qquad\qquad (vi)$$

$$CH_2=CH-\overset{+}{C}H-\overset{-}{C}H_2$$
$$(vii)$$

其中极限式(i)最稳定,对真实结构贡献最大,与真实结构最接近。因此,平时用(i)式表示 1,3-丁二烯。

双向箭头"↔"表示两个极限式间的共振,不能与平衡符号"⇌"混淆。共振杂化体不是几个极限式的混合物,也不能看成是几种极限式的互变平衡体系;实际上极限式是不存在的,只是目前尚未找到一个合适的方法来表示杂化体,所以用一些极限式来共同表示。

应用共振论描述分子(或离子等)结构时,首先要写出极限式。写极限式时应遵循以下原则:

(1) 所有的极限式必须符合路易斯结构的要求。

(2) 各极限式中原子的排列顺序应相同,不同的仅是电子的排布。

(3) 各极限式中配对或未配对的电子数应相等。

不同的共振极限式稳定性不同,对共振杂化体的贡献也不同。极限式的稳定性越高,对共振杂化体的贡献越大,如在 1,3-丁二烯共振杂化体中,极限式(i)最稳定,对共振杂化体的贡献也就最大。一个化合物往往可以写出多个极限式,但实际上只要将对分子结构和性质有较大贡献的重要极限式写出即可。

二烯烃的命名原则和单烯烃相似,只是选择主链时要包括两个双键,称为某二烯;编号从靠近双键的一端开始;在某二烯前标出双键位置和取代基的位置及名称,例如:

$$H_3CHC=C=CH_2 \qquad H_2C=CHCH\overset{\overset{CH_3}{|}}{\underset{\underset{CH_2CH_3}{|}}{C}}=CH_2$$

   1,2-丁二烯   3-甲基-2-乙基-1,4-戊二烯

  1,2-butadiene 2-ethyl-3-methyl-1,4-pentadiene

具有顺反异构体的二烯烃及多烯烃，需要标明其构型，例如。

$$\underset{H}{\overset{H_3C}{C}}=\underset{H}{\overset{H}{C}}-\underset{CH_3}{\overset{H}{C}}=\underset{H}{\overset{H}{C}}$$

(2E,4E)-2,4-己二烯

(2E,4E)-2,4-hexdiene

二、二烯烃的物理性质

二烯烃中最重要的是共轭二烯烃，碳原子数较少的共轭二烯烃为气体，如 1,3-丁二烯为沸点-4 ℃的气体；碳原子数较多的共轭二烯烃为液体，如 2-甲基-1,3-丁二烯为沸点 34 ℃ 的液体；共轭二烯烃不溶于水，而易溶于有机溶剂。

由于共轭二烯烃的特殊结构，使其易极化，熔点、沸点比相应烷烃和烯烃略高，折光率增高，分子稳定性增大。烯烃的稳定性可以从其氢化热值反映出来，氢化热大，表明分子内能高，分子稳定性差；反之，分子稳定性高。表 4-2 是几个烯烃的氢化热数据。

表 4-2 烯烃的氢化热

化合物	分子的氢化热($kJ \cdot mol^{-1}$)	平均每个双键的氢化热($kJ \cdot mol^{-1}$)
$CH_3CH=CH_2$	125.2	125.2
$CH_3CH_2CH=CH_2$	126.8	126.8
$CH_2=CH-CH=CH_2$	238.9	119.5
$CH_3CH_2CH_2CH=CH_2$	125.9	125.9
$CH_2=CHCH_2CH=CH_2$	254.4	127.2
$CH_2=CH-CH=CHCH_3$	226.4	113.2

可以看出，孤立二烯烃的的氢化热约为单烯烃氢化热的两倍，因此，孤立二烯烃中的两个双键可以看作是各自独立起作用。共轭二烯烃的氢化热比孤立二烯烃的氢化热低，说明共轭二烯烃比孤立二烯烃稳定。

三、共轭二烯烃的化学性质

共轭二烯烃的化学性质和单烯烃相似，可发生加成、氧化等反应。由于共轭双键的影响，发生反应时具有特殊性。

（一）1,2-加成反应和 1,4-加成反应

1,3-丁二烯与一分子卤素或卤化氢等亲电试剂发生加成反应时，可生成两种加成产物。

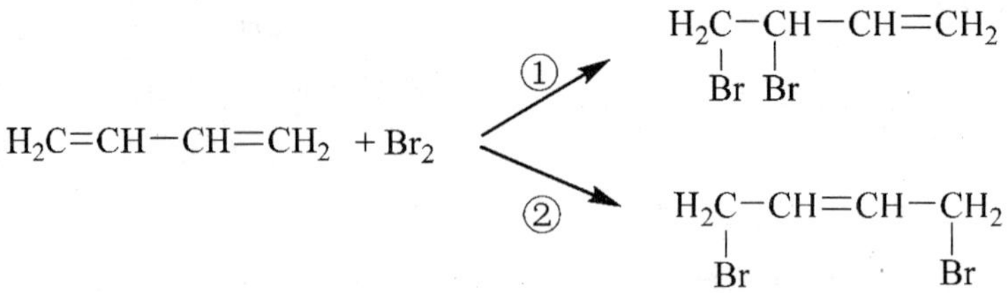

$$H_2C=CH-CH=CH_2 + Br_2 \xrightarrow{①} \underset{Br\ Br}{H_2C-CH-CH=CH_2}$$

$$\xrightarrow{②} \underset{Br\qquad Br}{H_2C-CH=CH-CH_2}$$

产物①是溴原子分别加在 C_1、C_2 上的产物,称 1,2-加成;产物②是溴原子分别加在 C_1、C_4 上的产物,称 1,4-加成。

以 1,3-丁二烯和氯化氢的加成为例,讨论其反应机理,反应分两步进行。

第一步:质子加到共轭体系一端的碳上,产生碳正离子。

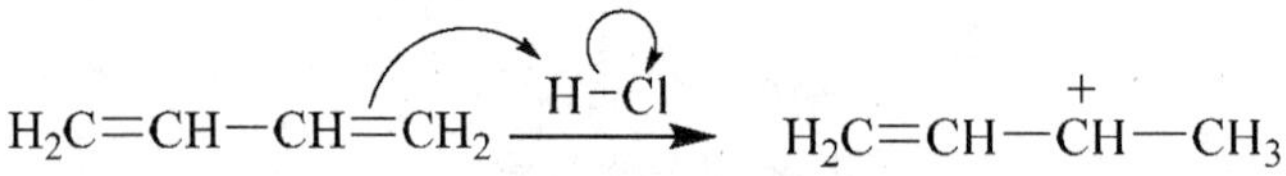

$$H_2C=CH-CH=CH_2 \xrightarrow{H-Cl} H_2C=CH-\overset{+}{C}H-CH_3$$

该碳正离子是烯丙基型碳正离子,其中存在 p-π 共轭。正电荷在整个共轭体系中分布,使碳正离子趋于稳定。

该碳正离子也可用如下共轭式表示。

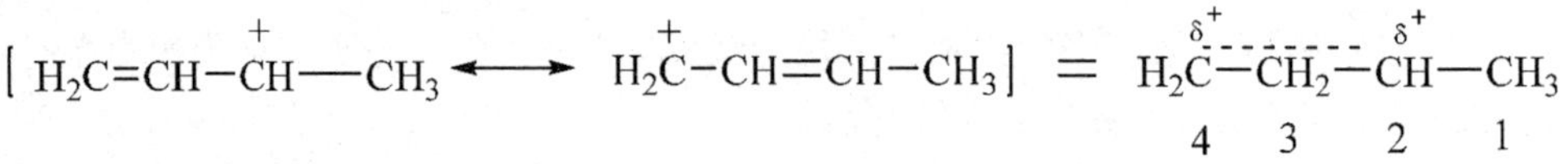

$$[H_2C=CH-\overset{+}{C}H-CH_3 \longleftrightarrow \overset{+}{H_2C}-CH=CH-CH_3] = \underset{4\ \ 3\ \ 2\ \ 1}{\overset{\delta^+\qquad\qquad\delta^+}{H_2C\cdots CH_2-CH-CH_3}}$$

从上式看出,正电荷主要分布在 C_2 和 C_4 上。

第二步:氯负离子与碳正离子结合生成产物。氯负离子如果进攻 C_2,生成 1,2-加成产物;如果进攻 C_4,则生成 1,4-加成产物。

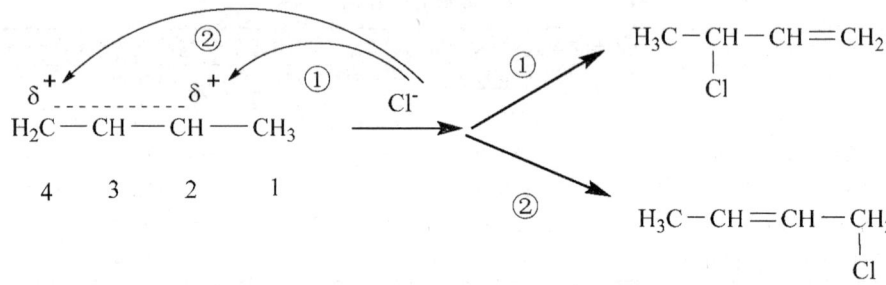

所以,共轭二烯烃加成时,有 1,2-加成和 1,4-加成两种加成方式,是其特殊结构所引起的必然结果。

1,2-加成产物和 1,4-加成产物的比例取决于反应条件。图 4-5 为 1,3-丁二烯与 HBr 加成反应的能量变化过程。

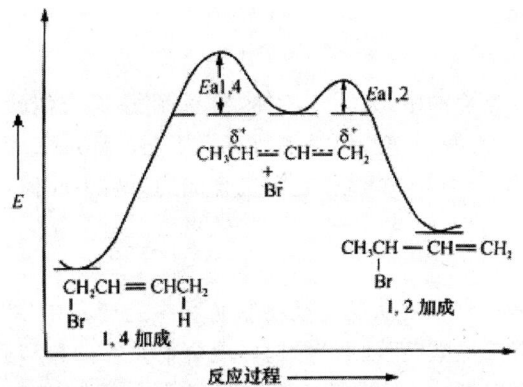

4-5 1,3-丁二烯和溴化氢加成反应过程势能变化图

上图所示,1,2-加成反应所需活化能较小,反应速度快于1,4-加成,为动力学控制产物;1,4-加成产物比1,2-加成产物稳定,从产物稳定性的角度考虑,1,4-加成产物更稳定,为热力学控制产物。

(二) Diels-Alder(狄尔斯-阿尔德)反应

共轭二烯烃与某些含碳-碳双键或叁键的化合物进行1,4-加成,生成环状化合物的反应称为狄尔斯-阿尔德(Diels-Alder)反应,又叫双烯合成反应。共轭二烯称为双烯体,含双键或叁键的化合物称为亲双烯体,例如。

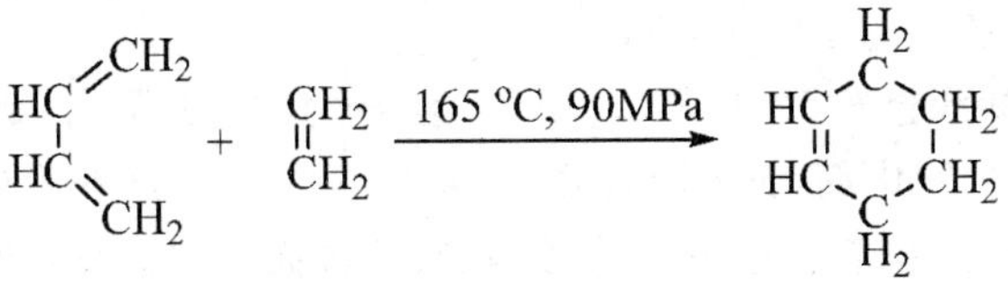

实验表明,如果亲双烯体的双键上连有吸电子基团(如—CHO,—COOR,—CN,—NO_2等)或双烯体上连有供电子基团时,反应比较容易进行。

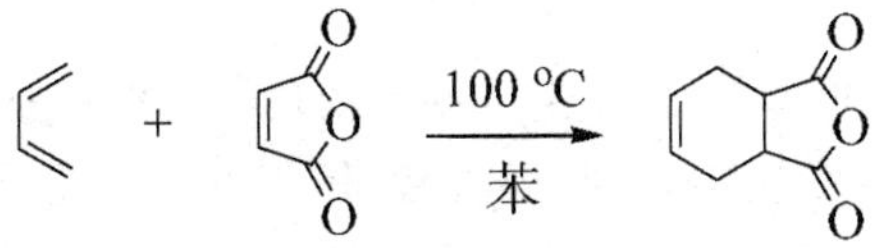

狄尔斯-阿尔德反应是一种协同反应,反应中旧键的断裂和新键的形成同时进行。

三、重要的共轭二烯烃

(一) 1,3-丁二烯

1,3-丁二烯为具有微弱芳香气味的无色气体,易液化,沸点-4 ℃,凝固点-108 ℃,不溶于水,可溶于醇、醚、丙酮、苯等。1,3-丁二烯毒性较小,其毒性与乙烯类似,但对皮肤和黏膜的刺激较强,高浓度时有麻醉作用。1,3-丁二烯在贮存中易聚合,主要用于合成橡胶、合成树脂、有机合成等方面。

(二) 环戊二烯

环戊二烯主要存在于煤焦油中,为无色液体,极易挥发,有类似萜烯气味,熔点 $-97\ ℃$,沸点 $40\ ℃$,不溶于水,可溶于乙醇、乙醚、苯等多数有机溶剂。环戊二烯蒸气具有麻醉性,能抑制中枢神经,主要用于石油树脂和合成橡胶,是有机合成的重要中间体。

(三) 共轭亚油酸

共轭亚油酸(CLA)是一种主要从反刍动物脂肪和牛奶产品中发现的天然活性物质,是一类含有共轭双键的十八碳二烯酸(亚油酸)异构体混合物。亚油酸和亚麻酸在反刍动物瘤胃内通过异构化和生物脱氢反应形成 CLA,反式脂肪酸在动物细胞内经 $\triangle 9$-脱氢酶的脱氢作用也能形成 CLA。共轭亚油酸作为一种新发现的营养素,目前在欧美的健康食品界,几乎已经成了预防现代文明病的万灵丹,从抗癌到预防心血管疾病、糖尿病,到体重控制上,几乎是生活在二十一世纪现代人不可或缺的健康食品。

(四) β-胡萝卜素

β-胡萝卜素是类胡萝卜素之一,是橘黄色脂溶性化合物,因富含于胡萝卜中而得名,是自然界中普遍存在的天然色素。β-胡萝卜素具有共轭多烯的结构,为红紫色至暗红色结晶性粉末,略有特异臭味,可溶于丙酮、氯仿、石油醚、苯和植物油,不溶于水、丙二醇和甘油,难溶于甲醇和乙醇,熔点 $176\sim184\ ℃$,闪点 $103\ ℃$。

许多天然食物中,如绿色蔬菜、甘薯、胡萝卜、菠菜、木瓜、芒果等,皆含有丰富的 β-胡萝卜素。β-胡萝卜素是一种抗氧化剂,具有解毒作用,是维护人体健康不可缺少的营养素,在抗癌、预防心血管疾病、白内障及抗氧化上有显著的功能,并进而防止老化和衰老引起的多种退化性疾病。

(五) 维生素 A

维生素 A 是一种含有共轭双键的脂溶性醇类物质,有多种分子形式,其中 VA_1 主要存在于动物肝脏、血液和眼球的视网膜中,又叫视黄醇,熔点 $64\ ℃$,分子式 $C_{20}H_{30}O$;VA_2 主要在淡水鱼中存在,熔点只有 $17\sim19\ ℃$,分子式 $C_{20}H_{28}O$。

维生素 A 可治疗干眼病、角膜软化症、皮肤干燥及夜盲症等。此外,对烫、冻伤和溃疡也有疗效。

维生素 A 可增加绵羊红细胞或蛋白质免疫小鼠的脾脏 PFC 数目,增强非 T 细胞依赖抗原所导致抗体的产生。它还可增强人外周血淋巴细胞对 PHA 反应和 NK 细胞活性,提高巨噬细胞活性,刺激 T 细胞增殖和 IL 2 产生。

习 题

1. 命名下列化合物

(1) $CH_3CH=C=C(CH_3)_2$

(2) $CH_3CH=CH-CH(CH_3)_2$

(3) $CH_3CH=\underset{\underset{CH_3}{|}}{\overset{\overset{CH_3}{|}}{C}}-\underset{\underset{CH_2CH_3}{|}}{C}=CHCH_3$

(4) $CH_3C\equiv CCH_2C(CH_3)_2$

(5) $\underset{H_3C}{\overset{H}{\diagdown}}C=\underset{CH_2}{\overset{H}{C}}-\underset{CH_3}{\overset{H}{C}}=C\overset{CH_2CH_3}{\diagup}$

(6) $HC\equiv CCH_2\underset{\underset{CH_3}{|}}{C}=CHCH_3$

2. 写出 1-丁炔与下列试剂反应的产物
(1) 1 mol HBr   (2) H_2/Lindlar 催化剂   (3) 2 mol Br_2
(4) H_2SO_4/$HgSO_4$ (5) O_3；Zn/H_2O (6) $Ag(NH_3)_2^+$

3. 完成下列反应方程式

(1) $CH\equiv C-\underset{\underset{CH_3}{|}}{C}HCH_2CH_3 \xrightarrow[Pd/CaCO_3]{H_2}$

(2) $CH_3-C\equiv CH + H_2O \xrightarrow[H_2SO_4]{HgSO_4}$

(3) [丁二烯] + [CHO丙烯醛] $\xrightarrow{\Delta}$

(4) $CH_3C\equiv CNa + BrCH_2CH_2CH_3 \longrightarrow$

(5) $CH_3CH=CH-\underset{\underset{CH_3}{|}}{C}=CH_2 \xrightarrow[H^+]{KMnO_4}$

4. 用简单的化学方法区别下列化合物
(1) 乙烯、乙炔、乙烷
(2) 戊烷、1-戊烯、1-戊炔、2-戊炔

5. 从指定原料合成下列化合物
(1) 由 1-丁炔合成反-2-丁烯   (2) 由丙炔合成 1-溴丁烷
(3) 由乙炔合成顺-3-己烯   (4) 由乙炔合成 2-丁酮
(5) 由 1-丁炔合成 2-溴丁烷   (6) 由 1,3-丁二烯合成 4-氰基环己烯

6. 1-苯基-1,3-丁二烯在较高温度下与溴加成的主要产物为 1-苯基-3,4-二溴-1-丁烯(1,2-加成)，而不是 1-苯基-1,4-二溴-2-丁烯(1,4-加成)，为什么？

7. A、B 两个化合物具有相同的分子式，氢化后都可生成 2-甲基丁烷，它们也都与两分子溴加成。A 可与氯化亚铜的氨溶液反应产生砖红色沉淀，B 则不能。试推测 A、B 的结构式。

8. 月桂烯是一种从杨树蜡中分离出来的具有芳香气味的化合物，分子式为 $C_{10}H_{16}$，不含叁键，当对其催化氢化时，转化为 2,6-二甲基辛烷，对月桂烯进行臭氧化并经锌粉还原水解将得到 2 mol 甲醛、1 mol 丙酮，以及另一化合物 A($C_5H_6O_3$)，试推测月桂烯和化合物 A 的结构。

第五章 环烃

环烃(cyclic hydrocarbons)是由碳和氢两种元素组成的环状化合物,又称闭链烃。根据它们的结构和性质,可以分为脂环烃(alicyclic hydrocarbons)和芳香烃(aromatic hydrocarbons)两类。

第一节 脂环烃

一、脂环烃的分类和命名

(一) 脂环烃的分类

性质类似于脂肪烃的环烃,称为脂环烃。根据脂环烃中有无不饱和键可分为饱和脂环烃(环烷烃)与不饱和脂环烃(环烯烃和环炔烃);根据分子中碳环数目可分为单环脂环烃和多环脂环烃。

按照成环碳原子数目,单环脂环烃可分小环($C_3 \sim C_4$)、普通环($C_5 \sim C_6$)、中环($C_7 \sim C_{11}$)和大环(C_{12}以上)。多环脂环烃主要包括螺环脂环烃和桥环脂环烃两类。

(二) 脂环烃的命名

1. 单环脂环烃的命名

单环脂环烃的命名和相应的脂肪烃类似,只需在名称之前冠以"环"字,英文命名则在相应的脂肪烃名称前加词头 cyclo。例如:

环丙烷	环丁烷	环戊烷	环己烷
cyclopropane	cyclobutane	cyclopentane	cyclohexane

当环上有取代基时,将环编号并使取代基具有最小的位次;若连有不同取代基,则根据次序规则,将较优基团给以较大的编号。例如:

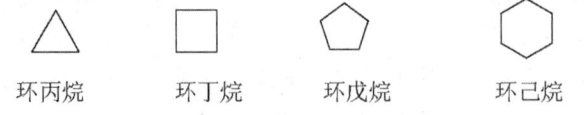

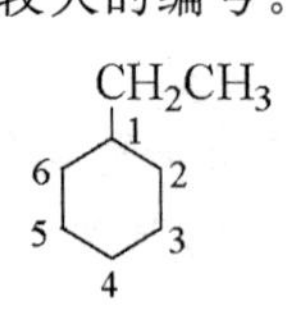

乙基环己烷　　　　　　　　1-甲基-3-乙基环己烷

ethylcyclohexane　　　　　　3-ethyl-1-methycyclohexane

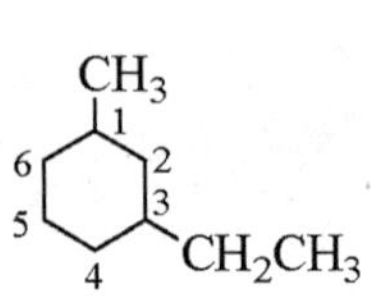

当环上有不饱和键时,应给不饱和键以最小的位次。例如:

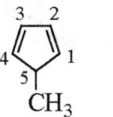 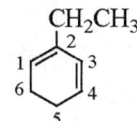

5-甲基-1,3-环戊二烯　　　　　　2-乙基-1,3-环己二烯

5-methy-1,3- cyclopendiene　　　2-ethyl-1,3- cyclohexadiene

当环上有复杂取代基时,可将链作母体,将环作为取代基命名。例如:

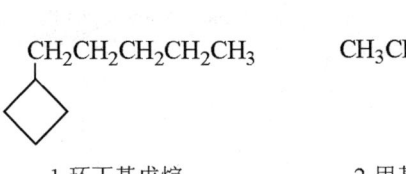

1-环丁基戊烷　　　　　　2-甲基-4 环己基己烷

1-cyclobutylpentane　　　4-cyclohexyl-2-methylhexane

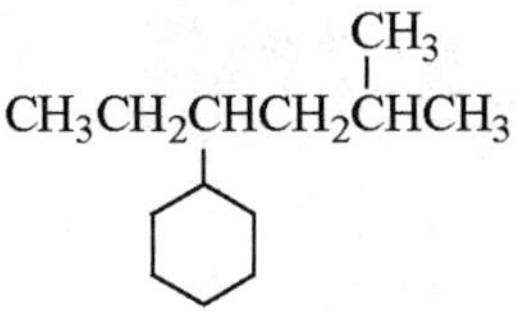

由于成环碳原子单键不能自由旋转,所以当环上分别含有两个(或两个以上)取代基时,可产生顺反异构体,采用顺、反命名法。例如:

 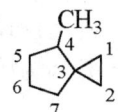

顺-1,2-二甲基环丙烷　　　　　　反-1,2-二甲基环丙烷

cis-1,2-dimethy cyclopropane　　*trans*-1,2-dimethy cyclopropane

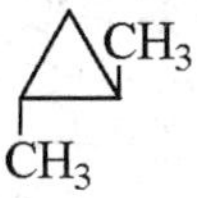

2. 多环脂环烃的命名

(1)螺环脂环烃的命名

两碳环共用一个碳原子的脂环烃称为螺环脂环烃(spirocyclic hydrocarbon),共用的碳原子称为螺原子。

4-甲基螺[2.4]庚烷　　　　　　2-乙基螺[4.5]-6-癸烯

4-methylspiro[2.4]heptane　　2-ethyl spiro[4.5]-6-decene

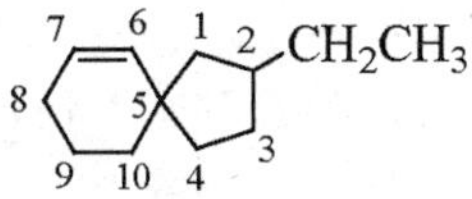

螺环脂环烃的命名是根据成环碳原子总数(不含支链)称为螺某烃,并在"螺"字后的方括号内,按由少到多的次序,用阿拉伯数字标示出各环(除螺原子)的成环碳原子数,数字间用"."隔开。螺环脂环烃的编号是从螺原子邻位的碳原子开始,从小环经螺原子编到大环,如有取代基或不饱和键,使其位次最小。

(2)桥环脂环烃的命名

两个环共用两个或两个以上碳原子的脂环烃称为桥环脂环烃(bridged hydrocarbon),所共用的碳原子称为桥头碳原子,两个桥头碳之间可以是碳链也可以是一个键,称为"桥"。

桥环脂环烃命名时,以"二环"、"三环"等为词头来注明环数,以成环碳原子总数作为母体烃的名称;在方括号内按由多到少的次序,标示出各桥所含碳原子数(桥头碳除外),没有碳的桥在方括号内用"0"表示,并将此方括号写在词头和相应母体烃名称之间;桥环烃的编号是从一个桥头碳开始,经最长的桥编到另一个桥头碳,然后再经次长的桥回到第一个桥头碳,最短的桥最后编号,如有取代基或不饱和键,使其编号位次最小。例如:

1-甲基-2-乙基二环[3.2.1]辛烷　　　　5-甲基二环[4.1.0]-2-庚烯

2-ethyl-1-methylbicyclo[3.2.1]octane　　5-methylbicyclo[4.1.0]-2-heptene

结构复杂的桥环烃常用俗名,例如:

立方烷　　　　金刚烷　　　　篮烷
Cubane　　　adamantine　　basketane

二、脂环烃的物理性质

脂环烃的物理性质与链烃相似,一些环烷烃的物理常数见表5-1。

表5-1　一些环烷烃的物理常数

名称	沸点(℃)	熔点(℃)	相对密度(d_4^{20})
环丙烷	-33	-127.6	
环丁烷	13	-80	
环戊烷	49	-90	0.7457
环己烷	80.8	6.5	0.7785
环辛烷	149	14.8	0.8349

常温下,环烷烃中,小环为气体,普通环为液体,中环和大环为固体。

环烷烃的沸点、熔点和相对密度均比相应的开链烃高,这是因为脂环烃中单键的旋转受到一定程度的限制,分子具有一定的对称性和刚性的原因。

三、脂环烃的化学性质

不饱和脂环烃的化学性质与不饱和链烃相似,易发生加成、氧化等反应;环烷烃的化学性质与开链烷烃类似,难氧化,但能发生自由基取代反应。此外,由于环的存在,使其具有一些特殊的化学性质,特别是小环烷烃(环丙烷和环丁烷)易开环发生加成反应。

(一)卤代反应

在光照或高温条件下,环烷烃发生自由基取代反应,环上的氢原子被卤素取代而生成卤代环烷烃。

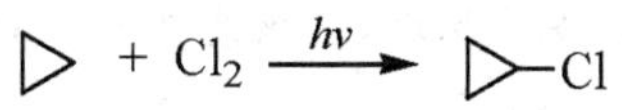

$$\triangleright + Cl_2 \xrightarrow{h\nu} \triangleright\!-Cl$$
氯代环丙烷

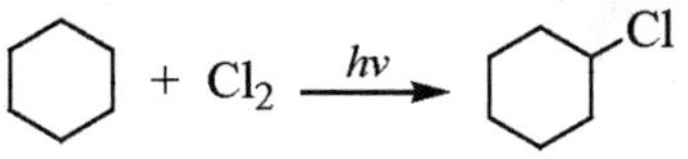

$$\bigcirc + Cl_2 \xrightarrow{h\nu} \bigcirc\!-Cl$$
氯代环己烷

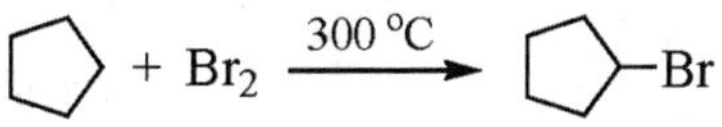

$$\pentagon + Br_2 \xrightarrow{300\ ^\circ C} \pentagon\!-Br$$
溴代环戊烷

（二）加成反应

1. 催化加氢

在催化剂存在下，环烷烃可以和氢发生加成，开环得到开链烃。

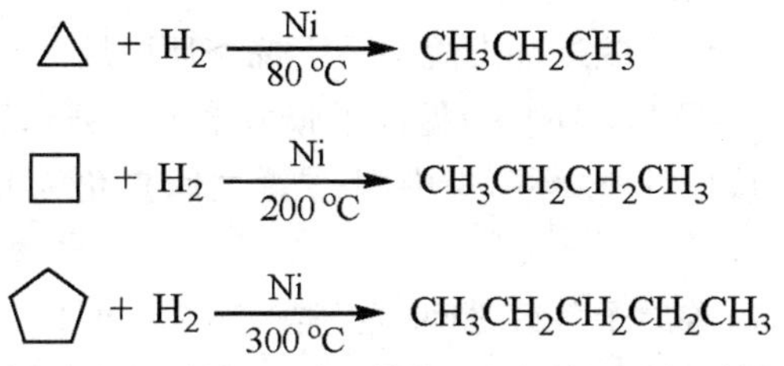

$$\triangle + H_2 \xrightarrow[80\ ^\circ C]{Ni} CH_3CH_2CH_3$$

$$\square + H_2 \xrightarrow[200\ ^\circ C]{Ni} CH_3CH_2CH_2CH_3$$

$$\pentagon + H_2 \xrightarrow[300\ ^\circ C]{Ni} CH_3CH_2CH_2CH_2CH_3$$

环烷烃加氢反应的活性为：环丙烷＞环丁烷＞环戊烷。环己烷以及大环烷烃难于开环。

2. 与卤素加成

环丙烷及其衍生物在室温下就可以与卤素加成，而环丁烷必须在加热下才可与卤素发生加成反应，环己烷以及大环烷烃不与卤素发生加成反应。

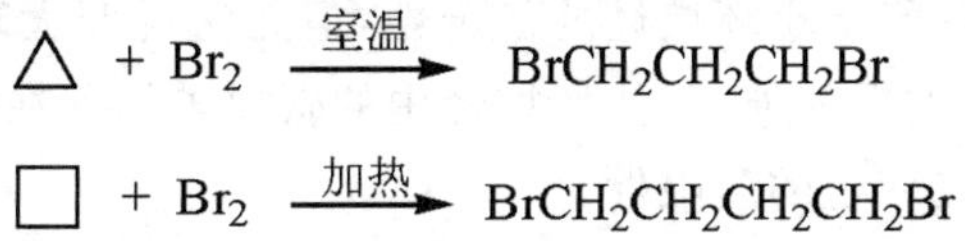

$$\triangle + Br_2 \xrightarrow{室温} BrCH_2CH_2CH_2Br$$

$$\square + Br_2 \xrightarrow{加热} BrCH_2CH_2CH_2CH_2Br$$

3. 与卤化氢加成

取代环丙烷与卤化氢加成时，碳环开环多发生在连氢原子最多和连氢原子最少的两个碳原子之间，反应的取向遵循 Markovnikov 规则。

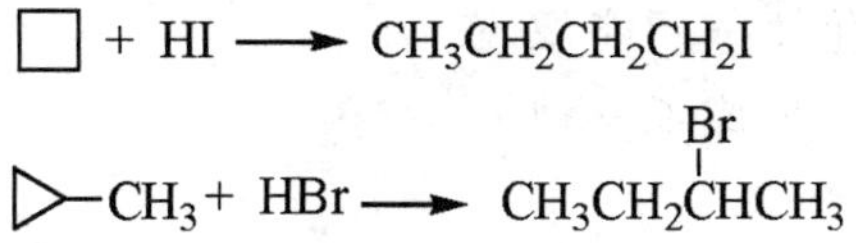

$$\square + HI \longrightarrow CH_3CH_2CH_2CH_2I$$

$$\triangleright\!-CH_3 + HBr \longrightarrow CH_3CH_2\overset{Br}{\underset{|}{C}H}CH_3$$

四、环烷烃的构象

（一）环烷烃的结构与稳定性

通过对环烷烃的化学性质研究发现，环烷烃中环的大小不同，其化学稳定性也不同。三元环、四元环不稳定，易发生加成反应而开环；五元环、六元环比较稳定。比较它们的燃烧热数据也发现同样的规律。常见环烷烃的燃烧热见表 5-2。

表 5-2 常见环烷烃的燃烧热(kJ/mol)

名称	成环碳原子数	燃烧热	每个 CH_2 的平均燃烧热
环丙烷	3	2091.3	697.0
环丁烷	4	2744.1	686.2
环戊烷	5	3320.1	664.0
环己烷	6	3951.7	658.6
环庚烷	7	4636.7	662.3
环辛烷	8	5313.9	664.2
环十二烷	12	7905.6	658.8
...			
开链烷烃			658.6

燃烧热是指 1 mol 有机物完全燃烧生成二氧化碳和水时所放出的热量。根据每个 CH_2 单元的平均燃烧热可以衡量环的相对稳定性，平均燃烧热高，说明分子内能高，稳定性差。从表 5-2 可以看出，环烷烃的稳定性顺序是：

环己烷＞环戊烷＞环丁烷＞环丙烷

为了解释此规律，1885 年拜尔(Baeyer)提出了张力学说。拜尔假设形成环的"碳"都在同一平面内，排成正多边形。按此计算，环丙烷中碳-碳键之间夹角为 60°，环丁烷为 90°，环戊烷为 108°。

根据碳原子四面体学说，碳原子各键之间的正常键角为 109°28′。

由于在不同大小的环中，碳-碳键之间夹角或大于或小于 109°28′，因此碳-碳键必须向内压缩或向外扩张，以尽量满足成环所需的键角要求，由此会产生张力，称为角张力。键角变形的程度越大，角张力越大，环的稳定性越小。因此，三、四元环不稳定，五、六元环有较高的稳定性。

拜尔张力学说较好的解释了小环烷烃的稳定性，但无法说明大环的稳定性。根据近代测定，除环丙烷中三个碳原子共平面外，其他环烷烃中的碳原子均不在同一平面内。由此可见拜尔的共平面假设本身就存在一定的局限性。

杂化轨道理论认为，环烷烃分子中的碳原子都以 sp^3 杂化轨道成键，当键角为 109°28′时，碳原子的 sp^3 杂化轨道才能达到最大重叠。

在环丙烷分子中，由于受几何形状的影响，两个碳原子的 sp^3 杂化轨道不能像开链烃那样沿轴向重叠，而是形成了一种弯曲键，如图 5-1 所示。

实验测定表明，环丙烷分子中 C—C—C 键角为 105.5°，H—C—H 键角为 115°。由于"C—C"σ 键未达到很好重叠，所以易断裂。

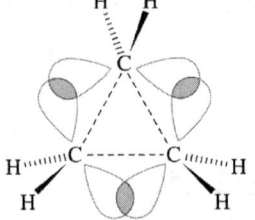

图 5-1 环丙烷分子中 sp^3 杂化轨道重叠示意图

四元以上的环烷烃，成环碳原子可以不在一个平面内，随着环中碳原子数目的增加碳-碳键之间的键角趋向于正常键角，sp^3 杂化轨道达到最大程度重叠。

（二）环己烷的构象

1. 环己烷的椅式构象和船式构象

环己烷分子中6个成环碳原子不在同一平面上，其C—C—C键角保持正常键角（109°28'），是无张力环。在一系列构象的动态平衡中，椅式构象和船式构象是两种典型构象（见图5-2）。

椅式（chari） 船式（boat）

图5-2 环己烷的椅式和船式球棒模型

环己烷的椅式构象中任何两个相邻碳原子上的C—H键和C—C键间都处于交叉式，碳原子上的氢原子相距较远，斥力最小，是环己烷多种构象中最稳定的构象。在船式构象中，C_2与C_3、C_5与C_6两对碳原子的键都处于重叠，C_1和C_4上的氢原子之间的距离只有0.18 nm，因而存在空间拥挤引起的斥力（见图5-3），所以船式构象的稳定性不如椅式构象。

椅式（chair） 船式（boat）

图5-3 环己烷的椅式和船式构象

环己烷中各种构象的势能关系见图5-4。室温下，环己烷以多种构象形式的动态平衡状态平衡共存，椅式构象约占99.9%。由于椅式和船式两种构象势能差只有约29 kJ/mol，所以分子的热运动即可使椅式和船式两种构象互相转变，因此无法拆分环己烷的椅式和船式。

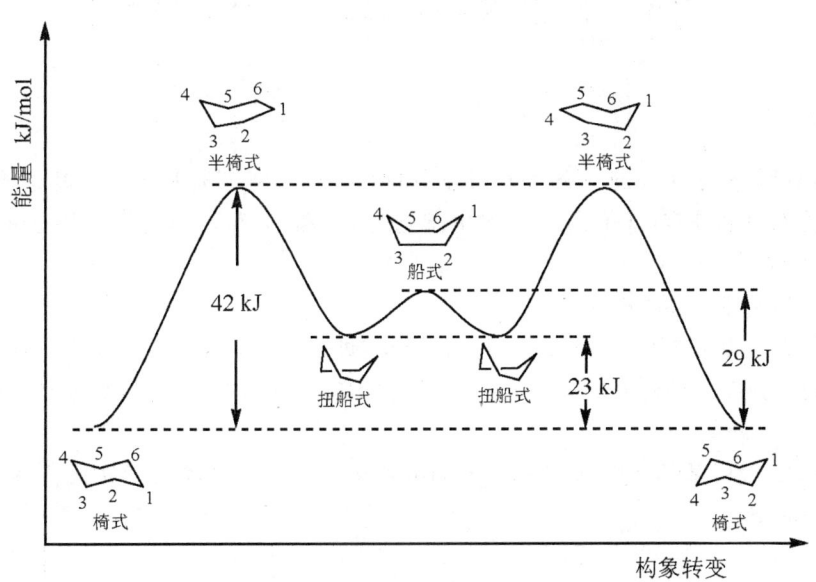

图5-4 环己烷中各种构象的势能关系图

2. 椅式构象中的直立键和平伏键

在环己烷的椅式构象中，C_1、C_3、C_5 形成一个平面，C_2、C_4、C_6 形成另一个平面，两平面相互平行，距离为 0.05 nm。分子中的 12 个 C－H 键可以分为两类，一类是垂直于 C_1、C_3、C_5（或 C_2、C_4、C_6）形成的平面，称为直立键，又称 a 键；另一类伸向环外，称为平伏键，又称 e 键。如下所示：

直立键（a 键）　　　　　平伏键（e 键）

椅式构象的环己烷通过环内碳-碳单键的扭转，可从一种椅式构象转变为另一种椅式构象。经过翻转后，原来的 a 键全部变成了 e 键，而原来的 e 键全部变成 a 键。实际在室温下，环己烷的两种椅式构象在不断地翻转。

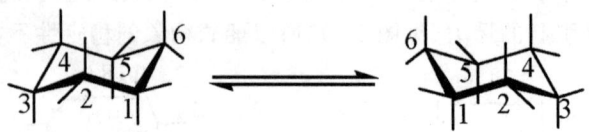

3. 取代环己烷的构象

(1) 一元取代环己烷的构象

环己烷分子中的一个氢原子被其他原子或基团取代时，取代基可处于 a 键或 e 键。故取代环己烷可以有两种不同的椅式构象存在，其中 e 键取代的构象能量较低，是一元取代环己烷的优势构象。

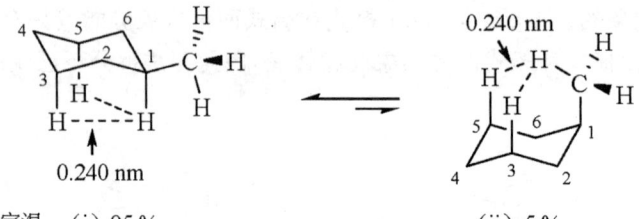

室温：(i) 95%　　　　　　　　　(ii) 5%

在甲基环己烷分子中，e 键上的甲基与环中的 C_3 和 C_5 两个碳上 a 键的氢原子距离较远，相互间的斥力较小而稳定(i)；而 a 键上的甲基则与 C_3 和 C_5 位 a 键上的氢原子距离较近，相互间斥力较大而不稳定(ii)。

(2) 二元取代环己烷的构象

环己烷被两个基团取代时，形成四种位置异构，即 1,1 位，1,2 位，1,3 位，1,4 位，其中 1,1-二取代环己烷只有一种构象异构体，余下三种不仅有构象异构，还有构型异构。举例讨论如下：

对于顺-1,2-二甲基环己烷，C_1 和 C_2 上的甲基必须占有 a,e（或 e,a）取代位置才符合顺式要求的几何形状。

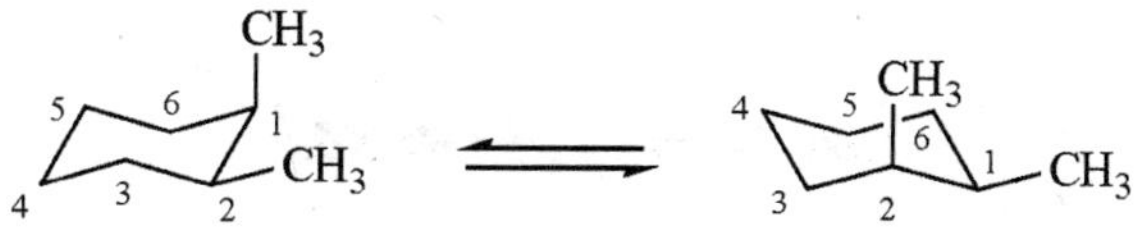

a,e 构象　　　　　　　　　　　　　*e,a* 构象

对于反-1,2-二甲基环己烷，有 *e,e* 型取代和 *a,a* 型取代两种椅式构象，*e,e* 取代是优势构象。

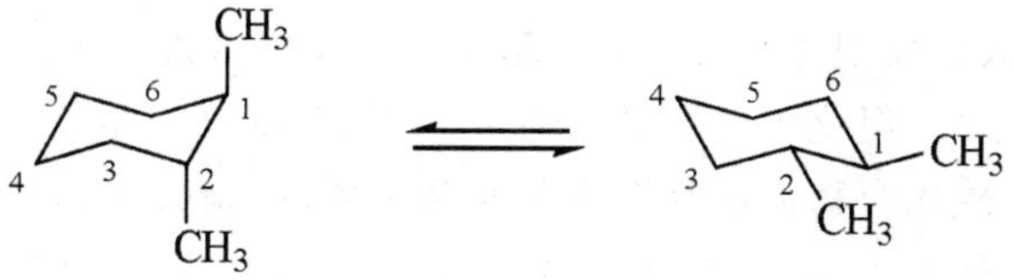

a,a 构象　　　　　　　　　　　　　*e,e* 构象

由此可见，对于有两个或两个以上多取代的环己烷，其优势构象总是趋向于使较大的基团尽可能多地取代在 *e* 键上。

（三）十氢化萘的构象

两个环己烷稠合而成的桥环化合物称为十氢化萘，系统名称为二环[4.4.0]癸烷。

十氢化萘有两种异构体，稠合碳上的两个 H 位于环的同侧称为顺式十氢化萘，位于环的异侧称为反式十氢化萘。

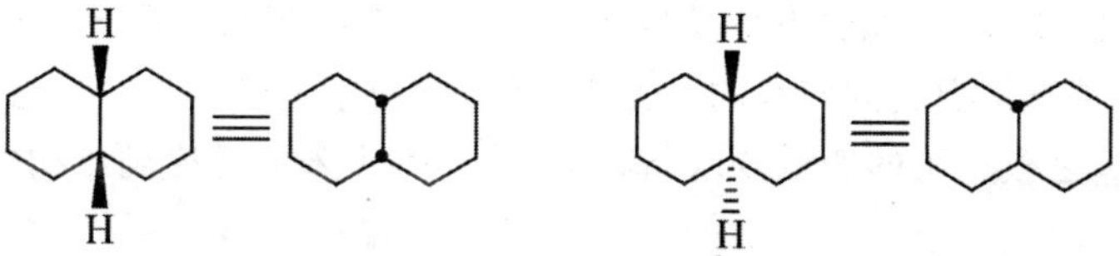

顺式十氢化萘　　　　　　　　　　　反式十氢化萘

事实证明，顺、反十氢化萘都是由稳定性较高的两个椅式环己烷稠合而成，顺十氢化萘有一对优势构象，互为构象转换体；反十氢化萘只有一个优势构象。

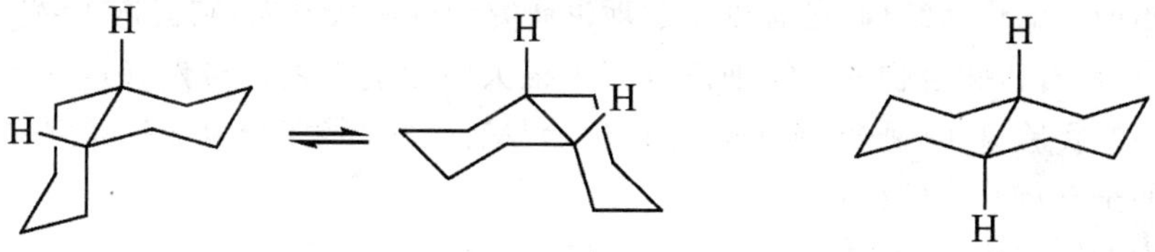

顺式十氢化萘的优势构象（*e,a* 稠合）　　　反式十氢化萘的优势构象（*e,e* 稠合）

反式十氢化萘的构象是 *e,e* 稠合，即以一个环己烷为母环，另一个环己烷作为取代基，通过类似于 *e,e* 取代的方式把两个环己烷连接起来，形成反式十氢萘构象；而顺式十氢萘是通过 *e,a* 取代的方式连接，所以反式较顺式的稳定性更高。

第二节 芳香烃

在有机化学发展初期,人们把从植物中提取得到的一些具有香气的化合物称为芳香化合物。后来研究发现,它们往往都含有苯环的结构单元,于是人们将苯及含有苯环结构单元的化合物称为芳香族化合物。

随着研究的深入,人们发现芳香化合物一般都具有平面或近似平面的环状结构,键长趋于平均化;虽然不饱和度较大,但化学性质相对稳定,一般都难以发生氧化、加成等反应,而易发生亲电取代反应。芳香族化合物的这些性质常称为芳香性(aromaticty),这样,芳香族化合物这一名称的含义又有了新的发展,现在人们将具有芳香性的碳氢化合物统称为芳香烃(aromatic hydrocarbon),简称芳烃。

一、苯的结构

(一) 苯的凯库勒(Kekulé)结构

十九世纪初期发现了苯,并测得其分子式为 C_6H_6,碳氢比为 1∶1。从分子式看,苯的不饱和度很高,但其性质却与烯烃或炔烃完全不同。一般情况下,苯不易发生加成反应,但却易发生取代反应,一元取代物只有一种。

根据大量的事实,1865 年德国化学家凯库勒提出了苯的环状结构。凯库勒认为苯的结构是一个由六个碳原子连接而成的对称的六元环,每个碳原子上都连有一个氢原子,环上存在三个间隔的双键,以满足碳原子的四价要求,这个结构式称为苯的凯库勒结构式。

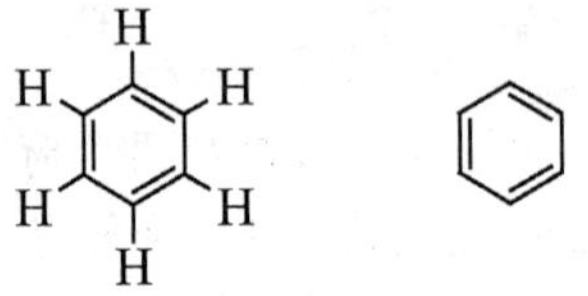

凯库勒提出的苯的环状结构,是有机化学理论研究中的重大发展,它促进了对芳香族化合物的研究和开发,对有机化合物的结构理论也起了很大的促进作用。虽然利用凯库勒结构式可以说明苯的一些实验事实(例如,苯的一元取代物只有一种,苯完全氢化后得到环己烷等),但不能说明苯的全部特性。例如:

① 根据凯库勒结构式,苯的邻位二元取代物应有两种异构体存在:

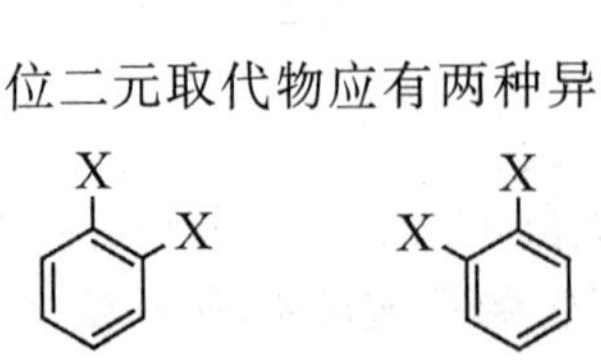

(A)　　(B)

但实验事实证明邻位二元取代物只有一种。为此,凯库勒又假设苯环是下面两种结构式的互变平衡体系,由于两者转变得很快,所以分离不出邻位二元取代物的异构体。

实验证明,这两种异构体呈平衡状态的假设是不存在的。

②根据凯库勒结构式,苯分子可视为环己三烯,应具有烯烃的性质,但事实却不同,苯不能发生烯烃的特征反应。

可见,凯库勒结构并不能完全反映出苯的真实结构。

(二) 苯分子结构的现代观点

1. 价键理论对苯结构的描述

近代物理方法测定表明,苯分子是一个平面正六边形结构,6个碳原子和6个氢原子处于同一平面上,6个C—C键等长,均为0.139 nm,6个C—H键的键长均为0.108 nm,键角均为120°(图5-5)。

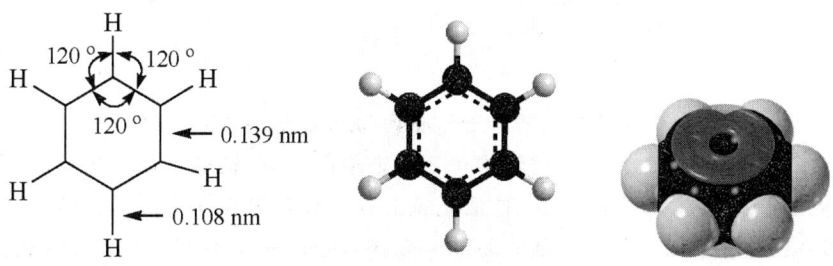

图5-5 苯的分子结构

杂化轨道理论认为,苯分子的6个碳原子都是sp^2杂化,相邻碳原子之间以sp^2杂化轨道互相重叠,形成6个均等的"C—C"σ键,每个碳原子又各用一个sp^2杂化轨道与氢原子的1s轨道重叠,形成6个"C—H"σ键。由于碳原子的3个sp^2杂化轨道处在同一平面内,夹角为120°,所以苯的6个碳原子和6个氢原子共平面,6个碳原子形成一个正六边形。每个碳原子除以sp^2杂化轨道形成两个"C—C"σ键和一个"C—H"σ键外,还有一个没有参加杂化的p轨道。6个p轨道均垂直于苯环平面且相互平行。这样,6个p轨道之间相互侧面重叠,形成一个包含6个碳原子的环状闭合大π键,称为芳香六隅体或芳香大π键(图5-6)。

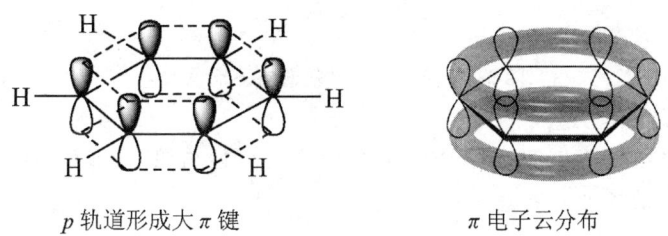

p轨道形成大π键　　　　π电子云分布

图5-6 苯分子的大π键

大π键的形成,使得苯环中的6个π电子为6个碳原子所共享,π电子云均匀地分布在环平面的上下方,电子云密度平均化,见图5-6。因此,苯环中没有单、双键区别,键长趋于一致。π电子在整个环状体系中的高度离域化,使体系能量降低,带来了特殊的稳定性。

2. 分子轨道理论对苯结构的描述

Hückel分子轨道理论认为,sp^2杂化的六个碳原子之间及与六个氢原子形成苯分子σ键骨架后,6个碳原子的6个p原子轨道线性组合,形成6个π分子轨道,它们的轨道能级如图

5-7 所示。

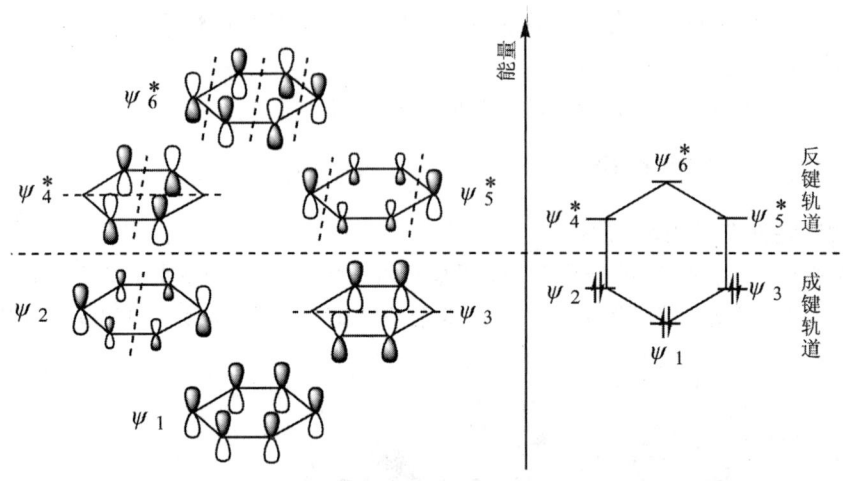

图 5-7 苯的 π 分子轨道和轨道能级示意图

从图 5-7 中可以看出，在三个成键轨道中，ψ_1 没有节面，能量最低；ψ_2 和 ψ_3 各有一个节面，能量相等，称为简并轨道。ψ_1、ψ_2 和 ψ_3 的能量都比原子轨道的能量低，称为成键轨道。反键轨道中，$\psi_4{}^*$ 和 $\psi_5{}^*$ 各有两个节面，也是一对简并轨道，反键的 $\psi_6{}^*$ 有三个节面，能量最高。$\psi_4{}^*$、$\psi_5{}^*$ 和 $\psi_6{}^*$ 能量都比原子轨道能量高，称为反键轨道。

参加线性组合的 6 个 p 原子轨道都带有一个电子，形成分子轨道后，6 个 p 轨道中的 6 个 p 电子按照保里不相容原理、能量最低原理和洪特规则，两两配对占据三个能量较低的成键轨道，而能量高的反键轨道则未填充电子，所以苯的 π 电子云是由三个成键轨道叠加而成的（图 5-8），叠加的结果是 π 电子云在苯环上下对称均匀分布。

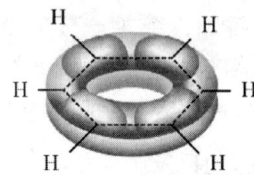

图 5-8 苯的 π 分子轨道电子云叠加

3. 共振论对苯结构的描述

共振论认为，虽然苯可以写出多个极限共振式，但（I）与（II）是两个能量最低、稳定性等同、对共振杂化体贡献最大的极限共振式。

$$[\text{苯}] \longleftrightarrow [\text{苯}]$$
（I） （II）

由于具有凯库勒结构式的（I）和（II）等价，所以他们对共振杂化体的贡献等同，因此苯环中 C—C 键等长，电子云均匀分布。

关于苯结构的表达方式已争论多年，到目前仍没有找到一种完美的方式。对于苯结构的书写方法，主要还是沿用凯库勒的结构式，另外也有采用正六边形内加一个圆圈的表示方法。

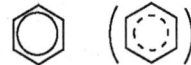

二、芳烃的分类、同分异构和命名

芳烃可分为苯系芳烃和非苯芳烃两大类。通常所说的芳烃即指分子中含有苯环结构单元的苯系芳烃;对于那些具有芳香性,但结构中不含苯环的一类化合物称为非苯芳烃。

根据芳烃分子结构中所含苯环的数目和连接方式不同,苯系芳烃可分为单环芳烃和多环芳烃。

(一) 单环芳烃

单环芳烃是指分子中只含有一个苯环的芳烃。

苯的一元取代物只有一种,没有同分异构。命名方法有两种,一种是将苯环作为母体,连在苯环上的烃基作为取代基,称为"某苯";另一种是将苯环作为取代基(称为苯基,简写为 Ph—),苯环以外的部分作母体,称为"苯基某烃"。例如:

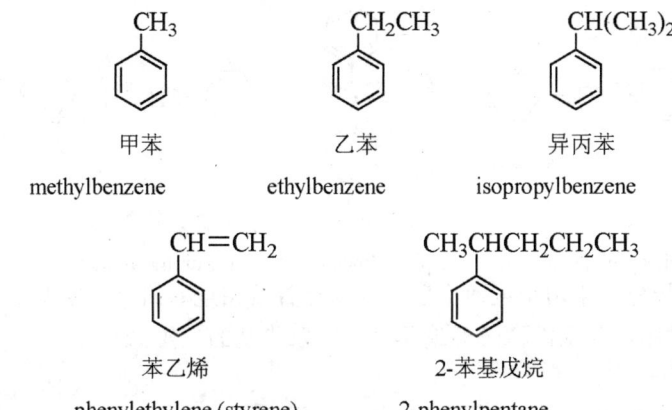

| 甲苯 | 乙苯 | 异丙苯 |
| methylbenzene | ethylbenzene | isopropylbenzene |

苯乙烯　　　　　2-苯基戊烷

phenylethylene (styrene)　　2-phenylpentane

苯的二元取代物有三种异构体,命名时分别用 1,2-、1,3-、1,4-表示取代基的位次,也可用邻(*ortho*,简写 *o-*)、间(*meta*,简写 *m-*)、对(*para*,简写 *p-*)来表示。例如:

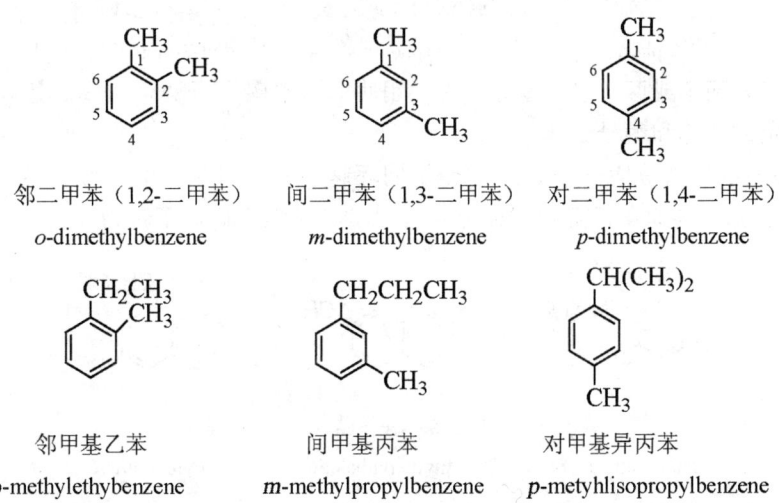

邻二甲苯(1,2-二甲苯)　　间二甲苯(1,3-二甲苯)　　对二甲苯(1,4-二甲苯)

o-dimethylbenzene　　*m*-dimethylbenzene　　*p*-dimethylbenzene

邻甲基乙苯　　　　间甲基丙苯　　　　对甲基异丙苯

o-methylethybenzene　　*m*-methylpropylbenzene　　*p*-metyhlisopropylbenzene

若苯环上的三个取代基相同,命名时分别用 1,2,3-、1,2,4-、1,3,5- 表示取代基的位次,也可用连(*vicinal*,简写 *vic*)、偏(*unsymmetrical*,简写 *unsym*)、均(*symmetrical*,简写 *sym*)表示。

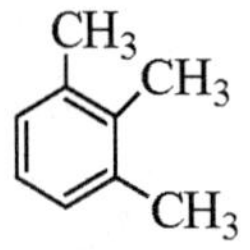

1,2,3-三甲苯　　　　　1,2,4-三甲苯　　　　　1,3,5-三甲苯
（连三甲苯）　　　　　（偏三甲苯）　　　　　（均三甲苯）
1,2,3-trimethylbenzene　1,2,4-trimethylbenzene　1,3,5-trimethylbenzene

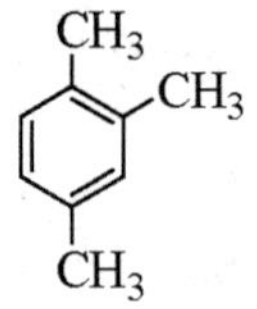

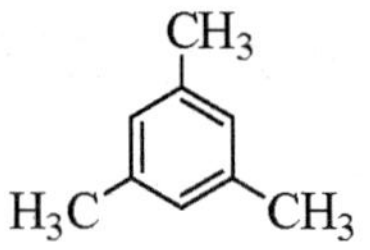

（二）多环芳烃

多环芳烃是指分子中含有两个或两个以上苯环结构的芳烃。根据苯环的连接方式不同又可分为多苯代脂肪烃、联苯和联多苯、稠环芳烃。

多苯代脂肪烃是指链烃分子中两个或多个氢原子被苯基取代的多环芳烃,如：

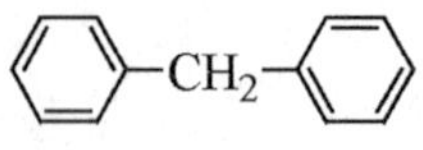

二苯甲烷　　　　　　　三苯甲烷　　　　　　　1,2-二苯基乙烷
diphenylmethane　　　triphenylmethane　　　1,2-diphenylethane

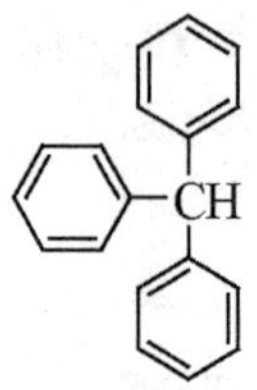

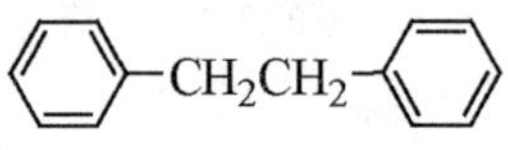

联苯和联多苯指分子中两个或两个以上的苯环直接相连。简单的联苯衍生物可用邻、间、对命名,复杂衍生物则用环上碳原子的编号来表明取代基的位置,如：

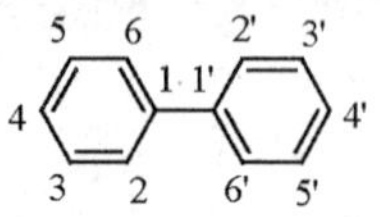

联苯　　　　　对三联苯（1,4-联三苯）　　　2-甲基-3′-乙基联苯
biphenyl　　　　*p*-terphenyl　　　　　3′-ethyl-2-methyldiphenyl

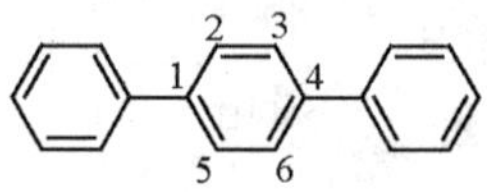

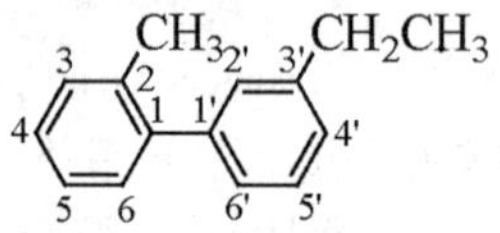

稠环芳烃是两个或两个以上苯环通过共用两个相邻碳原子稠合而成的芳烃,这类化合物各有自己固定的名称和编号。

如,萘环的编号总是从一个 α 位开始,沿同环越过稠合碳原子编到另一环,其中共用碳不编号;1,4,5,8 四个碳原子位置相同称为 α 位,2,3,6,7 四个碳原子称为 β 位：

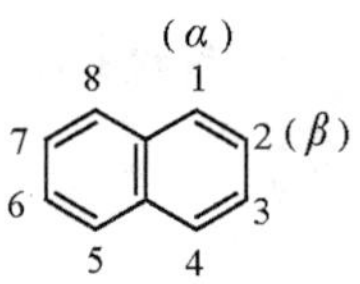

萘　　　　　　2-甲基萘（β-甲基萘）　　　1-乙基萘（β-乙基萘）
naphthalene　　2-methylnaphthalene　　　1-ethylnaphthalene

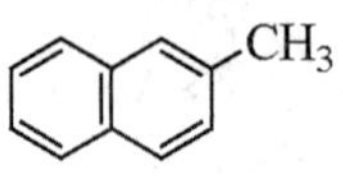

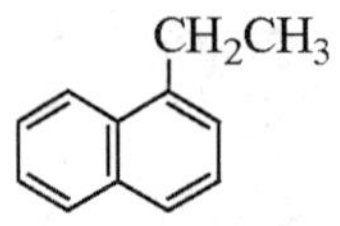

蒽和菲互为同分异构体,它们的编号是固定的。蒽分子的1,4,5,8位置相同称为α位,2,3,6,7位置相同,称为β位;9和10位置相同,称为γ位。

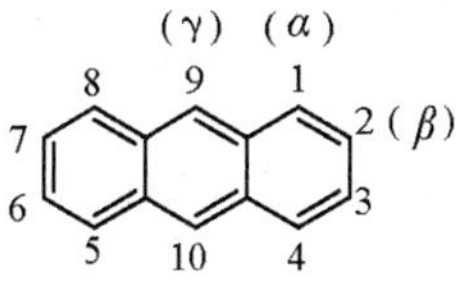

蒽
anthracene

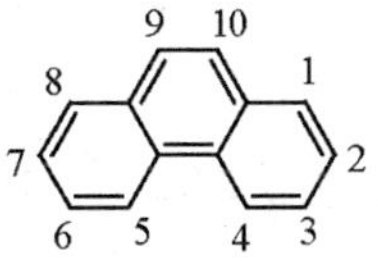

菲
phenanthrene

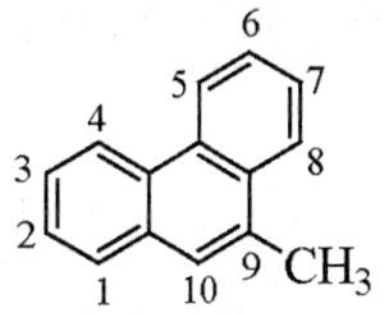

9-甲基菲
9-methylphenanthrene

三、单环芳烃的物理性质

苯及其同系物多数为液体,具有特殊的气味,比水轻,不溶于水,可溶于乙醇、乙醚、石油醚等有机溶剂。表5-3列出了苯及其同系物的物理常数。

表5-3 苯及其同系物的物理常数

名称	沸点/℃	熔点/℃	相对密度(d_4^{20})
苯	80.1	5.5	0.8765
甲苯	110.6	−95	0.8669
邻二甲苯	144.4	−25.2	0.8802
间二甲苯	139.1	−47.9	0.8642
对二甲苯	138.4	−13.2	0.8610
1,2,3-三甲苯	176.1	−15	0.8942
1,2,4-三甲苯	169.4	−57.4	0.8758
1,3,5-三甲苯	164.7	−52.7	0.8651
乙苯	136.2	−94.9	0.8667
正丙苯	159.2	−99	0.8620
异丙苯	152.4	−96.9	0.8617
苯乙烯	145	−31	0.9074
苯乙炔	142	−45	0.9295

苯及其同系物的沸点随着相对分子量的增加而升高,相对密度和折光率比相应的链烃和环烷烃高。苯及其同系物毒性较大,苯的蒸气可通过呼吸道对人体产生损害,高浓度的苯蒸气主要作用于中枢神经,引起急性中毒,长期接触低浓度的苯蒸气会损害造血器官。由于其毒性大,工业上常用甲苯来代替,因为甲苯的甲基能在体内被代谢转化为无毒的产物苄醇类代谢物($ArCH_2OH$),它们可通过与葡萄糖醛酸(葡萄糖氧化的产物)反应,转变为极性和水溶性很大的葡萄糖醛酸苷而排出体外。

四、单环芳烃的化学性质

从苯环的结构中可知,苯环平面的上下两侧分布有离域的π电子云,易受亲电试剂进攻,所以容易发生亲电取代反应。另外,具有芳香性的苯环在特殊条件下也能起加成和氧化反应。

（一）亲电取代反应（electrophilic substitution reaction）

芳环上的氢原子被亲电试剂取代的反应称为芳香亲电取代反应。

$$\text{C}_6\text{H}_6 + E^+ \longrightarrow \text{C}_6\text{H}_5E + H^+$$

芳香族亲电取代反应机理如下：

当亲电试剂 E^+ 接近 π 电子云时，首先形成 π 络合物；π 络合物中的亲电试剂 E^+ 从 π 电子云中夺取两个电子并与苯上的一个碳原子形成 σ 键，此时受进攻的碳原子由 sp^2 杂化转变成了 sp^3 杂化，同时形成苯碳正离子；该碳正离子是由四个 π 电子离域在五个碳原子上所形成的共轭体系，又称为 σ 络合物；最后，σ 络合物离解一个质子，sp^3 杂化的碳原子又变成 sp^2 杂化，重新恢复成苯环的稳定结构，得到取代产物。

亲电取代反应过程中苯环转变为 σ 络合物的过程要破坏苯环的共轭体系，所以需要经历一个势能很高的过渡状态，活化能高，反应慢，是整个反应的速度控制步骤。图 5-9 表示出了芳香亲电取代反应的能量变化情况。

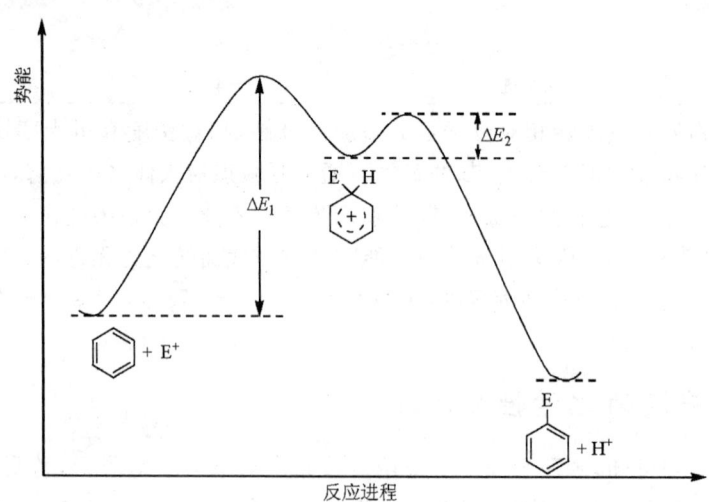

图 5-9　芳香亲电取代反应能量变化示意图

1. 卤代反应（haolgenation reaction）

在铁粉或三卤化铁等催化剂存在下，苯环上的氢原子可以被卤素原子取代，生成卤代苯，并放出卤化氢。例如：

$$\text{C}_6\text{H}_6 + \text{Cl}_2 \xrightarrow[\triangle]{\text{FeCl}_3} \text{C}_6\text{H}_5\text{Cl} + \text{HCl}$$
（氯苯）

$$\text{C}_6\text{H}_6 + \text{Br}_2 \xrightarrow[\triangle]{\text{FeBr}_3} \text{C}_6\text{H}_5\text{Br} + \text{HBr}$$
（溴苯）

用甲苯或卤苯进行卤代，可得到邻、对位卤代的混合物，例如：

甲苯 $\xrightarrow[\text{FeBr}_3,\triangle]{\text{Br}_2}$ 对溴甲苯 + 邻溴甲苯

溴苯 $\xrightarrow[\text{FeBr}_3,\triangle]{\text{Br}_2}$ 对二溴苯 + 邻二溴苯

卤代反应中卤素的活性次序是：$F_2 > Cl_2 > Br_2 > I_2$。

氟代反应太剧烈，不易控制；碘代反应不仅太慢，且生成的碘化氢是还原剂，可使反应逆转；因此，卤代反应不能用于制备氟代物和碘代物。

以苯的溴代反应为例，其反应机理为：

$$\text{Br}_2 + \text{FeBr}_3 \rightleftharpoons \overset{\delta^+}{\text{Br}}-\overset{\delta^-}{\text{Br}}\cdots\text{FeBr}_3$$

$$\text{C}_6\text{H}_6 + \overset{\delta^+}{\text{Br}}-\overset{\delta^-}{\text{Br}}\cdots\text{FeBr}_3 \longrightarrow [\text{C}_6\text{H}_6\text{Br}]^+ + \text{Br}^-\text{FeBr}_3 \longrightarrow \text{C}_6\text{H}_5\text{Br} + \text{HBr} + \text{FeBr}_3$$

首先缺电子的三溴化铁与溴分子络合，使溴分子极化；其次溴络合物与苯环作用，形成碳正离子中间体（σ-络合物）；最后在 FeBr_4^- 的作用下，碳正离子中间体失去一个质子而生成溴苯，并产生 HBr 及 FeBr_3。

2. 硝化反应（nitration reaction）

芳环上的氢原子被硝基取代的反应，称为硝化反应。

浓硝酸与浓硫酸（亦称混酸）与苯共热，苯环上的氢原子可被硝基（—NO_2）取代，生成硝基苯。

$$\text{C}_6\text{H}_6 + 浓 \text{HNO}_3 \xrightarrow[50\sim60\ ℃]{\text{H}_2\text{SO}_4} \text{C}_6\text{H}_5\text{NO}_2 + \text{H}_2\text{O}$$

甲苯比苯容易硝化,不需要浓硫酸,30 ℃即可反应生成邻硝基甲苯和对硝基甲苯。

$$\text{C}_6\text{H}_5\text{CH}_3 + \text{HNO}_3 \xrightarrow{30\ ℃} \text{邻硝基甲苯} + \text{对硝基甲苯} + \text{H}_2\text{O}$$

邻硝基甲苯　　对硝基甲苯

硝基苯比苯难硝化,增加硝酸的浓度并提高反应温度,可得到二硝基苯,主要产物是第二个硝基进入第一个硝基的间位。

$$\text{C}_6\text{H}_5\text{NO}_2 + 发烟\ \text{HNO}_3 \xrightarrow[100\ ℃]{\text{H}_2\text{SO}_4} \text{间二硝基苯} + \text{H}_2\text{O}$$

间二硝基苯

硝化反应的亲电试剂为硝酰正离子,硫酸存在下有利于硝酰正离子的形成。硝化反应机理如下。

$$2\text{HNO}_3 \rightleftharpoons \overset{+}{\text{NO}}_2 + \text{H}_2\text{O} + \text{NO}_3^-$$

$$\text{HNO}_3 + 2\text{H}_2\text{SO}_4 \rightleftharpoons \overset{+}{\text{NO}}_2 + \text{H}_3\overset{+}{\text{O}} + 2\text{HSO}_4^-$$

$$\text{C}_6\text{H}_6 + \overset{+}{\text{NO}}_2 \longrightarrow [\text{中间体}] \xrightarrow{-\text{H}^+} \text{C}_6\text{H}_5\text{NO}_2$$

3. 磺化反应(sulfonation reaction)

苯与浓硫酸或发烟硫酸作用,苯环上的氢原子被磺酸基($-\text{SO}_3\text{H}$)取代,生成苯磺酸。若在较高温度下继续反应,则生成间苯二磺酸。

$$\text{C}_6\text{H}_6 \xrightarrow[\text{或}10\%\text{发烟}\ \text{H}_2\text{SO}_4, 25\ ℃]{\text{浓}\ \text{H}_2\text{SO}_4, 70\sim80\ ℃} \text{C}_6\text{H}_5\text{SO}_3\text{H} \xrightarrow[200\sim245\ ℃]{10\%\text{发烟}\ \text{H}_2\text{SO}_4} \text{间苯二磺酸}$$

苯磺酸　　　　　　　　　间苯二磺酸

甲苯比苯容易磺化,使用发烟硫酸室温即可反应,生成邻位和对位产物:

$$\text{C}_6\text{H}_5\text{CH}_3 \xrightarrow{\text{H}_2\text{SO}_4} \text{邻甲苯磺酸} + \text{对甲苯磺酸}$$

邻甲苯磺酸　　对甲苯磺酸

磺化反应是可逆反应，苯磺酸与水共热，可脱去磺酸基。

磺化反应中，一般认为亲电试剂是 SO_3，反应机理为：

$$2H_2SO_4 \rightleftharpoons SO_3 + H_3O^+ + HSO_4^-$$

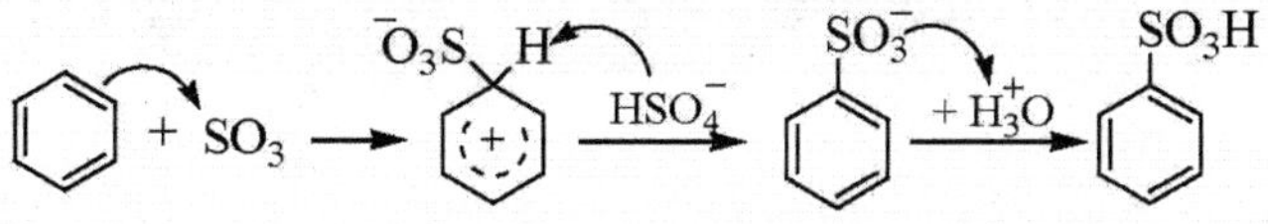

4. 傅瑞德尔-克拉夫茨反应（Friedel-Crafts reaction）

在无水三氯化铝催化下，苯与卤代烷反应得到烷基苯的反应称为傅瑞德尔-克拉夫茨烷基化反应，简称傅-克烷基化反应。

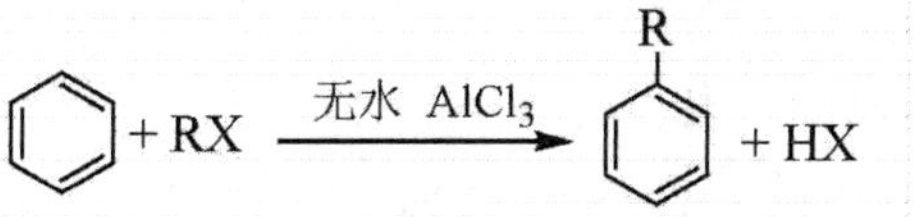

$$C_6H_6 + RX \xrightarrow{\text{无水 } AlCl_3} C_6H_5R + HX$$

此反应容易生成多烷基取代苯或烷基的异构化，例如：

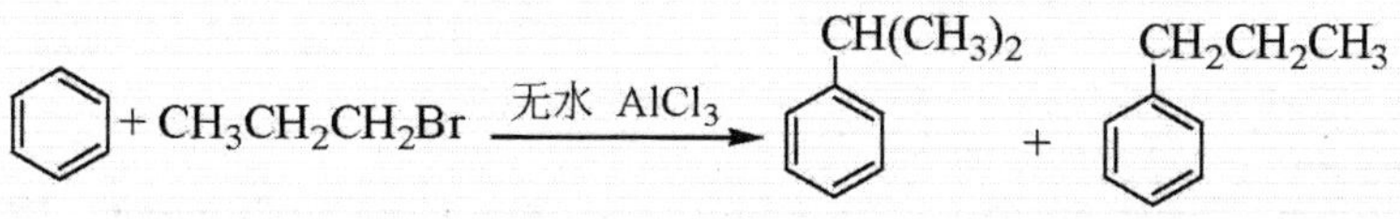

$$C_6H_6 + CH_3CH_2CH_2Br \xrightarrow{\text{无水 } AlCl_3} C_6H_5CH(CH_3)_2 + C_6H_5CH_2CH_2CH_3$$

异丙苯（70%）　　正丙苯（30%）

在无水三氯化铝催化下，苯与酰卤或酸酐作用向芳环引入酰基的反应称为傅-克酰基化反应。例如：

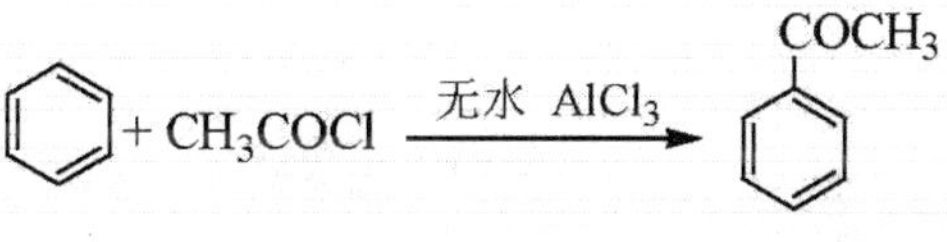

$$C_6H_6 + CH_3COCl \xrightarrow{\text{无水 } AlCl_3} C_6H_5COCH_3$$

苯乙酮

当环上有 $-NO_2$、$-SO_3H$、$-CN$、$-COR$ 等强吸电子基时，傅-克反应不能发生。所以傅-克酰基化反应不生成多元取代产物。

除无水三氯化铝外，许多路易斯酸都可作傅-克反应的催化剂，常见路易斯酸催化剂的催化活性顺序是：$AlCl_3 > FeCl_3 > SbCl_5 > SnCl_4 > BF_3 > TiCl_4 > ZnCl_2$。

烯烃或醇在催化剂作用下也可发生傅-克烷基化反应。例如：

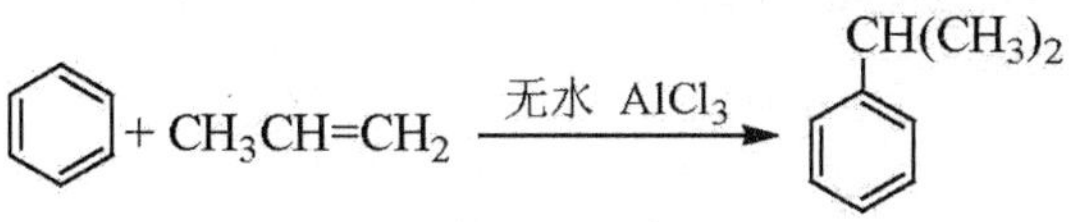

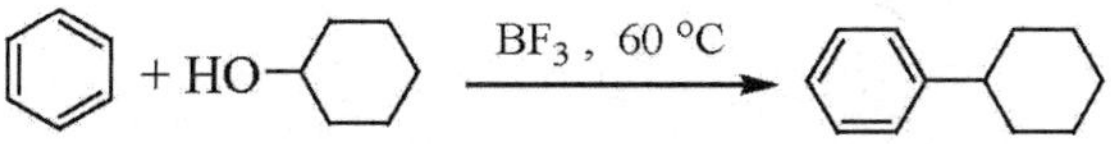

$$C_6H_6 + CH_3CH=CH_2 \xrightarrow{\text{无水 } AlCl_3} C_6H_5CH(CH_3)_2$$

$$C_6H_6 + HO-C_6H_{11} \xrightarrow{BF_3, 60\,°C} C_6H_5-C_6H_{11}$$

环己基苯

傅-克反应中的亲电试剂是在路易斯酸催化剂作用下产生的烷基正离子或酰基正离子，例如：

$$RCl + AlCl_3 \rightleftharpoons R^+ + AlCl_4^-$$

$$R-\overset{O}{\underset{}{C}}-Cl + AlCl_3 \longrightarrow R-\overset{O}{\underset{}{C}}{}^+ + AlCl_4^-$$

由于傅-克烷基化反应由烷基碳正离子引起,所以很容易发生碳正离子重排,得到重排产物。

(二) 加成反应

与烯烃相比,苯不易发生加成反应,但在特殊条件下也可以加成。

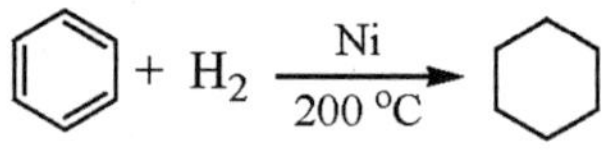

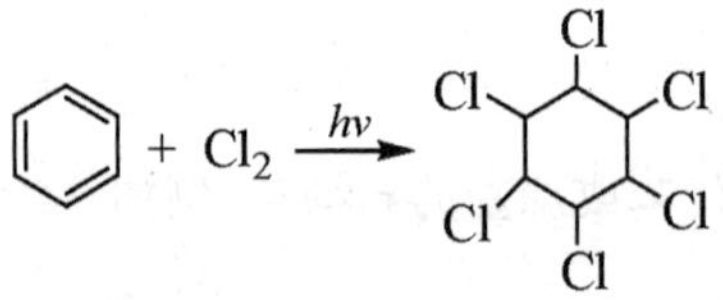

$$\text{C}_6\text{H}_6 + H_2 \xrightarrow[200\ ^\circ\text{C}]{\text{Ni}} \text{C}_6\text{H}_{12}$$

$$\text{C}_6\text{H}_6 + Cl_2 \xrightarrow{h\nu} \text{C}_6\text{H}_6\text{Cl}_6$$

(三) 氧化反应

苯在一般条件下不被氧化,但在特殊条件下也可被氧化而使苯环破裂。例如:

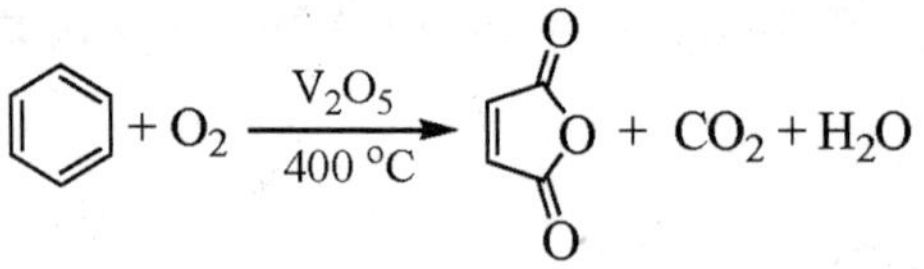

$$\text{C}_6\text{H}_6 + O_2 \xrightarrow[400\ ^\circ\text{C}]{V_2O_5} \text{顺丁烯二酸酐} + CO_2 + H_2O$$

顺丁烯二酸酐

(四) 芳环侧链的反应

与苯环直接相连的碳链称为芳环的侧链,侧链上直接与苯环相连的碳原子上的氢(苯环的 α-H),因受苯环的影响而被活化,易发生氧化反应和卤代反应。

1. 侧链的氧化反应

烷基苯易被氧化,氧化反应发生在侧链上。无论侧链长短,只要含有 α-H,都被强氧化剂(如 $KMnO_4$、HNO_3 等)氧化生成苯甲酸。

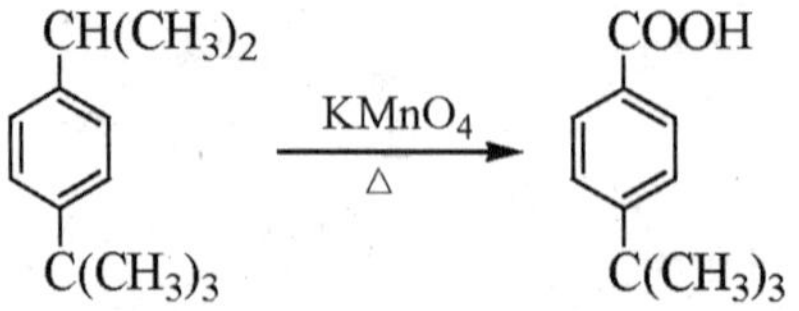

$$\underset{C(CH_3)_3}{\underset{|}{\text{C}_6\text{H}_4}}-CH(CH_3)_2 \xrightarrow[\Delta]{KMnO_4} \underset{C(CH_3)_3}{\underset{|}{\text{C}_6\text{H}_4}}-COOH$$

对叔丁基苯甲酸

2. 侧链的卤代反应

在高温或光照射下,芳环侧链上的 α-H 易被氯或溴取代,而不是发生在环上,例如:

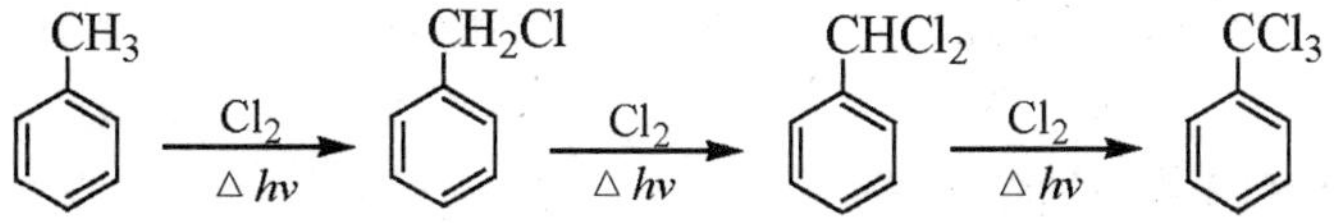

$$\text{CH}_3\text{-C}_6\text{H}_5 \xrightarrow[\triangle \, h\nu]{Cl_2} \text{CH}_2\text{Cl-C}_6\text{H}_5 \xrightarrow[\triangle \, h\nu]{Cl_2} \text{CHCl}_2\text{-C}_6\text{H}_5 \xrightarrow[\triangle \, h\nu]{Cl_2} \text{CCl}_3\text{-C}_6\text{H}_5$$

芳环侧链的卤代与烷烃卤代反应机理相同,属自由基取代反应。

五、芳环上亲电取代反应的定位规律

(一) 定位规律

一元取代苯在发生亲电取代反应时,新引入的取代基(B)可以取代原有取代基(A)邻位、间位或对位上的氢原子,生成三种不同的二取代物。

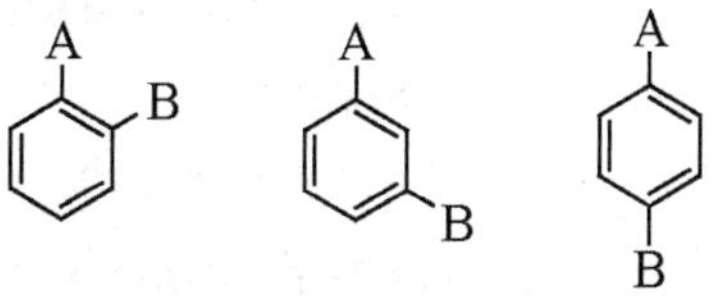

一取代苯的苯环上共有两个邻位,两个间位和一个对位 5 个氢原子,如果每个氢原子被取代的机会均等,生成的三种异构体的比例应该是:

邻位:间位:对位=40%(2/5):40%(2/5):20%(1/5)

但实际上三个位置被取代的机会并不均等,例如:

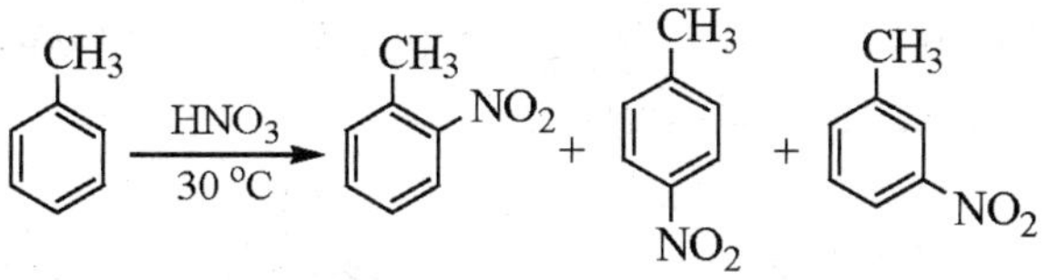

$$\text{甲苯} \xrightarrow[30\,^\circ\text{C}]{HNO_3} \text{邻-硝基甲苯} + \text{对-硝基甲苯} + \text{间-硝基甲苯}$$

58%　　　38%　　　4%

甲苯的硝化比苯容易(反应速度是苯的 25 倍),主要产物为邻、对位。

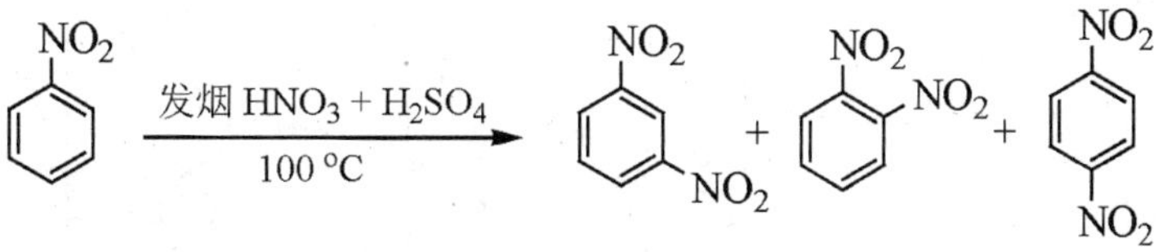

$$\text{硝基苯} \xrightarrow[100\,^\circ\text{C}]{\text{发烟 } HNO_3 + H_2SO_4} \text{间-二硝基苯} + \text{邻-二硝基苯} + \text{对-二硝基苯}$$

93%　　　6%　　　1%

硝基苯的硝化比苯困难(反应速度是苯的 6×10^{-8} 倍),主要产物为间位。

由此可见,一取代苯继续发生亲电取代反应时,新引入基团(第二个取代基)进入的位置及反应活性受环上原有取代基(第一个取代基)的影响,即第一个取代基对第二个取代基有定位作用,所以环上原有的取代基又称作定位基。

根据大量实验结果,人们将一些常见基团的定位作用分为两类。

1. 第一类定位基(又称邻、对位定位基)

它们使新引入的基团主要进入其邻位和对位(邻、对位产物>60%)。

常见的第一类定位基有:$-NR_2$,$-NH_2$,$-OH$,$-OR$,$-NHCOR$,$-OCOR$,$-R$,$-Ar$,$-CH=CR_2$,$-X$ 等。

该类定位基的结构特征是与芳环直接相连的原子上的电子云密度较高(具有孤对电子或

带有负电荷),表现为供电子效应,使苯环活化(卤素除外),有利于亲电取代反应进行。第一类定位基又称为活化基。

2. 第二类定位基(又称间位定位基)

它们使新引入的基团主要进入其间位(间位产物>40%)。

常见的第二类定位基有:$-^+NR_3$,$-NO_2$,$-CF_3$,$-C\equiv N$,$-SO_3H$,$-CHO$,$-COR$,$-COOH$等。

该类定位基的结构特征是与芳环直接相连的原子是缺电子的(重键或带有正电荷),表现为吸电子效应,使芳环钝化,不利于亲电取代反应进行。第二类定位基又称为钝化基。

(二)定位规律的理论解释

苯环上原有取代基的定位作用及其对苯环反应活性的影响(活化或钝化苯环),可以用反应中间体(σ-络合物)的稳定性和电子效应进行解释。

当苯环上连有不同取代基时,取代基便通过诱导效应和共轭效应而影响到苯环上的电子云密度分布。若苯环上连有邻对位定位基,该类定位基对苯环起给电子作用(除卤素外),使苯环上电子云密度增高,有利于亲电取代反应的进行;若苯环上连有间位定位基时,该类定位基对苯环起吸电子作用,使苯环上电子云密度降低,不利于亲电取代反应的进行。

在芳香族亲电取代反应过程中,生成碳正离子中间体的一步是整个反应的速率控制步骤。因此,碳正离子中间体越稳定,反应越容易进行,即反应速率越快。

例如甲苯在发生亲电取代反应时,若第二个取代基分别进入甲基的邻、对、间位,则生成三种 σ-络合物(碳正离子中间体),用共振式表示如下:

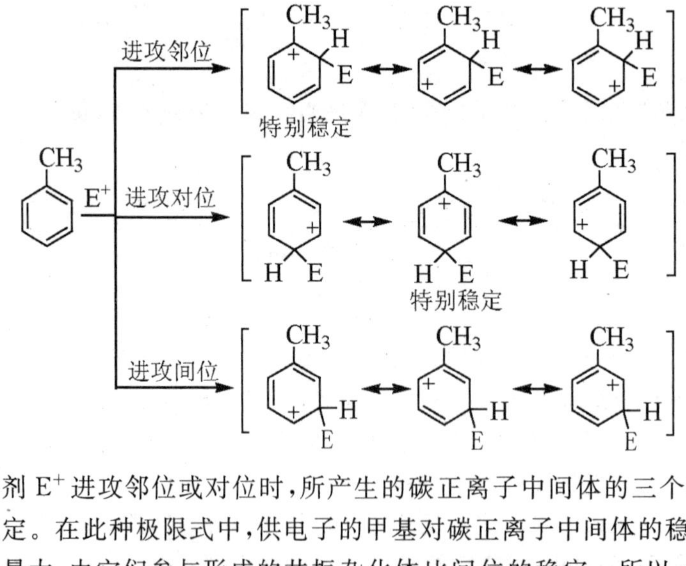

当亲电性试剂 E^+ 进攻邻位或对位时,所产生的碳正离子中间体的三个极限式中,都有一个极限式特别稳定。在此种极限式中,供电子的甲基对碳正离子中间体的稳定作用最大,对共振杂化体贡献也最大,由它们参与形成的共振杂化体比间位的稳定。所以,邻、对位取代的反应速率比间位快,产物的相对比例就多。因此,甲基是活化苯环的邻、对位定位基。其他烷基也有类似的作用。

羟基是一个强的邻、对位定位基。氧的电负性比碳大,羟基对苯环有吸电子诱导效应

(−I),但氧上的 p 轨道(其中有一对未共用电子)可与苯环上的 π 轨道形成 p-π 共轭体系,氧上的一对未共用电子向苯环转移,产生供电子共轭效应(+C)。这两种方向相反的电子效应的结果是共轭效应占了主导地位,使碳正离子活性中间体的稳定性增高,使苯环活化。苯酚在亲电取代反应中生成的三种碳正离子的共振式可表示为:

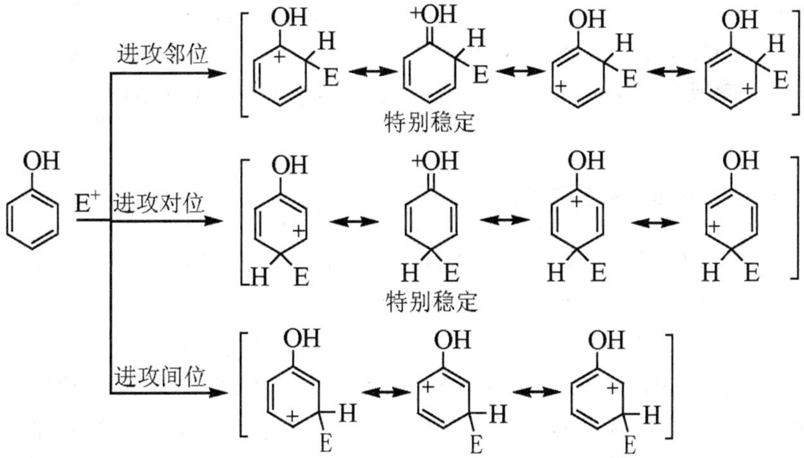

邻、对位取代的中间体各有四个共振极限式,而且各有一个极限式特别稳定,此种极限式中所有原子都形成八隅体,对共振杂化体的贡献最大,由它们参与形成的共振杂化体比间位取代的中间体稳定。因此,邻、对位取代反应速率比间位快,产物的相对比例就多,所以,羟基是活化苯环的邻、对位定位基。

其他具有未共用电子对的基团(除卤素)如: $-NH_2(R)$、$-OR$、$-NHCOR$ 等和羟基有类似的作用,都是邻、对位定位基,对苯环有较强的活化作用。

硝基苯分子中,硝基是强的吸电子基,其吸电子作用使苯环上的电子云密度降低,取代反应的碳正离子中间体稳定性降低,取代反应速率减慢(与苯相比),所以,硝基使苯环钝化。硝基苯在亲电取代反应中产生的三种碳正离子的共振式可表示为:

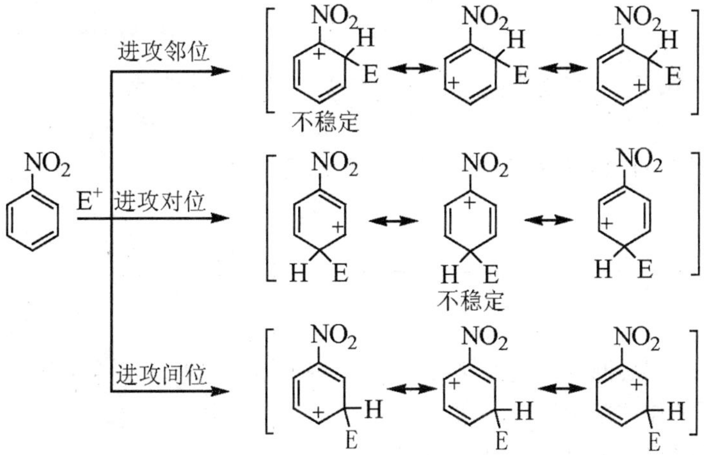

邻、对位取代所产生的碳正离子中间体,各有一个很不稳定的极限式,其正电荷分布在直接与吸电子基相连的环碳原子上,因此,由它们参与形成的共振杂化体的稳定性不如间位取代

的中间体。也就是说,硝基对间位的钝化作用小于邻、对位。因此,间位反应速率相对较快,硝基为钝化苯环的间位定位基。

醛(酮)基、氰基、羧基等极性不饱和基团的定位和钝化作用与硝基相似。

卤素比较特殊,它是邻对位定位基,却使苯环钝化。原因在于卤素原子电负性较强,静态时吸电子诱导效应比给电子的 $p-\pi$ 共轭效应大,诱导效应和共轭效应作用的结果是使苯环电子云密度降低,亲电取代反应困难;但当其他亲电试剂进攻苯环的瞬间,卤素原子上孤对电子可以通过 $p-\pi$ 共轭效应向苯环转移,有利于稳定能够生成邻对位产物的中间体,所以它是邻对位定位基。

(三) 二元取代苯环的定位规律

苯环上已有二个取代基时,第三个取代基进入苯环的位置受原有两个取代基的控制。一般情况下有以下几种情况:

(1) 当两个取代基的定位效应一致时,第三个取代基进入原有两个取代基所定位的位置。

(2) 当两个取代基定位效应不一致时,有两种情况。若两个取代基属于同一类定位基时,第三个取代基进入苯环的位置主要由定位作用强的定位基决定。若两个取代基不属于同一类定位基,第三个取代基进入苯环的位置由邻、对位定位基决定。

(四) 定位规律的应用

可以预测反应的主要产物、指导多官能团取代苯合成路线的确定、选择合理的合成路线。例如:

由苯合成间硝基氯苯要先硝化后氯代:

$$\underset{}{\bigcirc} \xrightarrow[\triangle]{HNO_3 + H_2SO_4} \underset{}{\bigcirc}-NO_2 \xrightarrow[FeCl_3, \triangle]{Cl_2} \underset{Cl}{\underset{}{\bigcirc}}-NO_2$$

由甲苯合成间硝基苯甲酸要先氧化再硝化:

$$\underset{}{\bigcirc}-CH_3 \xrightarrow{KMnO_4} \underset{}{\bigcirc}-COOH \xrightarrow[\triangle]{HNO_3 + H_2SO_4} \underset{NO_2}{\underset{}{\bigcirc}}-COOH$$

由苯合成间硝基对氯苯磺酸要先氯代,再磺化,最后硝化:

$$\underset{}{\bigcirc} \xrightarrow[FeCl_3, \triangle]{Cl_2} \underset{}{\bigcirc}-Cl \xrightarrow[\triangle]{H_2SO_4 \cdot SO_3} \underset{SO_3H}{\underset{}{\bigcirc}}-Cl \xrightarrow[\triangle]{HNO_3 + H_2SO_4} \underset{SO_3H}{\underset{NO_2}{\underset{}{\bigcirc}}}-Cl$$

在利用定位规律预测亲电取代反应的主要产物时应注意以下几个方面:

(1) 活化基团的作用超过钝化基团;
(2) 若有多个取代基时,取代基效应具有加和性;
(3) 空间位阻对取代反应产物影响很大,空间位阻大的位置不易进入新基团。

六、稠环芳烃

（一）萘

萘的分子式为 $C_{10}H_8$，可从煤焦油中分离得到，为无色片状晶体，熔点 80 ℃，沸点 218 ℃，易升华，不溶于水，易溶于热的乙醇等有机溶剂，有特殊气味。

1. 萘的结构

物理方法证明，萘和苯结构相似，也是平面型分子（所有碳原子均为 sp^2 杂化），所有碳原子上的 p 轨道彼此侧面重叠形成一个闭合的环状共轭体系，所有参加成键的 π 电子分布在平面的上方和下方，其形状如数字"8"，具有芳香性。

萘虽然是一个闭合的共轭体系，但萘环中各个 p 轨道的重叠程度不完全相同，π 电子云分布没有完全平均化。萘分子中 α 位电子云密度较高，β 位电子云密度低于 α 位。由于 π 电子分布不平均，因而分子中各个碳-碳键键长不完全相等，萘的稳定性比苯差。萘分子中各个碳-碳键键长如下：

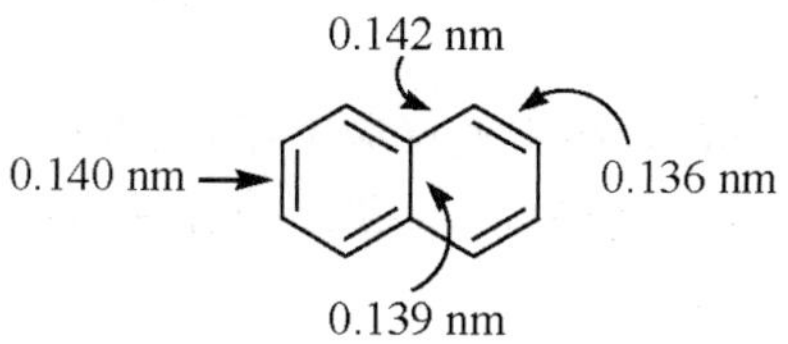

2. 萘的化学性质

(1) 亲电取代反应

萘比苯更容易发生亲电取代反应，一般情况下，一元取代主要发生在电子云密度较高的 α 位。

萘溴代时不用催化剂即可反应，主要得到 α-溴萘：

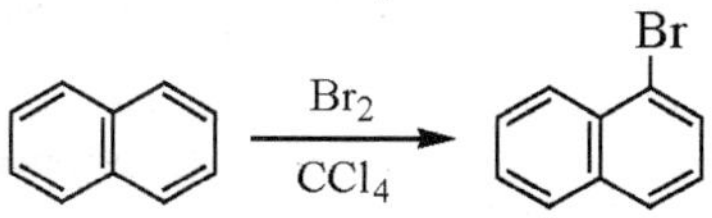

α-溴萘（92%）

萘用混酸硝化，在较低温度下可顺利进行，硝基优先进入 α 位：

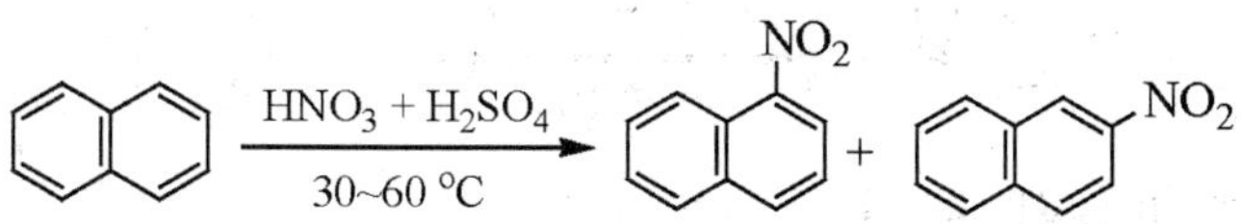

α-硝基萘（95%） β-硝基萘（5%）

萘在较低温度（80 ℃）磺化时，主要生成 α-萘磺酸；在较高温度（165 ℃）磺化时，主要生成 β-萘磺酸。α-萘磺酸与硫酸共热到 165 ℃时，也转变成 β-萘磺酸。

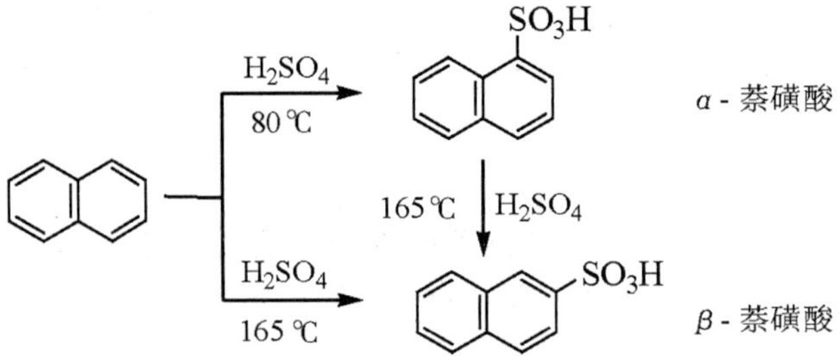

$$\text{萘} \xrightarrow{\substack{H_2SO_4 \\ 80℃}} \text{α-萘磺酸（1-SO_3H）}$$

$$\text{萘} \xrightarrow{\substack{H_2SO_4 \\ 165℃}} \text{β-萘磺酸（2-SO_3H）}$$

α-萘磺酸 $\xrightarrow{165℃, H_2SO_4}$ β-萘磺酸

萘的 α 位比 β 位活泼,生成 α-萘磺酸的速度较快。但在 α-萘磺酸中,α 位的磺酸基与 8-位上的氢原子之间的斥力较大,故其稳定性不如 β-萘磺酸。

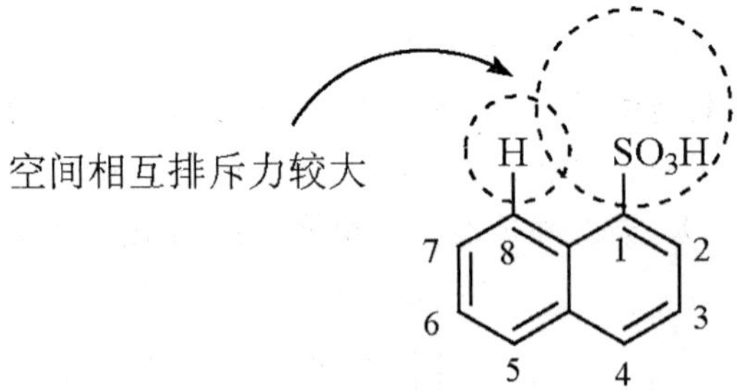

空间相互排斥力较大（8 位 H 与 1 位 SO_3H）

磺化反应是可逆反应,在较低温度时,逆反应不显著,以 α-萘磺酸为主,这是动力学控制的产物。当温度升高时,去磺化反应速度加快,α-萘磺酸逐渐转变成较稳定的 β-萘磺酸,这是热力学控制的产物。

(2) 氧化反应

萘比苯容易发生氧化反应,反应条件不同氧化产物不同。在五氧化二钒催化下,用空气氧化可生成邻苯二甲酸酐:

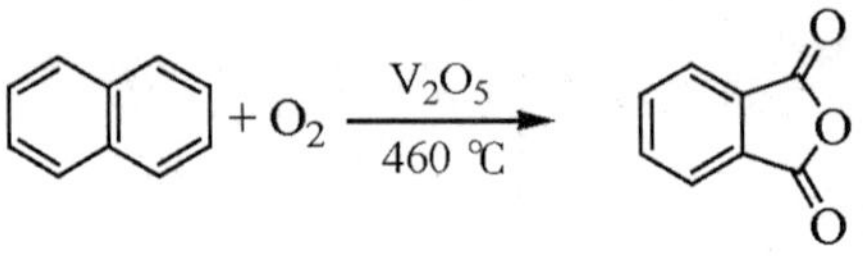

$$\text{萘} + O_2 \xrightarrow[460℃]{V_2O_5} \text{邻苯二甲酸酐}$$

(3) 还原反应

萘比苯容易被还原,还原产物与试剂及条件有关,催化氢化可得到十氢化萘:

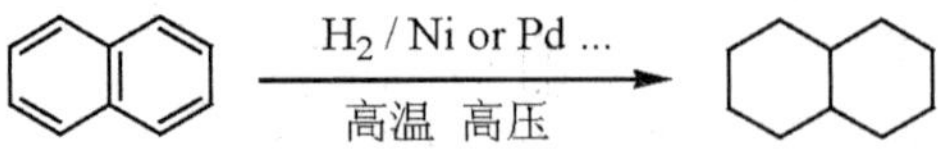

$$\text{萘} \xrightarrow[\text{高温 高压}]{H_2/Ni \text{ or } Pd\ldots} \text{十氢化萘}$$

(二) 蒽、菲及其他稠环芳烃

蒽和菲都存在于煤焦油中,蒽为无色片状晶体,熔点 216 ℃,沸点 240 ℃;菲为具有光泽的无色晶体,熔点 101 ℃,沸点 340 ℃。

蒽和菲结构与萘相似,也是具有平面结构的闭合共轭体系,有芳香性。因环上电子云密度分布不均导致各碳原子活性不同,其中 9,10 位最活泼,表现出一定的不饱和性,可发生加成、氧化、还原、Diels-Alder 等反应。例如:

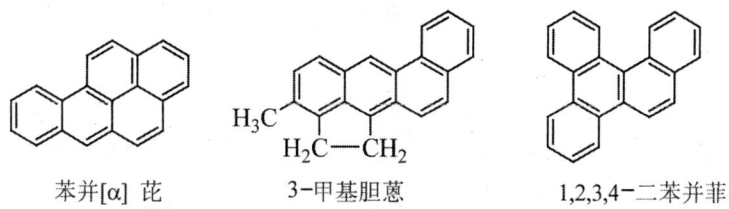

(三) 致癌稠环芳烃

芳香烃不仅化学性质与脂肪烃不同，其生理活性也不同。许多多环芳烃都有致癌作用。在汽车废气和未完全燃烧的石油、煤、木材、烟草等烟气中，都存在有可致癌的稠环芳烃，如苯并[α]芘等。下面列出了一些致癌稠环芳烃的结构式：

苯并[α]芘　　　3-甲基胆蒽　　　1,2,3,4-二苯并菲

七、非苯芳烃

苯系芳烃以外具有芳香性的化合物统称为非苯芳烃。

1931年德国化学家休克尔用分子轨道理论研究单环多烯的 π 电子能级，提出一个判断芳香性的规则，称为休克尔（Hückel）规则（芳香性分子必须具备的三个条件）：

(1) 成环原子共平面；
(2) 形成环状闭合共轭体系；
(3) π 电子数目等于 $4n+2(n=0,1,2,3,\cdots)$。

Hückel 规则又称为 $4n+2$ 规则，苯系芳烃中的苯($n=1$)、萘($n=2$)、蒽和菲($n=3$)等都符合 Hückel 规则。

有些环状多烯烃，虽然也具有环内交替的单键和双键，但它们不符合 Hückel 规则的要求，因而没有芳香性。如环丁二烯和环辛四烯。

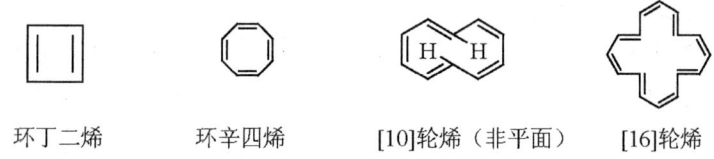

环丁二烯　　环辛四烯　　[10]轮烯（非平面）　　[16]轮烯

环丁二烯有 4 个 π 电子,环辛四烯有 8 个 π 电子,[16]轮烯有 16 个 π 电子,它们的 π 电子数不符合 $4n+2$;[10]轮烯有 10 个 π 电子,虽然 π 电子数符合 $4n+2$,但室温下它不具有平面结构,故也没有芳香性。[18]轮烯符合 Hückel 规则,具有芳香性。

[18]轮烯

下列单环烯烃正离子或负离子的结构符合 Hückel 规则,都具有芳香性,是一些稳定的正(或负)离子:

环丙烯正离子　　　环戊二烯负离子　　　环庚三烯正离子

习 题

1. 命名下列化合物。

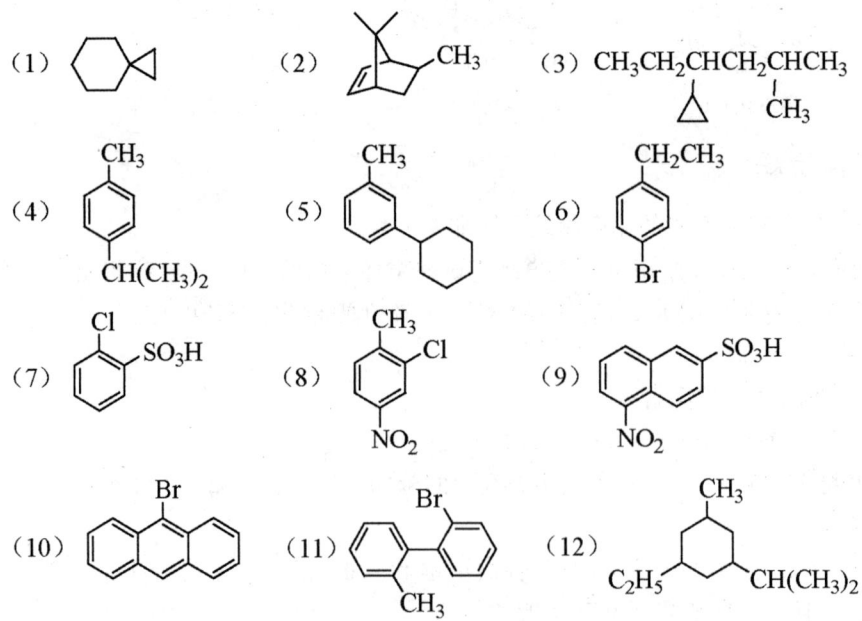

2. 写出下列化合物的结构式。

(1) 2-氯-4-硝基苯甲酸　　　(2) 3-乙基甲苯　　　(3) 2,6-二甲基萘

(4) 2-苯基-2-丁烯　　　(5) 1,2-二苯基乙烷　　　(6) 2,2'-二硝基联苯

3. 完成下列反应

(1) 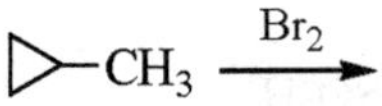 △-CH₃ $\xrightarrow{Br_2}$

(2) 1-甲基环己烯 $\xrightarrow{HCl}$

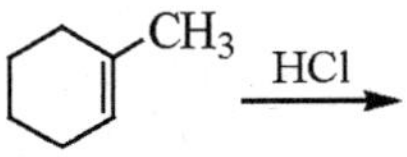

(3) 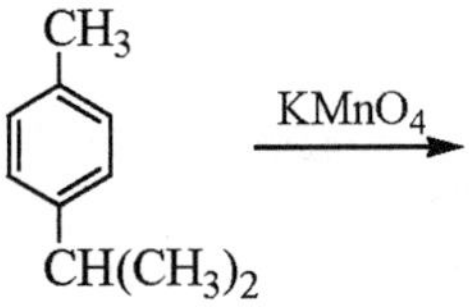 对甲基异丙基苯 $\xrightarrow{KMnO_4}$

(4) 乙苯 $\xrightarrow[hv]{Cl_2}$

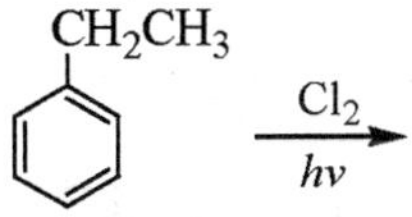

(5) 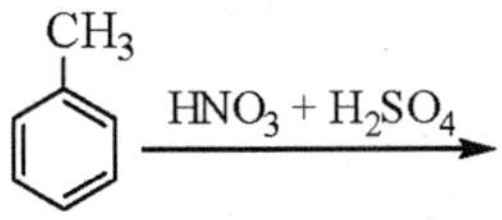 甲苯 $\xrightarrow{HNO_3 + H_2SO_4}$

(6) 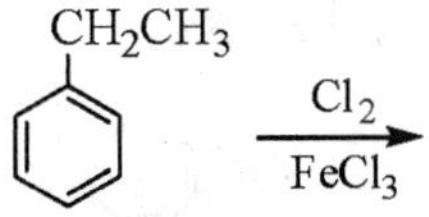 乙苯 $\xrightarrow[FeCl_3]{Cl_2}$

(7) 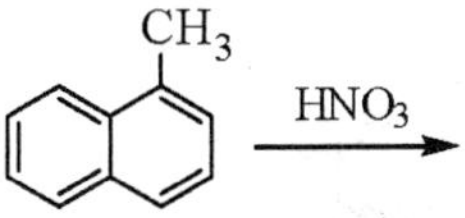 1-甲基萘 $\xrightarrow{HNO_3}$

(8)  甲苯 + CH₃COCl $\xrightarrow{无水\ AlCl_3}$

(9) 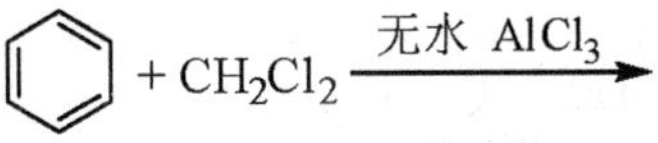 苯 + CH₂Cl₂ $\xrightarrow{无水\ AlCl_3}$

(10) 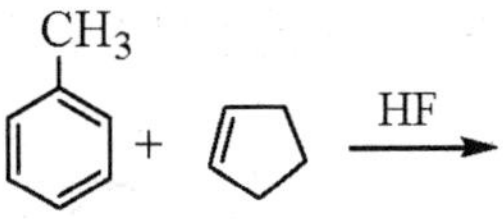 甲苯 + 环戊烯 $\xrightarrow{HF}$

4. 用化学方法区别下列各组化合物。

(1) 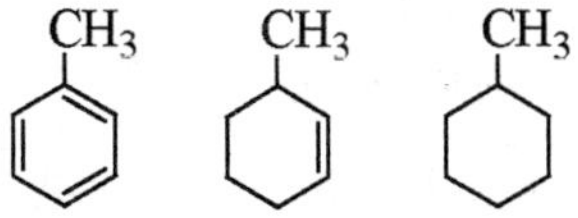 甲苯, 甲基环己烯, 甲基环己烷

(2)  △, 环戊烷, 苯

5. 试解释为什么苯酚硝化反应的速度比甲苯硝化时大 45 倍；但氯苯的硝化速度比甲苯的硝化速度小 250 倍。

6. 完成下列转化。

(1) 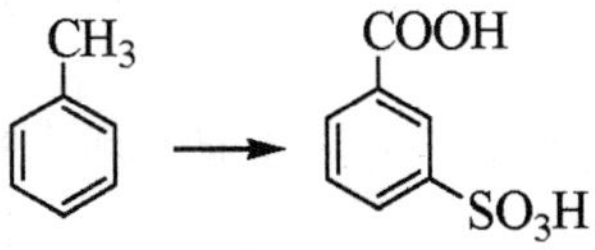 甲苯 → 3-磺酸基苯甲酸

(2) 乙苯 → 4-磺酸基苯甲酸

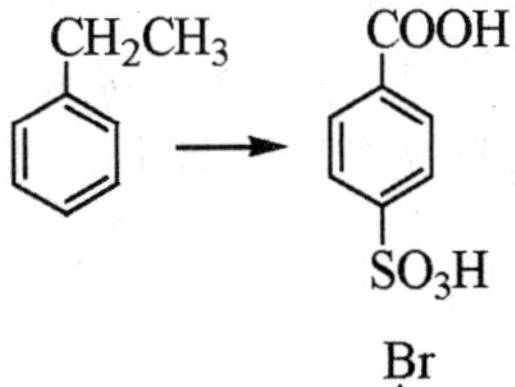

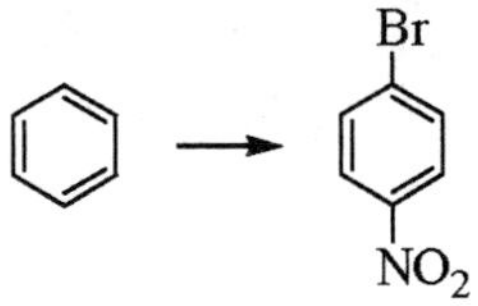

(3) 苯 → 4-溴硝基苯

(4) 苯 → 3-溴硝基苯

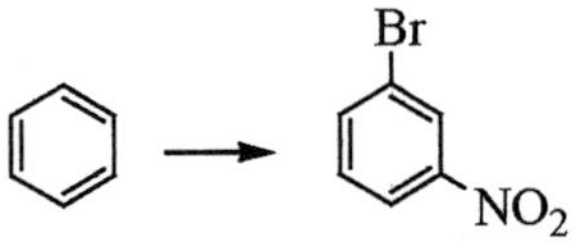

7. 用箭头表示下列化合物溴化的主要产物。

(1) 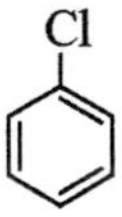 氯苯

(2) 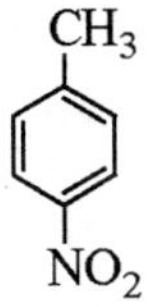 4-硝基甲苯

(3) 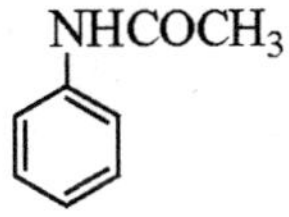 乙酰苯胺

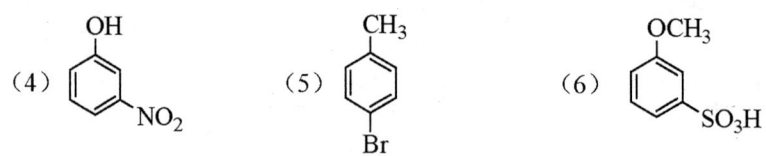

8. 写出下列反应的合理反应机理。

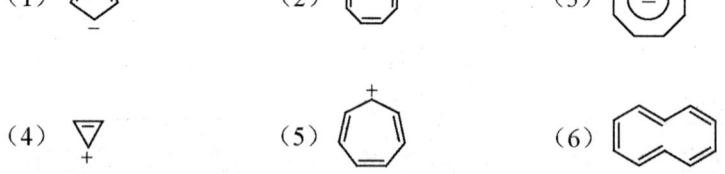

9. 判断下列化合物是否有芳香性。

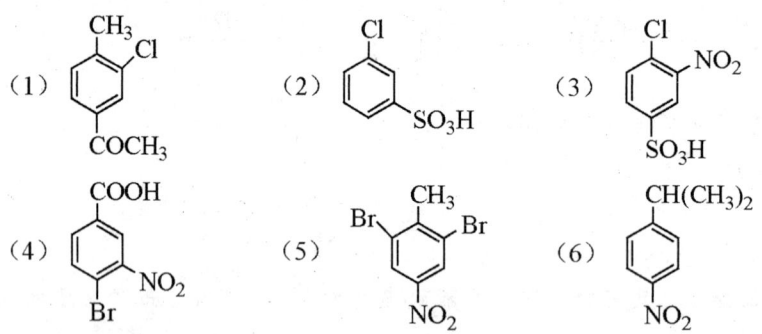

10. 以苯或甲苯为原料,合成下列化合物。

11. 有三种化合物 A、B、C 分子式相同,均为 C_9H_{12},用酸性 $KMnO_4$ 氧化后,A 变为一元酸,B 变为二元酸,C 变为三元酸。但以混酸硝化时,A 和 B 分别生成两种一硝化产物,而 C 只生成一种一硝化产物。试写出 A、B、C 的结构式。

12. 一个化合物的分子式为 $C_6H_4Br_2$,以混酸硝化,只生成一种一硝化产物。试写出它的结构式。

第六章 对映异构

同分异构现象在有机化学中极为普遍。前面我们已经学习了构造异构、顺反异构和构象异构。本章主要介绍另一种立体异构现象——对映异构(enantiomerism)。

同分异构现象可以归纳如下：

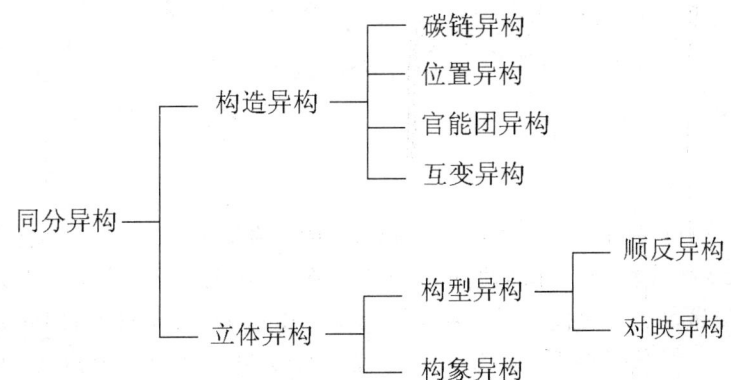

立体化学(stereochemistry)主要是从三维空间揭示分子的结构和性能。对映异构是立体化学中极为重要的内容之一。学习对映异构是为学习和研究生命过程中的糖类、脂类、氨基酸、核酸、酶、蛋白质和激素等物质奠定必要的基础。

一、物质的旋光性

旋光性(optical activity)是研究对映异构体的重要方法。因此，在讨论对映异构之前，先对旋光性做一些介绍。

（一）平面偏振光和旋光性

光是一种电磁波，光波的振动方向与前进方向垂直，而且在无数个垂直于光传播方向的平面内震动。当普通光通过一个尼科尔(Nicol)棱镜时，只有振动方向与棱镜晶轴平行的光才能通过。这种只在一个平面上振动的光称为平面偏振光(plane-polarized light)，简称偏振光，如图 6-1 所示。

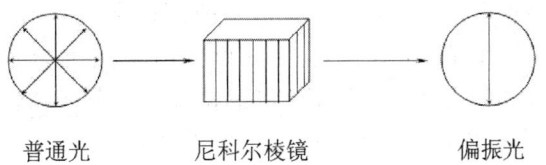

图 6-1 平面偏振光

当偏振光通过某些化合物的溶液时，偏振光的偏振面会发生旋转。这种能使偏振光的偏振面旋转的性质称为旋光性(optical activity)。

在实际工作中通常用旋光仪测定物质的旋光性。图 6-2 为旋光仪的构造示意图。虚线表示旋转前偏振光的振动方向;实线表示旋转后偏振光的振动方向。旋光仪是由一个光源和两个棱镜组成的。第一个棱镜是固定的,叫起偏镜,它的功能是把光源投射来的光变为平面偏振光。第二个棱镜可以旋转,叫检偏镜,它的作用是测定被测物质使平面偏振光的偏振面旋转的角度。在两个棱镜中间有一个盛放样品的样品管,当测定旋光性物质时,可将被测物质配成溶液装在旋光管中。若是液体化合物,可以直接用纯样品。

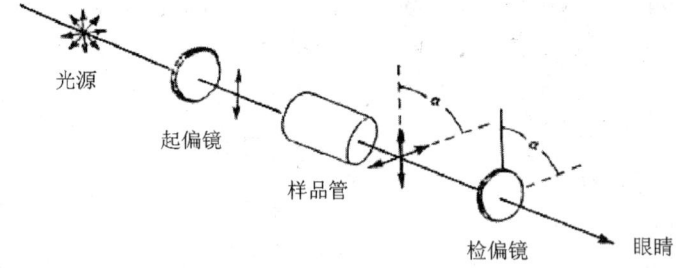

图 6-2 旋光仪的构造示意图

若被测物质无旋光性,则平面偏振光通过旋光管后,偏振光不被旋转,可以直接通过检偏镜(初始状态起偏镜晶轴与检偏镜晶轴互相平行),视场光亮度不会改变;如果被测物质具有旋光性,平面偏振光通过样品管后,偏振光就会被向右或向左旋转一个角度(如图 6-2 所示 α 角),这时的偏振光不能通过检偏镜,此时视场变暗。只有检偏镜也向右或向左旋转相同的角度,旋转了的平面偏振光才能完全通过,视场恢复原来的亮度。观察检偏镜上携带的刻度盘所旋转的角度,即为该旋光性物质的旋光度。

偏振光的偏振面被旋光性化合物所旋转的角度称为旋光度(rotation),用 α 表示。使平面偏振光的偏振面按顺时针方向发生的旋转称为右旋,用符号(+)或(d)表示;按逆时针方向发生的旋转称为左旋,用(−)或(l)表示。例如,(+)-2-丁醇表示向右旋转偏振光,(−)-2-丁醇表示向左旋转偏振光。

测定化合物的旋光度,除了使用前面介绍的普通旋光仪外,还有自动旋光仪,可直接显示被测化合物的旋光度和旋光方向。

(二) 比旋光度

一个化合物的旋光度并不是恒定的数值。旋光性物质的旋光度与溶液的质量浓度和旋光管长度的乘积成正比,还与测定时的温度、光源的波长和所用溶剂有关。为了统一标准,通常规定 1 mL 含 1 g 旋光性物质的溶液,放在 1 dm 长的盛液管中测得的旋光度称为该物质的比旋光度(specific rotation),用 $[\alpha]_D^t$ 表示。t 为测定时的温度,一般是室温(15~30 ℃),D 表示测定时采用波长 589 nm 的钠光光源。比旋光度 $[\alpha]_D^t$ 是具有旋光性物质的一种物理常数。

在实际工作中,通常是先测出旋光物质的旋光度,再利用下式计算出旋光物质的比旋光度。

$$[\alpha]_D^t = \frac{\alpha}{l \times c}$$

式中:l 表示旋光管的长度(dm);c 表示被测物质溶液的浓度(g/mL);纯液体用密度(g/cm³)表示。

例如,将胆固醇样品 260 mg 溶于 5 mL 氯仿中,然后将其装满 0.5 dm 长的旋光管,在室温(20 ℃)时测得旋光度为 -2.5°,则 20 ℃时,胆固醇在氯仿中的比旋光度为:

$$[\alpha]_D^t = \frac{\alpha}{l \times c} = \frac{-2.5°}{0.5\text{dm} \times 0.26\text{g}/5\text{ml}} = -96°$$

二、对映异构体和手性分子

(一) 手性分子和对映异构体

很多天然或合成的有机化合物具有对映异构现象。产生对映异构现象的结构依据是手性。就像人的左右手一样,左手和右手互为实物与镜像关系,彼此又不能重合的现象称为手性(chirality)。如图 6-3 所示。

图 6-3 手性关系图

有些分子的实物和镜像是可以重合的,而有些分子的实物和镜像是不能重合的。

例如,图 6-4 中的两个丙酸(propanoic acid)分子模型,它们互为实物和镜像关系。但当我们将两个分子中连有羧基的碳原子相互重叠,然后再将连在该碳原子上的其他任意两对基团重叠后,剩下的两个基团也是重合的。因此,它们是对映和重合的关系,这两个分子模型实际代表的是同一化合物。

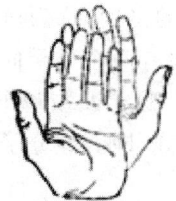
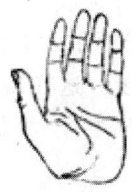
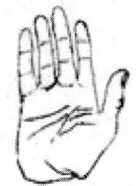

图 6-4 丙酸模型的重叠操作

再例如,图 6-5 中的两个乳酸(lactic acid)对映分子模型。当将二者连有羟基的碳原子和连在此碳原子上的羧基和羟基分别相应重叠时,剩下的甲基和氢并不能重合,而是甲基与氢原子相遇。这两个分子模型具有对映而不能重合的关系,彼此互为对映异构体(enantiomers)。对映异构体的旋光性不同,又称为旋光异构体或光学异构体。

图 6-5 乳酸模型的重叠操作

实物和镜像不能完全重合的分子为手性分子(chiral molecule),实物和镜像能完全重合的分子为非手性分子。丙酸是非手性分子,乳酸是手性分子。

乳酸分子为什么具有手性?观察乳酸的结构可以看出,分子中存在一个与四个不同基团相连的碳原子(C_2),C_2 分别连接—OH、—COOH、—CH_3 和—H,这些基团在空间有两种不同的排列方式,因此可产生两种互成对映关系的异构体。这种碳原子又称手性碳原子,常用 C^* 表示。

(二) 手性和物质结构的关系

有机化合物有成千上万种,哪些分子有手性,哪些分子没有手性?经过长期的观察和研究发现,分子是否有手性与分子的对称性有关。

1. 对称面

分子中存在的一个可以将分子分为实物和镜像两部分的平面,称为对称面(symmetrical planes),用 σ 表示。丙酸分子中与碳原子相连的四个基团中有两个是相同的,即与羧基相连的碳原子(C_2)上有两个相同的氢原子。这样,若通过甲基、C_2 原子及羧基作一平面,就可平分 H—C—H 角,从而将分子分成互为实物与镜像关系的两部分,即丙酸分子中有对称面,如图 6-6 所示。

凡存在对称面的分子,就是非手性分子,没有旋光性。

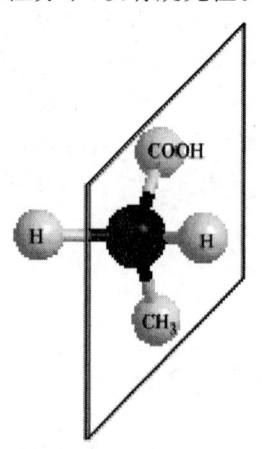

图 6-6　丙酸分子的对称面

2. 对称中心

对称中心是分子中的一个点,当将分子中任一原子或原子团与这个点的连线反方向延长到相等距离就能遇到相同原子或原子团时,这个点就称为对称中心(symmetrical center)。例如,图 6-7 既有对称面又有对称中心。

凡存在对称中心的分子,也是非手性分子,没有旋光性。

不存在对称面、对称中心等对称因素的分子为手性分子,手性分子有旋光性。

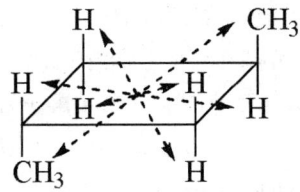

图 6-7 反-1,3-二甲基环丁烷的对称中心

三、对映异构体的表示法及构型标记

(一) 费歇尔投影式

因对映异构属于构型异构,需要用立体结构式来表示,但书写时相当不便,故一般用费歇尔(Fischer)投影式表示。其投影规则如下:

(1) 水平线和垂直线的交叉点代表手性碳原子。
(2) 连于手性碳原子的水平线代表指向纸平面前的键。
(3) 连于手性碳原子的垂直线代表指向纸平面后的键。

Fischer 投影式与透视式不同,透视式可以任意旋转而不会改变分子的构型。而 Fischer 投影式只能在纸平面内旋转 180°,才能保持构型不变。不允许把分子离开纸面翻转,否则,就会导致改变原分子的构型。

一个化合物可以写出数个投影式,但习惯上常常将主链投影在垂直线上,同时把氧化态较高的基团放在上端。乳酸的一对对映体的 Fischer 投影式如下:

$$
\begin{array}{cc}
\text{COOH} & \text{COOH} \\
\text{H}\!\!-\!\!\!\!-\!\!\text{OH} & \text{HO}\!\!-\!\!\!\!-\!\!\text{H} \\
\text{CH}_3 & \text{CH}_3
\end{array}
$$

(−)-乳酸 (+)-乳酸

同一个对映异构体可以用几种不同的方法表示它的立体结构。例如,(2R,3S)−2,3,4−三羟基丁醛:

$$
\begin{array}{ccc}
\text{CHO} & & \\
\text{H}\!\!-\!\!\!\!-\!\!\text{OH} & & \\
\text{HO}\!\!-\!\!\!\!-\!\!\text{H} & & \\
\text{CH}_2\text{OH} & & \\
\end{array}
$$

Fischer投影式   锯架式   Newman投影式

(二) 对映异构体的构型标记

1. D-、L-标记法

化合物的绝对构型是指分子中各基团在空间的真实排列。1951 年以前,人们还无法确定化合物的绝对构型(absolute configuration),费歇尔(Fischer)人为的选定甘油醛(glyceraldehyde)为标准物,并规定其最长碳链处于垂直方向,醛基在碳链上端的 Fischer 投影式中,C_2 上的羟基处于右侧的为(+)-甘油醛的构型,称为 D-构型;其对映体(−)-甘油醛中羟基处于左侧,称为 L-构型。

$$\begin{array}{cc} \text{CHO} & \text{CHO} \\ \text{H}\!-\!\!\!-\!\text{OH} & \text{HO}\!-\!\!\!-\!\text{H} \\ \text{CH}_2\text{OH} & \text{CH}_2\text{OH} \end{array}$$

D-(+)-甘油醛   L-(−)-甘油醛

以甘油醛为标准,通过合适的化学反应合成其他旋光性化合物。只要在反应过程中不断裂与手性中心直接相连的化学键,那么所得的化合物的构型就与原甘油醛的构型相同。这样得到的构型称为相对构型(relative configuration)。例如:

$$\begin{array}{ccc} \text{CHO} & & \text{COOH} \\ \text{H}\!-\!\!\!-\!\text{OH} & \xrightarrow{\text{HgO}} & \text{H}\!-\!\!\!-\!\text{OH} \\ \text{CH}_2\text{OH} & & \text{CH}_2\text{OH} \end{array}$$

D-(+)-甘油醛   D-(−)-甘油酸

D-(+)-甘油醛与氧化汞(HgO)反应,醛基被氧化成羧基(−COOH),生成甘油酸。由于与手性中心(C_2)直接相连的键没有发生断裂,因此甘油酸的构型应与 D-甘油醛相同,也是 D-构型。但甘油酸的旋光方向却为左旋,这一事实说明化合物的构型与旋光方向没有直接的对应关系。

1951 年,拜捷沃特(J. M. Bijvoet)用 X 射线技术测定了(+)-酒石酸分子的绝对构型后,确定了原来人为规定的 D-(+)-甘油醛的构型恰巧就是它的绝对构型。

D、L-标记法的使用有一定的局限性,但由于长期使用已成习惯,糖类、脂类和氨基酸类化合物,目前仍沿用 D、L-构型的标记方法。

2. R、S 构型标记法

1979 年,IUPAC 建议采用 R、S 构型命名法。R、S 构型标记法广泛应用于各种类型手性化合物构型的命名。标记方法如下:

(1) 按次序规则确定与手性碳原子相连的 4 个原子或基团的顺序。

(2) 将与手性碳原子相连的 4 个原子或基团中最小的原子或基团置于远离视线的位置(即放在最远的位置),然后观察朝向我们的另外 3 个原子或基团由大到小的顺序。若顺时针方向即为 R 构型;逆时针方向即为 S 构型。

例如,在氯溴碘甲烷中,连接在手性碳原子上的 4 个原子的原子序数大小顺序应为:I>Br>Cl>H。

将氯溴碘甲烷的两个透视式分别在空间进行适当的转动,以便使其手性碳原子上的最小原子(H)置于远离读者视线的方向,而其他 3 个原子则处于朝向读者的方向。

$$\begin{array}{c} \text{Br} \\ \text{Cl}\!-\!\!\!-\!\text{H} \\ \text{I} \end{array} \xrightarrow{\text{转动}} \quad$$

I→Br→Cl 为顺时针方向,故为 R 构型。

I→Br→Cl 为逆时针方向,故为 S 构型。

再如,在 2-丁醇的两个构型分子中,与手性碳原子相连的 4 个原子或基团由大到小的顺序是:$OH>C_2H_5>CH_3>H$。将 2-丁醇的两个构型的 Fischer 投影式分别在空间作适当转动,以便使其手性碳原子上的最小原子(H)置于远离观察者的视线方向,而其他 3 个基团($-OH$、$-C_2H_5$、$-CH_3$)处于朝向观察者的方向。

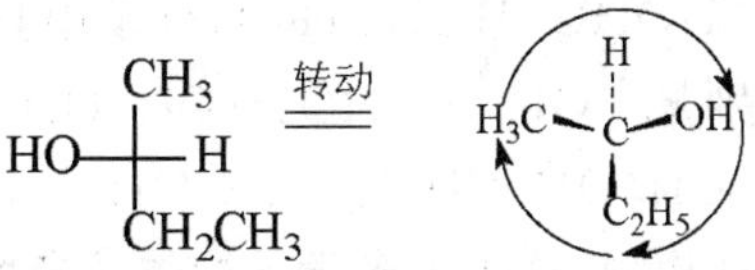

HO→C_2H_5→CH_3 为顺时针方向,故为 R 构型。

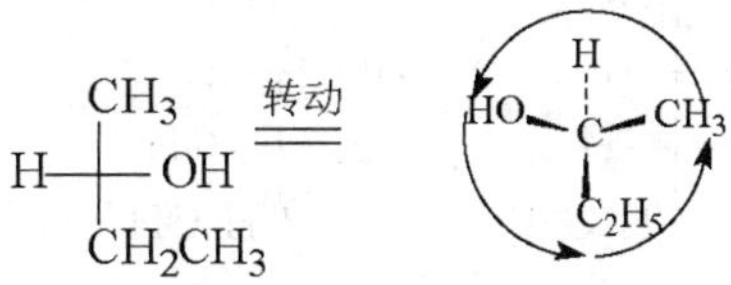

HO→C_2H_5→CH_3 为逆时针方向,故为 S 构型。

四、含一个手性碳原子的化合物

乳酸($CH_3C^*HOHCOOH$)分子中含一个手性碳原子,有两个对映异构体,一个左旋体,一个右旋体。肌肉中存在的为右旋乳酸($+3.8°$),由左旋乳酸杆菌使葡萄糖或乳糖等发酵而产生的是左旋乳酸($-3.8°$)。

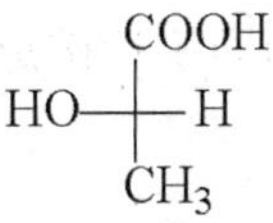

(+)-乳酸 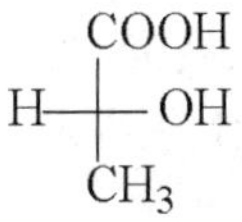   (−)-乳酸

具有对映而不能重合关系的一对光学异构体称为对映体。含一个手性碳原子的分子总是可以产生两个光学异构体,一对对映体。一对对映体的比旋光度大小相等,方向相反,其他普通物理性质和化学性质相同,见表 6-1。一对对映体等量混合,混合物无旋光性,此混合物称为外消旋体。

表 6-1 乳酸对映体的一些物理性质

	熔点(℃)	$[\alpha]_D^b$	pK_a(25 ℃)
(+)-乳酸	53	+3.8	3.79
(−)-乳酸	53	−3.8	3.79
(±)-乳酸	18	0	3.79

值得提及的是,对映体与手性试剂反应时,其反应活性不同,它们的生理、生化作用也不相

同。例如，酶（手性分子）催化的反应，两种对映体可按不同的形式进行。又如，微生物在生长过程中只能利用右旋丙氨酸，人体所需要的糖类都是 D-构型，所需要的氨基酸都是 L-构型。再如，氯霉素有两对对映体，共 4 个光学异构体，其中抗菌药效最强的是左旋氯霉素，而右旋氯霉素几乎无效；左旋抗坏血酸有抗坏血病的作用，而右旋抗坏血酸则没有抗坏血病的作用；左旋麻黄碱在增加血压方面比右旋麻黄碱大 20 倍；左旋肾上腺素的生理活性比右旋肾上腺素的生理活性理论性强 14 倍等。

五、含两个手性碳原子的化合物

（一）含两个不相同手性碳原子的化合物

2,3,4-三羟基丁醛（$CH_2OHC^*HOHC^*HOHCHO$），分子中具有两个不相同的手性碳原子。C_2^* 连接的 4 个原子或基团分别是 $-OH$、$-CHO$、$-CH(OH)CH_2OH$、$-H$，而 C_3^* 连接的 4 个原子或基团分别是 $-OH$、$-CH(OH)CHO$、$-CH_2OH$、$-H$。由于每一个手性碳原子有两种构型，因此该化合物应有 4 种构型，这 4 个光学异构体的费歇尔投影式分别为：

```
    CHO              CHO              CHO              CHO
H ——— OH        HO ——— H         HO ——— H         H ——— OH
H ——— OH        HO ——— H          H ——— OH        HO ——— H
   CH2OH           CH2OH            CH2OH            CH2OH
 D-(-)-赤藓糖      L-(+)-赤藓糖      D-(-)-苏阿糖      L-(+)-苏阿糖
   2R,3R            2S,3S            2S,3R            2R,3S
    (1)              (2)              (3)              (4)
```

4 种构型中 1 和 2，3 和 4 互为实物镜像关系，是对映体。但 1 和 3（或 4）；2 和 3（或 4），它们是不互为实物镜像关系的光学异构体，称为非对映异构体。非对映体之间，不仅比旋光度不同，而且理化性质、生物活性都不相同。

以上可知，含一个手性碳原子的化合物，有两个光学异构体；含两个不相同手性碳原子的化合物，有 4 个光学异构体。依此类推，含有 n 个不相同手性碳原子化合物的光学异构体数目为 2^n 个，对映体的数目则有 2^{n-1} 对。

（二）含两个相同手性碳原子的化合物

2,3-二羟基丁二酸（$HOOCC^*HOHC^*HOHCOOH$，酒石酸）含两个相同手性碳原子。两个手性碳原子都连有 $-OH$、$-COOH$、$-CH(OH)COOH$ 和 $-H$，它和含两个不相同手性碳原子的化合物不同，只有三种构型。

```
    COOH             COOH             COOH             COOH
HO ——— H         H ——— OH          H ——— OH        HO ——— H
 H ——— OH        HO ——— H          H ——— OH        HO ——— H
    COOH             COOH             COOH             COOH
 D-(-)-酒石酸     L-(+)-酒石酸        meso-酒石酸
   2S,3S            2R,3R            2R,3S            2S,3R
    (1)              (2)              (3)              (4)
```

1 和 2 是对映体，3 和 4 为同一化合物。像 3 这种分子中虽有手性碳原子，但因有对称因素而使旋光性在分子内抵消，分子无旋光性，称为内消旋体，通常以"*meso*"表示。由此可见，分子中有无手性碳原子不是判断分子有无旋光性的绝对依据。分子有旋光性的绝对依据是其具有手性。

酒石酸内消旋体和对映体的左旋体 1 或右旋体 2 互为非对映体，所以内消旋体和左旋体或右旋体，除旋光性不同外，物理性质和生物活性也不相同。酒石酸的物理常数见表 6-2。

表 6-2　酒石酸光学异构体的物理性质

	熔点/℃	$[\alpha]_D^{25}$(20%)水	溶解度(g/100g 水)	pK_{a_1}	pK_{a_2}
(−)−酒石酸	170	−12	139.0	2.93	4.23
(+)−酒石酸	170	+12	139.0	2.93	4.23
(±)−酒石酸	206	0	20.6	2.96	4.24
meso−酒石酸	140	0	125.0	3.11	4.80

内消旋体和外消旋体是两个不同的概念。虽然两者都不具有旋光性，但前者是纯净物，后者是等量对映体的混合物，它可以用化学方法或其他方法分离成纯净的左旋体和右旋体。

含有 n 个相同手性碳原子化合物的光学异构体的数目比 2^n 个少，组成对映体的数目也少。

六、无手性碳原子的对映异构体

在有机化合物中，大多数旋光性物质都含有一个或多个手性碳原子，但有些旋光性物质的分子中，并不含有手性碳原子。

（一）联苯型化合物

联苯化合物中两个苯环共平面，为非手性分子。但当联苯分子中每个苯环的两个邻位被较大的基团取代时，基团的空间位阻很大，两环不能共平面分布。如果两环的邻位分别连有两个不相同基团，此时分子中找不到对称面或对称中心，实物和镜像不能完全重合，为手性分子，为一对对映异构体。

例如，6,6′-二硝基-2,2′-联苯二甲酸为一对对映体。

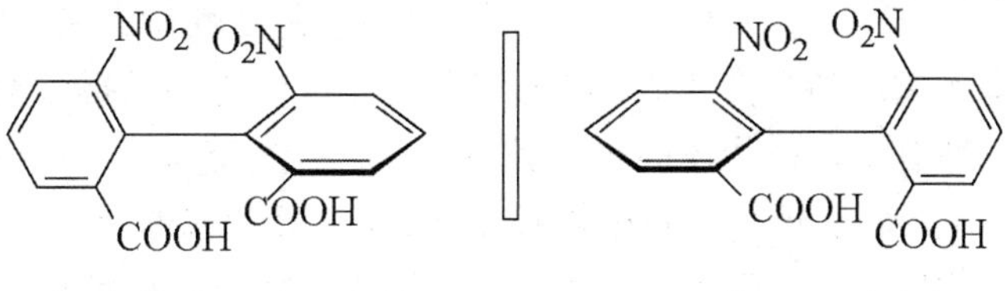

（二）丙二烯型化合物

丙二烯型化合物的结构特点是中心碳原子为 sp 杂化，两个 π 键所处的两个平面相互垂直。当双键两端的碳原子上各连有两个不同的原子或基团时，分子具有手性，存在一对对映体。

例如，2,3-戊二烯有一对对映体：

$$\underset{B}{\overset{A}{>}}C=C=C\underset{B}{\overset{A}{<}}$$

丙二烯型

$$\underset{H}{\overset{H_3C}{>}}C=C=C\underset{H}{\overset{CH_3}{<}} \quad || \quad \underset{H}{\overset{H_3C}{>}}C=C=C\underset{H}{\overset{CH_3}{<}}$$

七、外消旋体的拆分

在有机合成中常得到外消旋体。但在很多情况下只需要其中某一种光学活性物质，所以需要设法将由合成得到的外消旋体中的一对对映体分开，此过程称为外消旋体的拆分（或拆解）。任何混合物的分离都是基于这些成分不同的物理性质或化学性质。但是，外消旋体中的一对对映体除了旋光性不同外，其他物理性质和化学性质相同，所以它们的分离需要用特殊的方法。

（一）化学拆分法

化学拆分法是设法将一对对映体转化成一对非对映体。由于非对映体具有不同的物理性质，便可采用常规分离手段分开。当非对映异构体分离后，再经一定方法处理使其转回原来的对映体。目前，大多数拆分工作靠有光学活性的手性拆分试剂进行，这些拆分试剂都是光学纯度为100%的物质。手性拆分试剂大多是自然界存在的天然产物，它们是经酶催化的生物合成获得的，也有少量是人工合成的。

下面以最常见的外消旋酸的拆分为例，说明拆分剂的作用及拆分的一般过程。外消旋的有机酸可用碱性拆分剂（假设用 d-旋光的）与其反应。这样，先形成两种物理性质不同的非对映异构体 dd-盐和 dl-盐。这时，可用合适的溶剂经重结晶法进行分离。然后再用无机酸将有光学活性的有机酸分别从盐中置换出来。拆分过程表示如下：

$$dl\text{-酸}+2d\text{-碱} \rightarrow dd\text{-盐}+dl\text{-盐} \xrightarrow{\text{重结晶}} \begin{matrix} dd\text{-盐} \xrightarrow{HCl} d\text{-酸}+d\text{-碱} \cdot HCl \text{ 酸} \\ dl\text{-盐} \xrightarrow{HCl} l\text{-酸}+d\text{-碱} \cdot HCl \text{ 酸} \end{matrix}$$

以上过程需经多次重结晶分离才能完成全部拆分工作。选择的拆分剂及重结晶溶剂要合适。常用的碱性拆分剂有来自植物体的生物碱，如（−）-番木鳖碱、（−）-马钱子碱、（+）-辛可宁碱、（−）-咖啡碱、（−）-奎宁碱、（−）-麻黄碱等；也有人工合成的，如 α-苯基乙胺等；外消旋有机碱的拆分原理是相同的，可用酸性拆分剂与其成盐。常用的酸性拆分剂有（+）-酒石酸、（−）-二乙酰酒石酸、（−）-二苯甲酰酒石酸、（+）-樟脑磺酸、（−）-苹果酸等。

（二）其他拆分法

除化学拆分法外，还有酶作用下的生物拆分法和手性吸附剂的色谱分离法以及诱导结晶法等。

酶是由光学活性的氨基酸组成的手性大分子。它与外消旋的化合物作用时,可选择性地作用于一种对映体而对另一种对映体不作用。例如,外消旋酒石酸铵盐在酵母(一种酶)作用下发酵,天然的右旋酒石酸铵盐可逐渐被消耗(与酵母作用生成其他产物),发酵液中最后可分离出纯的左旋酒石酸铵盐。

色谱分离法的原理同酸、碱拆分法。用手性的物质如淀粉、蔗糖粉或某些人工合成的手性大分子作为柱层析的吸附剂。当外消旋的被拆分物质通过层析柱时,可与吸附剂产生非对映异构的两种物质,它们在层析柱中被吸附的程度不同,因此在用溶剂洗脱时,分先后被洗脱下来,从而达到分离的目的。

八、手性分子的生物作用

一对对映体,构型上的微小差异,在生理活性上往往会产生截然不同的作用。例如,香芹酮(carvone)的右旋体具有贡蒿籽(caraway seed)气味,而左旋体却有绿薄荷气味。

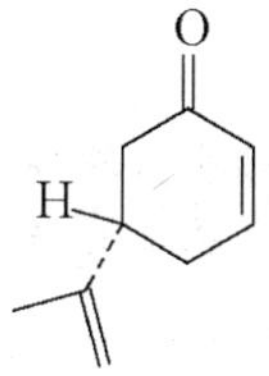

(+)-香芹酮   (−)-香芹酮
(存在于贡蒿籽里)   (存在于绿薄荷里)

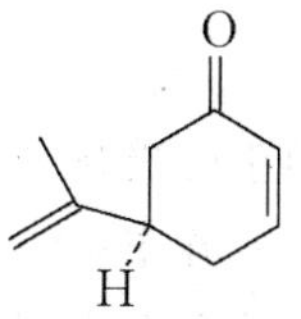

又如,多巴(dopa),它的化学名为 2-氨基-3-(3,4-二羟基苯基)丙酸,分子中有一个手性中心,因此存在一对对映体——右旋多巴和左旋多巴。右旋多巴对人无生理效应,左旋多巴却被广泛用于治疗帕金森氏症(parkinsons disease)(中枢神经系统的一种慢性病)。

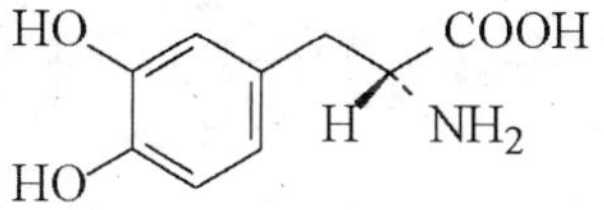

(+)-多巴 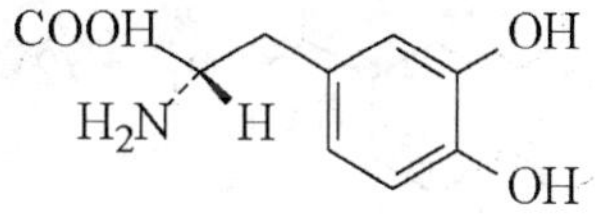   (−)-多巴

化学物质引发的细胞反应,一般是通过作用于细胞的专一特定部位。在细胞上的这些特定接受部位通常称为受体靶位(target site)。

受体大多为蛋白质,是手性物质。不同受体具有不同的立体构型和构象。一个特异性手性分子的立体结构只有与特定受体的立体结构有互补关系,其活性部位才能适合进入受体的靶位,产生生理作用。一对对映体最多只有一个异构体适合进入一个特定受体靶位,产生生理效应。

如图 6-8 所示,手性分子与手性生物受体之间的相互作用。其中一个对映体的形状完全适合与受体靶位作用,具有生物活性,如图(a);另一个对映异构体则不能与受体结合,不具有生物活性,如图(b)。

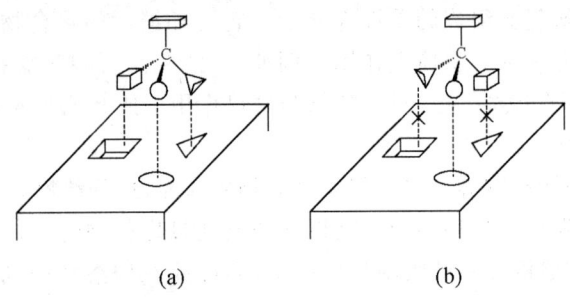

(a)　　　　　　　　(b)

图 6-8　手性分子与手性生物受体之间的相互作用

习　题

1. 解释下列概念：
(1)手性分子　　(2)手性碳原子　　(3)对映体　　(4)非对映体　　(5)旋光性
(6)对称面　　(7)对称中心　　(8)内消旋体　　(9)外消旋体

2. (+)-乳酸和(—)-乳酸在下述哪些性质方面有区别？
(1)熔点　　(2)密度　　(3)折光率　　(4)旋光性　　(5)水中溶解度

3. 500mg 可的松溶解在 100mL 乙醇中，溶液注满 25mL 的旋光管，测得的旋光度为 +2.16°。计算可的松的比旋光度。

4. 下列化合物，各有几个手性碳原子？

(1) ![结构式] (2) ![结构式] (3) ![结构式]

5. 下列化合物哪些是手性的？指出它们所含的手性碳原子(用 * 表示)。

(1) CH_3Cl　(2) $CHCl_3$　(3) $CH_3-CH-CH_2CH_3$　(4) $CH_3-CH-CH_2CH_3$
　　　　　　　　　　　　　　　　　　　　OH　　　　　　　　CH_2CH_3

(5) $CH_3-CH-CH-CH_2CH_3$　(6) $CH_3-CH-CH-CH_3$
　　　　$OH\ OH$　　　　　　　　　　$Cl\ \ Cl$

6. 转换 R-2-丁醇成 Fischer 投影式。

$$\begin{array}{c} C_2H_5 \\ H{-}\overset{|}{C}{-}CH_3 \\ HO \end{array}$$

7. 下面是乳酸的 4 个 Fischer 投影式，指出哪些互为相同的构型。

(1) 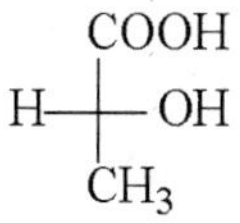 Fischer projection: H—C(OH)(CH₃)—COOH (top: COOH, left: H, right: OH, bottom: CH₃)
(2) 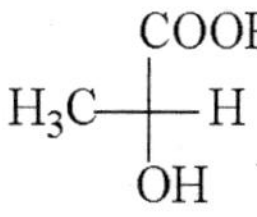 H₃C—C(H)(OH)—COOH (top: COOH, left: H₃C, right: H, bottom: OH)
(3) 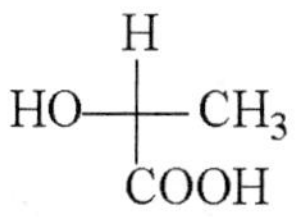 HO—C(CH₃)(COOH)—H (top: H, left: HO, right: CH₃, bottom: COOH)
(4) 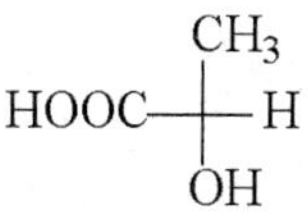 HOOC—C(H)(OH)—CH₃ (top: CH₃, left: HOOC, right: H, bottom: OH)

8. 下列化合物中，哪些存在内消旋化合物？
(1) 2,3-二溴丁烷　　(2) 2,3-二溴戊烷　　(3) 2,4-二溴戊烷

9. 按照次序规则排列下列各组中基团的优先顺序：
(1) —H　　—Br　　—CH₂CH₃　　—CH₂CH₂OH
(2) —COOH　　—CO₂CH₃　　—CH₂OH　　—OH
(3) —CN　　—CH₂NH₂　　—CH₂NHCH₃　　—NH₂
(4) —Br　　—CH₂Br　　—Cl　　—CH₂Cl

10. 用 R/S 构型标记法标记下列构型：
(1) 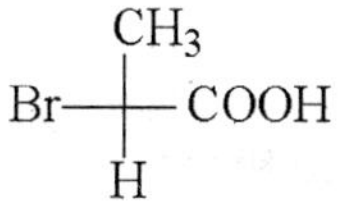 Br—C(CH₃)(H)—COOH (2) 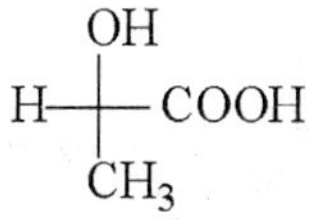 H—C(OH)(CH₃)—COOH (3) 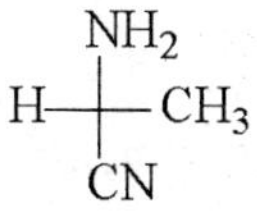 H—C(NH₂)(CH₃)—CN

11. 用 R/S 构型标记法标记下列各个化合物的构型，并说明哪些是互为对映体？那些互为非对映体？

(1) 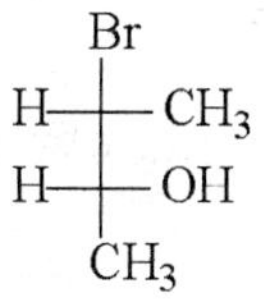 顶Br, H—CH₃, H—OH, 底CH₃
(2) 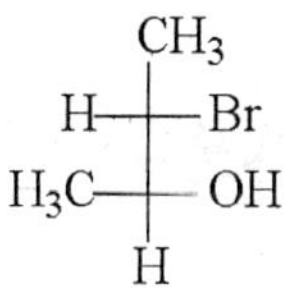 顶CH₃, H—Br, H₃C—OH, 底H
(3) 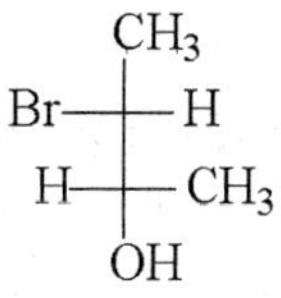 顶CH₃, Br—H, H—CH₃, 底OH
(4) 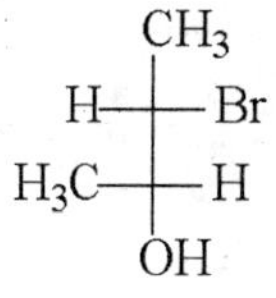 顶CH₃, H—Br, H₃C—H, 底OH

12. 指出下列各组中两个化合物的关系（相同化合物、对映体或非对映体）。

(1) 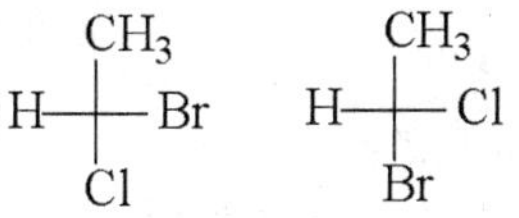 CH₃/H—Br/Cl 与 CH₃/H—Cl/Br
(2) 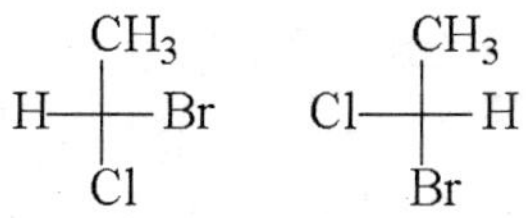 CH₃/H—Br/Cl 与 CH₃/Cl—H/Br
(3) 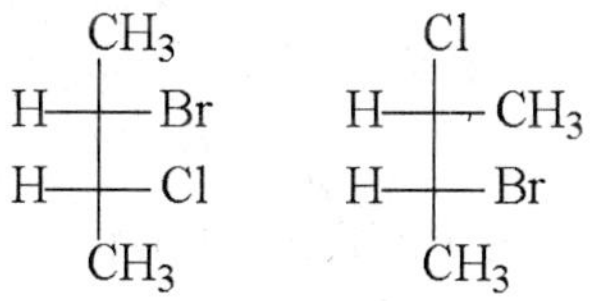 CH₃/H—Br/H—Cl/CH₃ 与 Cl/H—CH₃/H—Br/CH₃

第七章 卤代烃

烃类分子中的一个或多个氢原子被卤素原子取代的化合物,称为卤代烃(halohydrocarbon),其结构通式为 R—X,卤素原子可以看成卤代烃的官能团。

大多数卤代烃为人工合成产物。不同结构的卤代烃化学性质差别很大,有些卤代烃的化学性质非常稳定,可以作为溶剂;而有些卤代烃的性质则非常活泼,可作为有机合成的原料。

一、卤代烃的分类和命名

按所含卤素原子的种类,卤代烃可分为氟代烃、氯代烃、溴代烃和碘代烃。

按所含卤素原子的数目,卤代烃可分为一卤代烃和多卤代烃。

按烃基的类型不同,卤代烃可分为饱和卤代烃、不饱和卤代烃和芳香族卤代烃。其中根据不饱和卤代烃中卤素原子与 π 键的位置,可将不饱和卤代烃分为乙烯型卤代烃、烯丙型卤代烃和孤立型卤代烃。

按和卤素原子直接相连的碳原子类型的不同,卤代烃又可分为伯(1°)卤代烃、仲(2°)卤代烃和叔(3°)卤代烃。

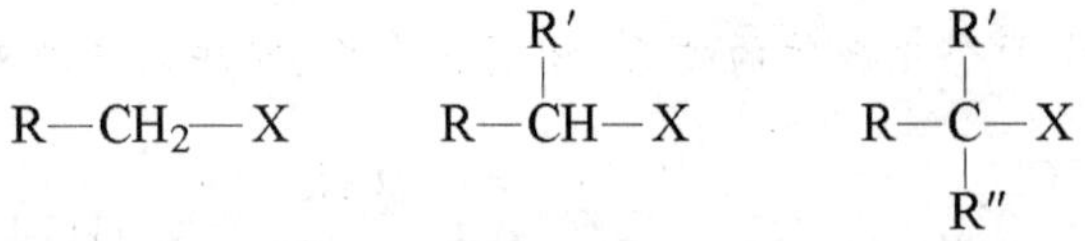

$$R-CH_2-X \qquad R-\underset{R'}{CH}-X \qquad R-\underset{\underset{R''}{|}}{\overset{\overset{R'}{|}}{C}}-X$$

  伯卤代烃   仲卤代烃   叔卤代烃

简单卤代烃,通常按卤原子相连烃基的名称来命名,称为卤代某烃或某基卤。

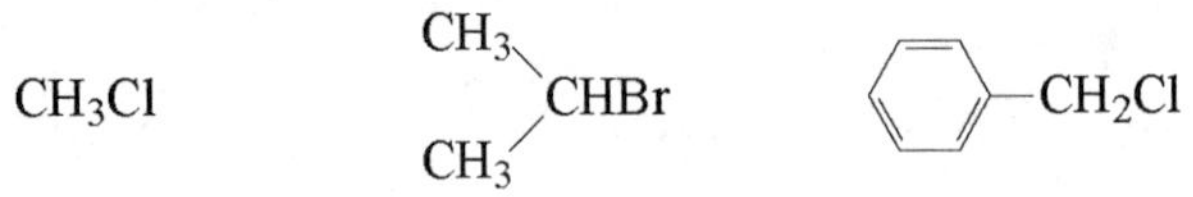

$$CH_3Cl \qquad \underset{CH_3}{\overset{CH_3}{\diagdown}}CHBr \qquad C_6H_5-CH_2Cl$$

  氯甲烷   溴代异丙烷   氯化苄

  (甲基氯)   (异丙基溴)   (苄基氯)

 methyl chloride *iso*-propyl bromide benzyl chloride

复杂的卤代烃则需要用系统命名法命名:

(1)选择连有卤素的碳原子在内的最长碳链为主链,根据主链所含碳原子数,称为某烷。

(2)主链上碳原子的编号按照烷烃或烯烃的命名方法,采取最低系列原则,卤原子作为取代基。

(3)命名时,取代基按次序规则较优基团后列出。例如:

$$\begin{array}{cc} \text{CH}_3\text{CHCH}_2\text{Br} & \text{CH}_3\text{CHCH}_2\text{CHCH}_2\text{CH}_3 \\ |\quad\quad & |\quad\quad\quad | \\ \text{CH}_3 & \text{Cl}\quad\quad\text{CH}_3 \end{array}$$

2-甲基-1-溴丙烷　　　　　4-甲基-2-氯己烷

1-bromo-2-methylpropane　　2-chloro-4-methylhexane

有些卤代烃常用俗名。例如,三氯甲烷($CHCl_3$)称为氯仿。

二、卤代烷的物理性质

室温下,常见卤代烷多数为液体,少数低级卤代烷是气体,高级的卤代烷为固体。纯净的卤代烷都是无色的,但碘代烷容易分解产生游离的碘,所以放久后逐渐变为棕红色。一卤代烷具有不愉快的气味,其蒸气有毒。卤代烷在铜丝上燃烧时,产生绿色火焰,这是初步鉴定含卤素有机物的简便方法。

一卤代烷的相对密度大于含相同碳原子数的烷烃,且相对密度随着碳原子数的增加而降低。一氯代烷的相对密度小于1,一溴代烷和一碘代烷的相对密度大于1(见表7-1)。

表 7-1　常见卤代烃的物理常数

名称	结构式	沸点(℃)	密度(g/mL),20℃
氯甲烷	CH_3Cl	-24.2	0.936
溴甲烷	CH_3Br	3.6	1.676
碘甲烷	CH_3I	42.4	2.279
氯乙烷	CH_3CH_2Cl	12.3	0.898
溴乙烷	CH_3CH_2Br	33.4	1.460
碘乙烷	CH_3CH_2I	72.3	1.938
氯苯	C_6H_5Cl	132	1.106
溴苯	C_6H_5Br	155.5	1.495
碘苯	C_6H_5I	188.5	1.832
二氯甲烷	CH_2Cl_2	40	1.336
三氯甲烷	$CHCl_3$	61	1.489
四氯甲烷	CCl_4	77	1.595

卤代烷不溶于水,易溶于醇、醚、烃等有机溶剂。有些卤代烷(如,二氯甲烷、氯仿等)常用作有机溶剂。

卤代烷的沸点随着碳原子数的增加而升高。由于 C－X 键具有极性,增加了分子间的作用力,所以沸点较相近分子量的烷烃为高。烃基相同的卤代烷,以碘代烷的沸点最高,其次为溴代烷,氟代烷的沸点最低(见表7-1)。在同一卤代烷的各种异构体中,与烷烃的情况类似,直链异构体的沸点最高,支链越多沸点越低。例如:

$$\begin{array}{ccc} \text{CH}_3\text{CH}_2\text{CH}_2\text{CH}_2\text{Cl} & \text{CH}_3\text{CH}_2\text{CHCH}_3 & (\text{CH}_3)_3\text{CCl} \\ & |\quad\quad & \\ & \text{Cl} & \end{array}$$

沸点 78.44 ℃　　　　　沸点 68.2 ℃　　　　沸点 52 ℃

三、卤代烷的化学性质

C—X 键具有极性,卤原子的电负性比碳原子的电负性大,碳原子带部分正电荷(δ^+),卤原子带部分负电荷(δ^-)。卤代烷能发生多种化学反应,大多数反应发生在碳卤键上,转化成其他一些重要类型的有机化合物,因此在有机合成上具有重要的意义。

(一)卤代烷的亲核取代反应

卤代烷容易与多种亲核试剂作用,分子中的卤原子被其他原子或基团所取代,生成各种产物。

1. 水解

卤代烷与氢氧化钠(钾)的水溶液共热,卤原子被羟基取代生成醇。

$$CH_3CH_2Br + NaOH \xrightarrow{水} CH_3CH_2OH + NaBr$$

2. 被氰基取代

卤代烷与氰化钠(钾)在醇溶液中反应,卤原子被氰基取代生成腈。

$$CH_3CH_2CH_2Br + NaCN \xrightarrow{醇} CH_3CH_2CH_2CN + NaBr$$

腈在酸性条件下水解,可得到羧酸。在有机合成中可作为增长碳链的方法之一。

3. 与醇钠或氨反应

卤代烷与醇钠或与氨反应可制备醚类和胺类化合物。

$$CH_3CH_2Br + CH_3ONa \longrightarrow CH_3CH_2OCH_3 + NaBr$$

$$CH_3CH_2CH_2CH_2Cl + NH_3 \longrightarrow CH_3CH_2CH_2CH_2NH_2 + NH_4Cl$$

4. 与硝酸银的醇溶液反应

卤代烷与硝酸银的醇溶液反应生成卤化银沉淀。

$$CH_3CH_2CH_2Cl + AgNO_3 \longrightarrow CH_3CH_2CH_2-O-NO_2 + AgCl\downarrow$$

烷基不同其反应速率也不同,卤代烷的活性次序是:$3°RX > 2°RX > 1°RX$。叔卤代烷生成卤化银沉淀最快(立即反应),而伯卤代烷反应最慢(需要加热)。此反应可用于卤代烷的分析鉴定。

上述反应的共同特点是,卤代烷分子中带部分正电荷的碳原子,受到带负电荷的试剂(如:OH^-、CN^-、OR^-)或含有孤对电子的试剂(如:NH_3)的进攻。上述进攻卤代烷中带正电荷碳原子的试剂,具有亲核的性质,称为亲核试剂(nucleophilic reagent)。这种由亲核试剂进攻而引起的取代反应,称为亲核取代反应(nucleophilic substitution),以 S_N 表示。亲核取代反应是卤代烷的典型反应,反应通式如下:

$$:Nu^- + R\overset{\delta^+}{C}H_2-\overset{\delta^-}{X} \longrightarrow RCH_2Nu + :X^-$$

式中::Nu^- 为亲核试剂;:X^- 为反应中被取代的基团,称为离去基团(leaving group);受亲核试剂进攻的卤代烷称为反应底物;卤代烷中与卤原子相连的碳原子为 α-碳原子,它是反应的中心又称为中心原子。

亲核取代反应中，碳卤键断裂的难易程度依次为 C—I＞C—Br＞C—Cl，氟代烷难发生取代反应。究其原因，一方面是由于碳卤键键能的大小不一，其次序为：C—Cl＞C—Br＞C—I；另一方面，对 C—X 键来说，共价键的极化度随原子半径的增大而增大，键极化度的强弱次序为：C—I＞C—Br＞C—Cl，这种动态极化在分子的化学反应活性方面起着决定作用。因此，卤代烷的反应活性次序为：RI＞RBr＞RCl。

（二）消除反应

卤代烷与氢氧化钠（或氢氧化钾）的醇溶液作用，可脱去一分子卤化氢而生成烯烃。

$$CH_2CH_2CH_2-Br + NaOH \xrightarrow{醇} CH_2CH=CH_2 + NaBr + H_2O$$

这种分子中失去一个简单分子而形成不饱和键的反应称为消除反应（elimination），以 E 表示。像卤代烷这样发生在相邻原子间的消除反应，叫做 1,2-消除反应，也叫做 α,β-消除反应，简称 β-消除反应。

卤代烷的消除反应与卤代烷的烃基结构有关，叔卤代烷最容易脱卤化氢，仲卤代烷次之，伯卤代烷最难。

在仲和叔卤代烷脱卤化氢时，可有两个消除方向，分别生成两种不同的产物。例如，当 2-溴丁烷与浓氢氧化钾的乙醇溶液共热，消除一分子溴化氢时，显然可能生成两种产物。

$$CH_3CH_2-\underset{\underset{Br}{|}}{C}H-CH_3 \xrightarrow{KOH,醇} CH_3CH=CHCH_3 + CH_3CH_2CH=CH_2$$

2-丁烯（81%）　　1-丁烯（19%）

实验证明，上述反应中，以2-丁烯为主要产物。也就是说，卤代烷脱卤化氢时，易生成双键碳上连接烃基最多的烯烃（即氢总是从含氢较少的 β-碳原子上脱去）。这个规律称为查依切夫（Saytzeff）规则。又如：

$$CH_3CH_2-\underset{\underset{Br}{|}}{\overset{\overset{CH_3}{|}}{C}}-CH_3 \xrightarrow{KOH,醇} CH_3CH=\underset{\underset{}{}}{\overset{\overset{CH_3}{|}}{C}}CH_3 + CH_3CH_2\underset{\underset{}{}}{\overset{\overset{CH_3}{|}}{C}}=CH_2$$

2-甲基-2-丁烯（71%）　　2-甲基-1-丁烯（29%）

（三）有机金属化合物的生成

卤代烷能和一些金属发生反应，生成有机金属化合物。有机金属化合物是指金属原子直接与碳原子相连的一类化合物。与金属的反应是卤代烷的重要反应之一，这里我们只讨论卤代烷与金属镁的反应。

卤代烷与金属镁在无水乙醚中反应，生成有机金属化合物烷基卤化镁，又称为格利雅（Grignard）试剂，简称格氏试剂，一般用 R—Mg—X 表示。

$$R-X + Mg \xrightarrow{无水乙醚} R-Mg-X$$

Grignard 试剂溶于醚中,应用时不必将醚分离出来,可以直接用它的醚溶液进行下一步反应。

Grignard 试剂非常活泼,能与许多含活泼氢的物质作用,生成相应的烷烃。

$$RMgX \begin{cases} \xrightarrow{HOH} RH + Mg{\begin{smallmatrix}X\\OH\end{smallmatrix}} \\ \xrightarrow{R'OH} RH + Mg{\begin{smallmatrix}X\\OR'\end{smallmatrix}} \\ \xrightarrow{HX} RH + MgX_2 \\ \xrightarrow{R'C\equiv CH} RH + Mg{\begin{smallmatrix}X\\C\equiv CR'\end{smallmatrix}} \end{cases}$$

从上述反应可见,Grignard 试剂很容易被水或醇所分解。因此,制备 Grignard 试剂时必须用不含水或醇的醚作溶剂。

由于分子中的 C—Mg 键具有较强的极性,碳原子带部分负电荷,所以 Grignard 试剂是一种强亲核试剂。它能与二氧化碳、醛和酮等多种试剂发生化学反应,生成其他有机化合物。

$$RMgX + CO_2 \longrightarrow RCOOMgX \xrightarrow{H^+, H_2O} RCOOH + Mg(OH)X$$

四、亲核取代反应机理及影响因素

研究卤代烷水解反应动力学时发现,卤代烷的亲核取代反应存在两种不同的反应机理。一些卤代烷的水解反应速率仅取决于卤代烷的浓度,这是单分子反应机理(S_N1);另一些卤代烷的水解反应速率不仅取决于卤代烷的浓度,还与碱的浓度有关,这是双分子反应机理(S_N2)。

(一) S_N1 反应机理

实验证明,叔丁基溴在碱中水解的反应速率与叔丁基溴的浓度成正比,而与亲核试剂 OH^- 的浓度无关,在动力学上属一级反应。

$$(CH_3)_3C-Br + OH^- \longrightarrow (CH_3)_3C-OH + Br^-$$

$$v = k[(CH_3)_3CBr]$$

也就是说,决定反应速率的一步与亲核试剂无关,因此,叔丁基溴的反应机理如下:

$$(CH_3)_3C-Br \xrightarrow{慢} [(CH_3)_3\overset{\delta+}{C}\cdots\overset{\delta-}{Br}] \longrightarrow (CH_3)_3C^+ + Br^-$$
过渡态

$$(CH_3)_3C^+ + OH^- \xrightarrow{快} [(CH_3)_3\overset{\delta+}{C}\cdots\overset{\delta-}{OH}] \longrightarrow (CH_3)_3C-OH$$
过渡态

第一步是叔丁基溴中的 C—Br 键异裂成叔丁基正离子和溴负离子,在异裂的过程中要经历一个 C—Br 键似断裂而非断能量较高的过渡态阶段,生成叔丁基正离子活性中间体;反应的第二步是由生成的叔丁基正离子立即与亲核试剂 OH^- 结合生成叔丁醇。

反应过程的能量变化如图 7-1。第一步反应的活化能高,决定整个反应的反应速率,为动力学一级反应。

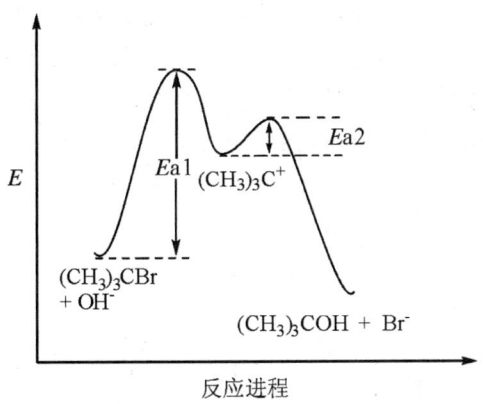

图 7-1 叔丁基溴水解反应(S_N1)的能量曲线

S_N1 反应经过一个平面型的碳正离子中间体,亲核试剂从碳正离子的平面两侧进攻机会均等,如果中心碳原子为手性,产物将发生外消旋化。

S_N1 机理的特点:(1)单分子反应,反应速率仅与卤代烷的浓度有关;(2)反应分步进行;(3)有活泼中间体碳正离子生成,若中心碳原子有手性,产物发生外消旋化。另外,有碳正离子生成时,常常发生重排反应。

(二) S_N2 反应机理

实验证明,溴甲烷在碱中水解的反应速率与溴甲烷及碱的浓度成正比,在动力学上属二级反应。

$$CH_3Br + OH^- \longrightarrow CH_3OH + Br^-$$

$$v = k[CH_3Br][OH^-]$$

反应机理可表示为:

$$HO^- + \underset{H}{\overset{H}{C}}-Br \longrightarrow \left[HO\overset{\delta+}{\cdots}\underset{H}{\overset{H}{C}}\overset{\delta-}{\cdots}Br\right] \longrightarrow HO-\underset{H}{\overset{H}{C}}-H + Br^-$$

过渡态

OH^-从溴原子背面进攻中心碳原子，$O-C$键逐渐形成，$C-Br$键逐渐拉长和变弱，同时甲基上的三个 H 向溴原子一方逐渐翻转，经一平面型过渡态，$C-Br$键断裂，$C-O$键形成得到产物。若中心碳原子有手性，则得到构型转化的产物，此转化称为瓦尔登(walden)转化。

按 S_N2 反应机理进行时，整个反应过程中的能量变化如图 7-2：

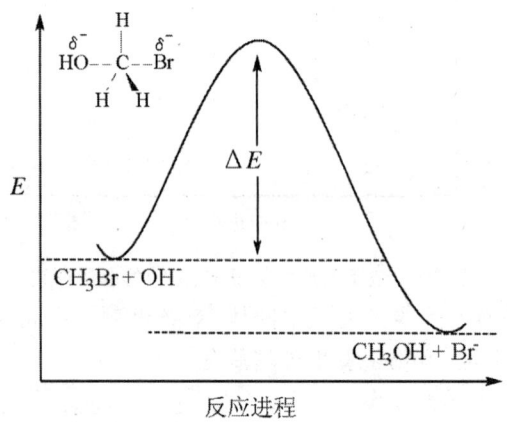

图 7-2 氯甲烷水解反应(S_N2)的能量曲线

S_N2 机理的特点：(1)双分子反应，反应速率与卤代烷及亲核试剂的浓度有关；(2)反应一步完成；(3)反应过程发生"构型转化"。

(三) 影响因素

卤代烷亲核取代反应的影响因素主要有烷基的结构、离去基团、亲核试剂和溶剂等。

1. 烷基结构的影响

不同卤代烷进行 S_N1 反应的相对速率为：

叔卤代烷＞仲卤代烷＞伯卤代烷＞卤代甲烷

这与碳正离子稳定性的次序是一致的。因为生成碳正离子的一步决定了 S_N1 反应的速率。

不同卤代烷进行 S_N2 反应的相对速率为：

卤代甲烷＞伯卤代烷＞仲卤代烷＞叔卤代烷

这与 S_N1 反应的相对速率次序正好相反。因为在 S_N2 反应机理中，亲核试剂从卤素原子的背面进攻中心碳原子，如果中心碳原子连接的基团多且体积大，试剂接近中心碳原子时受到的阻碍就大，因而反应速率变慢。

烷基结构对反应按何种机理进行有很大影响。一般规律是：叔卤代烷主要按 S_N1 机理进行，伯卤代烷主要按 S_N2 机理进行，而仲卤代烷则是既可按 S_N1 机理进行，也可按 S_N2 机理进行,或者两者兼而有之,这主要取决于反应条件。

2. 离去基团的影响

离去基团的离去能力越强,对 S_N 反应越有利,但对 S_N1 反应更有利。不同卤素的离去能力为:

$$I^->Br^->Cl^-$$

所以,不同卤素的卤代烷发生 S_N 反应的相对速率为:

$$RI>RBr>RCl$$

3. 亲核试剂的影响

亲核试剂的浓度对 S_N1 反应的影响不大,因为决定 S_N1 反应速率的是卤代烷的浓度,而与亲核试剂无关。但 S_N2 反应速率不仅与卤代烷的浓度有关,而且与亲核试剂的浓度有关,亲核试剂的浓度愈大则反应速率也愈大。此外,亲核试剂的亲核性愈强,反应按 S_N2 机理进行的趋势就愈大。常见亲核试剂的亲核能力见表 7-2。

表 7-2 亲核试剂的亲核性

亲核试剂	相对速率*	
I^-,HS^-,RS^-	$>10^5$	亲核性很强
Br^-,HO^-,RO^-	10^4	亲核性强
CN^-,N_3^-		
NH_3,Cl^-,F^-,RCO_2^-	$10^1 \sim 10^2$	亲核性中等
H_2O,ROH	1	亲核性弱
RCO_2H	10^{-2}	亲核性很弱

* 以 CH_3OH 为标准

影响亲核试剂的亲核性的因素很多,其强弱是多种因素综合作用的结果,主要与亲核试剂的碱性、可极化性以及溶剂这三个因素有关:

(1) 试剂的碱性:一般碱性越强,亲核试剂的亲核能力越大,例如氢氧负离子(OH^-)的亲核性大于氟负离子(F^-)。

(2) 试剂的可极化性:亲核性与碱性的强弱次序并不完全一致。亲核性是指基团提供电子的能力,而碱性是指基团接受质子的能力。带相同电荷的同主族元素,其亲核性和碱性强弱顺序正好相反。例如,亲核性:$I^- > Br^- > Cl^-$;碱性:$I^- < Br^- < Cl^-$。

原因是原子半径依次增大,可极化性依次增强,稳定性越来越低。

(3) 溶剂的影响:溶剂化作用使亲核基团的亲核能力减弱。例如,卤离子在水中和醇等质子溶剂中测得的亲核能力是:$I^->Br^->Cl^->F^-$;若用非质子溶剂如 N,N-二甲基甲酰胺(DMF)、二甲亚砜(DMSO),则其亲核性的次序正好相反,$F^->Cl^->Br^->I^-$。这是负离子在质子溶剂中被溶剂化的结果,水和醇能与负离子形成氢键,F^- 不仅电负性大,体积也小,生成氢键能力强,I^- 由于体积较大,电负性较小,生成氢键的能力弱。负离子在反应前必须脱离溶剂分子,因此,溶剂化对负离子的亲核性起抑制作用。

4. 溶剂极性的影响

提高溶剂的极性对过渡态电荷增加的反应有利,而对过渡态电荷减少或电荷分散的反应不利。所以强极性溶液有利于 S_N1，可使 S_N1 反应加速。

强极性溶剂对 S_N2 反应不利。因为 S_N2 反应中亲核试剂和过渡态都带负电荷，亲核试剂中电荷集中，过渡态中电荷分散。溶剂的极性对亲核试剂的影响大于过渡态，亲核试剂溶剂化程度更大。例如，$C_6H_5CH_2Cl$ 的水解反应，在水中时按 S_N1 机理进行，而在极性较小的丙酮中则按 S_N2 机理进行。

五、消除反应的反应机理及影响因素

和亲核取代反应一样，消除机理也有单分子消除反应机理（E1）和双分子消除反应机理（E2）两种。

（一）E1 反应机理

与 S_N1 反应机理相似，E1 反应的反应速率仅与卤代烷的浓度有关，也是分两步进行的。

$$\underset{X}{\overset{H}{\underset{|}{-C}}\overset{|}{\underset{|}{-C}}-} \xrightarrow{慢} \underset{+}{\overset{H}{\underset{|}{-C}}\overset{|}{\underset{|}{-C}}-} + X^-$$

$$B^- + \underset{|}{\overset{H}{\underset{|}{-C}}\overset{|}{\underset{+}{-C}}-} \longrightarrow \mathrm{C=C} + HB$$

第一步生成碳正离子，此步反应与 S_N1 机理第一步相同，所不同的是第二步，在 E1 中生成的碳正离子不像在 S_N1 那样和亲核试剂结合，而是 β-碳上的氢原子受到碱性试剂 B^- 的进攻，以质子的形式脱去而生成双键。上述反应的第一步是慢反应，是决定反应速率的一步，也即整个反应速率取决于卤代烷的浓度，与碱性试剂浓度无关，所以是单分子消除反应（E1）。

另外，在 E1 反应过程中，因为有碳正离子生成，也常伴有重排反应发生。

（二）E2 反应机理

双分子消除反应（E2）与 S_N2 反应机理相似，反应速率与卤代烷的浓度和碱性试剂的浓度有关，反应机理也是一步反应。

$$B^- + \underset{X}{\overset{H}{\underset{|}{-C}}\overset{|}{\underset{|}{-C}}-} \xrightarrow{慢} \left[\begin{array}{c}B^{\delta-}\cdots H\\ -C-C-\\ X^{\delta-}\end{array}\right] \longrightarrow \mathrm{C=C} + HB + X^-$$

E2 机理的反应中，碱性试剂 B^- 进攻卤代烷 β-碳上的氢，使 β-氢原子以质子的形式与试剂结合而脱去，同时卤原子则在溶剂的作用下带着一对电子离去，在 α-碳原子和 β-碳原子之间形成双键。

E2 与 S_N2 的区别在于：在 E2 反应中，碱性试剂进攻 β-碳上的氢原子；而在 S_N2 反应中，亲核试剂进攻 α 碳原子。上述反应是一步完成的，新键的生成和旧键的断裂同时进行，反应速

率与卤代烷和碱性试剂的浓度有关，所以是双分子消除反应(E2)。

（三）消除反应的取向

一卤代烷分子中如有两种不同的 β-氢，消除卤化氢时，按照查依切夫(Saytzeff)规则易生成双键碳上连接烃基最多的烯烃（也即氢总是从含氢较少的 β-碳原子上脱去）。查依切夫规则是一经验规则，目前已经得到理论上的解释。

在 E2 反应的过渡态中，π 键已经部分形成，连烃基越多，过渡态内能越低，反应活化能越小，反应速度越快。两个反应方向的能量变化过程如图 7-3。

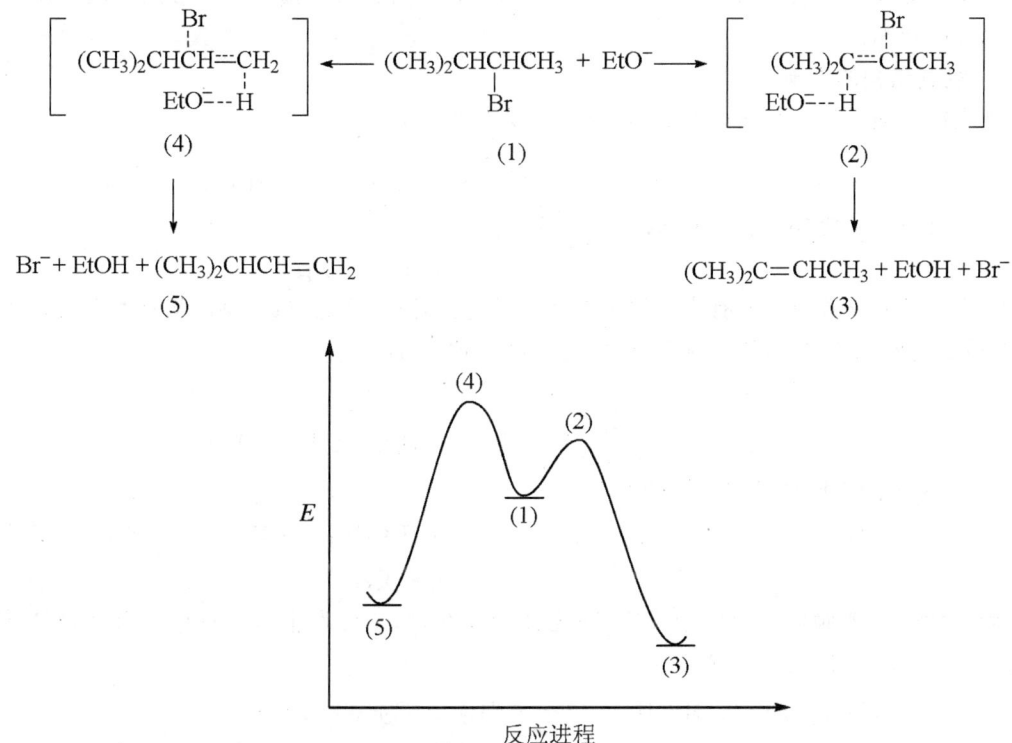

图 7-3　消除反应(E2)的能量曲线

对 E1 反应来说，第二步（从碳正离子到烯烃）决定消除反应的方向，双键碳上烃基多的内能低，反应活化能小，反应速度快。

（四）消除反应中卤代烷的活性

不论是 E1 机理还是 E2 机理，不同卤代烷的消除反应活性次序相同，一般规律为：

$$\text{叔卤代烷} > \text{仲卤代烷} > \text{伯卤代烷}。$$

对 E1 反应来说，这是由于生成的叔碳正离子最稳定，其次为仲碳正离子，伯碳正离子最不稳定。对 E2 反应来说，叔卤代烷生成的烯烃稳定性高，反应活化能较小；仲卤代烷生成的烯烃稳定性次之，反应活化能较大；伯卤代烷生成的烯烃稳定性最小，反应活化能最大。

(五) 消除反应与亲核取代反应的竞争

消除反应与亲核取代反应都是由同一亲核试剂进攻而引起的。进攻 α 碳原子引起取代，进攻 β 氢原子引起消除。所以，这两种反应常常是同时发生、互相竞争。

$$\underset{S_N2}{\overset{}{\longrightarrow}}\overset{|}{\underset{|}{C}}-\overset{H}{\underset{|}{C}}\overset{}{\underset{B^-\;E2}{}}\qquad \underset{S_N1}{\overset{}{\longrightarrow}}\overset{|}{\underset{|}{C}}-\overset{+}{\underset{|}{C}}\overset{H}{\underset{B^-\;E1}{}}$$

究竟消除反应和亲核取代反应以哪一个为主，受卤代烷的结构、试剂、溶剂和反应温度等多种因素的影响。

1. 烷基结构的影响

无支链的伯卤代烷与强亲核试剂反应，主要为 S_N2。

$$CH_3CH_2CH_2Br + C_2H_5ONa \xrightarrow[25\ ℃]{C_2H_5OH} \begin{array}{l} \xrightarrow{S_N2} CH_3CH_2CH_2OCH_2CH_3 \quad (91\%) \\ \xrightarrow{E2} CH_3CH=CH_2 \quad (9\%) \end{array}$$

仲卤代烷和 β 碳原子上有支链的伯卤代烷，因空间阻碍增加，试剂难以从背面接近 α 碳原子，而易于进攻 β 氢原子，故不利于 S_N2，而有利于 E2 反应。

$$CH_3\underset{\underset{CH_3}{|}}{CH}CH_2Br + C_2H_5ONa \xrightarrow{C_2H_5OH} \begin{array}{l} \xrightarrow{E2} CH_3\underset{\underset{CH_3}{|}}{C}=CH_2 \quad (60\%) \\ \xrightarrow{S_N2} CH_3\underset{\underset{CH_3}{|}}{CH}CH_2OCH_2CH_3 \quad (40\%) \end{array}$$

叔卤代烷一般倾向于单分子反应，在无强碱存在时，主要发生 S_N1 反应。有强碱性试剂存在时，主要发生 E1 反应。例如：

$$(CH_3)_3CBr + C_2H_5OH \longrightarrow (CH_3)_3COC_2H_5 + (CH_3)_2C=CH_2$$
$$\qquad\qquad\qquad\qquad\qquad\qquad 81\% \qquad\qquad 19\%$$

$$(CH_3)_3CBr + C_2H_5OH \xrightarrow[25\ ℃]{C_2H_5O^-} (CH_3)_3COC_2H_5 + (CH_3)_2C=CH_2$$
$$\qquad\qquad\qquad\qquad\qquad\qquad 3\% \qquad\qquad 97\%$$

2. 亲核试剂的影响

亲核性强、碱性弱的试剂对取代反应有利，亲核性弱、碱性强的试剂对消除反应有利。例如，当仲卤代烷用 NaOH 水解时，往往得到取代和消除两种产物，这是因为 OH^- 既是亲核试剂又是强碱；而在 KOH 醇溶液中存在碱性更强的烷氧阴离子 RO^-，故仲卤代烷在醇溶液中主要产物为烯烃。如果试剂的碱性增强，或浓度增大，消除产物的量也相应增加。

3. 溶剂的影响

E 反应的过渡态电荷更加分散，所以，增大溶剂的极性对 S_N 反应有利，对 E 反应不利。例如，水为强极性溶剂，醇的极性相对较弱，所以，卤代烷在水溶液中主产物为取代产物；在醇溶液中主产物为消除产物。

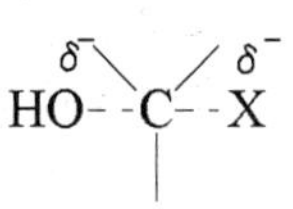

4. 反应温度的影响

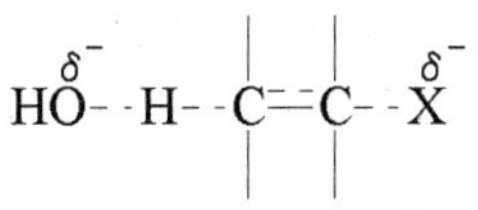

消除反应的过渡态需要拉长键,活化能较大,所以升高温度对消除反应有利。固然升高温度对取代反应也有利,但是对它的影响没有消除反应那么明显。因此,增加温度可提高消除反应产物的比例。

六、卤代烯烃和卤代芳烃

根据卤原子与双键的相对位置,卤代烯烃可分为乙烯型卤代烃、烯丙型卤代烃和孤立型卤代烯烃,孤立型卤代烯烃的结构、性质与卤代烷烃相类似。卤代芳烃根据卤素原子的连接位置可分为卤苯型卤代烃和苄基型卤代烃。卤代烯烃和卤代芳烃发生 S_N 反应的活性规律为:

烯丙型(苄基型)卤代烃＞卤代烷＞乙烯型(卤苯型)卤代烃

(一) 乙烯型卤代烃和卤苯型卤代烃

乙烯型和卤苯型卤代烃的结构通式一般表示为:

$$R-CH_2=CH-\ddot{X} \qquad \phi-X$$

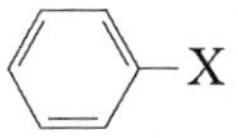

此类卤代烃的 S_N 反应和 E 反应均非常困难,原因为:(1)"X"的孤对电子与双键(或芳环)发生共轭,"C—X"键有部分双键的特征,难以断裂,"X"离去困难;(2)卤原子离去后,产生的是乙烯型碳正离子(或苯碳正离子),稳定性差,故难以发生 S_N1 反应;(3)"X"上孤对电子参加共轭的结果使 α-碳原子上电子云密度升高,难以接受亲核基团的进攻,S_N2 反应困难。

(二) 烯丙型卤代烃和苄基型卤代烃

烯丙型卤代烃和苄基型卤代烃的结构通式一般表示为:

$$RCH=CH-CH_2-X \qquad \phi-CH_2-X$$

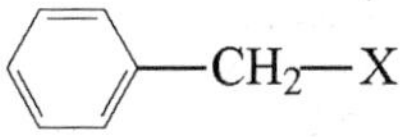

此类卤代烃的 S_N 反应特别容易,原因是:(1)卤离子离去后产生的是烯丙型(或苄基型)碳正离子,中间体存在 $p-\pi$ 共轭,稳定性高,反应速度快。

烯丙型碳正离子

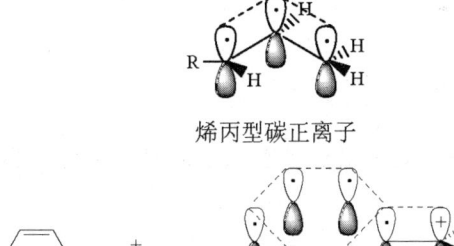

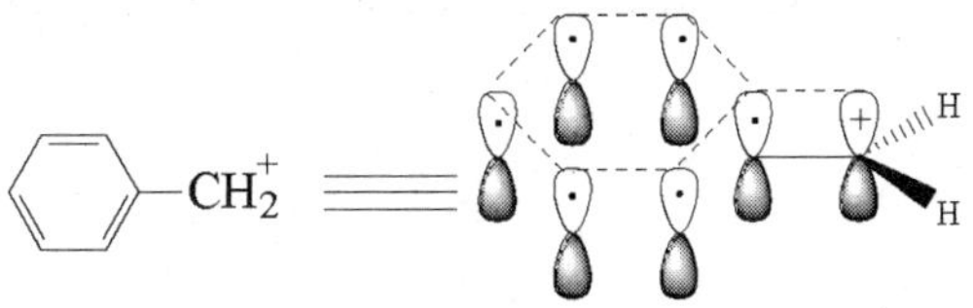

苄基型碳正离子

(2) 按 S_N2 机理发生时,过渡态形成共轭,内能低,活化能小,反应速度快。

烯丙型(或苄基型)卤代烃的 E 反应要根据具体分子结构具体分析。

习 题

1. 命名下列化合物。

(1) $(CH_3)_3CCH(CH_3)CH_2Br$　　(2) $CHCl_3$　(3) $(CH_3)_2CCH_2CH_2CHCH_3$
　　　　　　　　　　　　　　　　　　　　　　　　　　　　　　　$\quad\quad\quad\ \ Br\quad\quad\ \ Cl$

(4) 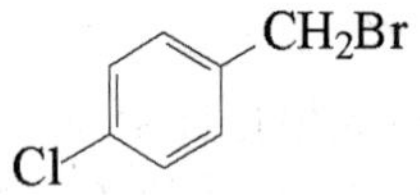 对-氯-对位有 CH_2Br 的苯 (Cl-C$_6$H$_4$-CH$_2$Br)　　(5) $CH_3CH=CHCH(CH_3)CH_2I$

2. 写出下列化合物的结构。

(1) 2-氯-3,3-二甲基戊烷　　(2) 苄基氯　　(3) 4-氯环己烯

(4) 对-氯甲苯　　(5) 烯丙基溴

3. 下列伯卤代烷可看做是由不同烷基取代的溴甲烷衍生物,比较它们发生 S_N2 反应时的相对反应速率,总结不同烷基取代对反应的影响。

溴代烷	CH_3CH_2Br	$CH_3CH_2CH_2Br$	$(CH_3)_2CHCH_2Br$	$(CH_3)_3CCH_2Br$
相对反应速率	1	0.4	0.03	1.3×10^{-5}

4. 列举叔丁基碳正离子稳定的原因。

5. 完成下列反应式(写出主要产物)。

(1) $CH_3CH_2CH(CH_3)CHBrCH_3 \xrightarrow{NaOH/H_2O}$

(2) $(CH_3)_2CHCHClCH_3 \xrightarrow{KOH/乙醇}$

(3) 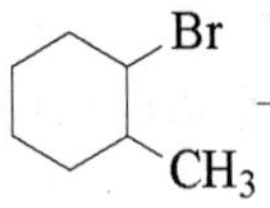 2-溴-1-甲基环己烷 $\xrightarrow{KOH/乙醇}$

(4) $CH_3CH=CH_2 \xrightarrow{HBr} \xrightarrow{NaCN} \xrightarrow{H_3O^+}$

(5) $C_6H_5CH=CH_2 \xrightarrow{HBr} \xrightarrow[\text{无水乙醚}]{Mg} \xrightarrow[(2)\ H_3O^+]{(1)\ CO_2}$

6. 从下列现象判断卤代烷与氢氧化钠在水—乙醇溶液中的反应,哪些属于 S_N2 机理,哪些属于 S_N1 机理?

(1) 产物的构型完全转变

(2) 有重排产物

(3) 增加氢氧化钠的浓度,反应速率明显加快

(4) 叔卤代烷反应速率明显大于仲卤代烷
(5) 反应不分阶段一步完成

7. 写出下列卤代烷进行 β-消除反应的反应式,并指出主要产物。
(1) 3-甲基-1-溴丁烷　　(2) 2,3-二甲基-2-溴丁烷
(3) 2,3-二甲基-1-溴丁烷

8. 判断下列化合物能否与硝酸银的醇溶液发生反应,如能发生反应注明是否需要加热。
(1) 2-溴-2-戊烯　　(2) 3-溴-2-戊烯　　(3) 1-溴-2-戊烯
(4) 4-溴-2-戊烯　　(5) 5-溴-2-戊烯

9. 用化学方法区别下列各组化合物

(1) $CH_3CH=CHBr$, $CH_2=CHCH_2Br$, CH_3CH_2CHBr

(2) ⌬—Cl , ⌬—CH_2Cl , ⌬—CH_2CH_2Cl

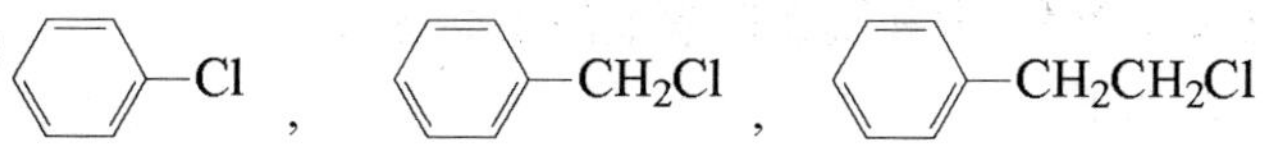

10. 将下列各组化合物按反应速率大小顺序排列
(1) S_N1 反应　　$CH_3CH_2CH_2CH_2Br$, $(CH_3)_3CBr$, $CH_3CH_2CH(CH_3)Br$
(2) S_N1 反应　　$C_6H_5CH_2CH_2Br$, $C_6H_5CH_2Br$, $C_6H_5CH(CH_3)Br$
(3) S_N2 反应　　$CH_3CH_2CH_2Br$, $(CH_3)_3CCH_2Br$, $(CH_3)_2CHCH_2Br$
(4) S_N2 反应　　$CH_3CH_2CH(CH_3)Br$, $(CH_3)_3CBr$, $CH_3CH_2CH_2CH_2Br$

第八章 醇、酚和醚

醇(alcohol)、酚(phenol)和醚(ether)都属于烃的含氧衍生物,醇和酚的分子结构中都含有羟基(—OH),是有机化学的重要组成部分。其中不少与药物密切相关,有的直接用作药物,有的则为合成药物的原料。它们也是从分子水平理解和研究机体生化、生理、病理变化及药物构效关系的物质基础。含醇羟基的化合物是生物体内最活泼的一类化合物,醇羟基可参与生物体内许多代谢反应,在生物体的生长和发育过程中扮演着重要角色。近年来的研究表明,生物体内的某些酚还是维持体内自由基平衡的重要成分之一。通过本章内容的学习,除了掌握醇、酚和醚的化学性质外,还要了解醇、酚和醚在医学上的重要意义。

三类化合物的通式可分别表示如下:

$$R-O-H \qquad Ar-O-H \qquad R-O-R$$
$$\text{醇} \qquad\qquad \text{酚} \qquad\qquad \text{醚}$$

第一节 醇

脂肪烃分子中的氢原子或芳香烃侧链上的氢原子被羟基取代后的化合物称为醇,羟基(—OH)是醇的官能团,醇中的羟基又称为醇羟基。

一、醇的结构、分类和命名

(一)结构

最简单的醇为甲醇,现以甲醇为例来讨论醇的结构。甲醇分子中的键长、键角为:

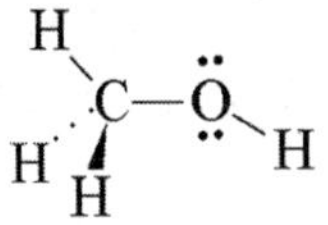

C—H 0.109 nm   ∠COH 108.9°
C—O 0.143 nm   ∠HCH 109°
O—H 0.096 nm   ∠HCO 110°

可以认为甲醇分子中的氧原子为不等性 sp^3 杂化,外层 6 个电子中有两个单电子分别占据两个 sp^3 轨道,形成 O—H 和 O—C 键,两对未共用电子分别占据另外两个 sp^3 轨道。

(二)分类

根据羟基所连接的碳原子种类——伯、仲和叔碳原子,醇可分为伯醇、仲醇和叔醇,也可分别表示为 1°醇、2°醇和 3°醇。

$$\text{R—CH}_2\text{—OH} \qquad \underset{\underset{H}{|}}{\overset{\overset{R'}{|}}{R-C-OH}} \qquad \underset{\underset{R''}{|}}{\overset{\overset{R'}{|}}{R-C-OH}}$$

伯醇　　　　　　仲醇　　　　　　叔醇

根据分子中所含羟基的数目,醇可分为一元醇、二元醇和三元醇等。含两个或两个以上羟基的醇统称为多元醇。

$$\text{CH}_3\text{—CH}_2\text{—OH} \qquad \underset{\text{OH}\ \ \text{OH}}{\text{CH}_2\text{—CH}_2} \qquad \underset{\text{OH}\ \ \text{OH}\ \ \text{OH}}{\text{CH}_2\text{—CH—CH}_2}$$

一元醇　　　　　　二元醇　　　　　　三元醇

根据烃基的种类,醇分为饱和醇、不饱和醇和芳香醇。

$$\text{RCH}_2\text{—OH} \qquad \text{RCH=CH—CH}_2\text{OH} \qquad \text{Ar—CH}_2\text{OH}$$

饱和醇　　　　　　不饱和醇　　　　　　芳香醇

（三）命名

1. 普通命名法

简单的一元醇可用普通命名法命名,在醇字前面加上烃基的名称,"基"字一般可以省去。

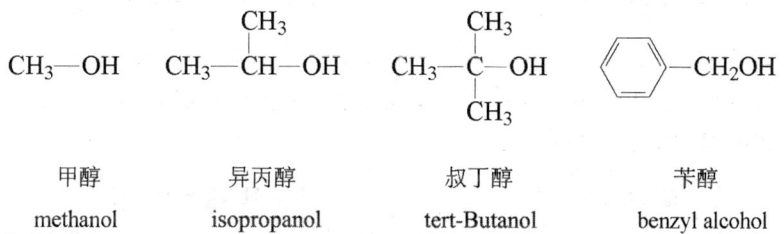

甲醇　　　　　异丙醇　　　　　叔丁醇　　　　　苄醇
methanol　　isopropanol　　tert-Butanol　　benzyl alcohol

2. 系统命名法

结构比较复杂的醇,采用系统命名法,其原则为:

(1) 选择连有羟基的最长碳链为主链,按主链碳原子数目称为某醇。

(2) 主链上的碳原子从靠近羟基的一端依次用阿拉伯数字编号。

(3) 命名时,醇名称前面用阿拉伯数字表示羟基的位置,羟基位次是"1"时,"1"也可以省去。侧链或其他取代基的位置、数目、名称则依次写在羟基位置之前。

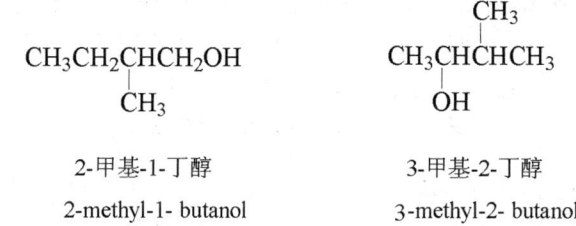

2-甲基-1-丁醇　　　　　　3-甲基-2-丁醇
2-methyl-1- butanol　　　　3-methyl-2- butanol

脂环醇的命名是以脂环烃基的名称后加"醇"字来命名,并以羟基所连碳原子的编号为"1",命名的其他原则与醇、脂环烃、脂肪烃相似。

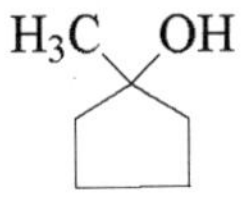

1-甲基-1-环戊醇　　　　　　4-甲基-1-环己醇
1-methyl-1-cyclopentanol　　4-methyl-1-cyclohenxanol

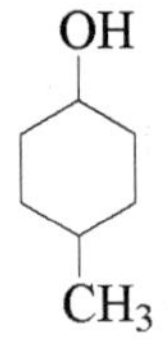

多元醇的命名时，选取含有尽可能多的羟基的碳链作为主链，根据其碳原子数和羟基数目称"某几醇"。主链编号从靠近羟基的一端开始，将羟基的位置写在"某几醇"前面，

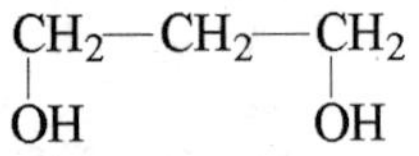

1,3-丙二醇　　　2,3-二甲基-2,3-丁二醇　　顺-1,2-环戊二醇
1,3-propanediol　2,3-dimethyl-2,3-butanediol　cis-1,2-cyclopentanediol

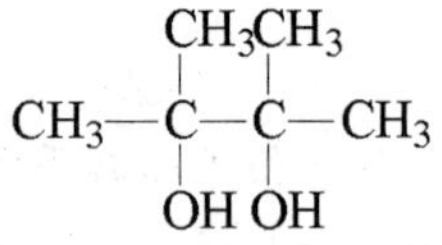

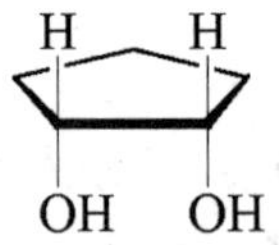

不饱和一元醇的命名应选择带有羟基和不饱和键在内的最长碳链为主链，以醇为母体；羟基编号最小，用阿拉伯数字表明不饱和键和羟基的位次。

$CH_3CH=CHCH_2OH$　　　　　　　　Ph—$CH=CHCH_2OH$

2-丁烯醇（巴豆醇）　　　　　3-苯基-2-丙烯醇（肉桂醇）
2-buten-1-alcohol(crotonyl alcohol)　3-phenyl-2-propene-1-alcohol(cinnamic alcohol)

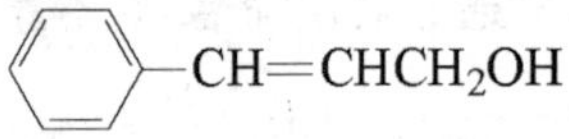

一些天然醇习惯用俗名命名：

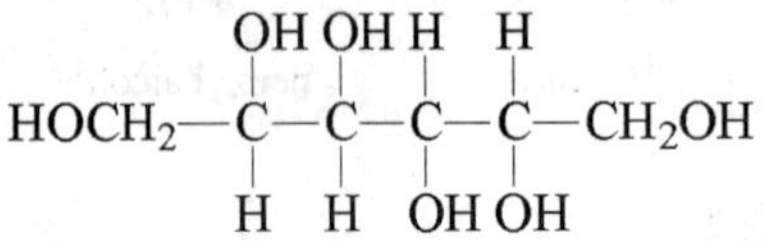

山梨醇　　　　　　　　　　甘露醇
sorbitol　　　　　　　　　mannitol

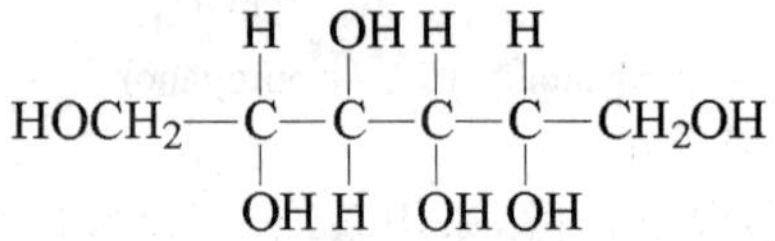

二、醇的物理性质

低级的醇为挥发性液体，易溶于水，如甲醇、乙醇均可与水以任意比例相溶。随着醇的烃基增大，逐渐呈油状。$C_5 \sim C_{11}$的醇为具有不愉快气味的油状液体，C_{12}以上的醇为无嗅无味的蜡状固体，水溶性也明显下降。某些醇的物理常数见表8-1

表8-1　部分常见醇的物理常数

名称	结构式	熔点(℃)	沸点(℃)	相对密度 d_4^{20}	溶解度 g/100g 水
甲醇	CH_3OH	-97.8	65.0	0.7914	∞
乙醇	CH_3CH_2OH	-114.7	78.5	0.7893	∞

续表

正丙醇	CH₃CH₂CH₂OH	−126.5	97.4	0.8035	∞
异丙醇	CH₃CH(OH)CH₃	−89.5	82.4	0.7855	∞
正丁醇	CH₃CH₂CH₂CH₂OH	−89.5	117.3	0.8098	8.0
仲丁醇	CH₃CH₂CH(OH)CH₃	−114.7	99.5	0.8063	12.5
异丁醇	(CH₃)₂CHCH₂OH	—	107.9	0.8021	11.1
叔丁醇	(CH₃)₃OH	25.5	82.2	0.7887	∞
正戊醇	CH₃(CH₂)₄OH	−79	138	0.8144	2.2
新戊醇	(CH₃)₃CCH₂OH	53	114	0.812	∞
正己醇	CH₃(CH₂)₅OH	−46.7	158	0.8136	0.7

从表 8-1 可以看出，直链饱和一元醇的沸点变化情况与烷烃相似，也是随着碳原子数的增加而有规律的上升，每增加一个系差(CH_2)，沸点将升高 18～20 ℃；碳原子数相同的醇则含支链愈多沸点愈低，例如，正丁醇沸点为 117 ℃，异丁醇沸点为 108 ℃，仲丁醇沸点为 99 ℃，叔丁醇沸点为 82 ℃。但低级醇的沸点比和它相对分子质量相近的烷烃要高得多，例如，甲醇(相对分子质量 32)的沸点为 64.9 ℃，而乙烷(相对分子质量 30)的沸点为 −88.6 ℃。

为什么醇具有反常的高沸点呢？这是因为低级醇分子间能通过氢键而缔合，实际上是以缔合状态存在的。要使液态的醇变为气态，不仅要破坏分子的范德华力，还要断裂氢键，这就是低级醇具有高沸点的原因。

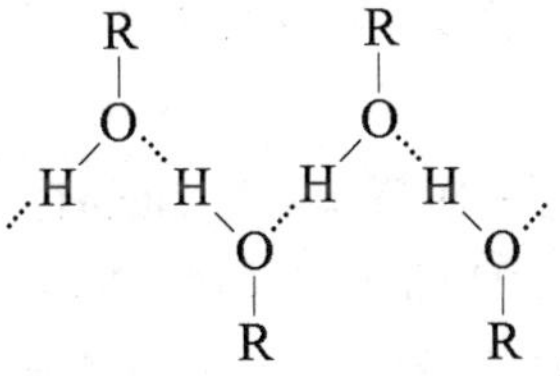

醇分子之间缔合的氢键

醇在水中的溶解度与烷烃不同，取决于醇羟基的亲水性和烃基的疏水性。低级醇能与水任意混溶，随着分子量增大溶解度逐渐降低。原因是低级醇分子和水分子之间也能形成氢键，因此低级醇能以任何比例与水混溶，而烷烃几乎不溶于水。醇分子中烃基加大时，羟基在分子中所占比例减小，醇的羟基与水形成氢键能力减小，醇在水中的溶解度也随着降低。如表8-1所示。

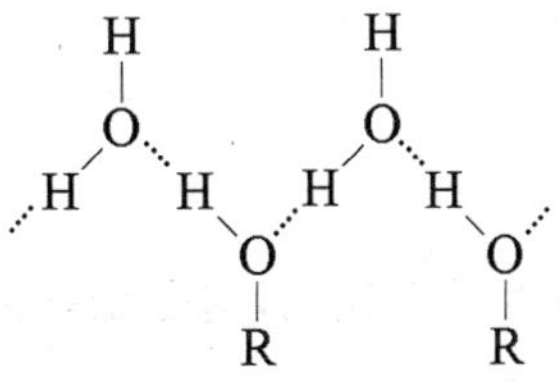

醇羟基与水分子之间缔合的氢键

三、醇的化学性质

(一) 一元醇的化学性质

醇的 C—O 键和 O—H 键均为极性键。O—H 键异裂,解离出质子,使醇表现出酸性,形成的烷氧基负离子可作为亲核试剂;C—O 键异裂,形成正碳离子,类似卤代烃可发生的亲核取代反应和消除反应。

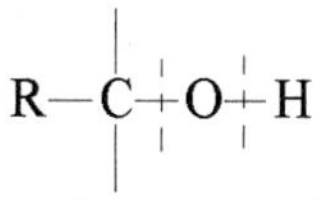

$$R\!-\!\overset{|}{\underset{|}{C}}\!+\!O\!+\!H$$

醇发生化学反应的主要部位

1. 与金属钠反应

醇与水一样,由于 O—H 键异裂,可表现出酸性,但其酸性极弱。一般醇的 pK_a 在 16~18 之间,水的 $pK_a = 15.7$。

在无水条件下,醇与金属钠作用,生成醇钠和氢气。

$$CH_3CH_2OH + Na \longrightarrow CH_3CH_2ONa + H_2\uparrow$$

不同类型的醇与金属钠反应时,伯醇最快,仲醇其次,叔醇最慢。这表明它们的酸性次序是:

伯醇 > 仲醇 > 叔醇

醇钠是白色固体,溶于醇中,遇水即分解成为醇和氢氧化钠。醇钠的水解是一个可逆反应,平衡主要趋向于醇钠分解方向。因此,醇的酸性只有在无水条件下被活泼金属置换才能表现出来。

$$CH_3CH_2ONa + H_2O \rightleftharpoons NaOH + CH_3CH_2OH$$

在这一反应中,较强的酸(H—OH)把较弱的酸(RO—H)从它的盐中置换出来。换而言之,较强的碱 RO^- 从 H_2O 中夺取质子,RO^- 的碱性比 OH^- 要强得多。下面是一些分子、离子酸碱性比较:

酸性:$H_2O > ROH > RC\equiv CH > NH_3 > RH$
碱性:$R^- > NH_2^- > RC\equiv C^- > RO^- > OH^-$

烷氧基负离子 RO^- 的碱性很强,它们的碱性强度与其共轭酸的酸性强度相反。叔丁醇是个弱酸,而叔丁氧基负离子则是强碱。不同结构醇钠的碱性强弱次序是:

叔醇钠 > 仲醇钠 > 伯醇钠

2. 醇中碳氧键断裂的反应

(1) 亲核取代反应

a. 与氢卤酸的反应

醇中羟基被卤素负离子取代而生成卤代烷,这是制备卤代烃的一种重要方法。

$$R-OH + HX \longrightarrow R-X + H_2O$$

由于醇羟基不易离去,故醇不能与 NaX 反应,反应需在酸存在下进行。酸的作用是使羟基质子化产生易离去基团——水,使反应顺利进行。

对伯醇来说，按 S_N2 机理进行取代反应：

$$X^- + R-\overset{+}{\underset{H}{O}}\overset{H}{\underset{}{H}} \xrightarrow[S_N2]{慢} [X\cdots R\cdots \overset{+}{\underset{H}{O}}\overset{H}{\underset{}{H}}] \xrightarrow{快} RX + H_2O$$

对烯丙型醇（$CH_2=CHCH_2OH$）、叔醇和仲醇来说，则按 S_N1 机理进行，即生成的质子化醇先解离成碳正离子和水，然后碳正离子再和卤素负离子结合生成卤代烃。因为烯丙型碳正离子、叔碳正离子和仲碳正离子是较稳定的。

$$\underset{R''}{\overset{R}{R'-C-OH}} \underset{}{\overset{H^+}{\rightleftharpoons}} \underset{R''}{\overset{R\ H}{R'-\underset{+}{C}-O-H}} \xrightarrow{-H_2O} \underset{R''}{\overset{R}{R'-\overset{+}{C}}} \xrightarrow{X^-} \underset{R''}{\overset{R}{R'-C-X}} \quad S_N1$$

醇与氢卤酸反应的速率与氢卤酸的类型及醇的结构有关。

氢卤酸的活性顺序是：$HI>HBr>HCl$。

这是因为卤素负离子的亲核能力是：$I^->Br^->Cl^-$。

醇的活性顺序是：烯丙型醇＞叔醇＞仲醇＞伯醇。例如，当伯醇与浓氢碘酸一起加热就可以生成碘代烃；与浓氢溴酸作用时必须在硫酸存在下加热才能生成溴代烃；与浓盐酸作用必须有无水氯化锌存在，并且还要加热才能产生氯代烃。烯丙型醇和叔醇在室温和浓盐酸一起振荡后就有氯代烃析出。

$$CH_3CH_2CH_2CH_2OH \xrightarrow[\triangle]{NaBr,\ H_2SO_4} CH_3CH_2CH_2CH_2Br + H_2O$$

$$CH_3CH_2CH_2CH_2OH \xrightarrow[\triangle]{HCl,\ ZnCl_2} CH_3CH_2CH_2CH_2Cl + H_2O$$

$$\underset{OH}{\overset{CH_3}{CH_3-C-CH_3}} \xrightarrow[室温]{浓HCl} \underset{Cl}{\overset{CH_3}{CH_3-C-CH_3}} + H_2O$$

在上述取代反应中，反应活性最低的 HCl 在没有催化剂的条件下只能与叔醇反应，与伯醇和仲醇很难发生反应。只有在无水氯化锌的催化下，伯醇和仲醇才能和浓 HCl 发生反应。无水氯化锌和浓 HCl 的混合物称为 Lucas 试剂。在 Lucas 试剂作用下，伯醇、仲醇和叔醇的反应速率明显不同。Lucas 试剂通常用来鉴别 6 个碳以下的伯醇、仲醇和叔醇。由于 6 个碳以下的醇可溶于 Lucas 试剂中，生成的氯代烷则难溶于 Lucas 试剂中而变浑浊。因此，可根据溶液变浑浊的速率确定醇的类别。叔醇与 Lucas 试剂在室温下立即发生取代反应，使溶液变浑浊；仲醇一般数分钟后才有明显的反应现象；而伯醇在室温下放置一小时也观察不到反应现象。

b. 与无机含氧酸的酯化反应

醇与无机含氧酸如硫酸、硝酸、磷酸反应时，分子之间脱水生成无机酸酯。

硫酸是二元酸，可形成两种硫酸酯——酸性酯和中性酯。其中低级醇的硫酸酯（如硫酸二甲酯等）可作为烷基化试剂，高级醇的硫酸酯钠盐是合成洗涤剂的有效成分。

醇与硫酸作用得到硫酸氢酯。

$$CH_3CH_2OH + HOSO_2OH \longrightarrow CH_3CH_2OSO_2OH + H_2O$$

硫酸氢乙酯

把硫酸氢甲酯或乙酯在减压条件下蒸馏可得到硫酸二甲酯或二乙酯。

$$HOSO_2\colon OCH_3 + CH_3OSO_2\colon OH \xrightarrow[\text{减压}]{\triangle} CH_3OSO_2OCH_3 + H_2SO_4$$

硫酸二甲酯

硫酸二甲酯和硫酸二乙酯都是很好的烷基化试剂，在有机合成中导入甲基或乙基。硫酸二甲酯为无色剧毒的液体，使用时应注意安全；高级醇（$C_8 \sim C_{18}$）的硫酸酯可作为洗涤剂的原料。另外，人体内软骨中也含有硫酸酯结构的硫酸软骨质。

硝酸为一元酸，只形成一种酯。甘油与硝酸反应生成三硝酸甘油脂，也叫做硝化甘油或硝酸甘油，是一种缓解心绞痛的药物；同时因它遇到震动会发生强烈爆炸，为了安全通常将其与一些惰性的材料混合在一起使用。

$$\begin{array}{c} CH_2-OH \\ | \\ CH-OH \\ | \\ CH_2-OH \end{array} + 3HONO_2 \xrightarrow{H_2SO_4} \begin{array}{c} CH_2-ONO_2 \\ | \\ CH-ONO_2 \\ | \\ CH_2-ONO_2 \end{array} + 3H_2O$$

三硝酸甘油酯

磷酸是三元酸，以磷酸酯的形式广泛存在于生物体中，具有重要的生物功能。例如，组成细胞的重要成分 DNA、RNA、磷脂及三磷酸腺苷（adenosine triphosphate，ATP）都含有磷酸酯结构；而体内的某些代谢过程也是通过具有磷酸酯结构的中间体完成的。磷酸酯通常有烷基一磷酸酯、烷基二磷酸酯和烷基三磷酸酯：

烷基一磷酸酯　　　　烷基二磷酸酯　　　　烷基三磷酸酯

（2）脱水反应　醇类化合物可按两种方式发生脱水反应：分子内脱水生成烯；分子间脱水生成醚。在催化剂的存在下可以促进醇脱水反应，常用的催化剂有硫酸、磷酸、三氧化二铝等。按哪一种方式脱水则主要取决于醇的结构和反应条件。

$$R-\underset{H}{\overset{H}{C}}-\underset{OH}{\overset{H}{C}}-H \xrightarrow{\text{分子内脱水}} RCH=CH_2 + H_2O$$

$$R\colon OH + H\colon O-R \xrightarrow{\text{分子间脱水}} R-O-R + H_2O$$

a. 分子内脱水

醇在浓硫酸或磷酸存在下加热，分子内脱水生成烯。

$$CH_3CH_2OH \xrightarrow[170\ ^\circ C]{H_2SO_4} CH_2\!=\!CH_2 + H_2O$$

醇分子内脱水主要按 E1 反应机理：在酸的存在下，醇羟基发生质子化，质子化后增强了 C—O 键的极化，使 C—O 键更容易断裂，然后脱去一分子水形成碳正离子中间体，最后消去 β-H 烯烃：

$$CH_3CH_2OH + H_2SO_4 \underset{}{\overset{快}{\rightleftharpoons}} CH_3CH_2\overset{+}{O}H_2 + HSO_4^-$$

$$CH_3CH_2\overset{+}{O}H_2 \underset{快}{\overset{慢}{\rightleftharpoons}} CH_3CH_2^+ + H_2O$$

$$H\!-\!CH_2\!-\!\overset{+}{C}H_2 \xrightarrow{快} CH_2\!=\!CH_2 + H^+$$

其中形成碳正离子中间体的反应速率最慢，决定整个反应的进程，即决速步骤。其生成的碳正离子越稳定，脱水反应越容易进行。已知碳正离子稳定性次序为：叔碳正离子＞仲碳正离子＞伯碳正离子，故不同类型的醇脱水难易次序如下：

叔醇＞仲醇＞伯醇

仲醇与叔醇分子内脱水的方向，符合 Saytzeff 规则。

$$CH_3CH_2\underset{\underset{OH}{|}}{C}HCH_3 \xrightarrow{H_2SO_4} CH_3CH\!=\!CHCH_3 + CH_3CH_2CH\!=\!CH_2$$

2-丁烯（主要产物）　　1-丁烯

由于醇脱水反应经碳正离子中间体而完成，因此可能有重排产物生成。

$$\underset{\underset{H_3C}{|}}{\overset{\overset{H_3C}{|}}{CH_3\!-\!C}}\!-\!\underset{\underset{H}{|}}{\overset{\overset{OH}{|}}{C}}\!-\!CH_3 \xrightarrow{H_2SO_4} \underset{\underset{CH_3}{|}}{\overset{\overset{CH_3}{|}}{C}}\!=\!\underset{\underset{CH_3}{|}}{\overset{\overset{CH_3}{|}}{C}}$$

其重排机制为：首先醇羟基经质子化形成质子化醇；紧接着脱去一分子水形成 2° 碳正离子；第三步反应是甲基（带着 1 对电子）发生 1,2-迁移，形成相对稳定的 3° 碳正离子；最后从 3° 碳正离子脱去一个 β-H$^+$（在 HSO$_4^-$ 的作用下）生成稳定的烯烃。

$$\underset{\underset{H_3C}{|}}{\overset{\overset{H_3C}{|}}{CH_3\!-\!C}}\!-\!\underset{\underset{H}{|}}{\overset{\overset{OH}{|}}{C}}\!-\!CH_3 \xrightarrow{H^+} \underset{\underset{H_3C}{|}}{\overset{\overset{H_3C}{|}}{CH_3\!-\!C}}\!-\!\underset{\underset{H}{|}}{\overset{\overset{\overset{+}{O}H_2}{|}}{C}}\!-\!CH_3 \xrightarrow{-H_2O} \underset{\underset{H_3C}{|}}{\overset{\overset{CH_3}{|}}{CH_3\!-\!C}}\!-\!\underset{\underset{H}{|}}{\overset{+}{C}}\!-\!CH_3$$

$$\xrightarrow[\text{重排}]{\text{甲基}1,2\text{-迁移}} \underset{\underset{H_3C}{|}}{\overset{\overset{CH_3}{|}}{CH_3\!-\!\overset{+}{C}}}\!-\!\underset{\underset{H}{|}}{\overset{\overset{CH_3}{|}}{C}}\!-\!CH_3 \xrightarrow{-H^+} \underset{\underset{CH_3}{|}}{\overset{\overset{CH_3}{|}}{C}}\!=\!\underset{\underset{CH_3}{|}}{\overset{\overset{CH_3}{|}}{C}}$$

再如，2,3-二甲基-1-丁醇在硫酸和 140 ℃ 的条件下生成 2,3-二甲基-2-丁烯。

$$\text{CH}_3-\underset{\underset{\text{H}}{|}}{\overset{\overset{\text{H}_3\text{C}}{|}}{\text{C}}}-\underset{\underset{\text{CH}_3}{|}}{\overset{\overset{\text{H}}{|}}{\text{C}}}-\text{CH}_2\text{OH} \xrightarrow{\text{H}_2\text{SO}_4} \underset{\text{CH}_3}{\overset{\text{CH}_3}{\text{C}}}=\underset{\text{CH}_3}{\overset{\text{CH}_3}{\text{C}}}$$

其重排机制与上例相似。所不同的是重排一步,发生的是负氢1,2-迁移而不是甲基1,2-迁移(一般氢迁移比甲基迁移更容易)。

$$\text{CH}_3-\underset{\underset{\text{H}}{|}}{\overset{\overset{\text{H}_3\text{C}}{|}}{\text{C}}}-\underset{\underset{\text{CH}_3}{|}}{\overset{\overset{\text{H}}{|}}{\text{C}}}-\text{CH}_2\text{OH} \xrightarrow{\text{H}^+} \text{CH}_3-\underset{\underset{\text{H}}{|}}{\overset{\overset{\text{H}_3\text{C}}{|}}{\text{C}}}-\underset{\underset{\text{CH}_3}{|}}{\overset{\overset{\text{H}}{|}}{\text{C}}}-\text{CH}_2\overset{+}{\text{O}}\text{H}_2 \xrightarrow{-\text{H}_2\text{O}} \text{CH}_3-\underset{\underset{\text{H}}{|}}{\overset{\overset{\text{H}_3\text{C}}{|}}{\text{C}}}-\underset{\underset{\text{CH}_3}{|}}{\overset{\overset{\text{H}}{|}}{\text{C}}}-\overset{+}{\text{CH}}_2$$

$$\xrightarrow[\text{重排}]{\text{负氢1,2迁移}} \text{CH}_3-\underset{\underset{\text{H}}{|}}{\overset{\overset{\text{CH}_3}{|}}{\text{C}}}-\underset{\underset{\text{CH}_3}{|}}{\overset{+}{\text{C}}}-\text{CH}_3 \xrightarrow{-\text{H}^+} \underset{\text{CH}_3}{\overset{\text{CH}_3}{\text{C}}}=\underset{\text{CH}_3}{\overset{\text{CH}_3}{\text{C}}}$$

b. 分子间脱水

在浓硫酸或磷酸存在下,相对较低温度下有利于醇进行分子间脱水生成醚。

$$\text{CH}_3\text{CH}_2\text{OH} + \text{HOCH}_2\text{CH}_3 \xrightarrow[140\ ℃]{\text{H}_2\text{SO}_4} \text{CH}_3\text{CH}_2\text{OCH}_2\text{CH}_3 + \text{H}_2\text{O}$$

醇分子间脱水反应机制是 S_N2 反应:

$$\text{CH}_3\text{CH}_2\text{OH} + \text{H}_2\text{SO}_4 \longrightarrow \text{CH}_3\text{CH}_2\overset{+}{\text{O}}\text{H}_2 + \text{HSO}_4^-$$

$$\underset{\text{H}}{\overset{|}{\text{CH}_3\text{CH}_2\text{O}:}} + \underset{\text{CH}_3}{\overset{|}{\text{CH}_2-\overset{+}{\text{O}}\text{H}_2}} \longrightarrow \underset{\text{H}}{\overset{|}{\text{CH}_3\text{CH}_2\overset{+}{\text{O}}\text{CH}_2\text{CH}_3}} + \text{H}_2\text{O}$$

$$\underset{\text{H}}{\overset{|}{\text{CH}_3\text{CH}_2\overset{+}{\text{O}}\text{CH}_2\text{CH}_3}} + \text{HSO}_4^- \longrightarrow \text{CH}_3\text{CH}_2\text{OCH}_2\text{CH}_3 + \text{H}_2\text{SO}_4$$

当醇溶于酸时生成质子化的醇,由于带正电荷的氧原子吸电子能力加强,α-碳原子易被另一分子醇中氧进攻,发生 S_N2 反应。

亲核取代反应与消除反应是两个互相竞争的反应。由于消除反应要破坏 β 位的碳氢键,需要较高的能量,所以升高温度对分子内脱水生成烯烃有利。而在低温的情况下则进行亲核取代反应生成醚。

对于叔醇来说,只能分子内脱水得到烯烃。

3. 氧化反应

有机反应中,通常把脱去氢原子或加上氧原子的反应视作为氧化反应(oxidtion),把加上氢原子或脱去氧原子的反应视作为还原反应(reduction)。

醇类化合物的氧化,实质上是从分子中脱去两个氢原子,其中一个是羟基上的氢,另一个是与羟基相连碳上的氢(α-H)。反应产物取决于醇的类型和反应条件。

伯醇可失去1个 α−H 而生成醛,醛继续被氧化生成羧酸。如果要得到醛,就必须把生成的醛立即从反应混合物中蒸馏出去,以防止与氧化剂继续反应;或用三氧化铬及吡啶的混合物作为氧化剂。

$$CH_3CHOH \xrightarrow{[O]} CH_3CHO \xrightarrow{[O]} CH_3COOH$$

$$CH_2=\underset{\underset{CH_3}{|}}{C}(CH_2)_2CH=\underset{\underset{CH_3}{|}}{C}(CH_2)_3CH_2OH \xrightarrow[C_5H_5N]{CrO_3} CH_2=\underset{\underset{CH_3}{|}}{C}(CH_2)_2CH=\underset{\underset{CH_3}{|}}{C}(CH_2)_3CH_2CHO$$

仲醇失去 1 个 α-H 生成酮,酮通常不会被继续氧化。

$$CH_3\underset{\underset{OH}{|}}{CH}CH_3 \xrightarrow{[O]} CH_3\underset{\underset{O}{\|}}{C}CH_3$$

叔醇没有 α-氢,不能被氧化。

[O]代表氧化剂,常用的氧化剂有 $K_2Cr_2O_7$ 的酸性水溶液、$KMnO_4$ 溶液等。

伯醇氧化的最终产物为酸;仲醇氧化的产物为酮;叔醇一般不能被氧化。反应物和产物都是无色的。若使用重铬酸钾($K_2Cr_2O_7$)和浓硫酸为氧化剂,反应液由原来的橙红色(Cr^{6+})变为绿色(Cr^{3+});若使用高锰酸钾($KMnO_4$)溶液,则反应液由紫色变成棕色沉淀(MnO_2)。利用此实验现象可区别伯醇、仲醇和叔醇。

(二) 二元醇的特性反应

羟基连在相邻碳原子上的多元醇称为邻二醇类化合物(如乙二醇和丙三醇等),邻二元醇除了具有一元醇的性质外,还有一些特殊的性质。

1. 邻二醇与新制氢氧化铜的反应

邻二醇可与氢氧化铜反应,使氢氧化铜沉淀溶解,变成蓝色溶液。例如在乙二醇的水溶液中加入新制备的氢氧化铜,生成蓝色可溶性的铜盐。

此反应是邻二醇类化合物的特有反应,一元醇和非邻二醇结构的多元醇均无此反应。

2. 频哪醇重排

两个羟基都连在叔碳原子上的邻二醇称为频哪醇类(pinacols)。

$$(CH_3)_2\underset{\underset{OH}{|}}{C}-\underset{\underset{OH}{|}}{C}(CH_3)_2$$

2,3-二甲基-2,3-丁二醇(频哪醇)

频哪醇在酸性试剂(硫酸或盐酸)作用下脱去一分子水,碳架发生重排,生成频哪酮(pinacolone)的反应称频哪醇重排。

$$CH_3-\underset{\underset{H_3C}{|}}{\overset{\overset{OH}{|}}{C}}-\underset{\underset{CH_3}{|}}{\overset{\overset{OH}{|}}{C}}-CH_3 \xrightarrow{H_2SO_4} CH_3-\underset{\underset{CH_3}{|}}{\overset{\overset{H_3C}{|}}{C}}-\underset{}{\overset{\overset{O}{\|}}{C}}-CH_3$$

频哪醇重排反应中包含一个甲基 1,2-迁移(即一个甲基从一个碳原子重排到邻近碳原子上),水分子离去和甲基迁移可能是同时进行。反应历程如下:

$$\underset{\underset{OH}{|}}{\overset{\overset{H_3C}{|}}{CH_3-C}}-\underset{\underset{OH}{|}}{\overset{\overset{CH_3}{|}}{C-CH_3}} \xrightarrow{H^+} \underset{\underset{H_2O^+}{|}}{\overset{\overset{H_3C}{|}}{CH_3-C}}-\underset{\underset{OH}{|}}{\overset{\overset{CH_3}{|}}{C-CH_3}} \xrightarrow{-H_2O} \overset{\overset{CH_3}{|}}{CH_3-\overset{+}{C}}-\underset{\underset{OH}{|}}{\overset{\overset{CH_3}{|}}{C-CH_3}}$$

$$\longrightarrow \underset{\underset{H_3C}{|}}{\overset{\overset{CH_3}{|}}{CH_3-C}}-\overset{+}{\underset{\underset{O-H}{|}}{C}}-CH_3 \xrightarrow{-H^+} \underset{\underset{H_3C}{|}}{\overset{\overset{CH_3}{|}}{CH_3-C}}-\overset{\overset{}{}}{\underset{\underset{O}{\parallel}}{C}}-CH_3$$

四、硫醇

（一）硫醇的结构和命名

硫醇是醇的类似物，用 R—SH 表示，—SH 叫做巯基，也叫做氢硫基，为硫醇的官能团。硫醇的命名与醇相似，只是在母体名称中"醇"字前面加一个"硫"字。当硫醇结构复杂时，也可把—SH 作为取代基来命名。

CH$_3$SH	CH$_3$CH$_2$SH	HSCH$_2$CH$_2$OH
甲硫醇	乙硫醇	2-巯基乙醇
methanethiol	ethanethiol	2-mercaptoethanol

（二）硫醇的物理性质

硫醇大多易挥发且具有特殊臭味，即使量很少，气味也很明显。工业上常把低级硫醇作为臭味剂使用，如燃气中加入少量叔丁硫醇，一旦泄漏，就可起自动报警的作用。

由于硫醇分子中硫原子的电负性比醇分子中氧原子的电负性小，形成氢键的能力弱得多，所以它是以单分子形成存在的，不存在分子间缔合，表现在它的沸点较低（见表 8-2），也由于硫醇不能形成氢键，故在水中的溶解度也比醇低得多。

表 8-2 部分同数碳原子的硫醇和醇的沸点比较表

名称	化合物	沸点/℃	名称	化合物	沸点/℃
甲硫醇	CH$_3$SH	6.2	甲醇	CH$_3$OH	64.5
乙硫醇	CH$_3$CH$_2$SH	37	乙醇	CH$_3$CH$_2$OH	78.3
丙硫醇	CH$_3$CH$_2$CH$_2$SH	67	丙醇	CH$_3$CH$_2$CH$_2$OH	97.8

（三）硫醇的化学性质

1. 硫醇的酸性

与氧原子相比，硫原子半径大，S—H 键的键长较 O—H 键长，易被极化，键异裂放出质子。硫醇的酸性比相应醇和水强，其 pK_a 为 9~12。

硫醇在水溶液中更容易电离,放出质子,表现出酸性。

$$RSH + H_2O \rightleftharpoons RS^- + H_3O^+$$

硫醇难溶于水,易溶于氢氧化钠溶液。与氢氧化钠发生中和反应,生成溶于水的硫醇钠盐。

$$CH_3CH_2SH + NaOH \longrightarrow CH_3CH_2SNa + H_2O$$

2. 硫醇与重金属作用

与无机硫化物类似,硫醇可与铅、汞、银等重金属盐或氧化物作用生成不溶于水的硫醇盐。

$$2RSH + HgO \longrightarrow (RS)_2Hg\downarrow + H_2O$$

所谓重金属中毒是指体内许多酶(如琥珀酸脱氢酶、乳酸脱氢酶等)上的巯基与铅、汞等重金属发生了上述反应,使酶变性失活而丧失正常的生理功能。医药上某些含硫化合物利用硫醇的这一性质,作为重金属中毒的解毒剂。

$$\begin{array}{ccc} CH_2-CH-CH_2 \\ | \quad | \quad | \\ OH \quad SH \quad SH \end{array} \qquad \begin{array}{ccc} CH_2-CH-CH_2 \\ | \quad | \quad | \\ SH \quad SH \quad SO_3Na \end{array} \qquad \begin{array}{c} HS-HC-COONa \\ | \\ HS-HC-COONa \end{array}$$

二巯基丙醇(BAL)   二巯基丙磺酸钠   二巯基丁二酸钠

这些解毒剂与金属离子的亲和力较强,不仅能与进入体内的重金属离子结合生成不易解离的无毒配合物并经尿排出体外,以保护酶系统,而且还能夺取已经与酶结合的重金属离子,使酶的活性恢复,从而达到解毒的目的。但若酶的巯基与重金属离子结合过久,酶已失活则难以恢复,故重金属中毒需尽早用药抢救。解毒剂的作用过程如下:

$$\text{酶}\begin{array}{c}SH\\SH\end{array} + Hg^{2+} \longrightarrow \text{酶}\begin{array}{c}S\\S\end{array}Hg + 2H^+$$

$$\text{酶}\begin{array}{c}S\\S\end{array}Hg + \begin{array}{c}HS\quad COONa\\ \\HS\quad COONa\end{array} \longrightarrow \text{酶}\begin{array}{c}SH\\SH\end{array} + Hg\begin{array}{c}S\quad COONa\\ \\S\quad COONa\end{array}$$

3. 硫醇的氧化反应

硫醇较醇易氧化。在常温下用过氧化氢或次碘酸钠,甚至在空气中氧的作用下,硫醇也可被氧化成二硫化物(disulfide)。

$$2CH_3CH_2CH_2SH + H_2O_2 \longrightarrow CH_3CH_2CH_2S-SCH_2CH_2CH_3 + 2H_2O$$

反应可以定量进行,因此可用于测定巯基化合物的含量。

二硫化物分子中的"—S—S—"化学键称为二硫键(disulfide bond)。二硫化物与过氧化物结构类似,但更稳定。二硫化物在一定的条件下又可被还原为原来的硫醇,这是一个可逆反应。在生物体中,巯基与二硫键之间的氧化还原作用,是一个非常重要的生理过程。大多数多肽和蛋白质含有能形成二硫键桥的游离巯基(—SH),可以把肽链连接起来,使酶具有一定的三维构型,这就使得生物催化剂酶具有高效的立体选择性。

在强烈氧化条件下,如浓硝酸或酸性高锰酸钾作氧化剂,硫醇被氧化成磺酸。

$$CH_3SH \xrightarrow{KMnO_4} CH_3SO_3H$$

第二节 酚

一、酚的结构、分类和命名

酚（phenols）类化合物可用通式 Ar—OH 表示。以苯酚（carbolic acid，俗称石炭酸）为例来讨论酚的结构。

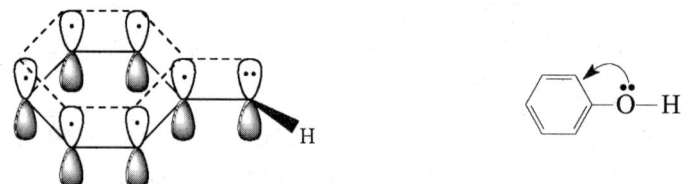

酚羟基中氧原子为 sp^2 杂化，氧原子上的两对孤对电子分别处于 sp^2 杂化轨道和未杂化的 p 轨道中，此 p 轨道与苯环的大 π 键平行重叠，形成 $p-\pi$ 共轭体系。这种共轭的结果：(1) 使氧原子上的 p 电子云向苯环转移，电子云密度相对降低，使 O—H 键易断裂给出质子，从而显酸性；(2) 使苯环上电子云密度相对升高，有利于苯环上亲电取代反应的发生。

酚的分类：根据芳环上含羟基的数目，酚类可分为一元酚、二元酚和三元酚等，含有两个以上酚羟基的酚统称为多元酚；根据芳烃基的不同可分为苯酚和萘酚等，其中萘酚因羟基位置不同，有 α 和 β 之分。

    邻-苯二酚   均-苯三酚   α-萘酚   β-萘酚

简单酚的命名一般是在酚字前面加上芳环的名称，若有取代基，则以阿拉伯数字或邻、间、对（$o-$、$m-$、$p-$）表明其位置，特殊情况下也可以按次序规则，把羟基作为取代基来命名。

    邻-甲基苯酚   间-甲基苯酚   对-甲基苯酚   邻-羟基苯甲酸（水杨酸）

甲酚（甲苯酚三种异构体的混合物）的肥皂溶液俗称来苏儿（lysol），也称煤酚皂液。临床上用作消毒剂，2.5% 的煤酚皂液，30min 可杀灭结核杆菌。

二、酚的物理性质

常见酚类化合物的物理常数见表 8-3。

表 8-3 常见酚类化合物的物理常数

名称	结构式	熔点(℃)	沸点(℃)	溶解度(g/100g 水)	pK_a
苯酚	C_6H_5OH	43	182	9.3	9.89
邻-甲苯酚	$o\text{-}CH_3C_6H_4OH$	30	191	2.5	10.20
间-甲苯酚	$m\text{-}CH_3C_6H_4OH$	11	201	2.6	10.01
对-甲苯酚	$p\text{-}CH_3C_6H_4OH$	35.5	201	2.3	10.17
邻-氯苯酚	$o\text{-}ClC_6H_4OH$	8	176	2.8	8.11
间-氯苯酚	$m\text{-}ClC_6H_4OH$	33	214	2.6	8.80
对-氯苯酚	$p\text{-}ClC_6H_4OH$	43	220	2.7	9.20
邻-硝基苯酚	$o\text{-}O_2NC_6H_4OH$	45	217	0.2	7.17
间-硝基苯酚	$m\text{-}O_2NC_6H_4OH$	96	—	1.4	8.28
对-硝基苯酚	$p\text{-}O_2NC_6H_4OH$	114	279	1.7	7.15
2,4-二硝基苯酚	(结构图)	133	分解	0.56	3.96
2,4,6-三硝基苯酚(苦味酸)	(结构图)	122	分解(300℃爆炸)	1.40	0.38(强酸)

酚多为固体,少数烷基酚为液体。酚虽然含有羟基,但因为芳基在分子中占有较大比例,所以微溶或不溶于水,而溶于乙醇、乙醚等有机溶剂。随着羟基数目的增多,多元酚在水中溶解度加大。由于分子间能形成氢键,所以酚有较高的沸点,其熔点也比相应的烃高。纯的酚为无色,但由于氧化而带有红色至褐色。

三、酚的化学性质

由于酚的羟基与芳环直接相连,互相影响,酚羟基在性质上与醇羟基有显著差异,表现出酸性。此外酚的芳环受羟基的影响,也比相应的芳烃更易发生亲电取代反应。

(一)酚羟基的性质

1. 酚羟基的酸性

酚类化合物一般显弱酸性,能与氢氧化钠溶液生成易溶于水的酚钠。

$$C_6H_5OH + NaOH \longrightarrow C_6H_5ONa + H_2O$$

大多数酚的 pK_a 都在 10 左右,比水、醇强,比碳酸弱。将 CO_2 通入酚钠的水溶液中,可以使酚重新游离出来。

$$\text{C}_6\text{H}_5\text{ONa} + \text{CO}_2 + \text{H}_2\text{O} \longrightarrow \text{C}_6\text{H}_5\text{OH} + \text{NaHCO}_3$$

酚的酸性比水、醇的强,可以从两方面理解:(1)羟基与芳环共轭的结果,"O—H"键极性增大,氢更容易以 H^+ 的形式离去;(2)离去 H^+ 后产生苯氧基负离子,分子中存在共轭,稳定性更高。

不同取代酚的酸性强弱不同。苯环上连有吸电子基时,可使酚的酸性增强;连有供电子基时,可使酚的酸性减弱。例如,对硝基苯酚的酸性比苯酚强;对甲基苯酚的酸性比苯酚弱;2,4,6-三硝基苯酚的酸性几乎相当于强无机酸的酸性。

2. 与三氯化铁的显色反应

酚与三氯化铁溶液能发生颜色反应,但不同的酚显不同的颜色。例如,苯酚显蓝紫色;邻苯二酚显深紫色;对甲苯酚显蓝色等。这种特殊的颜色反应,可用于酚的定性分析。

酚与三氯化铁的颜色反应比较复杂,其中苯酚与三氯化铁认为是形成如下络合物而显色:

$$6\text{C}_6\text{H}_5\text{OH} + \text{FeCl}_3 \longrightarrow [\text{Fe}(\text{OC}_6\text{H}_5)_6]^{3-} + 6\text{H}^+ + 3\text{Cl}^-$$

(二)芳环上的亲电取代反应

酚羟基是一个强的邻对位定位基,能使苯环活化。苯酚很容易发生卤代、硝化和磺化等亲电取代反应。

1. 卤代反应

常温下,苯酚水溶液与溴水作用,生成 2,4,6-三溴苯酚白色沉淀。

$$\text{C}_6\text{H}_5\text{OH} + 3\text{Br}_2 \xrightarrow{\text{H}_2\text{O}} \text{2,4,6-Br}_3\text{C}_6\text{H}_2\text{OH} \downarrow + 3\text{HBr}$$

此反应很灵敏,极稀的苯酚溶液(10 mg/L)也能与溴水生成沉淀,可用此反应来鉴别酚类化合物。

如果制备单溴苯酚,可以用非极性的二硫化碳作溶剂,并在低温下与溴反应。

$$\text{C}_6\text{H}_5\text{OH} + \text{Br}_2 \xrightarrow[0\,^\circ\text{C}]{\text{CS}_2} \text{p-Br-C}_6\text{H}_4\text{OH} + \text{HBr}$$

2. 硝化反应

室温下,苯酚与稀硝酸反应可生成邻-硝基苯酚和对-硝基苯酚。

$$\text{C}_6\text{H}_5\text{OH} \xrightarrow[25\,^\circ\text{C}]{20\%\text{HNO}_3} \text{o-NO}_2\text{-C}_6\text{H}_4\text{OH} + \text{p-NO}_2\text{-C}_6\text{H}_4\text{OH}$$

30%~40%　　15%

因酚易被硝酸氧化而有较多副产物,故产率较低。邻-硝基苯酚和对-硝基苯酚可以通过水蒸气蒸馏将它们分开,这是由于对-硝基苯酚分子之间形成氢键缔合分子,其挥发性小,不能随蒸汽水蒸出;而邻-硝基苯酚通过分子内氢键,形成六元环状螯合物,阻碍其与水形成氢键,水溶性降低,挥发性增大,能随蒸汽蒸出。

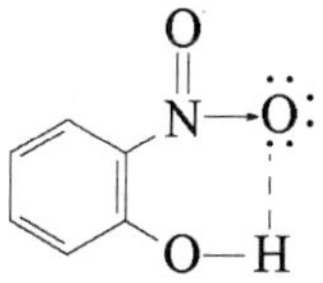

邻-硝基苯酚 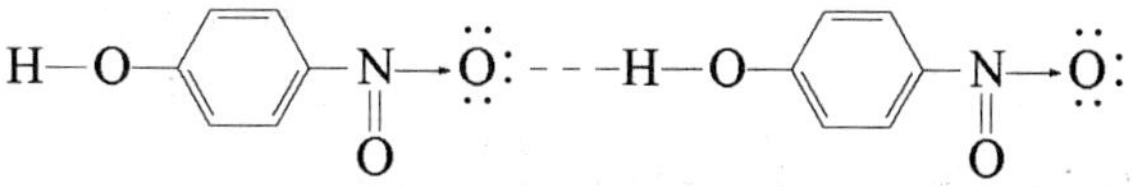　　　　　　　　　　　对-硝基苯酚

3. 磺化反应

苯酚与硫酸反应是可逆反应,在 25 ℃时主要生成邻-羟基苯磺酸(速率控制);在 100 ℃时主要生成对-羟基苯磺酸(平衡控制)。

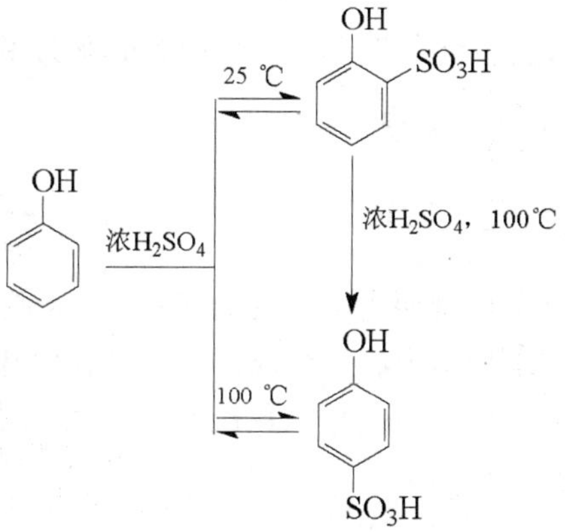

邻-羟基苯磺酸（49%）

对-羟基苯磺酸（90%）

（三）氧化反应

酚很容易氧化,产物很复杂。例如苯酚为无色晶体,在空气中慢慢会被氧化,颜色逐渐变深。用重铬酸钾和硫酸作氧化剂,苯酚可被氧化成黄色的对-苯醌。

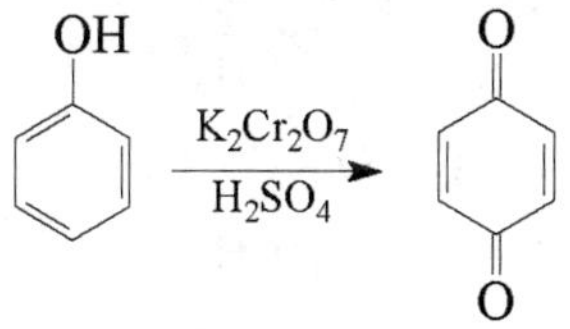

1,4-苯醌（对苯醌）

多元酚更容易被氧化,特别是两个或两个以上的羟基互为邻、对位的多元酚最易被氧化,其产物为醌类化合物,例如:

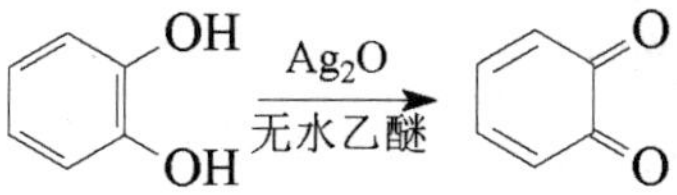

1,2-苯醌（邻苯醌）

$$\text{HO-C}_6\text{H}_4\text{-OH} \xrightarrow[\text{H}_2\text{SO}_4, 94\%]{\text{Na}_2\text{Cr}_2\text{O}_7} \text{O=C}_6\text{H}_4\text{=O}$$

1,4-苯醌（对苯醌）

第三节 醚和环氧化合物

一、醚的结构、分类和命名

醚(ethers)的结构通式为 R—O—R(R′)，Ar—O—R 或 Ar—O—Ar(Ar′)。醚的官能团为醚键(C)—O—(C)，醚键中的氧为 sp^3 杂化，键角为 110°。最简单的醚为甲醚，其结构为：

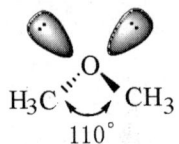

醚可以根据醚键是否成环分为直链醚和环醚两大类。在直链醚中，氧原子连接两个相同烃基的为单醚；两个不同烃基的为混醚；两个烃基中有一个或两个是芳香烃基的为芳香醚。

醚的普通命名法是烃基名称之后加上"醚"字，习惯上，单醚"二"字可以省略（但对芳香醚和某些不饱和烃基习惯上保留"二"字）。

CH₃OCH₃	C₆H₅—O—C₆H₅	CH₂=CH—O—CH=CH₂
二甲醚（简称甲醚）	二苯醚（简称苯醚）	二乙烯基醚（简称乙烯醚）
dimethyl ether	diphenyl ether	diethenyl ether

两个烃基不相同时，将较小的烃基写在前面。芳香醚命名，习惯将苯基放在脂肪基前面。

CH₃—O—CH₂CH₃	CH₃—O—C(CH₃)₃	C₆H₅—OCH₂CH₃
甲乙醚	甲基叔丁基醚	苯乙醚
methyl ethyl ether	methyl tertiary butyl ether	ethyl phenyl ether

结构复杂的醚，常把其中较小的烃氧基(RO—)作为取代基，较大的烃基作为母体来命名。

CH₃CH₂CH₂CH(OCH₃)CH₂CH₃	H₂C(OH)—CH₂(OC₂H₅)
3-甲氧基己烷	2-乙氧基乙醇
3-methoxyhexane	2-ethoxyethanol

第八章 醇、酚和醚

环醚多用俗名命名。

四氢呋喃　　　　　　　　1,4-二氧六环
tetrahydrofuran　　　　　　1,4-dioxane

二、醚的物理性质

醚分子之间不能形成氢键。醚的沸点与相对分子质量的烷烃接近，低于异构体的醇。例如，乙醚的沸点为 34.8 ℃，正丁醇的沸点为 117.8 ℃，正戊烷的沸点为 36.1 ℃。

一般高级醚难溶于水，但是低级醚在水中的溶解度与同分子量的醇接近，例如，乙醚和正丁醇在水中的溶解度都是每 100 g 水中约溶 8 g，因为醚分子中的氧原子能与水分子中的氢原子形成氢键。

由于醚不活泼，因此它是良好的有机溶剂，常用来萃取有机化合物或作为有机反应的溶剂。常用的有乙醚、四氢呋喃（THF）及 1,4-二氧六环等。常见醚的物理常数见表 8-4。

表 8-4　醚的物理常数

名称	结构式	熔点(℃)	沸点(℃)
甲醚	CH_3OCH_3	-138.5	-23
甲乙醚	$CH_3OCH_2CH_3$	—	10.8
乙醚	$CH_3CH_2OCH_2CH_3$	-111.62	34.5
乙丙醚	$CH_3CH_2OCH_2CH_2CH_3$	-79	63.6
正丙醚	$(CH_2CH_2CH_3)_2O$	-122	91
异丙醚	$(CH_3)_2CHOCH(CH_3)_2$	-86	68
正丁醚	$(CH_3CH_2CH_2CH_2)_2O$	-65	142
环氧乙烷	$\underset{\underset{O}{\diagdown\diagup}}{CH_2-CH_2}$	-111	13.5
四氢呋喃	$\begin{matrix}CH_2-CH_2\\ CH_2-CH_2\end{matrix}O$	-65	67
1,4-二氧六环	$O\begin{matrix}CH_2-CH_2\\ CH_2-CH_2\end{matrix}O$	12	101

三、醚的化学性质

醚很稳定，它的稳定性仅次于烷烃。醚不能与强碱、强酸、氧化剂及还原剂（如 Na）反应，因此，常用钠来干燥醚。但是，由于醚键（C—O—C）的存在，它又可以发生一些特有的反应。

（一）锌盐的生成

醚键上的氧原子具有孤对电子,可作为一种路易斯碱,能接受强酸(如浓盐酸、浓硫酸等)中的 H^+ 而生成锌盐(oxonium salt)。

$$R\ddot{O}R + H^+Cl^- \longrightarrow R\overset{+}{\underset{H}{O}}R + Cl^-$$

锌盐是一种弱碱强酸形成的盐,不稳定,遇水分解,恢复成原来的醚。

$$\left[R\text{—}\underset{H}{O}\text{—}R \right]^+ HSO_4^- + H_2O \longrightarrow R\text{—}O\text{—}R + H_3O^+ + HSO_4^-$$

醚由于生成锌盐而溶解于浓强酸中,此性质可用于醚的定性分析及分离纯化。

（二）醚键的断裂

醚用浓氢碘酸(或浓氢溴酸)加热处理,醚键断裂生成一分子碘代烃和一分子醇。若使用过量的氢碘酸,则生成的醇也可进一步转变成另一分子碘代烃。

$$CH_3\text{—}O\text{—}CH_3 + HI \xrightarrow{\triangle} CH_3I + CH_3OH \xrightarrow{HI} CH_3I + H_2O$$

醚键的断裂反应属于亲核取代反应,首先是醚的质子化,形成质子化醚。然后与亲核试剂(X^-)反应,生成卤代烃和醇。通常醚的烷基结构决定反应机理,伯烷基醚易按 S_N2 机理进行,叔烷基醚易按 S_N1 机理进行。

$$CH_3\text{—}\ddot{O}\text{—}CH_3 \underset{}{\overset{H^+}{\rightleftharpoons}} CH_3\text{—}\underset{H}{\overset{+}{O}}\text{—}CH_3 \xrightarrow[S_N2]{I^-} \left[I^{\delta-}\cdots CH_3\cdots \underset{H}{\overset{\delta+}{O}}\text{—}CH_3 \right] \longrightarrow CH_3I + CH_3OH$$

$$(CH_3)_3C\text{—}\ddot{O}\text{—}C(CH_3)_3 \underset{}{\overset{H^+}{\rightleftharpoons}} (CH_3)_3C\text{—}\underset{H}{\overset{+}{O}}\text{—}C(CH_3)_3 \xrightarrow[S_N1]{\text{慢}} (CH_3)_3C^+ + (CH_3)_3COH$$

$$(CH_3)_3C^+ + I^- \xrightarrow{\text{快}} (CH_3)_3CI$$

当醚键上连有两个不同伯烷基的混醚与氢卤酸反应时,反应主要按 S_N2 机理进行,亲核试剂优先进攻空间位阻较小的中心碳原子。反应的结果一般是较小的烷基生成卤代烃,较大的烷基生成醇。

$$CH_3\text{—}O\text{—}CH_2\underset{CH_3}{CH}CH_2CH_3 + HI \xrightarrow{100℃} CH_3I + HOCH_2\underset{CH_3}{CH}CH_2CH_3$$

芳基烷基醚与氢卤酸反应时,氧原子和芳环之间的键由于 $p-\pi$ 共轭结合得较牢固,所以,总是烷氧键断裂,生成酚和卤代烷。

$$\text{C}_6\text{H}_5\text{—O—CH}_3 \xrightarrow[120\sim130\ ℃]{57\%\ \text{HI}} \text{C}_6\text{H}_5\text{—OH} + \text{CH}_3\text{I}$$

二苯基醚的醚键很稳定,通常不易与氢卤酸发生醚键的断裂反应。

(三) 过氧化物的生成

低级醚(乙醚、异丙醚等)和空气长时间接触,会逐渐形成过氧化物(peroxide),氧化发生在 α H 原子上。

$$\text{CH}_3\text{CH}_2\text{—O—CH}_2\text{CH}_3 + \text{O}_2 \longrightarrow \text{CH}_3\text{CH}_2\text{—O—}\underset{\underset{\text{O—O—H}}{|}}{\text{CHCH}_3}$$

过氧化物不稳定,受热时容易分解发生强烈爆炸,因此醚类化合物应尽量放在深色玻璃瓶内保存,也可以加阻氧剂(如对苯二酚)防止过氧化物的生成。在蒸馏醚时注意不要蒸干,以免发生爆炸事故。

醚中是否有过氧化物,可用淀粉-碘化钾试纸来检查,如果试纸变蓝,说明有碘游离出来,表明有过氧化物存在。除去过氧化物的方法是在醚中加入适当还原剂(如 FeSO_4-稀硫酸溶液)共摇。

四、环氧化合物和冠醚

(一) 环氧化合物的结构和命名

环氧化合物(epoxides)是指含有三元环的醚及其衍生物。环氧化合物的普通命名为"氧化某烯"。最简单的环氧化合物是氧化乙烯,又称为环氧乙烷。

$\text{H}_2\text{C=CH}_2$	$\text{H}_2\text{C}\overset{\text{O}}{\underset{\diagdown\diagup}{\text{—}}}\text{CH}_2$	$\text{H}_2\text{C=CHCH}_3$	$\text{H}_2\text{C}\overset{\text{O}}{\underset{\diagdown\diagup}{\text{—}}}\text{CHCH}_3$
乙烯	氧化乙烯	丙烯	氧化丙烯

环氧化合物的衍生物有两种命名法:(1)将环氧化合物的母体命名为"环氧乙烷",三元环中氧原子编号为"1",两个碳原子依次编号;(2)将环氧化合物命名为"环氧某烷",并标明氧原子与之成环的碳原子的位置。例如:

	$\text{H}_2\text{C}\overset{\text{O}}{\underset{\diagdown\diagup}{\text{—}}}\text{CHCH}_2\text{CH}_3$	$\text{H}_3\text{CHC}\overset{\text{O}}{\underset{\diagdown\diagup}{\text{—}}}\text{CHCH}_3$	$\text{H}_2\text{C}\overset{\text{O}}{\underset{\diagdown\diagup}{\text{—}}}\text{C}(\text{CH}_3)_2$
方法一	2-乙基环氧乙烷	2,3-二甲基环氧乙烷	2,2-二甲基环氧乙烷
方法二	1,2-环氧丁烷	2,3-环氧丁烷	2-甲基-1,2-环氧丙烷
	2-ethyl oxirane	2,3-dimethyl oxirane	2,2-dimethyl oxirane

（二）环氧化合物的开环反应

环氧化合物三元环具有较大的张力，因此具有高度活泼性。与酸、碱及其他强的亲核试剂均能反应。

1. 酸催化开环反应

在稀酸条件下，环氧化合物的环被打开，生成相应的加成产物。

$$\underset{O}{\overset{}{\triangle}} \begin{array}{l} \xrightarrow{H^+, H_2O} CH_2-CH_2 \\ \phantom{\xrightarrow{H^+, H_2O}} OH OH \\ \xrightarrow{HCl} CH_2-CH_2 \\ \phantom{\xrightarrow{HCl}} OH Cl \\ \xrightarrow{H^+, CH_3OH} CH_2-CH_2 \\ \phantom{\xrightarrow{H^+, CH_3OH}} OH OCH_3 \end{array}$$

酸催化开环反应机理属于亲核取代反应。在酸性条件下，环氧化合物首先质子化，生成质子化环氧化合物，然后亲核试剂进攻质子化环氧化合物，质子化环氧化合物迅速开环生成产物。

$$-\underset{\underset{\ddot{O}:}{}}{C}-\underset{}{C}- \xrightleftharpoons{H^+} -\underset{\underset{\overset{+}{O}H}{}}{C}-\underset{}{C}- \xrightarrow{:Nu} -\underset{\underset{OH}{}}{C}-\underset{\underset{Nu}{}}{C}-$$

当非对称环氧化合物在酸催化下进行开环反应时，亲核试剂主要进攻取代基较多的环氧碳原子。

$$H_3C\underset{O}{\overset{}{\triangle}}CHCH_3 + HCl \longrightarrow HOCH_2\underset{\underset{Cl}{}}{C}HCH_3$$

2. 碱催化开环反应

在强碱条件下，环氧化合物的环被打开，生成相应的产物。

$$\underset{O}{\overset{}{\triangle}} \begin{array}{l} \xrightarrow{OH^-, H_2O} CH_2-CH_2 \\ \phantom{\xrightarrow{OH^-, H_2O}} OH OH \\ \xrightarrow[CH_3OH]{CH_3ONa} CH_2-CH_2 \\ \phantom{\xrightarrow[CH_3OH]{CH_3ONa}} OH OCH_3 \\ \xrightarrow{NH_3} CH_2-CH_2 \\ \phantom{\xrightarrow{NH_3}} OH NH_2 \end{array}$$

碱催化开环反应机理也属于亲核取代反应。与酸催化开环反应机理不同的是：在碱性条件下，亲核试剂直接进攻环氧化合物，而不是首先生成质子化环氧化合物，因此，开环需要在强碱或强亲核试剂条件下进行。

$$-\underset{\underset{O}{}}{C}-\underset{}{C}- + :Nu \longrightarrow -\underset{\underset{O^-}{}}{C}-\underset{\underset{Nu}{}}{C}-$$

当非对称环氧化合物在碱催化下进行开环反应时,亲核试剂主要进攻取代基较少的环氧碳原子。

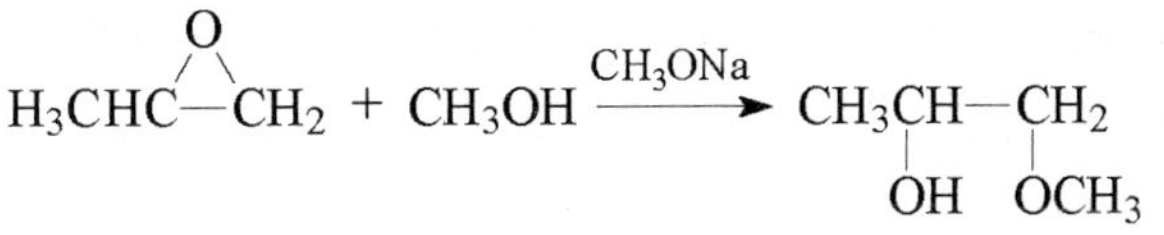

$$H_3CHC\overset{O}{-\!\!\!-\!\!\!-}CH_2 + CH_3OH \xrightarrow{CH_3ONa} \underset{OH\ \ OCH_3}{CH_3CH-CH_2}$$

(三) 冠醚

冠醚(crown ether)是一类含有多个氧原子的大环醚。因其立体结构似皇冠,故称为冠醚,又称大环多醚。

冠醚是20世纪70年代以后发展起来的具有特殊络合性能的化合物,这类化合物有它特有的命名法,可表示为 X-冠-Y。X 代表环上的原子总数,Y 代表氧原子数。一般"醚"字可省略。

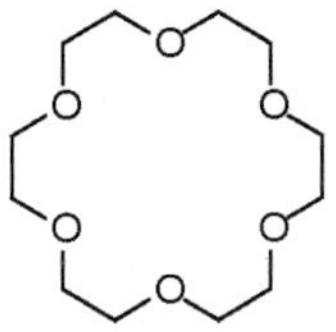

18-冠-6
18-crown-6

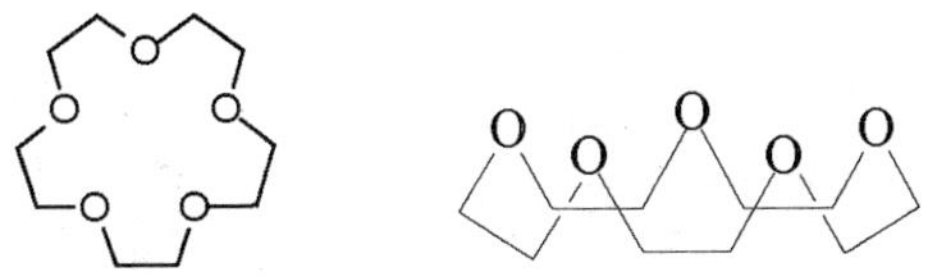

15-冠-5
15-crown-5

在冠醚的大环结构中留有空穴,由于氧原子上具有未共用电子对,故可与金属正离子通过离子-偶极键形成配合物。各种冠醚的空穴大小不同,只有与此穴大小合适的金属离子才能进入空穴,即所谓主-客关系。例如,18-冠-6 中的空穴直径是 0.26~0.32nm,与钾离子的直径(0.266nm)接近,因此 18-冠-6 能与 $KMnO_4$ 中的 K^+ 形成稳定络合物,留下负离子(MnO_4^-)。

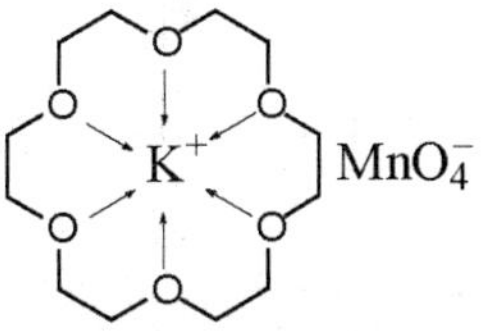

由于冠醚具有上述性质,因此可以用来分离金属正离子。例如,环己烯与 $KMnO_4$ 进行氧化反应,由于 $KMnO_4$ 不溶于环己烯,反应很难进行,产率很低。但加入冠醚后,冠醚与钾离子形成的络合物可溶于有机相(环己烯)中,这样就使氧化剂从水相转移到有机相中(即相转移作用),从而使反应物与氧化剂充分接触,反应顺利进行,产率得以提高。

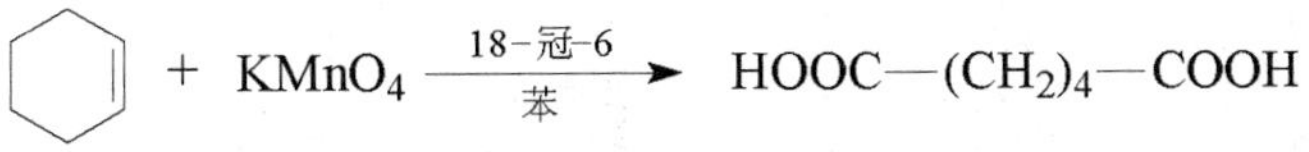

$$\bigcirc + KMnO_4 \xrightarrow[苯]{18-冠-6} HOOC-(CH_2)_4-COOH$$

所以,冠醚是近年来发现的一种能使水相中的反应物转入有机相的试剂,被称为相转移催化剂。冠醚之所以具有相转移作用,主要是冠醚的内圈有很多氧原子,能与水形成氢键,具有亲水性;而它的外圈都是碳氢,具有憎水性,因此它能将水相中的试剂包在内圈带入有机相中,加大了非均相有机反应的速率。

冠醚的合成比较困难,价格贵,毒性较大,对皮肤和眼睛都有刺激性,因此使用受到一定的限制。

天然产物中存在着一些被称为转运抗生素的物质,结构及功能类似于冠醚。例如,无活菌素与钾离子的络合能力强于对钠离子的络合,所形成的络合物可迅速通过细胞膜,从而使细胞膜变成了钾离子可渗透的,打破了细胞膜内外钾离子浓度梯度平衡,干扰了细胞的正常生理功能,达到抗菌目的。

五、硫醚

(一) 硫醚的结构、分类和命名

醚分子中的氧原子被硫置换后的化合物称为硫醚(sulfide),可表示为 R—S—R′。在硫醚分子中,R 和 R′ 相同的称为单硫醚,例如:

$$CH_3—S—CH_3 \qquad\qquad C_2H_5—S—C_2H_5$$

甲硫醚 乙硫醚

dimethyl sulfide　　　　　　diethyl sulfide

R 和 R′ 不同的则称为混硫醚,例如:

$$CH_3—S—CH(CH_3)_3$$

甲异丙硫醚

methyl isopropyl sulfide

从上面的例子可以看出,硫醚的命名与醚相似,只是在"醚"字前面加一个"硫"字。

(二) 硫醚的性质

低级硫醚是无色液体,有臭味。硫醚的沸点较相应的醚高。硫醚与硫醇相似,不溶于水,因为它不与水分子形成氢键。

醚的许多反应,都与氧原子上的未共用电子对有关。同样,硫醚的反应也是由硫原子上的未共用电子对的参与而引起的。

硫醚在室温下可被过氧化氢、三氧化铬等氧化成亚砜(sulfoxides),亚砜若进一步氧化,则生成砜。

$$CH_3SCH_3 + H_2O_2 \longrightarrow CH_3\overset{O}{\underset{}{—S—}}CH_3 \xrightarrow{\text{发烟硝酸}} CH_3\overset{O}{\underset{O}{—S—}}CH_3$$

二甲亚砜　　　　二甲砜

二甲基亚砜(dimethyl sulfoxide, DMSO)是一种无色液体,沸点 189 ℃。DMSO 俗称"万能溶剂",能与水、乙醇、丙酮、醚、苯和氯仿任意混溶。DMSO 吸湿性强,在 20 ℃时相对湿度 60%,可吸收相当于本身重量70%的水分。

DMSO 作为非质子的极性溶剂,既能溶解水溶性物质,又能溶解脂溶性物质,是一种优良的溶剂。DMSO 对皮肤有较强的穿透力,可作载体成为某些药物的透皮促进剂,目前主要用于外用制剂。例如,DMSO 可增加醋酸地塞米松、睾丸酮、肝素、维生素类、水杨酸、胰岛素等药物的透皮吸收。DMSO 本身无毒,但由于其穿透皮肤的能力强,因此在使用过程中必须戴手套,以防有毒物质以 DMSO 为载体进入机体。

习 题

1. 命名下列化合物。

(1) $C_6H_5CH_2CH_2OH$

(2) $H_2C=CHCH_2OH$

(3) $HSCH_2CH_2OH$

(4) 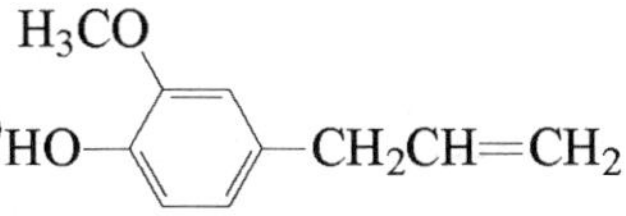 4-烯丙基-2-甲氧基苯酚结构

(5) 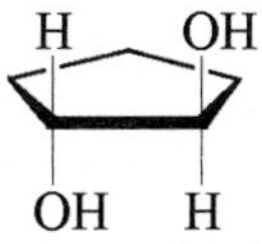 环戊烷-1,2-二醇(顺式)

(6) $CH_3OCH(CH_3)_2$

(7) 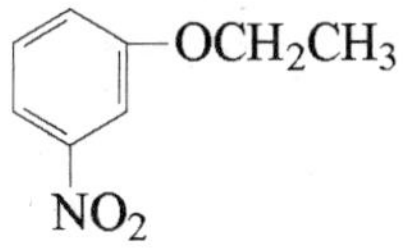 间硝基苯乙醚

(8) $CH_2=CH-CH_2-O-CH_2-CH=CH_2$

(9) 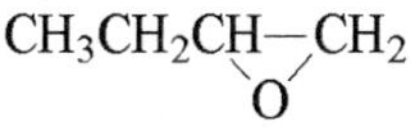 $CH_3CH_2CH-CH_2$ (环氧)

(10) 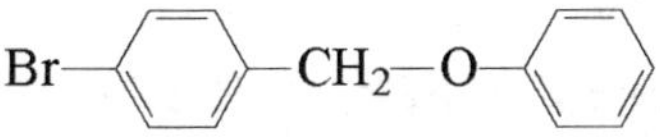 $Br-C_6H_4-CH_2-O-C_6H_5$

2. 写出下列化合物的结构式。
(1) 顺-3-戊烯-2-醇
(2) 1-氯-3-乙氧基-2-丁醇
(3) 亚硝酸异戊酯
(4) 硝酸甘油
(5) 苦味酸
(6) 水杨酸
(7) 间-硝基苯异丙醚
(8) 甲基叔丁基醚
(9) 苯甲醚(茴香醚)
(10) 2,3-二甲基环氧乙烷

3. 完成下列反应。

(1) $CH_3CH_2OH + Na \longrightarrow$

(2) $CH_3COOH + CH_3CH_2CH_2OH \xrightarrow{H^+}$

(3) $C_6H_5CH_2CH(OH)CH_3 + H_2SO_4 \xrightarrow{\triangle}$

(4) 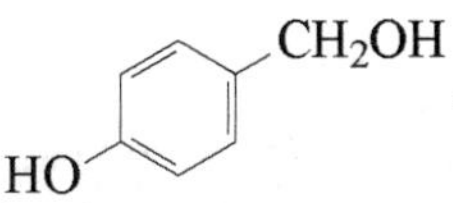 对羟基苯甲醇 + NaOH ⟶

(5) $C_6H_5SH + NaOH \longrightarrow$

(6) $HSCH_2CHSO_3Na + Hg^{2+} \longrightarrow$
　　　　　$|$
　　　　　SH

(7)
$\underset{}{\text{C}_6\text{H}_5\text{OH}} + Br_2 \xrightarrow[0℃]{CS_2}$

(8) 对-硝基苯甲醚 $+ HI \xrightarrow{\triangle}$

(9) $CH_3-O-CHCH_3 + HI(过量) \xrightarrow{\triangle}$
　　　　　　$|$
　　　　　　CH_3

(10) $CH_3CH-CH_2 + H_3C\text{-}C_6H_4\text{-}OH \xrightarrow{OH^-}$
　　　　　$\underset{O}{\diagdown/}$

4. 下列化合物按酸性由强到弱的顺序排列。
(1) 丙醇、异丙醇、叔丁醇
(2) 甲醇、乙醇、正丙醇、异丙醇
(3) 水、氨、丙烷、丙醇、乙酸

5. 用化学方法鉴别下列各组化合物
(1) 溴乙烷和 1-丁醇　　　　　(2) 苯酚和苯甲醇
(3) 1-丁醇和叔丁醇　　　　　(4) 1,2-丙二醇和 1,3-丙二醇
(5) 水杨酸和乙酰水杨酸　　　(6) 正丁醚和正丁醇
(7) 茴香醚和甲苯　　　　　　(8) 乙烯基醚和乙醚

6. 写出下列各醇类化合物在酸催化下脱水生成两种烯烃的结构,并指出何者为主要产物
(1) 2-甲基-3-戊醇　　　　　(2) 1-苯基-2-丁醇
(3) 2,3-二甲基-2-丁醇　　　(4) 1-甲基环己醇

7. 下列各对醇中,哪一个较易脱水？并指出其主要脱水产物？

(1) $(CH_3)_2CHCH(CH_3)_2$ 和 $(CH_3)_2CHCHCH_2OH$
　　　　　　$|$　　　　　　　　　　　　$|$
　　　　　　OH　　　　　　　　　　　CH_3

(2) $CH_3CH_2CH_2OH$ 和 $CH_3CH_2CHCH_3$
　　　　　　　　　　　　　　　　　$|$
　　　　　　　　　　　　　　　　　OH

(3) $(CH_3)_2CCH_2CH_3$ 和 $(CH_3)_2CCHCH_3$
　　　　　$|$　　　　　　　　　　$|$
　　　　　OH　　　　　　　　　$HOCH_3$

(3) $(CH_3)_2CCH_2CH_3$ 和 $(CH_3)_2CCHCH_3$
　　　　　$|$　　　　　　　　　　　$|$
　　　　　OH　　　　　　　　　　$HOCH_3$

8. 具有 R-构型化合物 A 的分子式为 $C_8H_{10}O$, A 与 NaOH 不反应;与金属钠反应放出

氢气；与 $KMnO_4$ 的酸性溶液反应可得甲酸和化合物 B(分子式为 $C_7H_6O_2$)。试写出 A 和 B 的结构式，并写出有关反应。

9. 某化合物 A 的分子式为 C_7H_8O，A 不溶于水和 $NaHCO_3$ 溶液，但能溶于 NaOH 溶液中，并可与溴水反应生成化合物 B，其分子式为 $C_7H_5OBr_3$。试写出 A 和 B 的结构式。

10. 某化合物 A 的分子式为 C_7H_8O，A 与金属钠不发生反应，与浓氢碘酸反应生成两个化合物 B 和 C，B 能溶于氢氧化钠，并与 $FeCl_3$ 作用呈紫色，C 与硝酸银醇溶液作用，生成黄色沉淀。试写出 A、B 和 C 的结构式及有关反应式。

11. 以环氧乙烷为原料制取下列化合物。

(1) $C_2H_5OCH_2CH_2OCH_2CH_2OH$

(2) $HOCH_2CH_2OCH_2CH_2OH$

(3) $HOCH_2CH_2NHCH_2CH_2OH$

(4) $C_6H_5OCH_2CH_2OH$

12. 试写出下面发应的反应机理。

13. 解释下列实验事实。

$$(CH_3)_3COCH_3 \xrightarrow{\text{无水HI，乙醚}} CH_3I + (CH_3)_3OH$$

$$(CH_3)_3COCH_3 \xrightarrow{\text{HI水溶液}} CH_3OH + (CH_3)_3CI$$

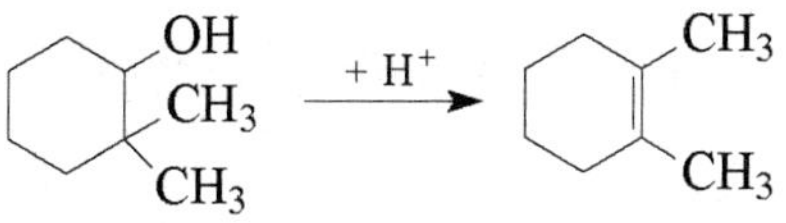

第九章 醛、酮、醌

醛(aldehyde)、酮(ketone)、醌(quinone)分子中都含有羰基($>C=O$, carbonyl group),所以又称为羰基化合物(carbonyl compounds)。

醛分子中羰基至少与一个氢原子相连,结构为 $(Ar)R-\overset{O}{\overset{\|}{C}}-H$,简写为(Ar)RCHO(R=H 时称为甲醛),—CHO 为醛的官能团,称为醛基。

酮分子中羰基与两个烃基相连,结构为 $(Ar)R-\overset{O}{\overset{\|}{C}}-R'$,简写为(Ar)RCOR',羰基 $>C=O$ 为酮的官能团,又称酮基。

醌是具有共轭结构的环状不饱和己二酮类化合物,例如:

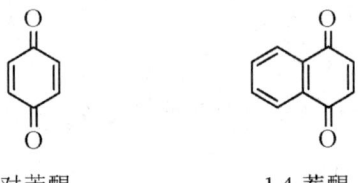

对苯醌　　　　1,4-萘醌

羰基化合物化学性质活泼,可以发生多种有机化学反应,在有机合成中是极为重要的化合物。有些天然醛、酮、醌的衍生物是植物药中的有效成分,具有显著的生理活性。所以,学习和掌握羰基化合物的结构特点和反应规律,对学好医学基础课(生物化学、药理学等)具有重要意义。

第一节 醛和酮

一、醛、酮的结构、分类和命名

(一) 醛、酮的结构、分类

醛和酮的羰基碳为 sp^2 杂化,碳原子的3个 sp^2 杂化轨道分别与氧及其他2个碳原子形成3个 σ 键,这3个 σ 键处于一个平面,碳原子上的 p 轨道与氧的 p 轨道彼此平行肩并肩重叠形成 π 键,并与三个 σ 键所构成的平面垂直,因此,羰基的碳氧双键是由1个 σ 键和1个 π 键组成的(图9-1)。

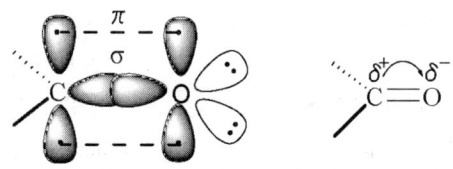

图 9-1 羰基的碳氧双键

由于氧的电负性比碳强，因而羰基中碳氧双键的 π 电子云分布更多地偏向氧原子一方，氧带部分负电荷（δ^-），而碳带部分正电荷（δ^+），所以羰基是一个极性基团（图 9-1）。

按照烃基结构的不同，醛、酮可以分为脂肪醛、酮和芳香醛、酮；按照羰基的数目不同，醛、酮可以分为一元醛、酮和多元醛、酮。例如：

脂肪醛、酮： CH_3CHO $CH_3-\overset{O}{\overset{\|}{C}}-CH_3$

芳香醛、酮： C_6H_5-CHO $C_6H_5-\overset{O}{\overset{\|}{C}}-CH_3$

多元醛、酮： $H-\overset{O}{\overset{\|}{C}}-CH_2CH_2CH_2-\overset{O}{\overset{\|}{C}}-H$ $CH_3-\overset{O}{\overset{\|}{C}}-CH_2-\overset{O}{\overset{\|}{C}}-CH_3$

（二）醛、酮的命名

醛、酮的命名可使用普通命名法和系统命名法。比较简单的醛、酮常用普通命名法。脂肪醛按碳原子数的多少称为某醛；脂肪酮则按酮基连接的两个烃基称为某（基）某（基）酮，"基"字可以省略，相同的烃基可以合并。例如：

$CH_3CH_2CH_2CHO$ $CH_3-\overset{O}{\overset{\|}{C}}-CH_2-CH_3$

丁醛   甲（基）乙（基）酮

butanal   ethyl methyl ketone

芳香醛、酮可把芳基作为取代基，以脂肪醛、酮为母体命名。例如：

C_6H_5-CHO $C_6H_5-\overset{O}{\overset{\|}{C}}-C_6H_5$ $C_6H_5-\overset{O}{\overset{\|}{C}}-CH_3$

苯甲醛   二苯甲酮   乙酰苯（苯乙酮）

benzaldehyd   diphenyl ketone   acetophenone

英文名称醛加上－aldehyde 作词尾，酮用"ketone"（C＝O）作母体，两个烃基按第一个字母顺序先后列出，在书写时均需隔开。酮与苯基相连时，称为酰（基）苯，英文名称加上"－ophenone"作词尾。

结构比较复杂的醛、酮，采用系统命名法命名。命名时选择含羰基碳的最长碳链为主链，称为某醛或某酮。醛基总在碳链一端，其位置不需用数字表明；酮基的位置则需用数字标出，写在酮名称之前。其余取代基的位置、个数及名称应放在醛、酮名称之前。例如：

$$\underset{\text{2-甲基丁醛（α-甲基丁醛）}}{\underset{\text{2-methylbutanal}}{CH_3CH_2-\underset{\underset{CH_3}{|}}{CH}-CHO}}$$

$$\underset{\text{4-甲基-2-戊酮}}{\underset{\text{4-methyl-2-pentanone}}{CH_3\underset{\underset{CH_3}{|}}{CH}CH_2-\overset{\overset{O}{\|}}{C}-CH_3}}$$

多元醛、酮命名时,应选取含羰基最多的最长碳链为主链,并标明羰基的位置和数目。例如:

$$\underset{\text{戊二醛}}{\underset{\text{pentanedial}}{\overset{\overset{O}{\|}}{H}CCH_2CH_2CH_2\overset{\overset{O}{\|}}{C}H}}$$

$$\underset{\text{2,4-戊二酮（乙酰丙酮）}}{\underset{\text{2,4-pentanedione}}{CH_3\overset{\overset{O}{\|}}{C}CH_2\overset{\overset{O}{\|}}{C}CH_3}}$$

不饱和醛、酮命名时应选取既含羰基又含不饱和键的最长碳链作为主链,羰基的编号应尽可能小,还要表示出不饱和键所在的位置。例如:

$$\underset{\text{2-丁烯醛（巴豆醛）}}{\underset{\text{2-butenal}}{CH_3-CH=CH-CHO}}$$

$$\underset{\text{3-戊烯-2-酮}}{\underset{\text{3-penten-2-one}}{CH_3CH=CH-\overset{\overset{O}{\|}}{C}-CH_3}}$$

脂环酮的命名与脂肪酮相似,只需加一个"环"字即可。例如:

3-甲基环己酮
3-methylcyclohexanone

1,4-环己二酮
1,4-cyclohexanedione

对于分子中既含有醛基又含有酮羰基的化合物,其系统命名法则视为醛的衍生物来命名,例如:

4-乙酰基苯甲醛
4-acetylbenzaldehyde

$$\underset{\text{4-氧代戊醛}}{\underset{\text{4-oxopentanal}}{CH_3\overset{\overset{O}{\|}}{C}CH_2CH_2\overset{\overset{O}{\|}}{C}H}}$$

此外,也可以用希腊字母 α、β、δ、γ 等表示碳原子的位次。例如:

$$\underset{\text{β-甲基戊醛}}{\underset{\text{β-methylpentanal}}{CH_3CH_2\underset{\underset{CH_3}{|}}{CH}CH_2\overset{\overset{O}{\|}}{C}H}}$$

α-羟基苯乙醛
α-hydroxyphenethanal

英文命名将相应烃"-e"去掉,醛加"al",酮加"one",多元醛、酮则保留烃字尾"-e",再加"-dial"(二醛)、"-tricarbaldehyde"(三醛)、"-dione"(二酮)、"-trione"(三酮),并标明相应位置。

二、醛、酮的物理性质

室温下,甲醛是一种具有强烈刺激性气味的气体,易溶于水,40%的甲醛水溶液称为福尔马林(formalin),因其有凝固蛋白质的作用而具有杀菌防腐能力,常用于外科器械、污染物的消毒,并用作解剖标本的防腐剂。其他12个碳以下的低级脂肪醛、酮是液体;高级脂肪醛、酮和芳香酮多为固体。许多低级醛有刺鼻臭味。某些天然醛、酮具有特殊芳香气味,可用于化妆品及食品工业。

由于醛、酮不易形成分子间氢键,所以其沸点比分子质量相近的醇和羧酸要低。但羰基的极性使得它们分子间偶极−偶极吸引作用增大,因而其沸点比相应的烷烃和醚要高。低级醛、酮易溶于水。随着醛酮中烃基的增大,其水溶性迅速降低,含6个碳以上的醛、酮几乎不溶于水,但可溶于乙醚、甲苯等有机溶剂。

表 9-1 常见醛酮的熔点和沸点

名称	英文名	结构式	熔点(℃)	沸点(℃)
甲醛	methanal	HCHO	−92	−19
乙醛	ethanal	CH_3CHO	−121	21
丙烯醛	propenal acrolein	$CH_2=CHCHO$	−87	53
苯甲醛	benzaldehyde	C_6H_5CHO	−56	179
丙酮	acetone	CH_3COCH_3	−95	56
环己酮	cyclohexanone	⬡=O	−47	155
苯乙酮	acetophenone	$C_6H_5COCH_3$	20	202

三、醛、酮的化学性质

羰基(C=O)与烯烃(C=C)双键的化学性质有重要的差别。烯烃的 C=C 双键无极性或极性很弱,由于碳原子的电负性较小,π电子流动性较大,易受到缺电子的亲电试剂进攻。而在醛、酮中,存在强极性的 C=O 双键,由于氧原子的强吸电子作用,使羰基碳原子带部分正电荷,易受能提供电子的亲核试剂进攻,发生亲核加成反应,这是醛、酮很重要的一大类反应。醛、酮的另一类反应,是α−活性氢的反应,这是由相邻羰基的影响而引起的反应。此外,醛还有一些特殊的反应。

$$\begin{matrix} & O^{\delta-} & \longleftarrow \text{羰基亲核反应} \\ -C-C^{\delta+}-(H) & \longleftarrow \text{醛的特殊反应} \\ H & \longleftarrow \alpha\text{-H 的反应} \end{matrix}$$

(一)亲核加成反应

亲核加成(nucleophilic addition)反应是羰基的典型反应。亲核试剂 Nu:A 与羰基 C=O 发生亲核加成反应的机制如下:

$$\underset{R'}{\overset{R}{>}}\overset{\delta^+}{C}=\overset{\delta^-}{O} + Nu:A \underset{慢}{\rightleftharpoons} \left[\underset{R'}{\overset{R}{>}}\overset{O^-}{\underset{Nu}{C}}\right] \xrightarrow[快]{A^+,快} \underset{R'}{\overset{R}{>}}\overset{OA}{\underset{Nu}{C}}$$

由于羰基的极性,使羰基形成两个反应中心——带部分正电荷的羰基碳原子和带部分负电荷的羰基氧原子。由于氧容纳负电荷的能力较碳容纳正电荷的能力要强,生成的负氧离子具有比较稳定的8隅体结构,故发生加成反应时,应是带有一对孤对电子的亲核试剂:Nu^- 提供一对电子首先进攻带部分正电荷的羰基碳原子,在 π 键断裂形成新的 σ 键的同时,一对电子转移至氧原子上,形成氧负离子中间体。该氧负离子与试剂中带正电荷的部分(通常是 H^+)结合,得到加成产物。

在上述机制中,第一步是决定整个反应速率的步骤,它是由亲核试剂进攻带正电荷的羰基碳开始,最终得到加成产物,所以称为亲核加成。亲核试剂一般为含有带负电荷或孤对电子的原子或基团。常见的亲核试剂有氢氰酸、醇、氨的衍生物等。在一般情况下,羰基的亲核加成反应是可逆的。

醛、酮亲核加成反应的难易除了与亲核试剂的性质有关外,主要取决于醛、酮的结构,即取决于羰基碳上连接的原子或基团的电子效应和空间效应。醛通常比酮活泼,更容易发生亲核加成。由于烷基具有斥电子诱导效应,导致羰基碳正电性减弱,不利于亲核试剂的进攻。随着烷基的体积增大,空间位阻也增大,更不利于亲核试剂的进攻。

芳香酮更难发生亲核加成反应,因为羰基与芳香环共轭,芳香环上的电子向电负性强的羰基转移,使得羰基碳原子的正电性减弱,同时羰基两侧的芳香环和烷基共同形成的空间位阻也影响亲核试剂向羰基进攻。例如苯乙酮:

$$C_6H_5\overset{\delta^+}{\underset{CH_3}{C}}=\overset{\delta^-}{O}$$

醛、酮亲核加成反应活性顺序:

$$\underset{H}{\overset{H}{>}}C=O > \underset{H_3C}{\overset{H}{>}}C=O > \underset{H_3C}{\overset{H_3C}{>}}C=O > \underset{CH_3CH_2}{\overset{CH_3CH_2}{>}}C=O > \underset{C_6H_5}{\overset{H_3C}{>}}C=O$$

1. 与氢氰酸的加成反应

醛、脂肪族甲基酮及8个碳原子以下的环酮能与 HCN 反应,生成相应的加成产物氰醇(cyanohydrin),也称 α-羟基腈。其反应通式为:

$$\underset{(H)R'}{\overset{R}{>}}C=O + HCN \rightleftharpoons \underset{(H)R'}{\overset{R}{>}}\overset{OH}{\underset{CN}{C}}$$

丙酮与氢氰酸在碱催化下反应生成丙酮氰醇,后者经水解、酯化等反应,可以制备有机玻璃的单体——甲基丙烯酸甲酯:

$$\underset{H_3C}{\overset{H_3C}{>}}C=O + HCN \xrightarrow{OH^-} \underset{H_3C}{\overset{H_3C}{>}}\overset{OH}{\underset{CN}{C}} \xrightarrow[稀硫酸]{CH_3OH, 80\ °C} CH_2=\underset{CH_3}{\overset{|}{C}}-COOCH_3$$

碱对醛、酮与氢氰酸的加成反应有很大的影响。例如,丙酮与氢氰酸反应,在3~4小时内只有一半原料起作用；若加一滴氢氧化钾溶液，则反应在几分钟内完成。加酸则使反应速率减慢。在大量酸存在下，放置几星期也不起反应。这是因为氢氰酸是一个弱酸，不易离解生成氰离子。加酸使 CN^- 的浓度更加降低；而加碱则可增加 CN^- 的浓度。

$$HCN \underset{H^+}{\overset{OH^-}{\rightleftharpoons}} CN^- + H^+$$

这一现象也可说明，氢氰酸与醛、酮的加成反应中。第一步是带负电荷的亲核试剂 CN^- 进攻带正电荷的羰基碳。第二步是质子转移反应，反应速率快。因此第一步，即 CN^- 对羰基的加成是反应速率的决定步骤。所以，反应需要微量的碱，提高 CN^- 的浓度，有利于亲核加成。加成过程可表示如下：

$$\overset{}{\underset{}{\text{C=O}}} + CN^- \underset{}{\overset{\text{慢}}{\rightleftharpoons}} \overset{O^-}{\underset{CN}{\text{C}}} \overset{H^+}{\underset{\text{快}}{\rightleftharpoons}} \overset{OH}{\underset{CN}{\text{C}}}$$

HCN 与醛、酮的加成反应在有机合成中具有重要地位，因为在这一反应中生成了新的碳碳键，产物比原料增加了一个碳原子。氰醇具有醇羟基和氰基两种活泼的官能团，是一种非常有用的有机合成中间体，由氰醇可制备 α,β 不饱和腈、β 羟基胺、α 羟基酸等多种类型的化合物。但由于 HCN 剧毒，挥发性又大，使用不方便。实际工作中，常用氰化钾或氰化钠加无机酸代替氢氰酸。

自然界动植物中存在一些氰醇类化合物，如杏仁及某些果实中含有苦杏仁苷，它是糖和苯甲醛氰醇生成的糖苷。个别昆虫体内还贮存苯甲醛氰醇，当它受到攻击时，会立即释放酶将氰醇迅速分解，放出氢氰酸、苯甲醛而有效地进行自卫。

2. 加亚硫酸氢钠

醛、甲基酮和 8 个碳原子以下的环酮与亚硫酸氢钠的饱和溶液作用，有结晶状加成产物 α-羟基磺酸钠析出，故可用于上述几类醛、酮的鉴别。

$$\overset{R}{\underset{H}{\text{C=O}}} + \overset{HO}{\underset{O}{\overset{\text{..}}{\text{S}}}}O^-Na^+ \rightleftharpoons \overset{R}{\underset{H}{\overset{ONa}{\underset{SO_3H}{\text{C}}}}} \rightleftharpoons \overset{R}{\underset{H}{\overset{OH}{\underset{SO_3Na}{\text{C}}}}}$$

白色结晶

上述反应是可逆的，通常使用过量的饱和亚硫酸氢钠溶液，促使平衡向右移动。该加成反应除可用来鉴别醛、脂肪族甲基酮和 8 个碳以下的环酮外，还可利用反应的可逆性来分离或提纯这些醛、酮。生成的加成物 α-羟基磺酸钠遇稀酸或稀碱，又可恢复成原来的醛、酮。

$$R-\underset{H(CH_3)}{\overset{OH}{\underset{|}{\text{C}}}}-SO_3Na \begin{array}{l} \xrightarrow{HCl} \overset{R}{\underset{(H_3C)H}{\text{C=O}}} + NaCl + SO_2 + H_2O \\ \xrightarrow{Na_2CO_3} \overset{R}{\underset{(H_3C)H}{\text{C=O}}} + Na_2SO_3 + CO_2 + H_2O \end{array}$$

该反应中的亲核试剂是 HSO_3^-，其体积比 CN^- 大，反应受与羰基连接的烃基的空间位阻影响，它比氢氰酸的加成要难，需要用过量的 $NaHSO_3$ 以提高收率。磺酸基团的引入，可以增加分子的水溶性。

3. 加醇和水

醛与醇在干燥氯化氢催化下发生加成反应,生成半缩醛(hemiacetal)。半缩醛分子中新形成的羟基,叫做半缩醛羟基。半缩醛羟基性质活泼,在同样条件下,可继续与另一分子醇反应,失去一分子水生成缩醛(acetal)。

$$\underset{H}{\overset{R}{C}}=O + HO-R' \underset{\text{干燥 HCl}}{\overset{}{\rightleftharpoons}} R-\underset{OR'}{\overset{OH}{\underset{|}{C}}}-H \underset{\text{干燥 HCl}}{\overset{HO-R'}{\rightleftharpoons}} R-\underset{OR'}{\overset{OR'}{\underset{|}{C}}}-H + H_2O$$

半缩醛　　　　　缩醛

半缩醛不稳定,难以分离出来。而缩醛具有偕二醚结构(两个醚键连在同一碳原子上),其性质与醚相似,对碱及氧化剂稳定,但在稀酸中即水解成原来的醛和醇。有机合成中常利用该性质来保护活泼的醛基,待氧化或其他影响醛基的反应完成后,用稀酸分解缩醛,把醛基又释放出来。

酮与醇反应生成缩酮(ketal)较困难。但是,在干燥 HCl 催化下,酮与活泼的乙二醇容易反应,生成具有五元环状结构的缩酮。

$$\underset{R'}{\overset{R}{C}}=O + \underset{HO-CH_2}{\overset{HO-CH_2}{}} \xrightarrow{\text{干燥 HCl}} \underset{R'}{\overset{R}{C}}\underset{O-CH_2}{\overset{O-CH_2}{}} + H_2O$$

缩酮的性质与缩醛相似,对碱或氧化剂都比较稳定,与稀酸易水解成原来的酮和醇。在有机合成中也可以用乙二醇保护酮基,或者用丙酮保护邻二醇结构。

尽管多数半缩醛不稳定,但是 γ 或 δ-羟基醛(酮)易自发地发生分子内的亲核加成,且主要以稳定的环状半缩醛(酮)的形式存在。许多单糖分子(见糖类化合物)都含有这种半缩醛(酮)结构。

11%　　　　　　　　　89%

γ-羟基戊醛　　　　　环状半缩醛

6%　　　　　　　　　94%

δ-羟基戊醛　　　　　环状半缩醛

硫醇比相应的醇活泼,加成能力更强。乙二硫醇和酮在室温下就可反应,生成缩硫酮:

$$\underset{R'}{\overset{R}{C}}=O + \underset{HS-CH_2}{\overset{HS-CH_2}{}} \xrightarrow{H^+} \underset{R'}{\overset{R}{C}}\underset{S-CH_2}{\overset{S-CH_2}{}} \xrightarrow{H_2/Ni} \underset{R'}{\overset{R}{CH_2}}$$

缩硫酮

缩硫酮很难分解成原来的酮，但在吸附了氢的兰尼镍作用下还原，原来的羰基氧原子被两个氢原子取代，将羰基还原成亚甲基。

加水反应：水可以与醛、酮的羰基加成形成水合物。由于水是一种较弱的亲核试剂，生成的偕二醇不稳定，容易失水，反应平衡主要偏向反应物一方。

$$\begin{array}{c} R \\ (H)R' \end{array}\!\!C=O + H_2O \rightleftharpoons \begin{array}{c} R \\ (H)R' \end{array}\!\!C\begin{array}{c} OH \\ OH \end{array}$$

偕二醇

当羰基与强吸电子基团连接时，由于羰基碳的正电性增强，可以生成稳定的水合物，其中一些有重要用途。例如，三氯乙醛的水合物称为水合氯醛(chloral hydrate)，非常稳定，有一定的熔点，有镇静催眠作用。由于气味难闻，临床常用于灌肠法治疗小儿惊厥。水合茚三酮(ninhydrin)是重要的氨基酸和蛋白质的显色剂。

4. 加 Grignard 试剂(RMgX)

Grignard 试剂容易与醛、酮的羰基加成，其产物不经分离直接水解可以制备各种类型的醇。在反应中，Grignard 试剂的负碳离子 R^- 是一种强的亲核试剂。

$$\overset{\delta^+}{C}=\overset{\delta^-}{O} + \overset{\delta^-}{R}-\overset{\delta^+}{MgX} \xrightarrow{\text{无水乙醚}} \begin{array}{c}|\\C\\|\\R\end{array}\!\!\!OMgX \xrightarrow[H^+]{H_2O} \begin{array}{c}|\\C\\|\\R\end{array}\!\!\!OH + Mg\begin{array}{c}X\\OH\end{array}$$

例如：Grignard 试剂与甲醛反应可得伯醇，与其他醛反应可得仲醇，与酮反应则得叔醇。

$$\begin{array}{c}H\\H\end{array}\!\!C=O + C_2H_5-MgX \xrightarrow{\text{无水乙醚}} \begin{array}{c}H\\H\end{array}\!\!C\begin{array}{c}OMgX\\C_2H_5\end{array} \xrightarrow[H^+]{H_2O} CH_3CH_2CH_2OH$$

$$\begin{array}{c}C_2H_5\\H\end{array}\!\!C=O + C_2H_5-MgX \xrightarrow{\text{无水乙醚}} \begin{array}{c}C_2H_5\\H\end{array}\!\!C\begin{array}{c}OMgX\\C_2H_5\end{array} \xrightarrow[H^+]{H_2O} C_2H_5\overset{OH}{\underset{}{CH}}C_2H_5$$

$$Ph_2C=O + Ph-MgX \xrightarrow[H_2O/H^+]{\text{无水乙醚}} Ph_3C-OH$$

5. 加氨的衍生物

醛、酮能与各种氨的衍生物如伯胺、羟胺、肼、苯肼、2,4-二硝基苯肼、氨基脲等发生亲核加成反应。由于反应并不停留在加成这一步，生成物容易失水最终得到含有碳氮双键的化合物。因此，该反应也称为加成缩合反应。如果用 H_2N-G 代表氨的衍生物，G 代表不同的取代基，上述加成缩合反应的通式如下：

$$\begin{array}{c}R\\(R')H\end{array}\!\!C=O + H_2N-G \longrightarrow \left[\begin{array}{c}R\\(R')H\end{array}\!\!C\begin{array}{c}OH\\NH-G\end{array}\right] \xrightarrow{-H_2O} \begin{array}{c}R\\(R')H\end{array}\!\!C=N-G$$

N-取代亚胺

表 9-2 列出了典型氨的衍生物与醛、酮反应后产物的名称和结构式。

表 9-2　氨的衍生物与醛、酮反应的产物

氨的衍生物	结构式	加成缩合产物结构式	产物名称
伯胺	NH_2-R''	$\underset{(R')H}{\overset{R}{>}}C=N-R''$	希夫碱(Schiff base)
羟胺	NH_2-OH	$\underset{(R')H}{\overset{R}{>}}C=N-OH$	肟(oxime)
肼	NH_2-NH_2	$\underset{(R')H}{\overset{R}{>}}C=N-NH_2$	腙(hydrazone)
苯肼	$NH_2-NH-C_6H_5$	$\underset{(R')H}{\overset{R}{>}}C=N-NH-C_6H_5$	苯腙(phenylhydrazone)
2,4-二硝基苯肼	$NH_2-NH-C_6H_3(NO_2)_2$	$\underset{(R')H}{\overset{R}{>}}C=N-NH-C_6H_3(NO_2)_2$	2,4-二硝基苯腙 (2,4-dinitrophenyl hydrazone)
氨基脲	$\underset{(R')H}{\overset{R}{>}}C=N-NH-\overset{O}{\underset{\|}{C}}-NH_2$ 的前体 $NH_2-NH-\overset{O}{\underset{\|}{C}}-NH_2$	$\underset{(R')H}{\overset{R}{>}}C=N-NH-\overset{O}{\underset{\|}{C}}-NH_2$	缩氨脲(semicarbazone)

由于反应产物肟、苯腙、2,4-二硝基苯腙等都有一定的晶型和熔点,容易鉴别,故在有机分析中称这些氨的衍生物为"羰基试剂"。尤其是 2,4-二硝基苯肼,它几乎能与所有的醛、酮迅速反应,并析出橙黄色或橙红色的 2,4-二硝基苯腙晶体,常用于醛、酮的鉴别。此外,上述产物容易结晶、提纯,经酸水解可以得到原来的醛、酮,故这些试剂还用于醛、酮的分离与精制。

醛、酮与伯胺加成缩合产物为 N-取代亚胺(N-substituted imine),称为希夫碱(Schiff base)。

$$\underset{(R')H}{\overset{R}{>}}C=O + NH_2-R'' \rightleftharpoons \underset{(R')H}{\overset{R}{>}}C=N-R'' + H_2O$$

羰基化合物与氨基作用生成亚胺的反应,因其与人体生化过程有关而被广泛关注。例如,在与视觉有关的生化过程中,视觉感光细胞中存在感光色素视紫红素(rhodopsin),从化学结构来看,它是由 11-顺视黄醛和视蛋白的侧链氨基经加成缩合生成的 Schiff 碱。视紫红素吸收光子后将立即引起视黄醛 C_{11} 位置双键构型的转化,C_{11}-顺式转变为 C_{11}-反式构型,从而导致视蛋白分子构象发生变化,再经一系列复杂的信息传递到达大脑形成视觉。

(二) α-氢的反应

醛、酮分子中与羰基相邻的碳原子上的氢称为 α-氢。α-氢受相邻羰基的影响变得比较活泼,称为 α-活泼氢。由于 α-H 的活性,醛、酮分子可以发生如下两类常见反应。

1. 卤代反应和卤仿反应

含有 α-H 的醛、酮可以与卤素(Cl_2、Br_2、I_2)作用发生卤代反应,α-H 可逐步被卤素取代,分别得到卤代醛或卤代酮。

在酸催化下,能够控制卤代反应生成一卤代产物。例如,苯乙酮与溴在乙酸溶液中反应,得到 α-溴代苯乙酮:

$$\text{C}_6\text{H}_5\text{-CO-CH}_3 + \text{Br}_2 \xrightarrow{\text{CH}_3\text{COOH}} \text{C}_6\text{H}_5\text{-CO-CH}_2\text{Br} + \text{HBr}$$

在碱催化下,卤素与含有 α-H 的醛、酮迅速反应,生成 α-H 完全被卤代的多卤代物。例如,乙醛、甲基酮与卤素的氢氧化钠溶液(次卤酸钠溶液)作用,首先生成 α-三卤代物。由于卤原子的强吸电子作用,三卤代物在碱性溶液中不稳定,立即分解成三卤甲烷(俗称卤仿)和羧酸盐。因此,该反应又称卤仿反应,反应如下:

$$X_2 + 2\text{NaOH} \rightleftharpoons \text{NaOX} + \text{NaX} + \text{H}_2\text{O}$$

$$\text{CH}_3\text{-CO-R(H)} + 3\text{NaOX} \rightleftharpoons \text{CX}_3\text{-CO-R(H)} + 3\text{NaOH}$$

$$\text{CX}_3\text{-CO-R(H)} + \text{NaOH} \rightleftharpoons \text{CHX}_3\downarrow + (\text{H})\text{RCOONa}$$

或

$$\text{CH}_3\text{-CO-R(H)} + 3X_2 + \text{NaOH} \rightleftharpoons \text{CHX}_3\downarrow + (\text{H})\text{RCOONa} + \text{NaX} + \text{H}_2\text{O}$$

卤仿反应常用碘的碱溶液,产物之一是碘仿,所以称为碘仿反应。碘仿是难溶于水的淡黄色晶体,有特殊的臭味,容易识别。因此,可以用碘仿反应来鉴别乙醛和甲基酮。由于次碘酸钠(NaOI)具有氧化作用,乙醇和含有 $CH_3CH(OH)R$ 结构的醇在该反应条件下可氧化成相应的甲基酮或乙醛,所以也能发生碘仿反应。例如:

$$\text{CH}_3\text{-CH(OH)-CH}_3 \xrightarrow{\text{NaOI}} \text{CH}_3\text{-CO-CH}_3 \xrightarrow{\text{NaOI}} \text{CHI}_3\downarrow + \text{CH}_3\text{COONa}$$

2. 醇醛缩合反应

在稀碱存在下,一分子含 α-H 的醛的 α 碳可加到另外一分子醛的羰基碳上,α-H 则加到羰基氧上,生成 β-羟基醛类化合物,也称醇醛(aldol)。该反应称为醇醛缩合(aldol condensation),或称羟醛缩合。

例如,在稀碱存在下,乙醛经醇醛缩合反应生成 β-羟基丁醛,后者在受热情况下失水,最终生成 2-丁烯醛。这是一种 α,β-不饱和醛,俗称巴豆醛。

$$\text{CH}_3\text{-CHO} + \text{CH}_2\text{-CHO} \xrightarrow[4\sim5\ ^\circ\text{C}]{\text{稀 OH}^-} \text{CH}_3\text{CH(OH)CH}_2\text{CHO}$$

β-羟基丁醛

$$\text{CH}_3\text{CH(OH)CH}_2\text{CHO} \xrightarrow{\Delta} \text{CH}_3\text{CH=CHCHO} + \text{H}_2\text{O}$$

2-丁烯醛(α,β-不饱和醛)

其反应机制如下:

(1) $R-\overset{H}{\underset{}{C}}H-\overset{O}{\underset{}{C}}-H(R') + OH^- \underset{-H_2O}{\rightleftharpoons} \left[R\bar{C}H-\overset{O}{\underset{}{C}}-H(R') \longleftrightarrow R-HC=\overset{\bar{O}}{\underset{}{C}}-H(R') \right]$

(2) $RCH_2-\overset{O}{\underset{}{C}}-H(R') + R\bar{C}H-\overset{O}{\underset{}{C}}-H(R') \rightleftharpoons RCH_2-\overset{\bar{O}}{\underset{H(R')}{C}}-\overset{R}{\underset{}{C}}H-\overset{O}{\underset{}{C}}-H(R')$

(3) $RCH_2-\overset{\bar{O}}{\underset{H(R')}{C}}-\overset{R}{\underset{}{C}}H-\overset{O}{\underset{}{C}}-H(R') + H_2O \rightleftharpoons RCH_2-\overset{OH}{\underset{H(R')}{C}}-\overset{R}{\underset{}{C}}H-\overset{O}{\underset{}{C}}-H(R') + OH^-$

β-羟基醛

反应中,稀碱首先夺取醛中容易以质子离去的 α-H 而生成负碳离子。该负碳离子作为亲核试剂与另一分子醛的羰基进行亲核加成,生成负氧离子,后者迅速与水中的质子结合成醇醛。醇醛受热失水得到 α,β-不饱和醛。

醇醛缩合是有机合成中增长碳链的重要方法。在稀碱存在下,凡是含有 α-H 的醛都可以发生醇醛缩合反应。两种含有 α-H 的不同醛若进行醇醛缩合,往往得到的是 4 种缩合产物的混合物,实际用处不大。但是如果选用一种不含 α-H 的醛与另一种含有 α-H 的醛进行反应,并控制条件,可以得到主要的缩合产物。例如,苯甲醛与乙醛在稀碱中作用,主要的缩合产物是 3-苯丙烯醛(肉桂醛)。

$C_6H_5CHO + CH_3CHO \underset{50\,^\circ C}{\overset{\text{稀}OH^-}{\rightleftharpoons}} C_6H_5\overset{OH}{\underset{}{C}}HCH_2CHO \xrightarrow{-H_2O} C_6H_5-CH=CHCHO$

含有 α-H 的酮也可以发生醇醛缩合反应,生成醇酮(ketol)。但由于酮的羰基碳原子的正电性比醛的弱,同时酮羰基周围空间位阻较大,所以在同样的条件下,反应比醛难。但若采用特殊装置,使生成物不断地离开反应体系,促使平衡向生成缩合物方向移动,仍可得到较好收率的缩合产物。如丙酮在氢氧化钡催化下生成 β-羟基酮。

$CH_3-\overset{O}{\underset{}{C}}-CH_3 + CH_3-\overset{O}{\underset{}{C}}-CH_3 \xrightarrow{OH^-} CH_3-\overset{OH}{\underset{CH_3}{C}}-CH_2-\overset{O}{\underset{}{C}}-CH_3$

生成的 β-羟基酮在碘的催化下进行蒸馏,则易脱水生成 α,β-不饱和酮。

$H_3C-\overset{OH}{\underset{CH_3}{C}}-CH_2-\overset{O}{\underset{}{C}}-CH_3 \xrightarrow[\Delta]{I_2} CH_3-\overset{}{\underset{CH_3}{C}}=CH-\overset{O}{\underset{}{C}}-CH_3$

由上述反应可以看出,通过羟醛(酮)缩合反应,能增长碳链,产物中含有两类活泼的功能基团,在一定条件下可以用来制备其他有机化合物,在有机合成中是一个重要反应。

在生物体内,含有醛基和酮基的丙糖衍生物,在醇醛缩合酶催化下也可发生类似的醇醛缩合反应,如磷酸二羟基丙酮与 3-磷酸甘油醛经醇醛缩合生成 1,6-二磷酸果糖。因此,该反应在糖的合成、分解中是十分重要的。

（三）羰基的还原反应

醛、酮都可以被还原。使用不同的还原剂，羰基可还原成相应的醇，也可以脱氧还原成亚甲基（=CH$_2$）。

在金属 Ni、Pt、Pd 等催化剂存在下，醛、酮羰基加氢还原为羟基，生成相应的伯醇和仲醇，同时，分子中的碳碳双键也被还原。例如：

$$CH_3CH=CHCHO \xrightarrow{H_2/Pt} CH_3CH_2CH_2CH_2OH$$

若采用金属氢化物作为还原剂，如氢化铝锂（LiAlH$_4$）、硼氢化钠（NaBH$_4$）等也能将醛、酮的羰基还原为伯醇和仲醇，而不影响分子中的碳碳双键结构。

LiAlH$_4$ 和 NaBH$_4$ 的应用条件不同。在水或醇溶液中可以用 NaBH$_4$ 还原羰基化合物，加成和水解两步反应能快速连续发生。而 LiAlH$_4$ 与水或醇共存时将发生水解，故必须在无水乙醚中进行第一步加成反应，然后进行第二步水解。例如：

$$\text{环己酮} \xrightarrow[C_2H_5OH]{NaBH_4} \text{环己醇}$$

$$CH_3CH=CH_2CH_2CHO \xrightarrow[\text{无水乙醚}]{LiAlH_4} \xrightarrow{H_2O} CH_3CH=CH_2CH_2CH_2OH$$

醛和酮与锌汞齐的浓盐酸回流，羰基将被还原成亚甲基，此反应称为 Clemmensen（克莱门森）还原法。

$$C_{17}H_{35}\overset{O}{\underset{\|}{C}}CH_3 \xrightarrow{Zn-Hg/HCl} C_{17}H_{35}-CH_2CH_3$$

此法是合成带侧链芳烃的较好的方法，且收率高，但该法只适用于对酸稳定的化合物。如果对酸不稳定而对碱稳定的羰基化合物，可采用 Wolff（乌尔夫）-Kishner（凯惜纳）-黄鸣龙还原法。此方法以缩乙二醇为溶剂，将醛或酮与肼、浓碱在常压下一起加热，即可将羰基还原成亚甲基。

$$\text{Ph}\overset{O}{\underset{\|}{C}}-CH_2CH_3 \xrightarrow[\text{缩乙二醇} \quad \Delta]{H_2NNH_2, NaOH} \text{Ph}-CH_2CH_2CH_3$$

（四）醛的特殊反应

由于醛羰基上连有氢原子，所以，在与酮共有的化学性质上，醛比酮活泼。某些反应醛易发生，而酮反应困难，甚至不反应。

1. 与弱氧化剂反应

醛不仅可与强氧化剂（如高锰酸钾等）作用，而且还可以与弱氧化剂托伦试剂（Tollens）、费林试剂（Fehling）等作用；而酮与这些弱氧化剂不作用。

实验室中，可利用弱氧化剂 Tollens 试剂（硝酸银的氨溶液）能氧化醛而不能氧化酮的特性,方便地鉴别醛与酮。Tollens 试剂与醛作用时,$Ag(NH_3)_2^+$ 被还原成金属银沉积在试管壁上形成银镜,故称银镜反应。

$$RCHO + 2[Ag(NH_3)_2]OH \xrightarrow{\triangle} RCOONH_4 + 2Ag\downarrow + NH_3 + H_2O$$

Fehling 试剂(硫酸铜与酒石酸钾钠的碱性溶液)与醛一起加热,Cu^{2+} 被还原成砖红色的氧化亚铜沉淀析出。

$$RCHO + 2Cu(OH)_2 + NaOH \xrightarrow{\triangle} RCOONa + Cu_2O\downarrow + 3H_2O$$

芳香醛不与 Fehling 试剂反应,故又可用它鉴别脂肪醛和芳香醛。

在通常情况下,酮难于氧化。若用高锰酸钾或硝酸等强氧化剂氧化,将导致碳链的断裂,生成多种较短碳链羧酸的混合物。

2. 康尼查罗反应

不含 α-H 的醛在浓碱作用下,可以在醛分子间发生氧化还原反应,即一分子醛被氧化为羧酸,另一分子醛被还原为醇,生成羧酸盐和醇的混合物。这种反应称为歧化反应,也称康尼查罗(Cannizzaro)反应。例如:

$$2HCHO \xrightarrow{\text{浓 NaOH}} CH_3OH + HCOONa$$

$$2\ \text{C}_6\text{H}_5\text{—CHO} \xrightarrow{\text{浓 NaOH}} \text{C}_6\text{H}_5\text{—CH}_2\text{OH} + \text{C}_6\text{H}_5\text{—COONa}$$

在生物体内也有类似 Cannizzaro 反应的歧化作用发生。

两种不含 α-H 的醛,在浓碱作用下会发生交叉 Cannizzaro 反应,得到几种产物的混合物。但若其中有甲醛,由于它具有强还原性,因而总是甲醛被氧化成甲酸,另一种醛被还原成醇。例如:

$$HCHO + \text{C}_6\text{H}_5\text{—CHO} \xrightarrow{\text{稀 NaOH}} \text{C}_6\text{H}_5\text{—CH}_2\text{OH} + HCOONa$$

3. 与希夫试剂反应

把二氧化硫通入红色的品红(一种染料)水溶液中,至红色刚好消失,所得的溶液称为品红亚硫酸试剂,又称希夫(Schiff)试剂。醛与希夫试剂作用显紫红色,酮则不显色,故可用于区别醛和酮。在做本实验时,溶液中不能有碱性物质,也不能加热,否则会消耗亚硫酸,溶液恢复品红的红色,出现假阳性。

第二节 醌

一、分类和命名

醌是具有共轭结构的环己二烯二酮类化合物,有对位和邻位两种醌型结构。醌类化合物可由相应的芳香族化合物制备,醌类化合物不具有芳香族化合物的芳香性特征,但是通常仍根据其骨架分为苯醌、萘醌、蒽醌、菲醌等。例如:

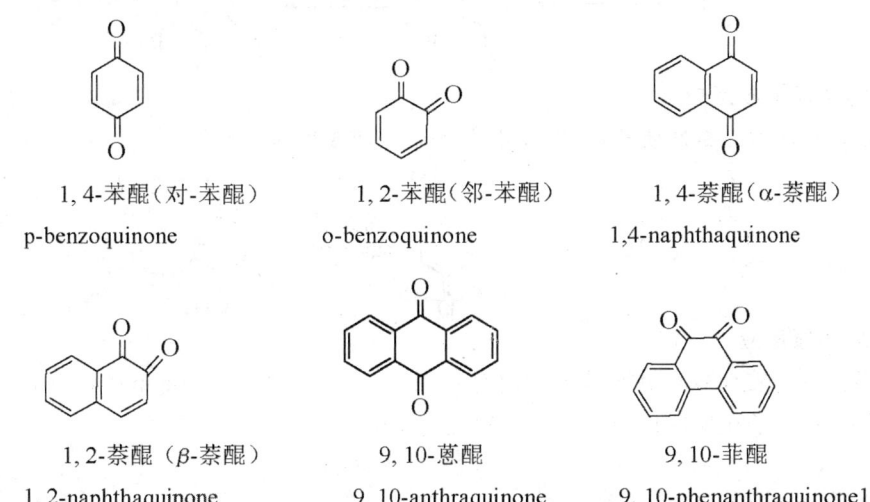

1,4-苯醌(对-苯醌)　　1,2-苯醌(邻-苯醌)　　1,4-萘醌(α-萘醌)
p-benzoquinone　　　o-benzoquinone　　　1,4-naphthaquinone

1,2-萘醌(β-萘醌)　　9,10-蒽醌　　9,10-菲醌
1,2-naphthaquinone　　9,10-anthraquinone　　9,10-phenanthraquinone1

醌类衍生物广泛存在于植物中,有些是临床常用的中草药的有效成分,如茜素、大黄素等。

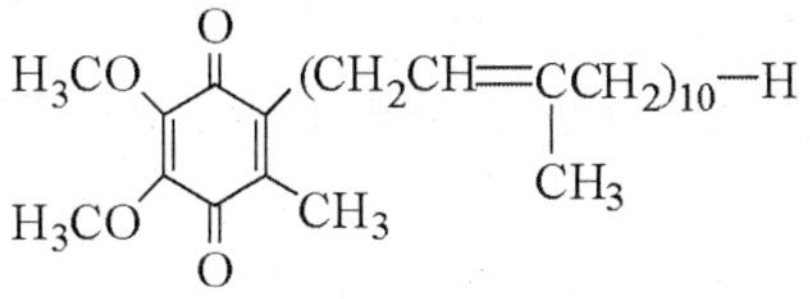

辅酶 Q_{10}　　茜素　　大黄素
Coenzyme Q_{10}　　alizarin　　emodin

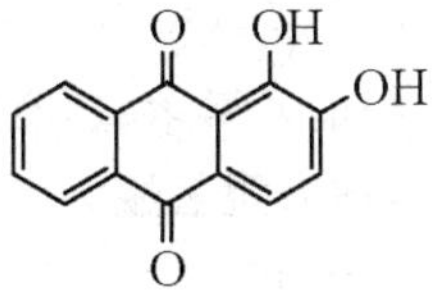

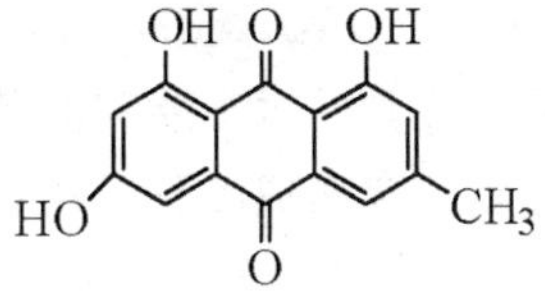

二、化学性质

由于醌类化合物是 α,β-不饱和二酮,含有羰基、碳碳双键以及共轭体系,所以醌类化合物能发生羰基的亲核加成,碳碳双键的亲电加成,以及 1,4-共轭加成等反应。

1. 醌的亲核加成

醌的羰基能与亲核试剂发生亲核加成反应。例如醌与羟胺作用生成对-苯醌肟或对-苯醌二肟:

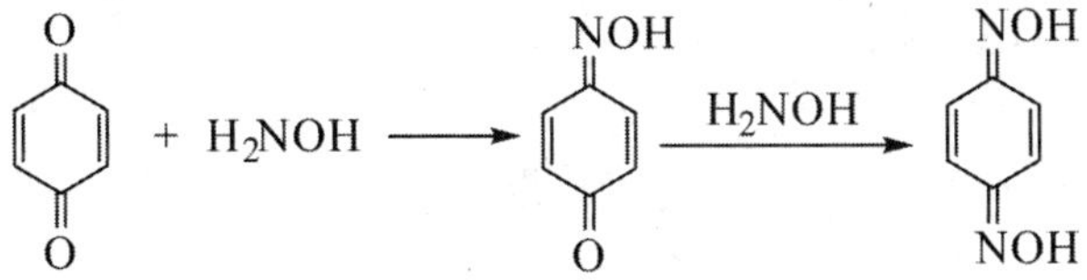

对-苯醌肟　　对-苯醌二肟

2. 醌的亲电加成

醌分子中含有碳碳双键,能与亲电试剂发生亲电加成反应。例如,对苯醌与溴作用可分别生成二溴化物及四溴化物:

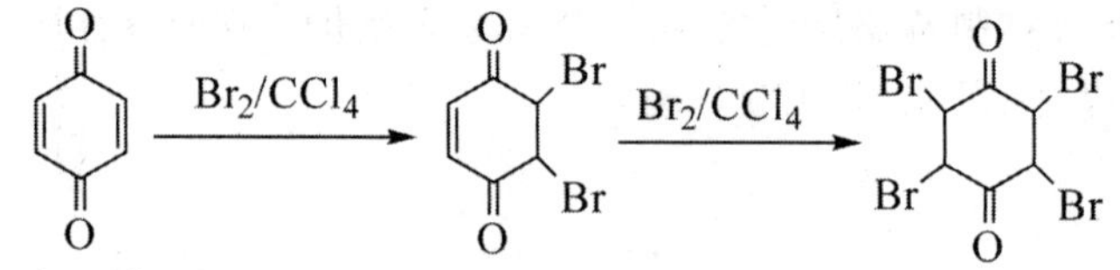

3. 醌的共轭加成反应

醌与 α,β-不饱和二酮性质相似，能发生 1,4-亲核加成反应。例如：

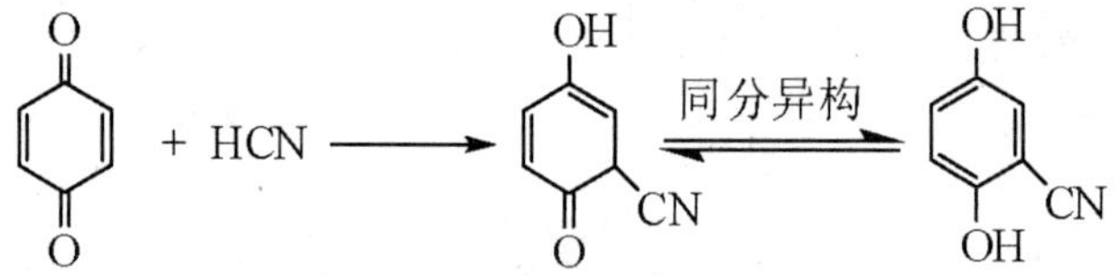

4. 醌的还原反应

对苯醌在亚硫酸水溶液中容易还原成对苯二酚，也称氢醌(hydroquinone)。许多含有对苯醌结构的生物分子在体内也容易发生这种氧化还原反应：

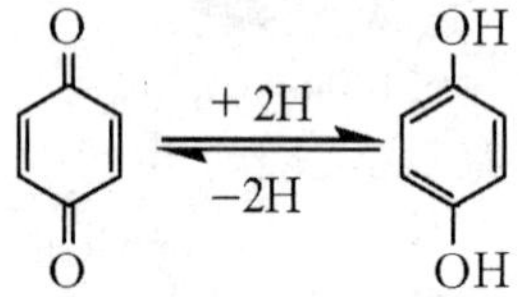

混合等量的对苯醌和对苯二酚的乙醇溶液，有深绿色晶体析出，它是由一分子对苯醌与一分子氢醌结合而成的分子化合物，称为醌氢醌。

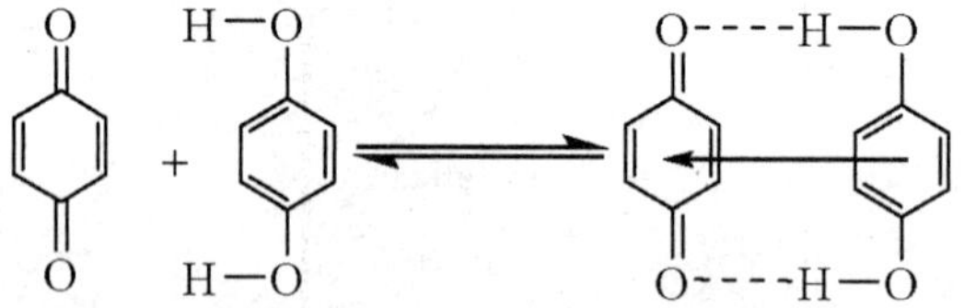

氢醌分子由于羟基与苯环的共轭作用富有 π 电子，而醌中两个羰基的吸电子作用，使环中缺少 π 电子。当醌与氢醌分子接近时，氢醌的苯环充当电子的给予体，醌中的不饱和环成为电子接受体，通过电子转移，二者生成电荷迁移配合物(charge transfer complex，CTC)。此时，分子间氢键的形成对配合物的稳定也起到一定的作用。CTC 的形成与药物的溶解、稳定性及药效都有一定关系。

醌氢醌可溶于热水，在溶液中完全解离为醌和氢醌，若在溶液中插入一铂电极，即组成醌氢醌电极，常用于溶液 pH 的测定。

习 题

1. 用系统命名法命名下列化合物。

(1) 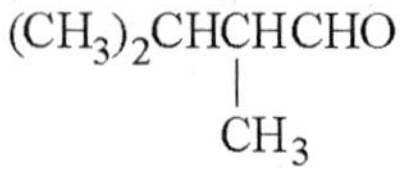 $(CH_3)_2CHCHCHO$
          |
          CH_3

(2) 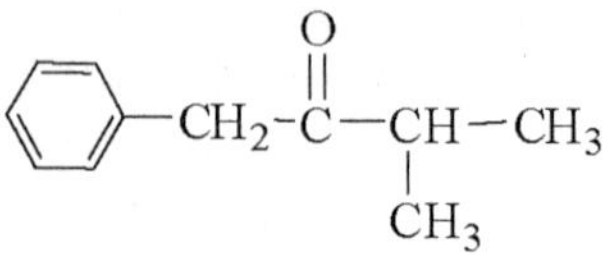 苯-CH$_2$-C(=O)-CH-CH$_3$
                    |
                    CH$_3$

(3) $H_2C=CH-\overset{O}{\underset{\|}{C}}-CH=CH_2$ (4) 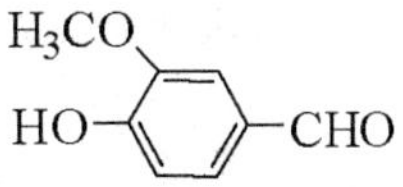 结构式: 苯环上带 H_3CO, HO, CHO 取代基

(5) 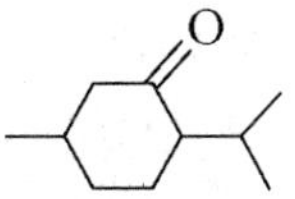 3-甲基-2-异丙基环己酮结构   (6) $CH_3-\overset{O}{\underset{\|}{C}}-CH=CH-\overset{O}{\underset{\|}{C}}-CH_3$

2. 写出下列各化合物的结构式。
(1)对羟基苯乙酮;(2)邻甲氧基苯甲醛;(3)3-甲基环己酮;(4)4-甲基-3-戊烯-2-酮

3. 完成下列反应,写出主要产物:

(1) 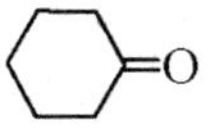 环己酮 + HCN ⟶

(2) 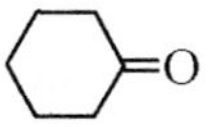 环己酮 + HOCH$_2$CH$_2$OH $\xrightarrow{\text{干燥 HCl}}$

(3) CH$_3$CH$_2$CHO $\xrightarrow{\text{稀 OH}^-}$ $\xrightarrow{\text{NaBH}_4}$

(4) 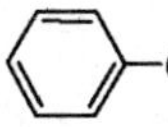 C$_6$H$_5$COCH$_3$ + NaOH + I$_2$ ⟶

(5) 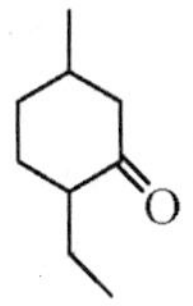 3-甲基-2-乙基环己酮 + H$_2$ $\xrightarrow{\text{Pt}}$

(6) 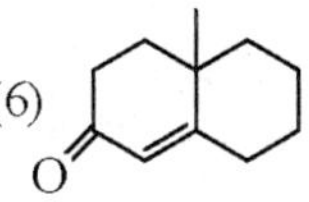 4a-甲基-2,3,4,4a,5,6-六氢萘-2-酮 + HCN $\xrightarrow{\text{1,4-加成}}$

4. 下列化合物中,哪些化合物既可与 HCN 加成,又能起碘仿反应?
(1) CH$_3$CH$_2$CH$_2$OH (2) CH$_3$CH$_2$CHO (3) CH$_3$CH$_2$COCH$_3$ (4) CH$_3$CH$_2$OH

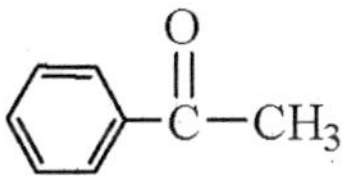

(5) 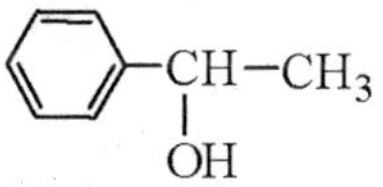 C$_6$H$_5$CH(OH)CH$_3$ (6) C$_6$H$_5$COCH$_3$ (7) 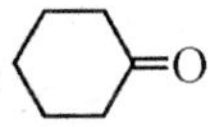 环己酮   (8) CH$_3$CHO

5. 将下列羰基化合物按发生亲核加成反应的难易顺序排列。
(1) CH$_3$CHO, CH$_3$COCH$_3$, CF$_3$CHO, CCl$_3$CHO,

(2) 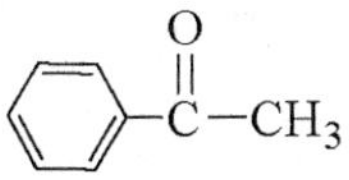 C$_6$H$_5$COCH$_3$, CH$_3$COCH$_3$, CH$_3$COCH$_2$CH$_3$, CH$_3$COC(CH$_3$)$_3$

6. 用简便化学方法鉴别下列各组化合物:
(1)环戊醇和2-戊醇   (2)环戊酮和戊醛   (3)2-戊酮、3-戊酮和环己醇
(4)乙醛、丙醛和丙酮   (5)2-戊酮和2,4-戊二酮

7. 分子式同为 C$_6$H$_{12}$O 的化合物 A、B、C 和 D,其碳链不含支链。它们均不与溴的四氯化

碳溶液作用；但 A、B 和 C 都可与 2,4-二硝基苯肼生成黄色沉淀；A 和 B 还可与 HCN 作用，A 与 Tollens 试剂作用，有银镜生成，B 无此反应，但可与碘的氢氧化钠溶液作用生成黄色沉淀。D 不与上述试剂作用，但遇金属钠能放出氢气。试写出 A、B、C 和 D 的结构式。

8. 某化合物 A 的分子式为 $C_9H_{10}O_2$，能溶于 NaOH 溶液，并可与 $FeCl_3$ 或 2,4-二硝基苯肼作用，但不与 Tollens 试剂作用。A 用 $LiAlH_4$ 还原生成化合物 B($C_9H_{12}O_2$)。A 和 B 均可与碘的 NaOH 溶液作用，有黄色沉淀生成。A 与 Zn(Hg)/HCl 作用，得到化合物 C($C_9H_{12}O$)。C 与 NaOH 成盐后，与 CH_3I 反应得到化合物 D($C_{10}H_{14}O$)，后者用 $KMnO_4$ 处理，得到对甲氧基苯甲酸。试写出 A、B、C 和 D 的结构式。

第十章 羧酸和取代羧酸

分子中含有羧基(—COOH)的化合物称为羧酸(carboxylic acids),其通式为RCOOH(甲酸R=H)。羧基(carboxyl)是羧酸的官能团,它是有机化合物中碳原子的最高氧化形式,因此羧酸一般是稳定的。

羧酸分子中烃基上的氢原子被其他原子或基团取代后的化合物称为取代羧酸(substituted carboxylic acid)。根据取代基的种类不同,取代羧酸可分为卤代酸(halogeno acid)、羟基酸(hydroxy acid)、羰基酸(carbonyl acid)以及氨基酸(aldehydo acid)等。

自然界中广泛存在羧酸类化合物,它们与人类生活关系密切。例如,食醋就是含量约6%~8%的乙酸水溶液,肥皂是高级脂肪酸的盐,油脂是高级脂肪酸的甘油酯。

第一节 羧 酸

一、羧酸的分类和命名

根据与羧基相连烃基不同,可分为脂肪酸、芳香酸,饱和酸、不饱和酸等;根据羧基数目的多少又可分为一元酸、二元酸及多元酸。

许多羧酸根据来源有其俗名,如甲酸俗称蚁酸(formic acid),因其存在于蚂蚁等昆虫的毒汁中;乙酸又称醋酸(acetic acid),它最初是从食用醋中获得;苯甲酸(benzoic acid)又称安息香酸,它最初是从安息香树皮中分离得到的;乙二酸(ethandioic acid)又称草酸,广泛存在于绿色植物中。

羧酸的系统命名与醛相类似,选择含有羧基的最长碳链作为主链,从羧基碳原子开始编号。简单的羧酸,习惯上从与羧基相邻碳原子开始,以 α、β、γ、δ、……ω 等希腊字母表示位次,ω 常用于表示碳链末端的位置。一元羧酸的英文名称用"oic acid"代替相应烃基中的词尾"e",二元羧酸用"dioic acid"。

$$CH_3CH_2CH_2\underset{CH_3}{\underset{|}{C}}HCOOH \qquad \underset{CH_3}{\underset{|}{C}} \!\!\text{—}\!\! \underset{}{C}HCH_2COOH \qquad CH_3\underset{CH_3}{\underset{|}{C}}HCH_2\underset{Br}{\underset{|}{C}}HCOOH$$

2-甲基戊酸(α-甲基戊酸)　　3-苯基丁酸(β-苯基丁酸)　　4-甲基-2-溴戊酸(γ-甲基-α-溴戊酸)

2-methylpentanoic acid　　3-phenylbutyric acid　　2-bromo-4-methylpentanoic acid

不饱和羧酸命名时,选同时含有羧基及不饱和键在内的最长碳链为主链,称某烯(炔)酸。例如:

$$CH_3CH=CHCOOH$$

2-丁烯酸（α-丁烯酸）

2-butenoic acid

$$C_6H_5-CH=CHCOOH$$

3-苯基丙烯酸（β-苯基丙烯酸）

3-phenylpropenoic acid

二元酸则选包括两个羧基在内的最长碳链为主链，称某二酸；如羧基直接连在芳环上，则以芳基酸为母体，再加上其他取代基的位置和名称。例如：

$$\begin{array}{c} CH_2COOH \\ | \\ CH_2COOH \end{array}$$

丁二酸（琥珀酸）

butandioic acid

邻苯二甲酸

1, 2-benzenedicarboxylic acid

1-萘乙酸（α-萘乙酸）

1-naphthylacetic acid

二、羧基的结构

羧酸中羧基碳原子是 sp^2 杂化，3个 sp^2 杂化轨道分别与2个氧原子和1个碳原子（在甲酸中是氢原子）形成3个 σ 键，这3个键在同一平面内。未参与杂化的 p 轨道与氧上的 p 轨道形成1个 π 键，羟基氧原子上具有一对未共用电子的 p 轨道可与羰基的 π 键形成 $p-\pi$ 共轭，如图10-1。

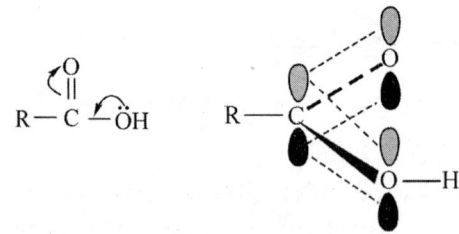

图 10-1 羧基的结构

$p-\pi$ 共轭使碳氧双键及碳氧单键的键长趋于平均化。X射线衍射实验证明，在甲酸中，C=O 键长为 0.123 nm，较醛、酮中羰基的键长（0.120 nm）有所增长，而碳氧单键键长为 0.136 nm，较醇羟基中 C—O 键长（0.143 nm）为短。羧酸在化学性质上也表现出羰基与羟基相互影响的特征，如羧酸具有较强的酸性，而羧酸中的羰基不易与亲核试剂发生反应。

三、羧酸的物理性质

在直链饱和一元羧酸中，含有1~3个碳原子的羧酸为具有刺激性酸味的液体；含有4~9个碳原子的羧酸是有腐败气味的油状液体；高级脂肪酸为无味蜡状固体。脂肪族二元酸和芳香族羧酸都是结晶固体。

由于羧基可与水形成氢键，四个碳以下的羧酸可与水混溶，随着相对分子质量增大，羧酸在水中的溶解度降低。

羧酸的沸点比相近分子质量的烷烃、卤代烃的沸点高，甚至比相近分子质量的醇要高，如乙酸（相对分子质量为60）的沸点为 118 ℃，正丙醇（相对分子质量为60）的沸点是 97 ℃。这是由于羧酸中的羧基能够形成分子间氢键，且在两个羧酸之间还可以形成两个氢键，往往以二缔合体的形式存在。

$$R-C\begin{matrix}O\cdots H-O\\ \\O-H\cdots O\end{matrix}C-R$$

一些羧酸的物理性质见表10-1。

表10-1 羧酸的物理常数

结构式	化合物名称	熔点(℃)	沸点(℃)	溶解度(g/100 mL H_2O)
HCOOH	甲酸	8.0	100.5	混溶
CH_3COOH	乙酸	16.6	118.0	混溶
CH_3CH_2COOH	丙酸	−22.0	141.0	混溶
$CH_3(CH_2)_2COOH$	丁酸	−5.0	162.5	混溶
$CH_3(CH_2)_3COOH$	戊酸	−34.0	187.0	3.7
$CH_3(CH_2)_4COOH$	己酸	−1.5	205.0	1.0
C_6H_5COOH	苯甲酸	122.0	250.0	0.34
$o\text{-}CH_3C_6H_4COOH$	邻甲基苯甲酸	106.0	259.0	0.12
$m\text{-}CH_3C_6H_4COOH$	间甲基苯甲酸	112.0	263.0	0.1
$p\text{-}CH_3C_6H_4COOH$	对甲基苯甲酸	180.0	275.0	0.03
HOOCCOOH	乙二酸	189.0	100.0(升华)	8.6
$HOOCCH_2COOH$	丙二酸	135.0	140.0	混溶
$HOOC(CH_2)_2COOH$	丁二酸	185.0	235.0(失水)	5.8
$o\text{-}C_6H_4(COOH)_2$	邻苯二甲酸	231.0	—	0.7
$m\text{-}C_6H_4(COOH)_2$	间苯二甲酸	348.0	—	0.01
$p\text{-}C_6H_4(COOH)_2$	对苯二甲酸	300.0(升华)	—	0.002

四、羧酸的化学性质

羧酸的化学性质由羧基官能团引起。由于羧基中羟基氧原子的 p 电子对与羰基形成了 $p-\pi$ 共轭体系,使得羧酸在化学性质上表现出羰基与羟基相互影响的特征。根据羧酸分子中键断裂方式不同,羧酸可发生不同的反应:

$$R-\overset{H}{\underset{H}{C}}-\overset{O}{\underset{O-H}{C}}$$

脱羧
羟基被取代的反应
α-H取代
酸性

(一)酸性和成盐反应

羧酸具有明显的酸性,在水中解离成稳定的氢离子和羧酸根负离子。这是因为当羧基中的氢离解后,羟基氧上负电荷可通过 $p-\pi$ 共轭作用分散到羰基氧上,形成4电子三中心的 π 分子轨道。由于羧基负离子中的负电荷可分散到两个氧原子上,使体系能量降低而稳定。

$$RCOOH \rightleftharpoons RCOO^- + H^+$$

常见一元羧酸的酸性比无机强酸的酸性弱,但比碳酸、酚的酸性强。

	无机强酸	HCOOH	CH_3COOH	C_6H_5OH	H_2CO_3
pK_a	1.0~3.0	3.8	4.8	10.0	6.4

由于羧酸的酸性小于一般的无机酸而大于碳酸。因此,羧酸除了可与氢氧化钠等强碱反应外,还可以中和碳酸氢盐放出二氧化碳。

$$RCOOH + NaOH \longrightarrow RCOONa + H_2O$$

$$RCOOH + NaCHO_3 \longrightarrow RCOONa + CO_2\uparrow + H_2O$$

羧酸盐一般溶于水而不溶于非极性溶剂,当羧酸盐遇强酸时,羧酸可被游离而析出。利用这一性质可分离、纯化羧酸。由于酚的酸性较弱,不能与$NaHCO_3$反应成盐,因此可利用这一性质区别、分离羧酸及酚。

羧酸酸性的强弱与其电离后所形成的酸根负离子的稳定性有关。若羧酸烃基上的取代基有利于负电荷分散,则羧酸根负离子稳定,相应酸的酸性增强,反之酸性减弱。取代基对酸性强弱的影响可用诱导效应、共轭效应和立体效应等来解释。例如:

	CH_3COOH	$CH_2ClCOOH$	$CHCl_2COOH$	CCl_3COOH
pK_a	4.75	2.86	1.26	0.64

饱和一元羧酸中,甲酸的酸性最强。这是由于烷基与羧基相连后,烷基供电子的诱导效应不利于酸根负离子负电荷的分散,故酸性减弱。例如:

	HCOOH	CH_3COOH	CH_3CH_2COOH	$(CH_3)_2CHCOOH$	$(CH_3)_3CCOOH$
pK_a	3.76	4.75	4.87	4.86	5.05

二元羧酸中有两个可解离的氢,电离分两步进行。第一个羧基的电离会受到另一个羧基吸电子效应的影响,两个羧基相距愈近,影响愈大。如乙二酸和丙二酸的pK_{a1}分别为1.27和2.85,显然,后者由于两个羧基比前者离得远,影响不如前者大。四碳以上的二元羧酸由于两个羧基相距较远,这种影响将较小。例如:

COOH-COOH	H$_2$C(COOH)COOH	CH$_2$COOH-CH$_2$COOH	H$_2$C(CH$_2$COOH)CH$_2$COOH	CH$_2$CH$_2$COOH-CH$_2$CH$_2$COOH
pK_{a1} 1.27	2.85	4.16	4.33	4.43

(二) 羧基中羟基被取代的反应

羧基中的羟基可以被卤素(—X)、酰氧基(RCOO—)、烷氧基(RO—)以及氨基(—NH_2)或取代氨基(—NHR、—NR_2)取代而形成酰卤、酸酐、酯和酰胺,这些产物统称为羧酸衍生物。

1. 形成酰卤的反应

羧酸可与三卤化磷(PX_3)、五卤化磷(PX_5)或氯化亚砜($SOCl_2$)等反应形成酰卤(acyl halides)。例如:

$$COOH + PCl_5 \longrightarrow RCOCl + POCl_3 + HCl$$

$$COOH + PCl_3 \longrightarrow RCOCl + H_3PO_3 + HCl$$

$$COOH + SOCl_2 \longrightarrow RCOCl + SO_2 + HCl$$

产物酰卤及卤化剂遇水均易分解,故反应需在无水条件下进行。

制备酰氯最常用的试剂是氯化亚砜,因除反应的主产物外,其他副产物均为气体,有利于产物的分离。分子量小的羧酸也可用三氯化磷作氯化剂,由于生成的酰氯沸点较低可随时蒸出。而分子量大的羧酸可选用五氯化磷,用此方法时,可将其产物中的三氯氧磷蒸出(bp: 107℃),也可达到纯化产物的目的。

2. 形成酸酐的反应

饱和一元羧酸(除甲酸)在强脱水剂 P_2O_5 等作用下加热,分子间可脱水形成酸酐(anhydrides)。例如:

$$R-\overset{O}{\underset{\|}{C}}-OH + HO-\overset{O}{\underset{\|}{C}}-R \xrightarrow[\triangle]{P_2O_5} R-\overset{O}{\underset{\|}{C}}-O-\overset{O}{\underset{\|}{C}}-R + H_2O$$

高级羧酸可用乙酸酐或乙酰氯作为脱水剂。例如:

$$Ph-\overset{O}{\underset{\|}{C}}-OH + HO-\overset{O}{\underset{\|}{C}}-Ph \xrightarrow{(CH_3CO)_2O} Ph-\overset{O}{\underset{\|}{C}}-O-\overset{O}{\underset{\|}{C}}-Ph$$

混合酸酐可用酰卤和无水羧酸盐共热的方法制备。用此法既可以制备混酐,也可以用于制备单酐。例如:

$$CH_3-\overset{O}{\underset{\|}{C}}-ONa + C_2H_5-\overset{O}{\underset{\|}{C}}-Cl \longrightarrow CH_3-\overset{O}{\underset{\|}{C}}-O-\overset{O}{\underset{\|}{C}}-C_2H_5 + NaCl$$

3. 酯化反应

在强酸(如浓 H_2SO_4、干燥 HCl 气体等)催化下,羧酸和醇反应生成酯和水,该反应称为酯化反应(esterification)。例如:

$$R-\overset{O}{\underset{\|}{C}}-OH + HOR' \underset{}{\overset{H^+}{\rightleftharpoons}} R-\overset{O}{\underset{\|}{C}}-OR' + H_2O$$

酯化反应是可逆反应,通常采用加大反应物中较廉价原料的投料量,或加入与水恒沸的物质(例如甲苯)不断从反应体系中带出水,使平衡右移,从而提高酯的收率。

人们发现,用含有 ^{18}O 的醇与羧酸进行酯化反应,形成含有 ^{18}O 的酯。例如:

$$R-\overset{O}{\underset{\|}{C}}-[OH + H]-O^{18}-R' \overset{H^+}{\rightleftharpoons} R-\overset{O}{\underset{\|}{C}}-O^{18}-R' + H_2O$$

事实说明,酯化反应中消除的水,一般是由羧酸提供羟基和醇提供的氢结合而成(叔醇的酯化反应有例外)。因此人们推测,在酸催化下酯化反应的机理如下:

$$R-\overset{O}{\underset{\|}{C}}-OH \overset{H^+}{\rightleftharpoons} R-\overset{\overset{+}{OH}}{\underset{\|}{C}}-OH \overset{HO^{18}-R'}{\rightleftharpoons} R-\underset{H-O^{18}-R'}{\overset{OH}{\underset{|}{C}}}-OH \rightleftharpoons R-\underset{O^{18}-R'}{\overset{OH}{\underset{|}{C}}}-\overset{+}{O}H_2$$

(1)　　　　　　　　　(2)　　　　　　　(3)

$$\overset{-H_2O}{\rightleftharpoons} R-\overset{\overset{+}{OH}}{\underset{\|}{C}}-O^{18}-R' \overset{-H^+}{\rightleftharpoons} R-\overset{O}{\underset{\|}{C}}-O^{18}-R'$$

(4)　　　　　　　　　(5)

可见酯化反应经历加成－消除过程。首先催化剂提供质子与羰基氧原子结合形成(1)，使羰基碳带有更多的正电性，有利于醇进攻羰基碳发生亲核加成，形成一个四面体中间体(2)，然后质子转移得(3),(3)消除水得(4),(4)去质子得酯(5)。酸的存在对酯化反应中亲核加成和消除这两步都是有利的。

伯醇、仲醇与羧酸的酯化反应，一般按此机理进行。按上述机理反应时，因反应中间体是一个四面体结构，所以空间位阻对反应速率的影响较大。醇或酸分子中羟基的立体障碍越大，反应速率越慢。不同的酸和醇进行酯化反应的活性顺序为：

酸：$CH_3COOH > RCH_2COOH > R_2CHCOOH > R_3CCOOH$

醇：$CH_3OH > RCH_2OH > R_2CHOH$

叔醇与羧酸酯化时，由于空间效应限制而不能以正常的加成－消除方式成酯，反应可能经过碳正离子过程。

$$R_3C-O^{18}H \xrightleftharpoons{H^+} R_3C-O^{18}H_2^+ \rightleftharpoons R_3C^+ + H_2O^{18}$$

$$R-\overset{O}{\underset{\|}{C}}-OH + R_3C^+ \rightleftharpoons R-\overset{OH}{\underset{\underset{+}{|}}{C}}-O-CR_3 \xrightarrow{-H^+} R-\overset{O}{\underset{\|}{C}}-O-CR_3$$

4. 形成酰胺的反应

羧酸与氨或胺反应生成铵盐，铵盐受热脱水生成酰胺(amides)。

$$RCOOH + NH_3 \longrightarrow RCOO^-NH_4^+ \xrightarrow{\triangle} RCONH_2 + H_2O$$

例如：

$$\text{C}_6\text{H}_5-COOH + H_2N-\text{C}_6\text{H}_5 \xrightarrow{180\ ^\circ C} \text{C}_6\text{H}_5-CONH-\text{C}_6\text{H}_5$$

（三）羧酸的还原反应

羧基中的羰基由于受羟基的影响，碳氧双键不易被催化氢化，但用强的还原剂氢化铝锂可将其还原为伯醇。

$$RCOOH \xrightarrow[\text{(2) }H_3O^+]{\text{(1) LiAlH}_4} RCH_2OH$$

氢化铝锂是一种选择性还原剂，不饱和羧酸分子中的碳碳双键、叁键可不被还原。

$$\text{C}_6\text{H}_5-CH=CHCH_2COOH \xrightarrow[\text{(2) }H_3O^+]{\text{(1) LiAlH}_4} \text{C}_6\text{H}_5-CH=CHCH_2CH_2OH$$

（四）脂肪酸 α-H 的卤代反应

羧基与醛、酮中的羰基一样，能使 α-H 活化，但是由于羧基存在着 $p-\pi$ 共轭体系，羧基碳上的正电性较醛、酮羰基碳上的低，羧基对 α-H 的致活作用小，所以，羧酸的 α-H 卤代反应需要加入少量磷(P)作催化剂才能顺利进行，并且 α-H 的卤代可分步取代。

$$RCH_2COOH + Cl_2 \xrightarrow{\text{红磷}} \underset{Cl}{RCHCOOH} \xrightarrow[Cl_2]{\text{红磷}} \underset{Cl}{\overset{Cl}{RCCOOH}}$$

控制反应条件和卤素用量，可以得到产率较高的一卤代酸产物。α-卤代酸是药物合成的重要中间产物，通过它可合成α-羟基酸、α-氨基酸、丙烯酸等多种α-取代酸。

（五）脱羧反应和二元酸的受热反应

羧酸分子中脱去羧基放出二氧化碳的反应称作脱羧反应（decarboxylation）。饱和一元酸对热稳定，通常不发生脱羧反应，但在特殊条件下，如变成钠盐后与碱石灰（NaOH-CaO）混合加强热也可放出二氧化碳。例如：

$$CH_3COOH + NaOH \xrightarrow[\triangle]{NaOH\text{-}CaO} CH_4 + Na_2CO_3 + H_2O$$

$$C_6H_5COOH + NaOH \xrightarrow[\triangle]{NaOH\text{-}CaO} C_6H_6 + Na_2CO_3 + H_2O$$

脂肪酸在生物体内由脱羧酶催化进行脱羧。

二元羧酸对热敏感，不同的二元羧酸受热可发生脱羧、脱水或既脱羧又脱水的反应，得到不同的产物。

乙二酸和丙二酸受热时，脱羧生成少一个碳的一元羧酸。

$$\underset{COOH}{\overset{COOH}{|}} \xrightarrow{\triangle} HCOOH + CO_2$$

$$HOOCCH_2COOH \xrightarrow{\triangle} CH_3COOH + CO_2$$

丁二酸和戊二酸受热时，分子内脱水生成稳定的五元环或六元环的环酐。

$$\underset{CH_2COOH}{\overset{CH_2COOH}{|}} \xrightarrow{\triangle} \text{(丁二酸酐)} + H_2O$$

$$\underset{CH_2COOH}{\overset{CH_2COOH}{H_2C}} \xrightarrow{\triangle} \text{(戊二酸酐)} + H_2O$$

己二酸和庚二酸受热时，分子内脱羧又脱水，生成少一个碳的环酮。

$$\underset{CH_2CH_2COOH}{\overset{CH_2CH_2COOH}{|}} \xrightarrow{\triangle} \text{环戊酮} + CO_2 + H_2O$$

$$\underset{CH_2CH_2COOH}{\overset{CH_2CH_2COOH}{H_2C}} \xrightarrow{\triangle} \text{环己酮} + CO_2 + H_2O$$

含有 8 个及以上碳原子的二元酸,在高温时发生分子间脱水反应,形成聚酸酐,一般不形成环酮。

第二节 羟基酸

一、羟基酸的分类、结构和命名

分子中既含有羟基又含有羧基的化合物称为羟基酸,包括醇酸和酚酸两类。羟基连在脂肪族烃基上的称为醇酸;连在芳香族烃基上的称为酚酸。根据羟基与羧基的相对位置不同,醇酸又可分为 α-醇酸、β-醇酸和 γ-醇酸等。

醇酸的命名是以羧酸为母体,羟基为取代基,并用阿拉伯数字或希腊字母表示羟基的位置;酚酸是以芳香酸为母体,羟基为取代基。一些来自自然界的羟基酸多采用俗名。

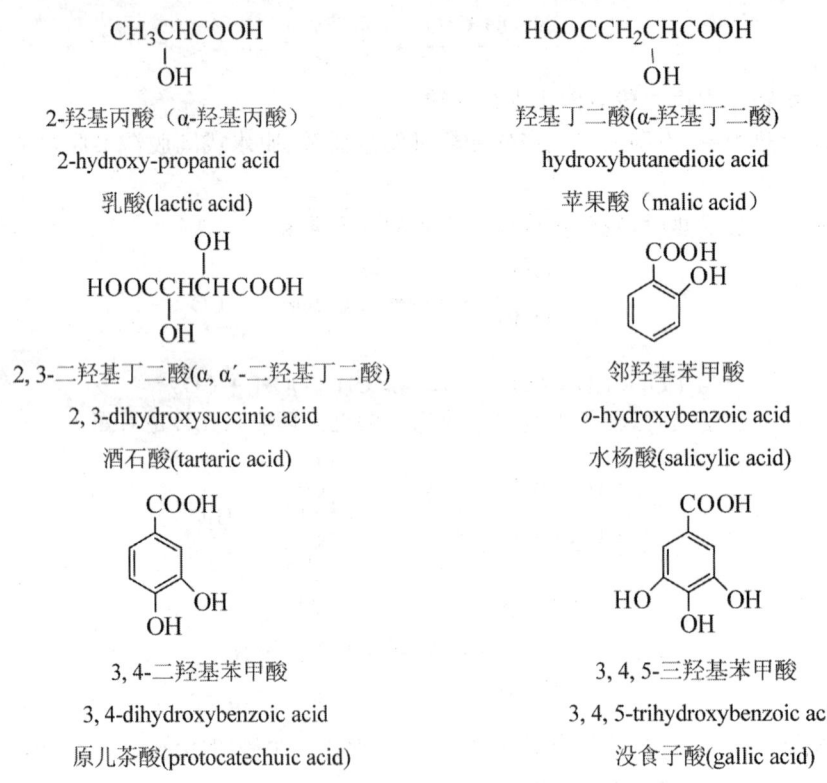

二、羟基酸的物理性质

醇酸在常温下多为晶体或黏稠状的液体,熔点比相同碳原子数的羧酸高。由于醇酸分子中含有羧基和羟基两个极性基团,他们都能与水形成氢键,因此,在水中的溶解度较相应的醇、羧酸都大,在乙醚中的溶解度则较小。许多醇酸都具有旋光性。

酚酸都是晶体,多以盐、酯或糖苷的形式存在于植物中。

三、羟基酸的化学性质

醇酸具有醇和羧酸的一般性质,如醇羟基可以氧化、酯化、酰化;羧基可以成盐、成酯等,同时由于羟基和羧基的相互影响,而具有一些特殊的性质。

(一) 酸性

由于醇羟基的$-I$效应,使醇酸的酸性强于相应的羧酸,醇酸的酸性随羟基和羧基的距离增大而减弱。例如:

$$HOCH_2COOH > CH_3CH(OH)COOH > HOCH_2CH_2COOH > CH_3COOH$$

pK_a　　3.83　　　　　　3.87　　　　　　　　4.51　　　　　　　　4.76

酚酸与相应母体芳香酸比较,其酸性随羟基和羧基的相对位置不同而表现出明显的差异,酚酸的酸性受诱导效应、共轭效应和邻位效应等因素的影响。例如:

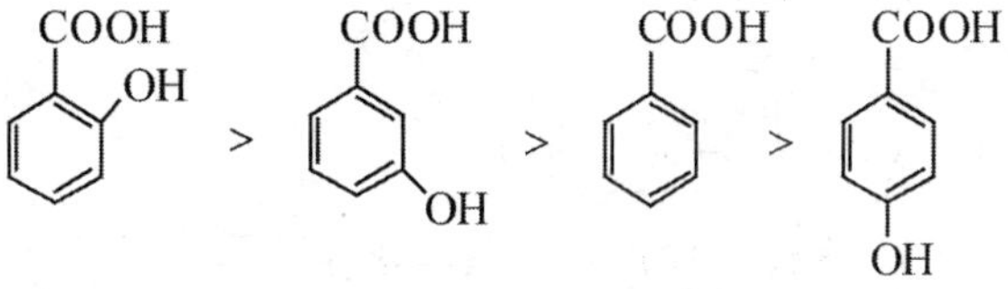

pK_a　　3.0　　　　4.12　　　　4.17　　　　4.54

上述各化合物中,水杨酸的酸性最强。主要是邻位羟基中的氢可与羧基中的氧形成分子内氢键,从而降低了羧基中羟基氧原子上的电子云密度而利于其氢解离成质子,并且形成的羧基负离子的负电荷也被分散而稳定,酸性增强。

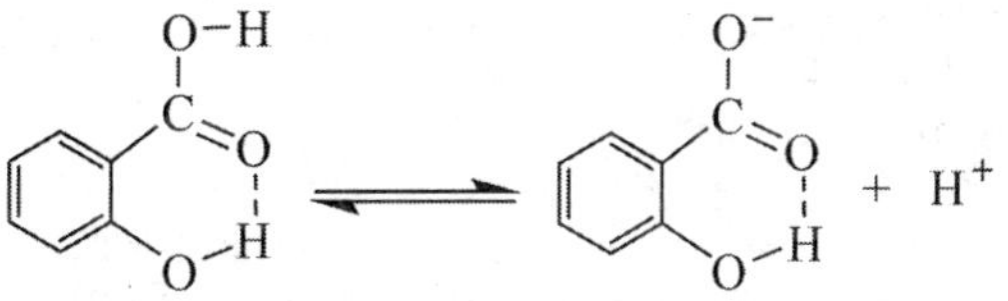

水杨酸　　　　水杨酸负离子

间羟基苯甲酸不能形成分子内氢键,羟基在间位主要以$-I$为主,由于羟基和羧基之间间隔了三个碳原子,作用较小,其酸性较苯甲酸略微增强。

对羟基苯甲酸的酸性比苯甲酸弱,是由于羟基的$+C$大于$-I$,使羧基负离子的稳定性降低,酸性减弱。

(二) 醇酸的氧化反应

α-醇酸分子中的羟基因受羧基$-I$的影响,比醇分子中的羟基易被氧化。如Tollens试剂、稀硝酸一般不能氧化醇,但能氧化α-醇酸中的羟基而成α-酮酸。

$$R-\underset{\underset{OH}{|}}{C}H-COOH \xrightarrow[\triangle]{Tollens试剂} R-\underset{\underset{O}{\|}}{C}-COOH + Ag\downarrow$$

醇酸在体内的氧化通常是在酶催化下进行。

$$R-\underset{\underset{OH}{|}}{C}H-COOH \underset{+2H}{\overset{-2H}{\rightleftharpoons}} R-\underset{\underset{O}{\|}}{C}-COOH$$

（三）醇酸的分解反应

α-醇酸与稀硫酸共热时，由于羟基和羧基都有-I效应，使羧基和羟基之间的电子云密度降低，有利于键的断裂，生成一分子醛（或酮）和一分子甲酸。

$$R-\underset{\underset{OH}{|}}{CH}-COOH \xrightarrow{稀 H_2SO_4} RCHO + HCOOH$$

$$R-\underset{\underset{OH}{|}}{\overset{\overset{R}{|}}{C}}-COOH \xrightarrow{稀 H_2SO_4} RCOR + HCOOH$$

（四）醇酸的受热反应

α-羟基酸受热分子间失水形成交酯。

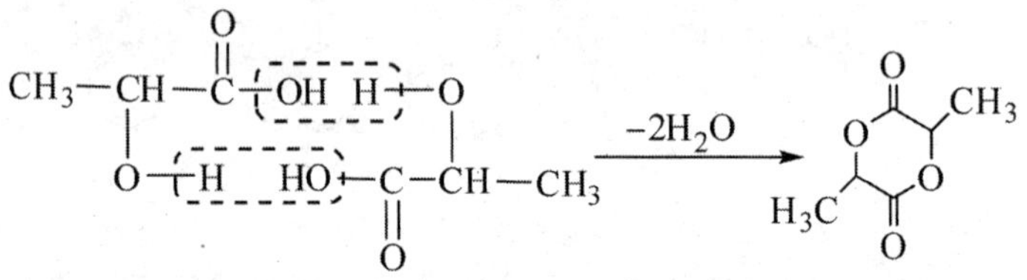

$$\text{α-羟基丙酸} \xrightarrow{-2H_2O} \text{丙交酯}$$

β-羟基酸受热分子内脱水形成α，β-不饱和酸。

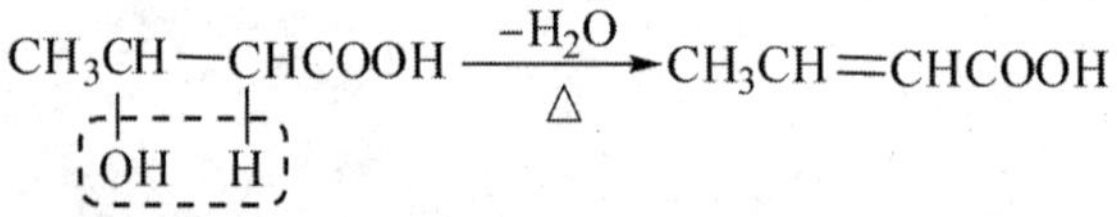

$$CH_3CH-CHCOOH \xrightarrow[\Delta]{-H_2O} CH_3CH=CHCOOH$$

β-羟基丁酸　　　　　　　　2-丁烯酸

γ-羟基酸易发生分子内脱水，室温下失水形成稳定的五元环内酯(lactone)。

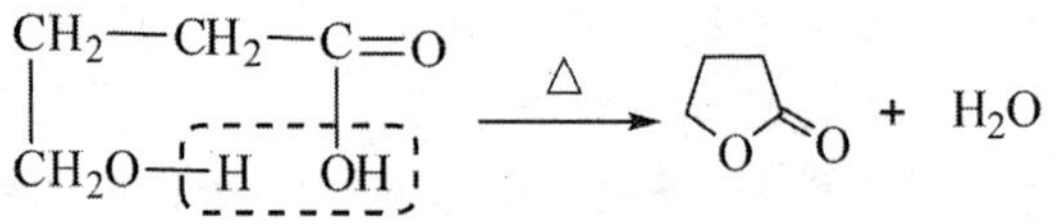

γ-羟基丁酸　　　　γ-丁内酯（1,4-丁内酯）

因此，游离的γ-醇酸很难存在，通常以盐的形式保存γ-醇酸。

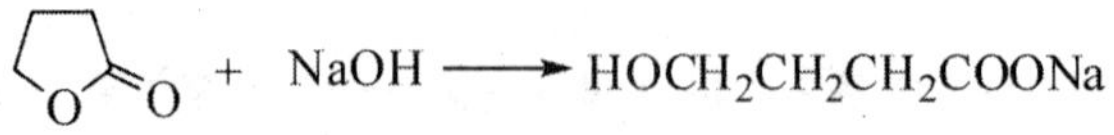

$$\text{γ-丁内酯} + NaOH \longrightarrow HOCH_2CH_2CH_2COONa$$

γ-羟基丁酸钠

δ-羟基酸受热易形成内酯，但反应较γ-醇酸难。形成的δ-戊内酯在室温下即可水解开环。

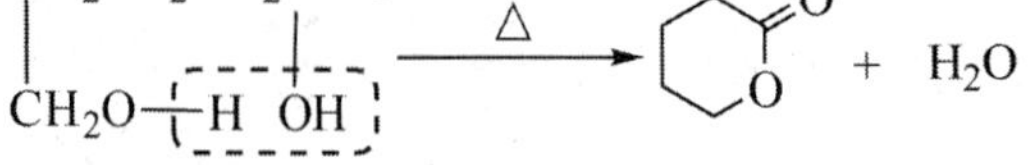

δ-羟基戊酸　　　　δ-戊内酯（1,5-戊内酯）

某些中草药的有效成分中常常含有内酯的结构。如抗菌消炎药穿心莲的主要成分穿心莲内酯就含有 γ-内酯的结构。

(五) 酚酸的脱羧反应

羟基在羧基邻、对位的酚酸加热至熔点以上时，易脱羧分解成相应的酚。

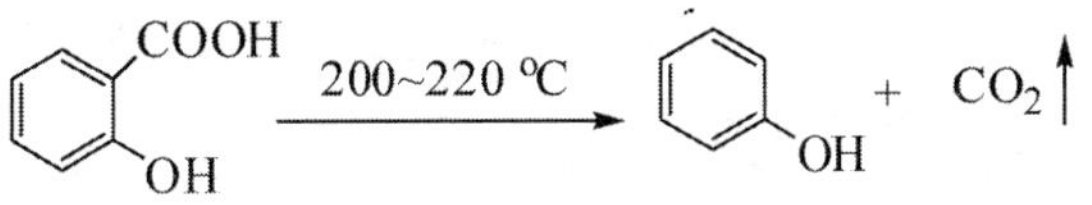

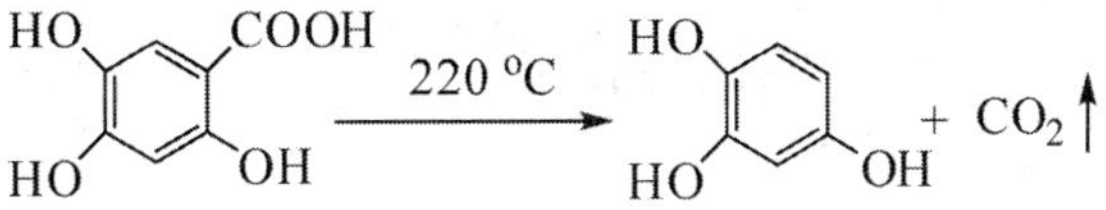

$$\underset{\text{OH}}{\underset{|}{\text{C}_6\text{H}_4}}\text{COOH} \xrightarrow{200\sim220\ ^\circ\text{C}} \text{C}_6\text{H}_5\text{OH} + \text{CO}_2\uparrow$$

$$\text{(HO)}_3\text{C}_6\text{H}\text{COOH} \xrightarrow{220\ ^\circ\text{C}} \text{(HO)}_3\text{C}_6\text{H}_3 + \text{CO}_2\uparrow$$

四、重要的羟基酸

(一) 乳酸($CH_3CHOHCOOH$)

乳酸因来自酸牛奶而得名，化学名称 α-羟基丙酸。乳酸也存在于肌肉中，特别是肌肉剧烈活动后，乳酸含量增加，因此感觉肌肉酸胀。工业上，乳酸是由葡萄糖在乳酸菌作用下发酵制得的。

乳酸是无色黏稠状液体，能溶于水、乙醇和乙醚中。乳酸分子中有一个手性碳原子，故有一对对映异构体。由葡萄糖发酵得到的乳酸是左旋体，肌肉中存在的是右旋体，而由牛乳中分离得到的是外消旋体。

乳酸具有消毒防腐作用，可用于治疗阴道滴虫；乳酸钙是补充体内钙质的药物；其钠盐可用作人体酸中毒的解毒剂。

(二) 苹果酸($HOOCCHOHCH_2COOH$)

苹果酸化学名称羟基丁二酸，因最初由苹果中取得而得名。它多存在于未成熟的果实内，在山楂中含量较多，也存在于一些植物的叶子中。苹果酸也有旋光异构体，自然界存在的是左旋苹果酸，为无色结晶，熔点 100 ℃。易溶于水和乙醇，微溶于乙醚。用于制药及食品工业，苹果酸钠可作为食盐代用品，供低食盐病人用。

苹果酸是糖代谢的中间产物，在酶的催化下脱氢生成 2-氧代丁二酸(又名草酰乙酸)。

(三) 酒石酸($HOOCCHOHCHOHCOOH$)

酒石酸化学名称 2,3-二羟基丁二酸，主要以酸性钾盐的形式存在于葡萄中，难溶于水和乙醇，所以在以葡萄汁酿酒的过程中，便成为沉淀析出，这种沉淀叫做酒石，酒石酸的名称便是由此而来的。

酒石酸也有旋光异构体，自然界存在的酒石酸是右旋体，为透明结晶，熔点 170 ℃，易溶于水。酒石酸钾钠用于配制 Fehling 试剂。酒石酸锑钾($KOOCCHOHCHOHCOOSbO$)即吐酒石，曾用作催吐剂和治疗血吸虫病。

(四) 柠檬酸

柠檬酸化学名称 3-羧基-3-羟基戊二酸,又称枸橼酸。存在于多种植物的果实中,尤以柠檬中含量丰富而得名,它为无色透明晶体。带有一分子结晶水的柠檬酸熔点 100 ℃,不含结晶水的柠檬酸熔点 153 ℃。柠檬酸有强酸味,易溶于水、乙醇和乙醚。在食品工业中用做糖果及清凉饮料的调味剂;在医药上,柠檬酸钠有防止血液凝固的作用,故用作抗凝血剂;柠檬酸铁铵 $[(NH_4)_3Fe(C_6H_5O_7)_2]$ 是常用的补血剂。

$$HOOCCH_2\underset{\underset{COOH}{|}}{\overset{\overset{OH}{|}}{C}}CH_2COOH \xrightarrow[-H_2O]{酶} \underset{HOOCH_2C}{\overset{HOOC}{\diagdown}}C=C\underset{H}{\overset{COOH}{\diagup}} \xrightarrow[+H_2O]{酶}$$

(1)   (2)

$$HOOCCH_2\underset{\underset{OH}{|}}{CH}CHCOOH \xrightarrow{氧化酶} HOOCCH_2\underset{\underset{O}{\|}}{CH}CCOOH \xrightarrow{-CO_2} HOOCCH_2CH_2\underset{\underset{O}{\|}}{C}COOH$$

(3)   (4)   (5)

柠檬酸是体内糖、脂肪和蛋白质代谢过程的中间产物。在酶的催化下,柠檬酸(1)经顺乌头酸(2)转变为异柠檬酸(3),再经氧化成草酰琥珀酸(4)、脱羧变成 α-酮戊二酸(5)。

(五) 水杨酸

水杨酸又名柳酸,化学名称邻-羟基苯甲酸,存在于柳树或水杨树皮中。水杨酸是无色针状结晶,熔点 159 ℃。在 79 ℃时升华,微溶于冷水,易溶于乙醇、乙醚、氯仿和沸水中。加入三氯化铁水溶液显紫红色。水杨酸具有杀菌作用,可作消毒防腐剂,其酒精溶液用于治疗霉菌感染引起的皮肤病;水杨酸具有解热、镇痛作用,但由于水杨酸对胃刺激性强,不宜内服,故多用其衍生物。其主要衍生物有乙酰水杨酸、水杨酸甲酯和对-氨基水杨酸等。

乙酰水杨酸的商品名为阿司匹林(aspirin)。水杨酸在浓硫酸存在下与乙酐共热即生成乙酰水杨酸。

$$\underset{}{\underset{}{\bigcirc}}\!\!\!\!\!\!\!\!\!\!\!\!\!\!\!\!\!\overset{COOH}{\underset{OH}{}} + (CH_3CO)_2O \xrightarrow[95\ ^\circ C]{浓硫酸} \underset{}{\underset{}{\bigcirc}}\!\!\!\!\!\!\!\!\!\!\!\!\!\!\!\!\!\overset{COOH}{\underset{O-\overset{\overset{O}{\|}}{C}-CH_3}{}}$$

乙酰水杨酸为白色针状结晶,熔点 143 ℃,微溶于水,常用作解热镇痛药。阿司匹林、非那西丁(phenacetin)与咖啡因(caffeine)三者配伍的制剂称为复方阿司匹林,用"APC"表示。

阿司匹林对胃也有一定的刺激性,故目前常使用肠溶性阿司匹林。近年报道,成人每日服用低剂量的肠溶性阿司匹林,可降低因急性心肌梗死、冠状动脉血栓病人的死亡率;成人每日服一定量的阿司匹林,可降低患结肠癌病人约 50% 的死亡率。

水杨酸甲酯(methyl salicylate)俗称冬青油,由冬青树叶中提取而得。它为无色液体,沸点 190 ℃,具有特殊香味。可用作扭伤的外用药,也可用于配制牙膏、糖果等的香料。

对-氨基水杨酸(p-amino salicylic acid),简称"PAS"。PAS 显酸性(pKa=3.25),与 NaHCO₃ 作用生成钠盐(PAS-Na),其水溶性比 PAS 大,刺激性低,故 PAS-Na 作为针剂使用。为增强疗效,PAS 常与链霉素或异烟肼合用治疗各种结核病。

水杨酸甲酯　　　　　　　对-氨基水杨酸

第三节　羰基酸

一、羰基酸的分类和命名

羰基酸也称氧代酸,是指脂肪羧酸的碳链上含有羰基的化合物,羰基在碳链一端的是醛酸,在碳链当中的是酮酸,这里重点讨论酮酸。根据酮基和羧基的相对位置不同,酮酸可分为 α、β、γ…酮酸等。

酮酸的命名是以羧酸为母体,酮基作取代基,并用阿拉伯数字或希腊字母注明酮基的位置;也可以羧酸为母体,用"氧代"表示羰基。

$$CH_3-\overset{O}{\underset{\|}{C}}-COOH \qquad CH_3-\overset{O}{\underset{\|}{C}}-CH_2COOH \qquad HOOC-\overset{O}{\underset{\|}{C}}-CH_2COOH$$

2-氧代丙酸　　　　　3-氧代丁酸　　　　　　2-氧代丁二酸

丙酮酸　　　　β-丁酮酸(β-butanone acid)　　α-丁酮二酸(α-butanone diacid)

pyruvic acid　　　乙酰乙酸(acetoacetic acid)　　草酰乙酸(oxaloacetic acid)

二、羰基酸的化学性质

(一)酸性

由于羰基的吸电子能力强于羟基,因此酮酸酸性强于相应的醇酸。

　　　　　　$CH_3COCOOH > CH_3COCH_2COOH > CH_3CH(OH)COOH > CH_3CH_2COOH$

pKa　　　　2.49　　　　　　3.51　　　　　　　3.86　　　　　　　4.88

(二)α-酮酸的氧化反应

α-酮酸很容易被氧化,可与 Tollens 试剂发生银镜反应。

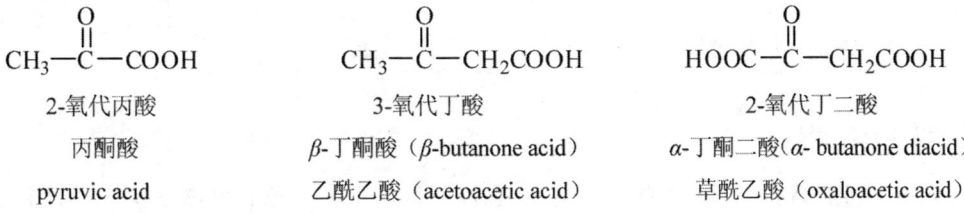

(三) β-酮酸的分解反应

在β-酮酸分子中,由于受羰基和羧基-I效应的影响,羰基和羧基之间的亚甲基上电子云密度降低,因此亚甲基和相邻两个碳原子之间的键都容易断裂,在不同的反应条件下,可发生酮式分解和酸式分解。

β-酮酸微热即可发生脱羧反应,生成酮,并放出 CO_2,这一反应称为β-酮酸的酮式分解反应(ketonic cleavage)。

$$R-\underset{\underset{O}{\|}}{C}-CH_2COOH \xrightarrow{\Delta} R-\underset{\underset{O}{\|}}{C}-CH_3 + CO_2\uparrow$$

β-酮酸的脱羧反应之所以容易,除了上述的诱导效应外,分子中羰基氧和羧基氢之间能形成分子内氢键,也是一个重要原因。

$$R-\underset{\underset{O}{\|}}{C}-CH_2-\underset{\underset{O}{\|}}{C}=O \longrightarrow \left[R-\underset{\underset{O\cdots H-O}{\|}}{C}-CH_2-\underset{\underset{O}{\|}}{C}=O\right] \xrightarrow{-CO_2} R-\underset{\underset{O-H}{\|}}{C}=CH_2 \longrightarrow R-\underset{\underset{O}{\|}}{C}-CH_3$$

　　β-酮酸　　　　　　　　过渡态　　　　　　　　　烯醇式　　　　酮

β-酮酸与浓 NaOH 共热时,α-碳原子和β-碳原子之间发生键的断裂,生成两分子羧酸盐,这一反应称为β-酮酸的酸式分解反应(acid cleavage)。

$$R-\underset{\underset{O}{\|}}{C}-CH_2COOH \xrightarrow[\Delta]{\text{浓NaOH}} RCOONa + CH_3COONa$$

三、重要的羰基酸

(一) 丙酮酸

丙酮酸又名焦酒石酸,可由酒石酸脱水、脱羧而得。它为无色有刺激性臭味的液体,沸点 165 ℃(分解),易溶于水。在生物体内酶的催化下,丙酮酸还原生成乳酸,乳酸氧化生成丙酮酸。

$$CH_3COCOOH \underset{-2H}{\overset{+2H}{\rightleftharpoons}} CH_3CH(OH)COOH$$

　　　丙酮酸　　　　　　　　　乳酸

丙酮酸是动植物体内糖、脂肪和蛋白质代谢的中间产物,在酶的作用下能转变为氨基酸和柠檬酸等,是一个重要的生物活性中间体。

(二) β-丁酮酸

β-丁酮酸又称乙酰乙酸,是无色黏稠状液体,可与水或乙醇混溶。β-丁酮酸只有在低温下才稳定,遇热或与碱作用易发生酮式分解和酸式分解。

$$CH_3COCH_2COOH \xrightarrow{\Delta} CH_3COCH_3 + CO_2\uparrow$$

$$CH_3COCH_2COOH \xrightarrow[\Delta]{\text{浓NaOH}} 2CH_3COONa$$

β-丁酮酸是人体内脂肪代谢的中间产物，在体内由于酶的作用能与β-羟基丁酸互变。

$$CH_3COCH_2COOH \underset{-2H}{\overset{+2H}{\rightleftharpoons}} CH_3CH(OH)CH_2COOH$$

（三）α-丁酮二酸

α-丁酮二酸又叫草酰乙酸，为无色晶体，能溶于水。在体内可在酶的作用下由琥珀酸转变而成。

$$\underset{\text{琥珀酸}}{\begin{matrix}CH_2COOH\\|\\CH_2COOH\end{matrix}} \xrightarrow{-2H} \underset{\text{延胡索酸}}{\begin{matrix}CHCOOH\\||\\CHCOOH\end{matrix}} \xrightarrow{+H_2O} \underset{\text{苹果酸}}{\begin{matrix}CH(OH)COOH\\|\\CH_2COOH\end{matrix}} \xrightarrow{-2H} \underset{\alpha\text{-丁酮二酸}}{\begin{matrix}COCOOH\\|\\CH_2COOH\end{matrix}}$$

草酰乙酸既是α-酮酸，又是β-酮酸，室温以上易脱羧生成丙酮酸。在人体内酶作用下也可生成丙酮酸。

$$HOOCCOCH_2COOH \xrightarrow[\text{或酶}]{\triangle} CH_3COCOOH + CO_2\uparrow$$

习 题

1. 命名或写出下列化合物的结构。

(1) $CH_3CH_2CH_2CHCOOH$
                $|$
                CH_3

(2) $\begin{matrix}CH_3CH_2\\ \\H\end{matrix}C=C\begin{matrix}H\\ \\CH_2COOH\end{matrix}$

(3) $\begin{matrix}H\\ \\HOOC\end{matrix}C=C\begin{matrix}COOH\\ \\H\end{matrix}$

(4) $\begin{matrix}H\\ \\H_3C\end{matrix}C=C\begin{matrix}CH_2COOH\\ \\OH\end{matrix}$

(5) 邻-COOH, OCOCH₃ 苯

(6) 环己烷-COOH，Cl，H

(7) 乙酰乙酸　(8) 草酸　(9) 琥珀酸　(10) 乙酰乙酸乙酯

2. 写出异丁酸与下列试剂发生反应的反应式。
(1) $NaHCO_3$　(2) P 催化量 + Br_2, △　(3) $LiAlH_4$, 乙醚，然后 H_2O
(4) $CH_3CH_2CH_2NH_2$, △　(5) C_2H_5OH, 少量 H_2SO_4　(6) $SOCl_2$

3. 完成下列反应：

(1) $H_2C=CHCH_2COOH \xrightarrow[\text{(2) } H_3O^+]{\text{(1) } LiAlH_4}$

(2) $\text{C}_6\text{H}_5-CH_2COOH + \text{C}_6\text{H}_5-CH_2OH \xrightarrow{H^+}$

(3) 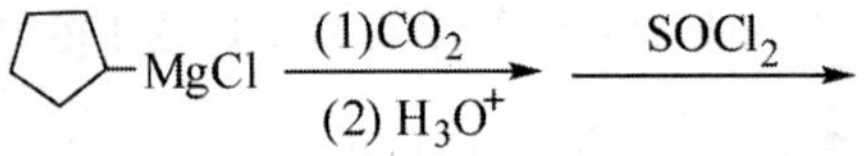 [环戊基]-MgCl $\xrightarrow[(2) H_3O^+]{(1)CO_2}$ $\xrightarrow{SOCl_2}$

(4)  [环己酮]=O + HCN ⟶

(5) HOOCCH$_2$COOH $\xrightarrow{\Delta}$

(6) 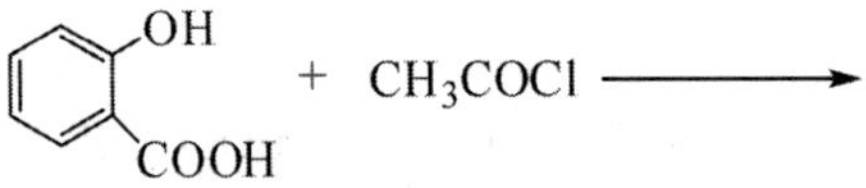 [邻羟基苯甲酸] + CH$_3$COCl ⟶

4. 比较下列各组化合物的酸性。
(1)(a)2-溴丁酸　(b)3-溴丁酸　(c)4-溴丁酸　(d)丁酸
(2)(a)对硝基苯甲酸　(b)对甲基苯甲酸　(c)间硝基苯甲酸　(d)苯甲酸
(3)(a)乙二酸　(b)丙二酸　(c)丁二酸　(d)戊二酸

5. 用化学方法鉴别下列各组化合物。
(1)A. 乙酰水杨酸　B. 水杨酸　C. 水杨酸甲酯　D. 乙酰乙酸乙酯
(2)A. 丙酮酸　B. 草酰乙酸甲酯　C. 2,4-戊二酮　D. 丙酮

6. 化合物 A、B、C 分子式均为 $C_4H_6O_4$，A、B 可溶于 $NaHCO_3$ 溶液，A 加热生成 $C_4H_4O_3$，B 加热生成 $C_3H_6O_2$，化合物 C 用稀酸处理可得 2 mol 甲醇和 1 mol 二元酸。试推测 A, B, C 的结构式。

7. 由指定原料合成下列化合物。
(1)由甲醇及乙醛合成 2-羟基-2-甲基丙酸
(2)由乙醛合成 β-溴代丁酸
(3)由苯与环己酮合成 6-苯基己酸

第十一章 羧酸衍生物

羧酸分子中羧基上的羟基被—X、—OR、—OCOR、—NH$_2$（或—NHR、—NR$_2$）取代后所形成的化合物，分别称为酰卤（acyl nalide）、酯（ester）、酸酐（anhydride）、酰胺（amide），总称为羧酸衍生物（derivatives of carboxylic acid）。

酰卤和酸酐性质较活泼，自然界中几乎不存在。酯和酰胺普遍存在于动植物中，许多药物是酯和酰胺类化合物及其衍生物，如普鲁卡因、尼泊金、扑热息痛（对乙酰氨基酚）、青霉素、头孢菌素和巴比妥类等，这些化合物在医药中起着重要的作用。

一、羧酸衍生物的结构、分类和命名

（一）羧酸衍生物的结构和分类

羧酸去掉羧基上的羟基剩余部分称为酰基（acyl group）。酰卤、酸酐、酯、酰胺均含有酰基，故它们统称为酰基化合物。其通式为：

$$\underset{\text{酰卤}\atop\text{acyl halide}}{R-\overset{O}{\underset{\|}{C}}-X} \quad \underset{\text{酸酐}\atop\text{anhydride}}{R-\overset{O}{\underset{\|}{C}}-O-\overset{O}{\underset{\|}{C}}-R} \quad \underset{\text{酯}\atop\text{ester}}{R-\overset{O}{\underset{\|}{C}}-O-R} \quad \underset{\text{酰胺}\atop\text{amide}}{R-\overset{O}{\underset{\|}{C}}-NH_2(NHR,NR_2)}$$

酰基中的羰基可与其相连的卤素、氧或氮原子上的未用 p 电子对形成 $p-\pi$ 共轭体系。在酰氯分子中，由于氯的电负性较强，吸电子的诱导效应大于供电子的共轭效应，因此酰氯中的 C—Cl 键易断裂，化学性质活泼。在酰胺中，供电子的共轭效应大于吸电子的诱导效应，所以 C—N 键具有部分双键的性质，化学性质较稳定。酸酐和酯的化学活泼性介于酰氯和酰胺之间，但酸酐比酯更活泼。

（二）羧酸衍生物的命名

酰基的命名可将相应羧酸的名称中的"酸"字改为"酰基"即可，酰基的英文命名是将词尾"-yl"代替羧酸名称的词尾"-ic acid"。例如：

$$\underset{\substack{\text{乙酸}\\\text{acetic acid}}}{CH_3-\overset{O}{\underset{\|}{C}}-OH} \quad \underset{\substack{\text{乙酰基}\\\text{acetyl}}}{CH_3-\overset{O}{\underset{\|}{C}}-} \quad \underset{\substack{\text{苯甲酸}\\\text{benzoic acid}}}{C_6H_5-\overset{O}{\underset{\|}{C}}-OH} \quad \underset{\substack{\text{苯甲酰基}\\\text{benzoyl}}}{C_6H_5-\overset{O}{\underset{\|}{C}}-}$$

1. 酰卤的命名

酰卤的命名是在酰基的名称后面加上卤素的名称，合起来称为"某酰卤"。酰卤的英文命名是在英文酰基名称之后，加上"bromide"或"chloride"等。例如：

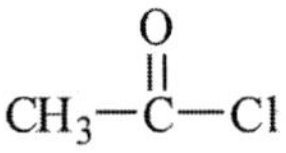

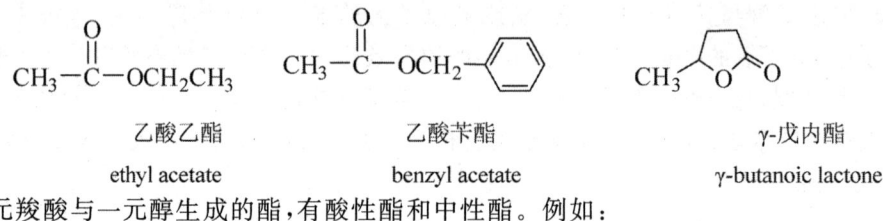

乙酰氯 　　　　　　　　苯甲酰溴 　　　　　　　水杨酰氯
acetyl chloride　　　　benzoyl bromide　　　　salicyloyl chloride

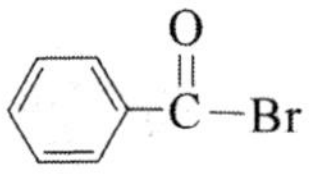

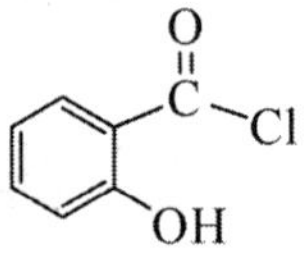

2. 酸酐的命名

酸酐的命名是在羧酸的名称后加"酐"字，称某酸酐，"酸"字常省略，称某酐。相同羧酸形成的酸酐，"二"字也可省略；不同羧酸形成的酸酐，简单的羧酸写在前面，复杂的羧酸写在后面。酸酐英文命名是去掉羧酸名称之后的 acid，加上 anhydride，混酐英文名称根据羧酸名称按英文字母顺序先后列出。例如：

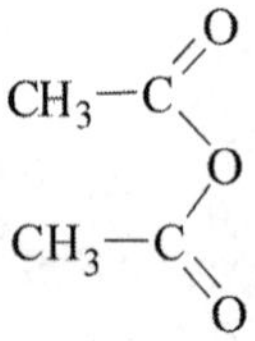

乙酸酐（乙酐）　　　　　乙丙酐　　　　　　邻苯二甲酸酐
acetic anhydride　　acetic-propanoic anhydride　　phthalic anhydride

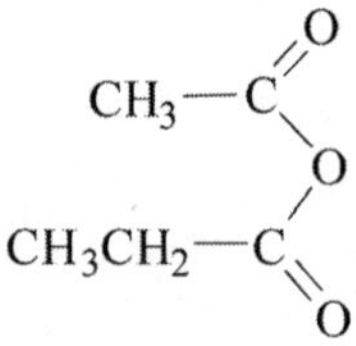

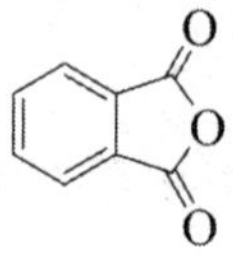

3. 酯的命名

命名一元羧酸和一元醇生成的酯是酸的名称加醇的名称，称为"某酸某醇酯"，通常"醇"字可省略；命名内酯则用希腊字母标明原羟基的位置，在酯名称前加"内"字。酯的英文命名是将羧酸的词尾"-ic acid"改成"-ate"，然后把与氧相连的烃基名称放在它的前面。例如：

乙酸乙酯　　　　　　　乙酸苄酯　　　　　　　γ-戊内酯
ethyl acetate　　　　benzyl acetate　　　　γ-butanoic lactone

二元羧酸与一元醇生成的酯，有酸性酯和中性酯。例如：

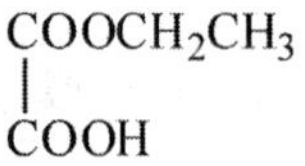

乙二酸氢乙酯（酸性酯）　　　　邻苯二甲酸甲乙酯（中性酯）
ethyl hydrogen ethanedioate　　　ethyl methyl phthalate

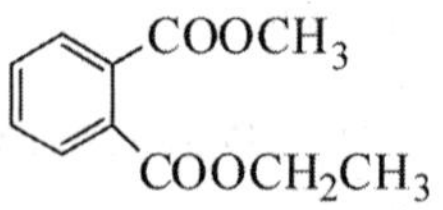

4. 酰胺的命名

酰胺的命名是酰基名称后加上"胺或某胺"，内酰胺则用希腊字母标明原氨基的位置，在酰字前加"内"字。若酰胺氮原子上连有取代基，应在取代基名称前加"N"字，表示取代基连在氮原子上。酰胺的英文命名是将羧酸的词尾"-ic acid"或系统名称字尾"-oic acid"改成"amide"。例如：

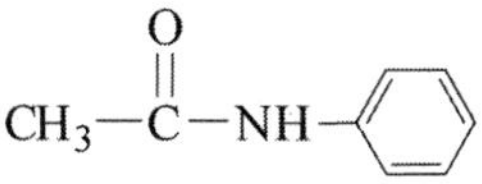

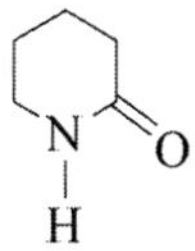

乙酰苯胺
acetyl aniline

δ-戊内酰胺
δ-hexanolactam

N,N-二甲基甲酰胺
N,N-dimethyl methanamide

二元酸的两个酰基与亚胺基或取代的亚胺基相连接的环状化合物叫做酰亚胺，命名时称为"某酰亚胺"。

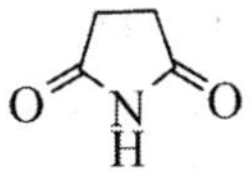

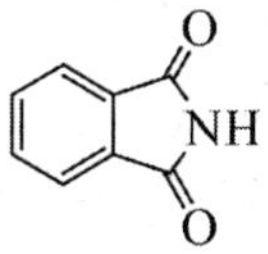

丁二酰亚胺
succinimide

邻苯二甲酰亚胺
phthalimide

二、羧酸衍生物的物理性质

低级酰卤和酸酐有刺激气味。挥发性酯有令人愉快的气味，可用于制造香料。

酰卤、酸酐和酯类化合物的分子间不能形成氢键，酰胺分子间能形成氢键而缔合。因此，酰卤、酯和酸酐的沸点较相对分子质量相近的羧酸低；酰胺的熔点、沸点均比相应的羧酸高。

所有羧酸衍生物均溶于乙醚、氯仿、丙酮和苯等有机溶剂。低级酰胺（如 N,N-二甲基甲酰胺）能与水混溶，是很好的非质子性溶剂。

几种常见的羧酸衍生物的物理常数如下：

表 11-1 几种羧酸衍生物的物理常数

名称	结构式	沸点（℃）	熔点（℃）	相对密度（d_4^{20}）
乙酰氯	CH_3COCl	51	-112	1.104
苯甲酰氯	C_6H_5COCl	197	-1	1.212
乙(酸)酐	$(CH_3CO)_2O$	140	-73	1.082
邻苯二甲酸酐	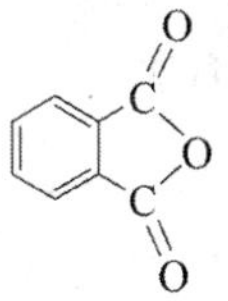	284	131	1.527
乙酸乙酯	$CH_3COOCH_2CH_3$	77	-84	0.901
苯甲酸苄酯	$C_6H_5COOCH_2C_6H_5$	324	21	1.114(18℃)
乙酰胺	CH_3CONH_2	221	82	1.159
N,N-二甲基甲酰胺	$HCON(CH_3)_2$	152.8	-61	0.9445

三、羧酸衍生物的化学性质

羧酸衍生物分子中都含有酰基，酰基又与电负性较大的原子或基团相连，所以分子中的羰基容易与亲核试剂(水、醇、氨等)发生水解、醇解和氨(胺)解反应。由于酰基所连的离去基团不同,因此反应活性各有差异。

(一) 水解反应

酰卤、酸酐、酯和酰胺均能水解生成相应的酸,反应通式如下:

$$
\begin{array}{l}
R-\underset{\substack{\|\\O}}{C}-X \\
R-\underset{\substack{\|\\O}}{C}-O-\underset{\substack{\|\\O}}{C}-R' \\
R-\underset{\substack{\|\\O}}{C}-O-R' \\
R-\underset{\substack{\|\\O}}{C}-NH_2
\end{array}
+ H-OH
\begin{array}{l}
\longrightarrow R-\underset{\substack{\|\\O}}{C}-OH + HCl \\
\longrightarrow R-\underset{\substack{\|\\O}}{C}-OH + HO-\underset{\substack{\|\\O}}{C}-R' \\
\xrightarrow{H^+ \text{或} OH^-} R-\underset{\substack{\|\\O}}{C}-OH + HO-R' \\
\xrightarrow{H^+ \text{或} OH^-} R-\underset{\substack{\|\\O}}{C}-OH + NH_3
\end{array}
$$

酰卤最易水解,低级酰卤与空气中水蒸气发生剧烈水解反应,产生白色烟雾。芳香酰氯的水解速率很慢,需要加热或加碱促进水解进行。

酸酐水解反应比酰卤温和,但比酯易水解。酸酐不溶于水,在室温下水解很慢,但选择适宜的溶剂或加热使酸酐与水成均相,则可使水解较易进行。

酯的水解必须在酸或碱的催化下进行,生成一分子酸和一分子醇。酯在酸性条件下的水解是酯化反应的逆反应,由于是平衡反应,故反应不完全。碱性条件下酯的水解反应是不可逆的,在此反应中,碱既是催化剂又是反应试剂。因为 OH^- 是较强的亲核试剂,容易与酯羰基发生亲核反应,而且产生的酸可以与碱作用生成盐,有利于平衡反应的正向移动。例如:

$$CH_3(CH_2)_8CH=CHCOOCH_3 + KOH \xrightarrow[\triangle]{H_2O} \xrightarrow{H^+} CH_3(CH_2)_8CH=CHCOOH$$

酰胺比酯更稳定,需要在强酸或强碱条件下加热回流才能水解生成相应的羧酸和胺(氨气)。例如:

$$H_2N-\underset{\substack{\|\\O}}{C}-CH_2-Ph \xrightarrow[\text{回流}]{35\% \text{ HCl}} HO-\underset{\substack{\|\\O}}{C}-CH_2-Ph + NH_4^+ + Cl^-$$

$$\underset{\underset{NO_2}{|}}{\overset{H_3CONHCOCH_3}{\text{[芳环]}}} \xrightarrow[\text{回流}]{KOH, H_2O} \underset{\underset{NO_2}{|}}{\overset{H_3CONH_2}{\text{[芳环]}}} + CH_3COOK$$

通过以上反应可以看出,羧酸衍生物发生水解反应时其相应反应活性次序为:

酰卤 > 酸酐 > 酯 > 酰胺

(二) 醇解反应

羧酸衍生物与醇(或酚)反应生成酯,称为羧酸衍生物的醇(酚)解(alcoholysis)。其反应如下:

$$\begin{matrix} R-\underset{\underset{}{\parallel}}{C}-X \\ R-\underset{\underset{}{\parallel}}{C}-O-\underset{\underset{}{\parallel}}{C}-R' \\ R-\underset{\underset{}{\parallel}}{C}-O-R' \\ R-\underset{\underset{}{\parallel}}{C}-NH_2 \end{matrix} + H-OR'' \longrightarrow \begin{matrix} R-\underset{\underset{}{\parallel}}{C}-OR'' + HCl \\ R-\underset{\underset{}{\parallel}}{C}-OR'' + HO-\underset{\underset{}{\parallel}}{C}-R' \\ \xrightarrow{H^+, \Delta} R-\underset{\underset{}{\parallel}}{C}-OR'' + HO-R' \\ \xrightarrow{H^+\text{或}OH^-}_{\text{回流}} R-\underset{\underset{}{\parallel}}{C}-OR'' + NH_3 \end{matrix}$$

酰卤与醇(或酚)很快反应生成酯,利用这个反应可以制备某些醇或酚不能与羧酸直接生成的醇酯或酚酯。例如:

$$CH_3-\underset{\underset{}{\parallel}}{C}-Cl + HO-C_6H_5 \longrightarrow CH_3-\underset{\underset{}{\parallel}}{C}-O-C_6H_5$$

酸酐的醇解较酰卤温和,可用酸或碱催化反应,生成酯和羧酸。

$$\text{(furfuryl)}-CH_2OH + (CH_3CO)_2O \xrightarrow{CH_3COONa} \text{(furfuryl)}-CH_2OCOCH_3 + CH_3COOH$$

环状酸酐与醇回流可得单酯,如用酸催化,可进一步酯化得二元酯。

$$\text{(succinic anhydride)} + CH_3OH \xrightarrow{\text{回流}} HOOC-CH_2CH_2-COOCH_3 \xrightarrow{CH_3OH}_{H^+} H_3COOC-CH_2CH_2-COOCH_3$$

酯在酸存在下发生醇解反应,生成新的酯和醇,所以酯的醇解又称酯交换反应。有机合成中,常利用酯交换反应从低沸点醇的酯转化为高沸点醇的酯。

$$H_2C=CHCOOCH_3 + n\text{-}C_4H_9OH \xrightarrow{Me-C_6H_4-SO_3H} H_2C=CHCOOC_4H_9\text{-}n + CH_3OH$$

酰胺的醇解较为困难,需在酸性条件下加热到较高温度才能转变成酯,实际应用较少。

(三) 氨解反应

酰卤、酸酐、酯和酰胺与氨(或胺)作用生成酰胺的反应称为氨解反应(ammonolysis)。

$$\begin{matrix} R-\underset{\underset{}{\parallel}}{C}-X \\ R-\underset{\underset{}{\parallel}}{C}-O-\underset{\underset{}{\parallel}}{C}-R' \\ R-\underset{\underset{}{\parallel}}{C}-O-R' \\ R-\underset{\underset{}{\parallel}}{C}-NH_2 \end{matrix} + \begin{matrix} H-NH_2 \\ H-NHR' \end{matrix} \longrightarrow \begin{matrix} R-\underset{\underset{}{\parallel}}{C}-NH_2 + NH_4Cl \\ R-\underset{\underset{}{\parallel}}{C}-NH_2 + HO-\underset{\underset{}{\parallel}}{C}-ONH_4 \\ R-\underset{\underset{}{\parallel}}{C}-NH_2 + HO-R' \\ R-\underset{\underset{}{\parallel}}{C}-NHR' + NH_3 \end{matrix}$$

酰氯与氨或胺迅速反应,生成酰胺和 HCl,生成的 HCl 与原料胺生成盐,消耗过多的原料胺,因此常采用碱(NaOH、吡啶或 N,N—二甲基苯胺)中和反应中生成的 HCl。

$$\text{C}_6\text{H}_5\text{-COCl} + \text{HN}\overset{}{\underset{}{\bigcirc}} \xrightarrow{\text{NaOH}} \text{C}_6\text{H}_5\text{-CO-N}\overset{}{\underset{}{\bigcirc}} + \text{NaCl} + \text{H}_2\text{O}$$

酸酐也比较易与氨(胺)反应生成酰胺和一分子的羧酸,反应中常加入三乙胺以中和生成的酸。这个反应常用于芳香一级胺或二级胺的乙酰化(使用乙酸酐)。

$$\text{HO-C}_6\text{H}_4\text{-NH}_2 + (\text{CH}_3\text{CO})_2\text{O} \longrightarrow \text{HO-C}_6\text{H}_4\text{-NHCOCH}_3$$

环状酸酐与胺反应,则开环生成二元酸单酰胺,后者加热则生成酰亚胺。例如:

$$\text{(邻苯二甲酸酐)} \xrightarrow{\text{CH}_3\text{NH}_2} \text{(邻苯二甲酸单甲酰胺)} \xrightarrow{\Delta} \text{(N-甲基邻苯二甲酰亚胺)}$$

酯、酰胺也能和氨(胺)反应生成酰胺,但反应速率较慢,通常通过加热提高反应速率。

羧酸衍生物的水解、醇解和氨解都是发生在酰基碳原子上的亲核反应,其反应历程如下:

$$\underset{\text{O}}{\overset{\|}{\text{R-C-L}}} + \text{H:Nu} \longrightarrow \underset{\text{O}}{\overset{\|}{\text{R-C-Nu}}} + \text{HL}$$

式中 H:Nu 代表亲核试剂,如 H_2O、$R-OH$、NH_3 等;L 代表离去基团,如 $-X$、$-OCOR$、$-OR$、$-NH_2(-NHR, -NR_2)$ 等。

酰基的亲核取代反应分两步进行:第一步,亲核试剂进攻酰基碳,发生亲核加成反应,形成带负电荷的四面体结构的中间体;第二步,中间体发生消除反应,恢复碳氧双键,其历程如下:

$$\underset{\text{O}}{\overset{\|}{\text{R-C-L}}} + :\text{Nu}^- \rightleftharpoons \left[\underset{\text{Nu}}{\overset{\text{O}^-}{\underset{|}{\overset{|}{\text{R-C-L}}}}}\right] \rightleftharpoons \underset{\text{O}}{\overset{\|}{\text{R-C-Nu}}} + \text{L}^-$$

因此,羧酸衍生物的水解、醇解和氨解反应实际上是一个先亲核加成后消除的过程。酰基的亲核取代反应速率,受其分子中的电子效应和空间效应的影响。第一步,亲核加成形成四面体结构的中间体时,若烃基上有能使中间体稳定、且体积又小的基团存在,则有利于亲核加成反应,反应速率就快;反之,不利于加成反应,反应速率就慢。第二步,消除反应的速率取决于离去基团的碱性强弱(可从相应的共轭酸的强弱间接判断相对碱性的强弱),碱性越弱,越利于离去基团的离去,反应越易进行。它们的碱性次序是 $-NH_2 > -OR > -OOCR > -X$,则这些离去基团的离去顺序就为:

$$-X > -OOCR > -OR > -NH_2$$

所以,羧酸衍生物发生水解、醇解和氨解的活性次序是:

$$\text{酰卤} > \text{酸酐} > \text{酯} > \text{酰胺}$$

下面以酸、碱条件下酯水解反应历程为例,说明羧酸衍生物水解的本质。

(1)酯在碱性条件下的水解反应:羧酸酯在碱溶液中的水解反应称酯的皂化,此反应是不可逆的。其过程如下:

$$\text{R}-\overset{\overset{\text{O}}{\|}}{\text{C}}-\text{OR}' + \text{OH}^- \underset{}{\overset{\text{加成}}{\rightleftharpoons}} \left[\text{R}-\overset{\overset{\text{O}^-}{|}}{\underset{\underset{\text{OR}'}{|}}{\text{C}}}-\text{OH}\right] \overset{\text{消去}}{\rightleftharpoons} \text{R}-\overset{\overset{\text{O}}{\|}}{\text{C}}-\text{OH} + {}^-\text{OR}'$$

$$\longrightarrow \text{R}-\overset{\overset{\text{O}}{\|}}{\text{C}}-\bar{\text{O}} + \text{HOR}'$$

此反应的第一步是⁻OH进攻酰基的羰基碳,形成带负电荷的四面体结构的中间体,然后消除烷氧基,羧基质子转移形成醇和羧酸负离子。反应速率取决于带负电荷的四面体结构中间体的稳定性,若烃基上有能分散负电荷的吸电子基,则中间体稳定,反应速率就快。空间因素对中间体的稳定性影响也很大,酰基碳上取代基多、体积大和烷氧基体积大都使中间体稳定性降低,而反应速率变慢。

(2)酯的酸催化水解反应:酯的酸性水解是通过酯羰基质子化后的共轭酸进行的可逆反应。其历程如下:

$$\text{R}-\overset{\overset{\text{O}}{\|}}{\underset{\underset{\text{OR}'}{|}}{\text{C}}} + \text{H}^+ \overset{\text{质子化}}{\rightleftharpoons} \left[\text{R}-\overset{\overset{\overset{+}{\text{OH}}}{|}}{\underset{\underset{\text{OR}'}{|}}{\text{C}}}\right] \overset{\text{加H}_2\text{O}}{\rightleftharpoons} \text{R}-\overset{\overset{\text{OH}}{|}}{\underset{\underset{\text{OR}'}{|}}{\text{C}}}-\overset{+}{\text{OH}}_2 \overset{\text{质子转移}}{\rightleftharpoons}$$

$$\left[\text{R}-\overset{\overset{\text{OH}}{|}}{\underset{\underset{\overset{+}{\text{OHR}'}}{|}}{\text{C}}}-\text{OH}\right] \overset{\text{消去}}{\rightleftharpoons} \text{R}-\overset{\overset{\text{O}}{\|}}{\text{C}}-\text{OH} + \text{R}'\text{OH} + \text{H}^+$$

反应的第一步是酯中羰基质子化,从而增加羰基的正电性,有利于亲核试剂进攻。第二步是质子化的羰基与H_2O加成形成带正电荷的四面体结构的中间体。第三步是质子转移和消除醇分子,生成羧酸。

该反应速率取决于第二步,形成四面体中间体的稳定性。与碱溶液反应一样,—R和—OR′基团体积越大,反应速率降低,所以—R和—OR′基团供电子能力增强,使中间体稳定而水解反应速率加快。

(四) 与金属有机化合物的反应

酰卤、酸酐、酯都能与格氏试剂反应生成由两个相同烃基的叔醇,反应过程如下:

$$\text{R}-\overset{\overset{\text{O}}{\|}}{\text{C}}-\text{L} \overset{\text{R}'\text{MgX}}{\longrightarrow} \text{R}-\overset{\overset{\text{OMgX}}{|}}{\underset{\underset{\text{R}'}{|}}{\text{C}}}-\text{L} \overset{-\text{MgXL}}{\longrightarrow} \text{R}-\overset{\overset{\text{O}}{\|}}{\text{C}}-\text{R}' \overset{\text{R}'\text{MgX}}{\longrightarrow}$$

$$\text{R}-\overset{\overset{\text{OMgX}}{|}}{\underset{\underset{\text{R}'}{|}}{\text{C}}}-\text{R}' \overset{\text{H}_2\text{O}}{\longrightarrow} \text{R}-\overset{\overset{\text{OH}}{|}}{\underset{\underset{\text{R}'}{|}}{\text{C}}}-\text{R}'$$

例如:

$$C_3H_7-\overset{O}{\underset{\|}{C}}-Cl \xrightarrow[(2)\ H_2O]{(1)\ CH_3MgI} C_3H_7\overset{OH}{\underset{|}{C}}(CH_3)_2$$

$$CH_3-\overset{O}{\underset{\|}{C}}-O-\overset{O}{\underset{\|}{C}}-CH_3 \xrightarrow[(2)\ H_2O]{(1)\ CH_3MgI} (CH_3)_3COH$$

$$CH_3\overset{CH_3}{\underset{|}{CH}}-\overset{O}{\underset{\|}{C}}-OC_2H_5 \xrightarrow[(2)\ H_2O]{(1)\ CH_3MgX} CH_3\overset{CH_3}{\underset{|}{CH}}-\overset{OH}{\underset{\underset{CH_3}{|}}{C}}-CH_3$$

羧酸衍生物与格氏试剂反应首先得到酮，酮继续与格氏试剂作用生成叔醇。由于格氏试剂与酮的作用比与酸酐、酯的作用快，因此格氏试剂与酸酐、酯反应均形成叔醇；而酰卤的活性比酮大，故控制好条件可停留在生成酮的一步。例如在较低温度下，将格氏试剂加到酰卤中，酰卤始终是过量的，就可以得到较高收率的酮。

$$(CH_3)_3C-\overset{O}{\underset{\|}{C}}-Cl \xrightarrow[(2)\ H_2O]{(1)\ (CH_3)_3CMgX} (CH_3)_3C-\overset{O}{\underset{\|}{C}}-C(CH_3)_3$$

（五）还原反应

羧酸衍生物较羧酸易被还原。酰卤、酸酐和酯被还原成伯醇，酰胺还原为胺。若用氢化铝锂作还原剂，碳碳双键不受影响。

$$R-\overset{O}{\underset{\|}{C}}-Cl \xrightarrow{LiAlH_4} RCH_2OH + HCl$$

$$R-\overset{O}{\underset{\|}{C}}-O-\overset{O}{\underset{\|}{C}}-R' \xrightarrow{LiAlH_4} RCH_2OH + R'CH_2OH$$

$$R-\overset{O}{\underset{\|}{C}}-O-R' \xrightarrow{LiAlH_4} RCH_2OH + HOR'$$

$$R-\overset{O}{\underset{\|}{C}}-NH_2 \xrightarrow{LiAlH_4} RCH_2NH_2$$

酰卤用低活性的钯催化剂（$Pd/BaSO_4$）可将酰卤氢化还原成醛。

$$CH_3CH_2CH_2-\overset{O}{\underset{\|}{C}}-Cl + H_2 \xrightarrow{Pd/BaSO_4} CH_3CH_2CH_2-\overset{O}{\underset{\|}{C}}-H + HCl$$

酯能被醇钠还原成伯醇，而且碳碳双键或叁键不受影响，可用此法制备伯醇。

$$CH_3CH=CHCH_2-\overset{O}{\underset{\|}{C}}-OC_2H_5 \xrightarrow{Na + C_2H_5OH} CH_3CH=CHCH_2OH$$

酯用铜铬氧化物作催化剂，可催化加氢将酯还原成醇。反应过程中双键可同时被还原，但苯环不受影响。

$$\underset{}{\underset{}{C_6H_5}}-\overset{O}{\underset{\|}{C}}-O-CH_2CH=CH_2 \xrightarrow[125\ ^\circ C\ 加压]{CuO/CuCrO_4} C_6H_5-CH_2OH + CH_3CH_2CH_2OH$$

（六）酯缩合反应

具有 α-H 的酯，在醇钠作用下能发生类似醇醛缩合的反应。即一分子酯的 α-H 被另一分子酯的酰基取代生成酮酸酯，称为酯缩合反应或 Claison（克莱森）缩合反应。例如：

$$CH_3-\overset{O}{\overset{\|}{C}}\left[-OC_2H_5 + H\right]-CH_2-\overset{O}{\overset{\|}{C}}-OC_2H_5 \xrightarrow{C_2H_5ONa} CH_3-\overset{O}{\overset{\|}{C}}-CH_2-\overset{O}{\overset{\|}{C}}-OC_2H_5$$

具体反应机理如下：

$$C_2H_5O^- + H-CH_2-\overset{O}{\overset{\|}{C}}-OC_2H_5 \rightleftharpoons \overset{-}{C}H_2-\overset{O}{\overset{\|}{C}}-OC_2H_5 + C_2H_5OH$$

$$CH_3-\overset{O}{\overset{\|}{C}}-OC_2H_5 + \overset{-}{C}H_2-\overset{O}{\overset{\|}{C}}-OC_2H_5 \rightleftharpoons CH_3-\underset{CH_2COOC_2H_5}{\overset{OH}{\overset{|}{C}}}-OC_2H_5$$

$$\xrightarrow{-C_2H_5O^-} CH_3-\overset{O}{\overset{\|}{C}}-CH_2-\overset{O}{\overset{\|}{C}}-OC_2H_5$$

乙酰乙酸乙酯

乙酰乙酸乙酯具有一些特殊性质，是有机合成的重要中间体。

在通常情况下，乙酰乙酸乙酯显示双重反应性能，它既能与氢氰酸、亚硫酸氢钠加成，与羟胺、苯肼试剂生成肟或腙，显示了甲基酮的性质；又能使溴的四氯化碳溶液褪色，与三氯化铁显色，表现了烯醇的性质。因此，乙酰乙酸乙酯是以酮式与烯醇式两种形式存在，它们之间存在下列动态平衡。

$$CH_3-\overset{O}{\overset{\|}{C}}-CH_2COOC_2H_5 \rightleftharpoons CH_3-\underset{}{\overset{OH}{\overset{|}{C}}}=CH-COOC_2H_5$$

酮式 92.5%　　　　　　　　　　烯醇式 7.5%

不具有 α-H 的酯（如苯甲酸酯、甲酸酯、草酸酯和碳酸酯等）可以提供羰基，与具有 α-H 的酯起缩合反应，称为交叉 Claisen 酯缩合反应。例如：

$$C_6H_5-\overset{O}{\overset{\|}{C}}-OC_2H_5 + CH_3COOC_2H_5 \xrightarrow{C_2H_5ONa} C_6H_5-\overset{O}{\overset{\|}{C}}-CH_2COOC_2H_5 + C_2H_5OH$$

$$HCOOC_2H_5 + CH_3COOC_2H_5 \xrightarrow{C_2H_5ONa} HCOCH_2COOC_2H_5 + C_2H_5OH$$

（七）酰胺的特性

1. 酸碱性

酰胺分子中，羰基和氨基存在着 $p-\pi$ 共轭效应，电子云向氧原子偏移，结果使氮原子的电子云密度下降，接受质子的能力减弱。因此酰胺一般是中性化合物，仅是在强酸强碱条件下显示出弱碱弱酸性。

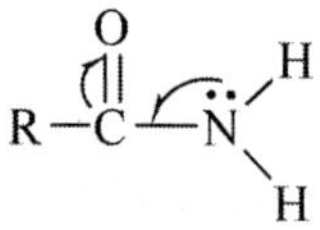

$$\text{R-C(=O)-N(H)(H)}$$ (酰亚胺结构示意)

在酰亚胺(imide)分子中,氮原子连接两个吸电子的酰基,氮原子电子云密度大大降低,表现出明显的酸性,能与 NaOH(或 KOH)水溶液反应成盐。例如:

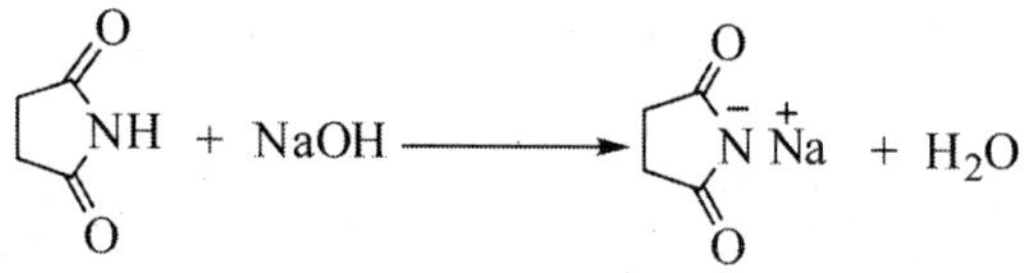

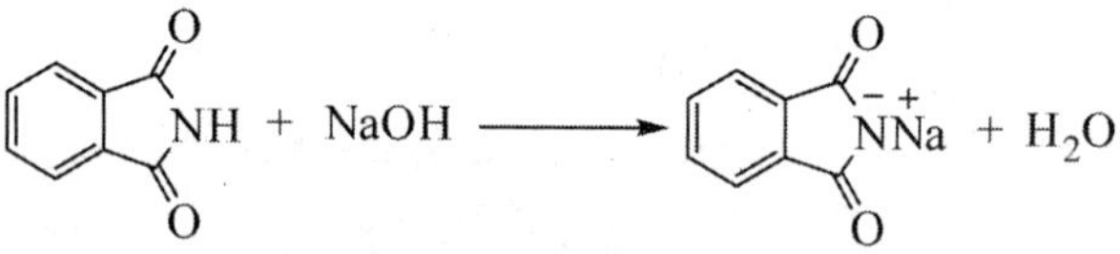

丁二酰亚胺 + NaOH ⟶ 丁二酰亚胺钠盐 + H_2O

邻苯二甲酰亚胺 + NaOH ⟶ 邻苯二甲酰亚胺钠盐 + H_2O

成盐后的阴离子,其氮原子上的负电荷可被两个羰基分散而稳定。酰亚胺盐与卤代烃反应可在氮原子上引入烃基,在有机合成上十分有用。

2. 与亚硝酸反应

氮上未取代的酰胺与亚硝酸反应时,氨基被羟基取代生成相应的羧酸,并放出氮气。

$$R-\overset{O}{\overset{\|}{C}}-NH_2 + HNO_2 \longrightarrow R-\overset{O}{\overset{\|}{C}}-OH + N_2\uparrow + H_2O$$

3. Hofmann 降解反应

酰胺与次氯酸钠或次溴酸钠(Cl_2 或 Br_2/NaOH)溶液作用,脱去羰基生成伯胺,是制备某些伯胺的方法。由于分子在反应过程中减少了一个碳原子,故称为降解反应(degradation reaction)。例如:

$$R-\overset{O}{\overset{\|}{C}}-NH_2 + Br_2 + NaOH \longrightarrow RNH_2 + NaBr + Na_2CO_3 + H_2O$$

四、碳酸衍生物

可以把碳酸看成是两个羟基共用一个羰基的二元酸,其结构形式很不稳定。其分子中的一个羟基被取代后的碳酸衍生物也极不稳定,在一般条件下不能游离存在。例如:Cl—COOH(氯甲酸),NH_2—CO—OH(氨基甲酸)等。

碳酸分子中两个羟基都被取代的衍生物是稳定的,它们是有机合成药物的原料。下面介绍一些典型碳酸衍生物。

(一) 脲(尿素)

脲(urea)又称尿素,是碳酸的二元酰胺,结构式为 NH_2—CO—NH_2,是哺乳动物体内蛋白质代谢的最终产物,成人每天经尿排泄 25~30 g 脲。

脲为白色长菱形结晶,熔点 133 ℃,易溶于水和乙醇,难溶于乙醚。其化学性质如下。

1. 弱碱性

脲具有弱碱性,其水溶液不能使石蕊试纸变色,只能与强酸作用生成盐。如脲的水溶液中加入浓硝酸,可析出硝酸脲白色沉淀。

$$NH_2-\overset{O}{\underset{\|}{C}}-NH_2 + HNO_3 \longrightarrow NH_2-\overset{O}{\underset{\|}{C}}-NH_2 \cdot HNO_3 \downarrow$$

2. 水解

脲具有酰胺的一般性质,在脲酶、酸或碱催化下发生如下反应:

$$NH_2-\overset{O}{\underset{\|}{C}}-NH_2 + H_2O \longrightarrow \begin{cases} \xrightarrow{HCl} CO_2\uparrow + 2NH_4Cl \\ \xrightarrow{NaOH} NH_3\uparrow + Na_2CO_3 \\ \xrightarrow{脲酶} NH_3\uparrow + CO_2\uparrow + H_2O \end{cases}$$

3. 与亚硝酸反应

$$NH_2-\overset{O}{\underset{\|}{C}}-NH_2 + HNO_2 \longrightarrow N_2\uparrow + CO_2\uparrow + H_2O$$

通过测定氮的体积,可测定脲的含量。此反应也用于除去反应过程中过量的亚硝酸。

4. 缩二脲反应

将脲缓缓加热至 150~160℃(温度过高会分解),两分子脲缩合成缩二脲,并放出氨气。

$$H_2N-\overset{O}{\underset{\|}{C}}-NH_2 + H_2N-\overset{O}{\underset{\|}{C}}-NH_2 \xrightarrow{150\sim160\ ^{\circ}C} H_2N-\overset{O}{\underset{\|}{C}}-NH-\overset{O}{\underset{\|}{C}}-NH_2$$

缩二脲难溶于水,可互变成烯醇型而溶于碱性溶液。在缩二脲的碱性溶液中加少许硫酸铜溶液,溶液显紫红色或紫色,这个反应称为缩二脲反应(biuret reaction)。凡分子中含有两个或两个以上酰胺键(—CO—NH—)结构的化合物(如草二酰胺,多肽和蛋白质)都能发生缩二脲反应。

(二)胍

脲分子中的氧原子被亚氨基(=NH)取代后的化合物,称为胍(quanidine,$NH_2-CNH-NH_2$),又称亚氨基脲。

胍为白色结晶,熔点 50 ℃,吸湿性极强,易溶于水。胍是一种很强的有机碱($pK_a = 13.8$),与氢氧化钾相当。这是因为胍接受 H^+ 后形成 C—N 键完全平均化的胍正离子共轭体系,因此,胍置于空气中,易吸收空气中的二氧化碳生成稳定的碳酸盐。

$$NH_2-\overset{NH}{\underset{\|}{C}}-NH_2 + H_2O + CO_2 \longrightarrow (NH_2-\overset{NH}{\underset{\|}{C}}-NH_2)_2 \cdot H_2CO_3$$

游离的胍在氢氧化钡溶液中加热,极易生成脲和氨。

胍分子中去掉一个氨基氢原子后称为胍基,去掉一个氨基后称为脒基。

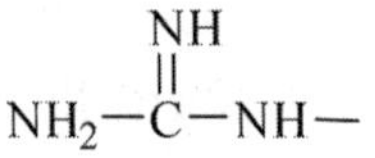

$$\underset{\text{胍基 (quanidino)}}{NH_2-\underset{\underset{NH}{\|}}{C}-NH-} \qquad \underset{\text{脒基 (quanyl amidino)}}{NH_2-\underset{\underset{NH}{\|}}{C}-}$$

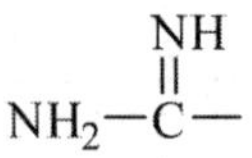

某些胍的衍生物具有生物活性,如分子结构中含有胍基的链霉素、精氨酸、胍乙啶、吗啉胍(病毒灵)等。

(三) 丙二酰脲

丙二酰脲(malonyl urea)为无色结晶,熔点 245 ℃,微溶于水,它可由脲和丙二酰氯、或在 C_2H_5ONa 存在下与丙二酸二乙酯反应制得。

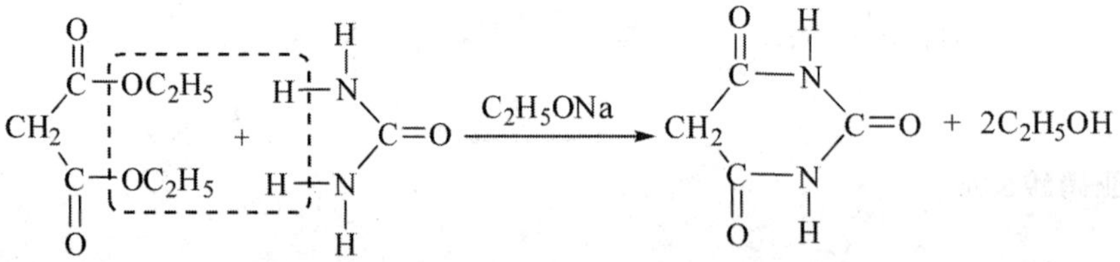

从结构分析看出丙二酰脲存在酮式—烯醇式互变异构现象。

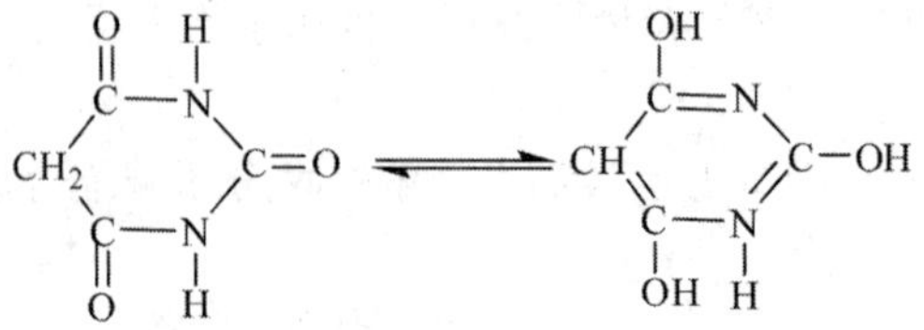

烯醇式表现为比乙酸($pK_a = 4.76$)还强的酸性($pK_a = 3.85$),故常称为巴比妥酸(barbituric acid)。巴比妥酸本身无生物活性,其分子中的亚甲基上的两个氢原子被一些烃基取代后具有镇静、催眠和麻醉作用。需要指出的是,巴比妥类药物有成瘾性,用量过大危及生命。这些药物总称巴比妥(barbital)类药物。通式如下:

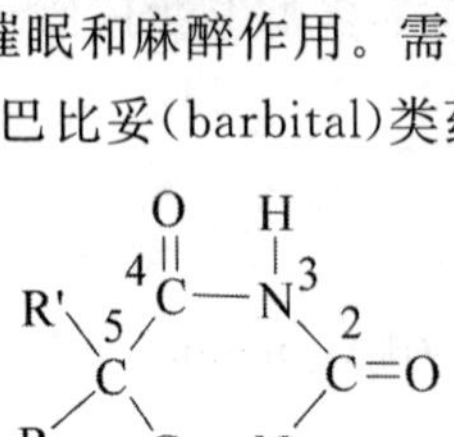

巴比妥: $R = R' = -C_2H_5$

苯巴比妥: $R = -C_2H_5, R' = -C_6H_5$

异戊巴比妥: $R = -C_2H_5, R' = -CH_2CH_2CH(CH_3)_2$

习 题

1. 命名下列化合物。

(1) 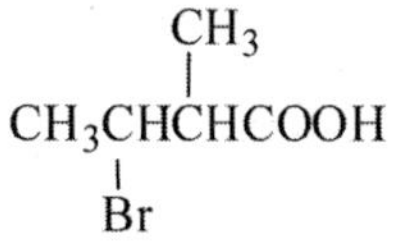 $CH_3CH\underset{Br}{C}H\underset{CH_3}{|}HCOOH$

(2) [丁二酸酐衍生物结构]

(3) $H_3CO-\text{C}_6H_4-COOCH_3$

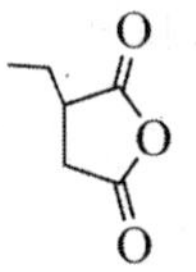

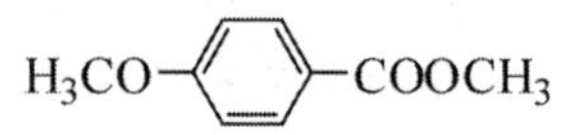

(4)  C₆H₅-COOCH₂-C₆H₅ (5) 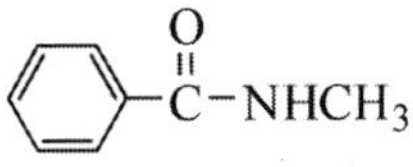 C₆H₅-C(=O)-NHCH₃

(6) 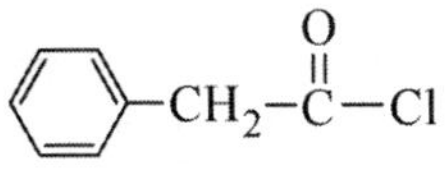 C₆H₅-CH₂-C(=O)-Cl (7) 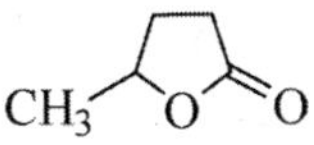 γ-甲基-γ-丁内酯 (5-甲基二氢呋喃-2(3H)-酮) (8) 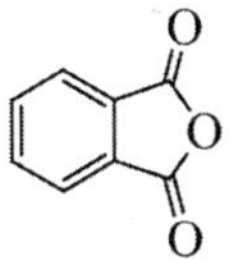 邻苯二甲酸酐

2. 写出下列化合物的结构。
(1) DMF   (2) N-甲基-N-乙基苯甲酰胺   (3) α-萘乙酰胺
(4) 乙酸异丁酸酐 (5) γ-甲基-δ-戊内酯   (6) 乙酰苄胺
(7) β-苯基丁腈   (8) 苯甲酸酐

3. 完成下列反应式,写出主要产物:

(1) 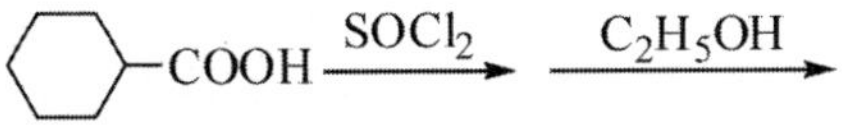 C₆H₁₁-COOH $\xrightarrow{SOCl_2}$ $\xrightarrow{C_2H_5OH}$

(2) 间-HOOC-C₆H₄-NH₂ + (CH₃CO)₂O ⟶

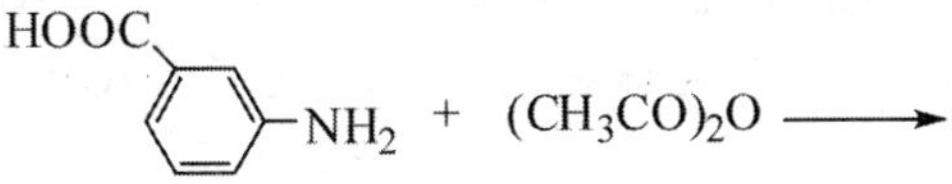

(3) CH₃CH₂CH₂COOH $\xrightarrow[\Delta]{P_2O_5}$

(4) CH₃CH₂CH(CH₃)COOH + Cl₂ $\xrightarrow{P}$

(5) HOOCCH₂CH(CH₃)CH₂CH₂COOH $\xrightarrow{\Delta}$

(6) 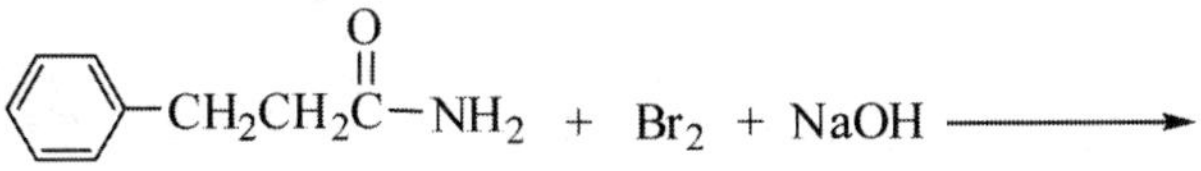 C₆H₅-CH₂CH₂-C(=O)-NH₂ + Br₂ + NaOH ⟶

(7) 2CH₃CH₂COOC₂H₅ $\xrightarrow{(1)\ C_2H_5ONa}{(2)\ H_3O^+}$

(8) 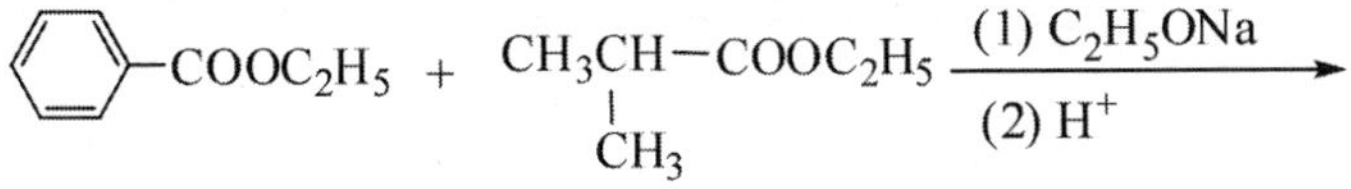 C₆H₅-COOC₂H₅ + CH₃CH(CH₃)-COOC₂H₅ $\xrightarrow{(1)\ C_2H_5ONa}{(2)\ H^+}$

(9) 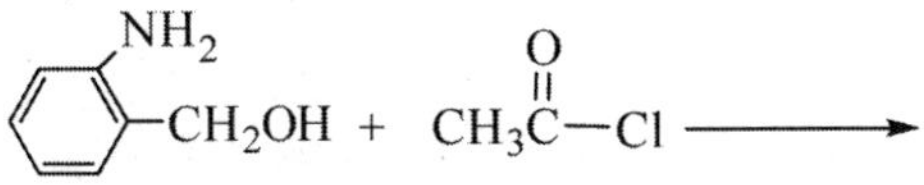 邻-NH₂-C₆H₄-CH₂OH + CH₃-C(=O)-Cl ⟶

(10) 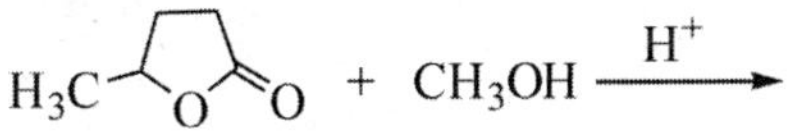 α-甲基-γ-丁内酯 + CH₃OH $\xrightarrow{H^+}$

(11) 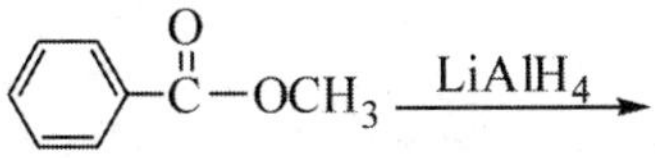 C₆H₅-C(=O)-OCH₃ $\xrightarrow{LiAlH_4}$

4. 按要求排序。

1) 排出下列酸酸衍生物的醇解活性顺序

(1) $(CH_3CO)_2O$ (2) $CH_3COOC_2H_5$ (3) CH_3COCl (4) CH_3CONH_2

2) 排出下列化合物氨解的活性顺序

(1) 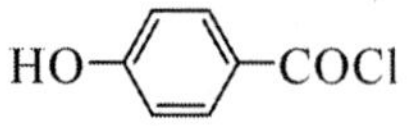 HO—C$_6$H$_4$—COCl   (2) O_2N—C$_6$H$_4$—COCl

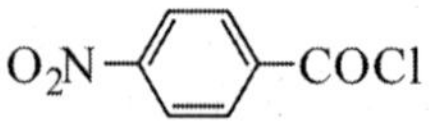

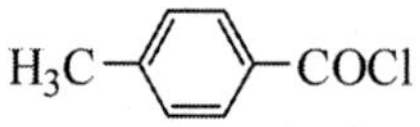

(3) H_3C—C$_6$H$_4$—COCl   (4) C$_6$H$_5$—COCl

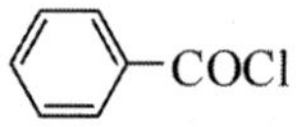

3) 排出下列化合物水解的活性顺序。

(1) $CH_2COOC(CH_3)_3$ (2) $CH_3COOCH_2CH_3$

(3) $CH_3COOCH(CH_3)_2$ (4) $CH_3COOCH_2CH(CH_3)_2$

5. 用化学方法鉴别下列化合物。

A. 乙酸乙酯   B. β-丁酮酸乙酯   C. 丁酸

6. 一羧酸衍生物分子式为 $C_5H_6O_3$，它与 1 mol 乙醇作用得到两个互为异构体的化合物 B 和 C，B 和 C 分别于 $SOCl_2$ 作用后再加入乙醇，都得到同一化合物 D，试推测 A、B、C、D 的构造式。

第十二章 胺

氨(amonia)的烃基取代衍生物称为胺(amine)。胺及其衍生物是一类重要的有机化合物，某些胺类化合物是生命的物质基础，对人类的健康起着重要的作用。

一、胺的分类和命名

(一)胺的分类

根据胺分子中氮原子上连有烃基的数目分为伯胺(1°胺)、仲胺(2°胺)和叔胺(3°胺)。

$$NH_3 \qquad RNH_2 \qquad R_2NH \qquad R_3N$$

氨　　　　伯胺(1°)　　　仲胺(2°)　　　叔胺(3°)

根据胺分子中氮原子上连接的烃基类型不同，分为脂肪胺与芳香胺：

脂肪胺： CH_3NH_2 　　C$_6$H$_5$CH$_2$NHCH$_3$ 　　C$_6$H$_5$CH$_2$N(CH$_3$)$_2$

芳香胺： $H_2N-C_6H_4-NH_2$ 　　C$_6$H$_5$-NH-C$_6$H$_5$ 　　$H_3C-C_6H_4-N(CH_3)_2$

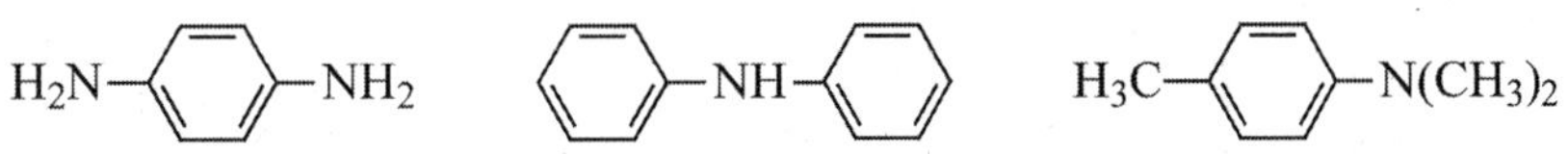

　　　　　　伯胺　　　　　　　　仲胺　　　　　　　　叔胺

值得注意的是，胺类中所指的伯、仲、叔与卤代烃、醇中所指的意义完全不同。例如：

$$(CH_3)_3C-NH_2 \qquad\qquad (CH_3)_3C-OH$$

叔丁胺　　　　　　　　　　　　叔丁醇

铵盐或氢氧化铵中氮原子上的四个氢被烃基取代生成的化合物称为季铵盐或季铵碱。

$$R_4N^+OH^- \qquad\qquad R_4N^+X^-$$

季铵碱　　　　　　　　　　　　季铵盐

上述分子中的烃基可以相同也可以不同，季铵盐中的 X^- 可以是卤素离子也可以是酸根离子。机体中最重要的季铵是乙酰胆碱。

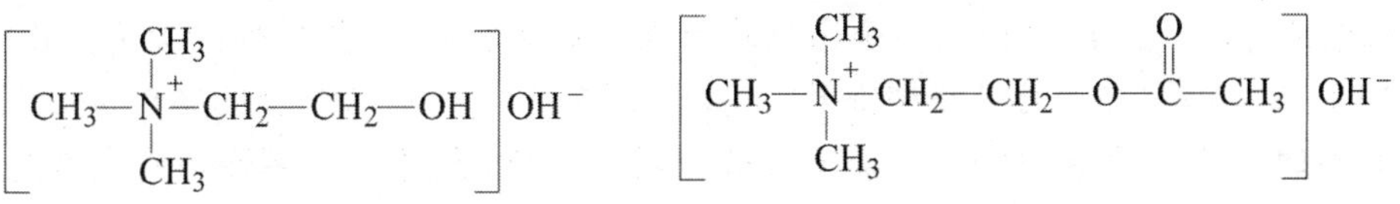

$$[(CH_3)_3N^+-CH_2-CH_2-OH]OH^- \qquad [(CH_3)_3N^+-CH_2-CH_2-O-\underset{\underset{O}{\|}}{C}-CH_3]OH^-$$

胆碱　　　　　　　　　　　　　　　　乙酰胆碱

（二）胺的命名

简单胺的命名是在"胺"前面写上烃基名称，称为"某胺"。烃基相同时，合并相同烃基，且冠以中文数字；烃基不同时，按简单烃基在前、复杂烃基在后的顺序排列。例如：

CH_3NH_2　　　$(CH_3CH_2)_2NH$ 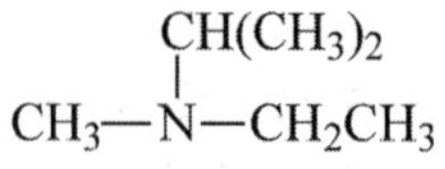　　　$CH_3-\underset{\underset{CH_2CH_3}{|}}{\overset{\overset{CH(CH_3)_2}{|}}{N}}$　　　$CH_3NHCH_2CH_3$

　甲胺　　　　　　二乙胺　　　　　　甲乙异丙胺　　　　　　甲乙胺

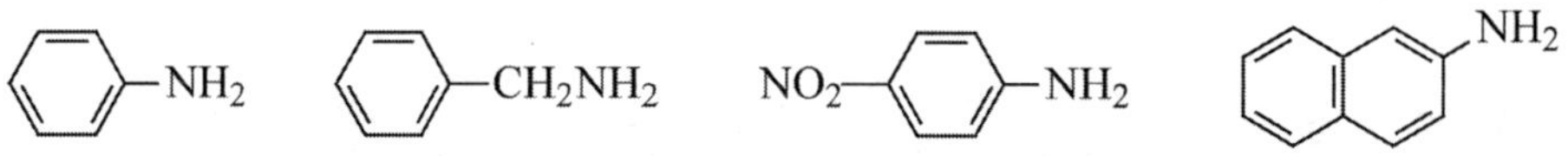

（苯胺）　　　　（苄胺）　　　　（对-硝基苯胺）　　　　（β-萘胺）

比较复杂的胺可以将氨基作为取代基来命名。例如：

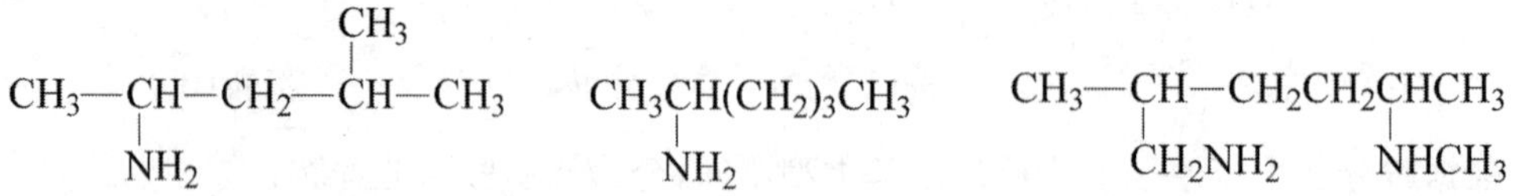

2-甲基-4-氨基戊烷　　　　2-氨基己烷　　　　2-氨甲基-5-甲氨基己烷

芳香仲胺和叔胺的命名是芳胺为母体，脂肪烃基作为取代基写在母体前面，并冠以"N"字表示脂肪烃基是连在N原子上，而不是连在苯环上。例如：

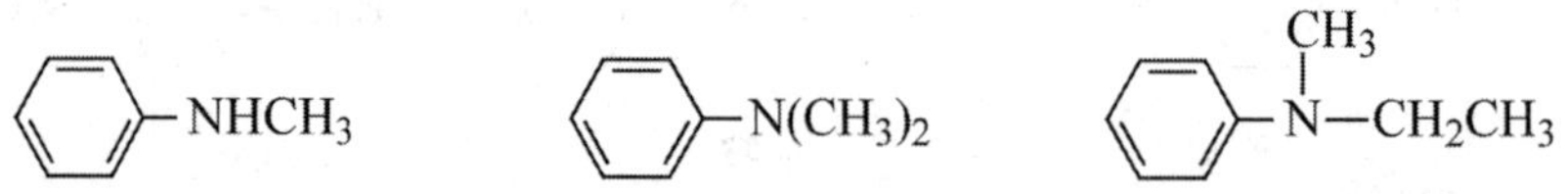

N-甲基苯胺　　　　N,N-二甲基苯胺　　　　N-甲基-N-乙基苯胺

季铵盐，季铵碱的命名类似无机铵类化合物。例如

NH_4Cl　　　　$(C_2H_5)_4N^+Br^-$　　　　$HOCH_2CH_2\overset{+}{N}(CH_3)_3OH^-$

　氯化铵　　　　　溴化四乙铵　　　　氢氧化三甲基 β-羟乙基铵（胆碱）

命名时，要注意区别"氨""胺"及"铵"的用法。表示基团时用"氨"，如氨基、亚氨基、甲氨基（CH_3NH-）、氨甲基（NH_2CH_2-）等；表示氨的烃类衍生物用"胺"；表示季铵类化合物或胺的盐时用"铵"。

二、胺的结构

胺分子中的氮原子为不等性 sp^3 杂化，4个杂化轨道中的3个不等性杂化轨道与3个氢原子的 s 轨道重叠形成三个 σ 键，另一个杂化轨道被一对孤对电子占用，且位于棱锥体的顶端，如同第四个基团一样，整个分子呈棱锥形结构，而不是正四面体，氮氢键的夹角是107.3°。脂肪胺具有类似的结构，氮的3个 sp^3 杂化轨道和氢原子的 s 轨道或烃基碳原子的杂化轨道重叠成键，也具有棱锥形结构，如图12-1所示。

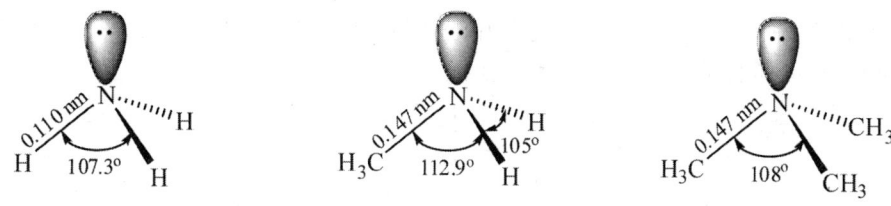

图 12-1 氨、甲胺和三甲胺的结构

芳香胺与脂肪胺不同，苯胺分子中的氮原子的未共用电子对所占的杂化轨道比氨分子的 N 原子的未共用电子对所占的杂化轨道具有更多的 p 成分，和苯环 π 电子轨道重叠形成氮和苯环在内的共轭 π 分子轨道，当这两种轨道接近平行时重叠最有效，共轭也最有效。例如，苯胺分子虽然为棱锥体，HNH 平面化，它与苯环平面间的夹角为 39.4°，氮氢键之间的夹角为 113.9°，如图 12-2 所示。

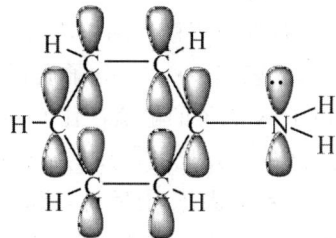

图 12-2 苯胺的结构

在仲胺和叔胺中，若 N 原子上连接 3 个不同基团，氮原子就成为手性中心，存在一对对映体。但由于胺的对映体之间的互相转化需要的能量较低，一般约 25～37.6 kJ/mol，至今未能分离得到这样的对映体。

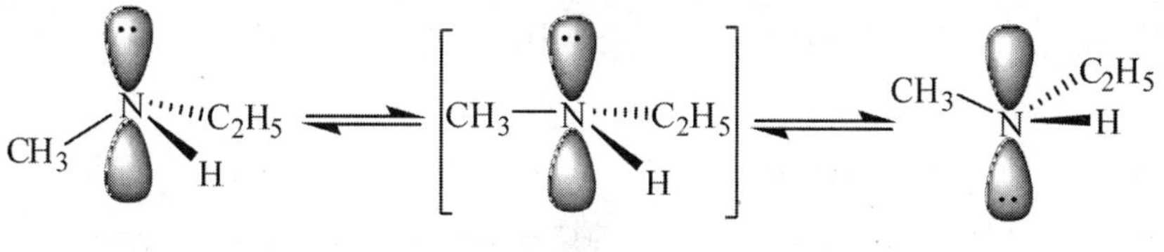

图 12-3 甲、乙胺的一对对映体及其过渡态相互转化

如果有某种因素阻碍氮原子通过平面型过渡相互转化，则可分离出对映异构体。例如某些氮原子位于桥头的桥环胺类。如图 12-4

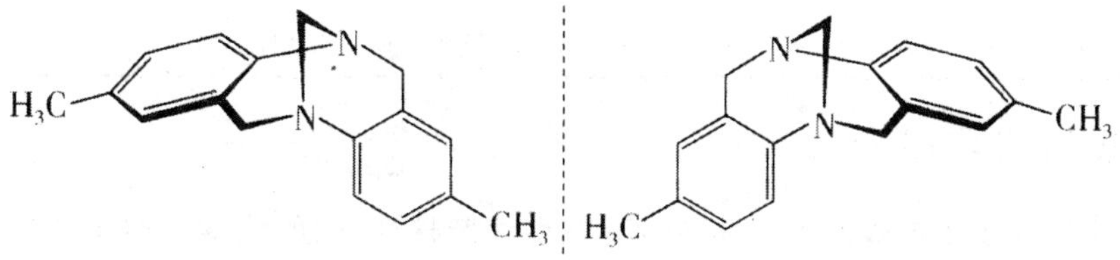

图 12-4 桥环胺类的对映体

在季铵中,N 原子上的 4 个 sp^3 轨道都用于成键,相互转化不易发生,如果 N 原子上连接 4 个不相同的基团,可拆分为一对对映体,如图 12-5。

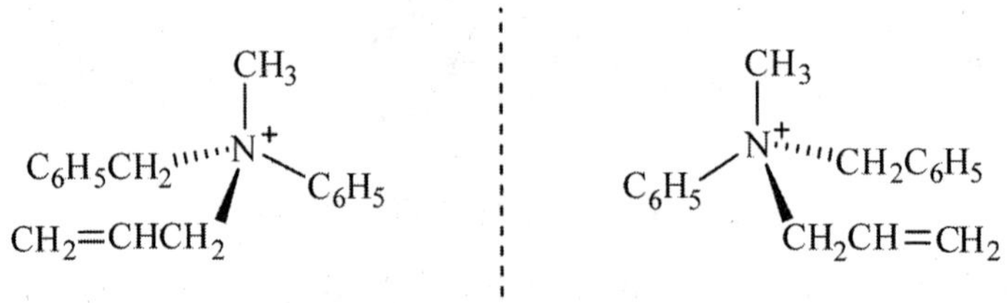

图 12-5 季铵盐的对映体

三、胺的物理性质

常温下,低级脂肪胺为气态或易挥发的液态,易溶于水;高级胺为固态,不溶于水,几乎没有气味。有些胺有恶臭,有的有毒。胺是中等极性的物质,伯胺、仲胺分子之间可以形成氢键;叔胺氮上无氢原子,分子之间不能形成氢键。所以,分子质量相同的胺的沸点的相对高低为:伯胺 > 仲胺 > 叔胺 > 烷烃。由于 N 原子的电负性比 O 原子的小,因此胺中氮氢键间的氢键不如醇、羧酸中氧氢间的强,所以胺的沸点比分子质量相近的醇和羧酸低。

芳香胺多为高沸点的液体或低熔点的固体,有特殊气味,毒性较大。例如苯胺可通过消化道、呼吸道或经皮肤吸收而引起中毒,如 3,4-二甲基苯胺、β-萘胺、联苯胺等具有致癌作用。

表 12-1 一些胺的物理常数

名称	英文名称	化学式	熔点(℃)	沸点(℃)	pK_b(25℃)
甲胺	methylamine	CH_3NH_2	−93.5	−6.3	3.34
二甲胺	dimethylamine	$(CH_3)_2NH$	−93	7.4	3.27
三甲胺	trimethylamine	$(CH_3)_3N$	−117	3.0	4.19
乙胺	ethylamine	$C_2H_5NH_2$	−81	16.6	3.36
二乙胺	diethylamine	$(C_2H_5)_2NH$	−48	56.3	3.05
三乙胺	triethylamine	$(C_2H_5)_3N$	−115	89	3.25
苯胺	aniline	$C_6H_5NH_2$	−6.3	184	9.40
N-甲基苯胺	N-methyl aniline	$C_6H_5NHCH_3$	−57	196	9.60
N,N-二甲基苯胺	N,N-dimethyl aniline	$C_6H_5N(CH_3)_2$	2.45	194	9.62
对-甲基苯胺	p-methyl aniline	p-$C_6H_4(CH_3)NH_2$	44	200	8.92
对-硝基苯胺	p-nitro aniline	p-$C_6H_4(NO_2)NH_2$	147.5	331.7	13.00

四、胺的化学性质

胺分子中氮原子上的孤对电子使胺具有碱性和亲核性,胺的化学性质主要体现在这两个方面。

（一）碱性和成盐

胺分子中氮原子上的孤对电子能接受质子而成碱性。胺在水溶液中存在如下电离平衡。

$$RNH_2 + H_2O \rightleftharpoons RNH_3^+ + OH^-$$

$$K_b = \frac{[RNH_3^+][OH^-]}{[RNH_2]}$$

胺碱性的强弱可以用 pK_b 表示，也可以用其共轭酸（RNH_3^+）的 pK_a 来表示。胺的 pK_b 越小，或 pK_a 越大，则其碱性越强，反之亦然。

胺在水溶液中的碱性强弱取决于电子效应、立体效应和溶剂化效应。基本规律如下：

1. 电子效应的影响

$$\text{脂肪胺} > \text{氨} > \text{芳香胺}$$

因为烃基是供电子基，其 $+I$ 效应使氮原子上电子云密度增加；而芳香胺由于氮上的孤对电子与苯环共轭而分散到苯环，氮原子结合质子的能力降低。

2. 立体效应的影响

胺的碱性表现为胺分子中氮原子上的孤对电子与质子的结合，氮上连接的基团越多越大，则对质子的屏蔽作用越大，与质子结合就越不容易，碱性就越弱。

综上所述，影响胺的碱性（在水溶液中）的因素是多方面的，一个胺的碱性强弱是以上这些因素综合影响的结果。各类胺的碱性强弱大致表现出如下顺序：

季铵碱 > 脂肪仲胺 > 脂肪伯胺 > 脂肪叔胺 > NH_3 > 芳香伯胺 > 芳香仲胺 > 芳香叔胺。

季铵碱是强碱性物质，这是因为在季铵碱分子中，四个烃基连接在氮原子上（R_4N^+），R_4N^+ 与 OH^- 之间是典型离子键，所以其碱性与氢氧化钠相近。季铵碱与酸作用生成季铵盐：

$$R_4N^+OH^- + HCl \longrightarrow R_4N^+Cl^- + H_2O$$

$R_4N^+Cl^-$ 为强酸强碱生成的盐，与强碱作用后不会置换出游离的季铵碱，而是建立如下平衡：

$$R_4N^+Cl^- + NaOH \rightleftharpoons R_4N^+OH^- + NaCl$$

除季铵碱以外的胺一般为弱碱，可与酸生成铵盐（ammonium Salts），但遇强碱重新游离析出：

$$CH_3NH_2 \underset{OH^-}{\overset{HCl}{\rightleftharpoons}} CH_3\overset{+}{N}H_3\overset{-}{Cl} \quad (CH_3NH_2 \cdot HCl)$$

氯化甲铵 （甲胺盐酸盐）

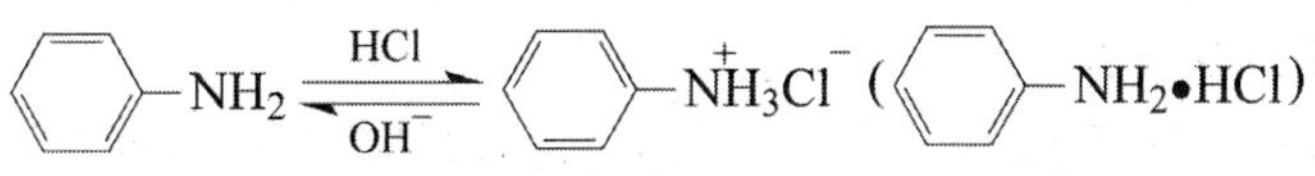

$$\text{C}_6\text{H}_5-NH_2 \underset{OH^-}{\overset{HCl}{\rightleftharpoons}} \text{C}_6\text{H}_5-\overset{+}{N}H_3\overset{-}{Cl} \quad (\text{C}_6\text{H}_5-NH_2 \cdot HCl)$$

氯化苯铵 （苯胺盐酸盐）

胺与酸形成的盐一般都易溶于水。实验室中，常常利用胺盐易溶于水而遇强碱又重新游离析出的性质来分离和提纯胺。

胺（特别是芳香胺）易被氧化，而胺的盐很稳定，医药上常将难溶于水的胺制成盐，以增加其水溶性和稳定性。例如将局部麻醉剂普鲁卡因制成盐酸普鲁卡因。

$$NH_2-\text{C}_6H_4-\overset{O}{\underset{\|}{C}}-O-(CH_2)_2-N(C_2H_5)_2 + HCl \longrightarrow \left[NH_2-\text{C}_6H_4-\overset{O}{\underset{\|}{C}}-O-(CH_2)_2-\overset{+}{\underset{H}{N}}(C_2H_5)_2\right]Cl^-$$

普鲁卡因   盐酸普鲁卡因

（二）酰化反应

氨、伯胺和仲胺与酰化剂（如酰卤、酸酐）作用，氨上的氢原子被酰基取代形成酰胺。这种在有机化合物分子中引进酰基的反应称为酰化反应。例如，N－甲基苯胺与乙酐作用生成N－甲基乙酰苯胺。伯胺和仲胺能与酰化剂作用生成酰胺，叔胺氮原子上没有氢原子，不能发生酰化反应。

$$C_6H_5-NHCH_3 + (CH_3CO)_2O \longrightarrow C_6H_5-\underset{CH_3}{N}-\overset{O}{\underset{\|}{C}}-CH_3 + CH_3COOH$$

N-甲基乙酰苯胺

胺的酰化是胺类化合物对羧酸衍生物的亲核加成－消去反应，反应的难易取决于第一步胺的亲核加成。胺氮原子上的电子云密度越高，其碱性越强，反应速率越快。芳胺比脂肪胺碱性弱得多，所以反应速率也慢得多。

能够进行酰化反应的伯胺、仲胺经酰化反应后得到具有一定熔点的晶形固体，利用此性质可以鉴定胺类。酰胺在碱作用下水解，可以除去酰基恢复氨基，因此在制备药物的过程中常利用酰化反应来保护氨基以避免芳胺在进行某些反应时氨基被氧化破坏，如芳香胺的硝化。

$$C_6H_5-NH_2 \xrightarrow{\text{乙酐}} C_6H_5-NH-\overset{O}{\underset{\|}{C}}-CH_3 \xrightarrow{90\%HNO_3} NO_2-C_6H_4-NH-\overset{O}{\underset{\|}{C}}-CH_3$$

$$\xrightarrow[\triangle]{H_2O/H^+} NO_2-C_6H_4-NH_2$$

（三）与亚硝酸反应

胺与亚硝酸反应的产物与胺的种类和反应条件有关，由于亚硝酸不稳定，一般在反应过程中直接加入亚硝酸钠和过量的盐酸或硫酸。

1. 伯胺与亚硝酸的反应

一般的说，脂肪伯胺在酸性条件下与亚硝酸反应的最终产物是醇、烯等混合物并放出氮气。反应放出的氮气是定量的，据此可用于伯胺的定量分析。反应通式为：

$$R-NH_2 \xrightarrow{NaNO_2 + HCl} R-\overset{+}{N}\equiv NCl \longrightarrow N_2\uparrow + RCl$$

芳香伯胺与亚硝酸在低温（一般低于 5 ℃）强酸溶液中反应生成芳香重氮盐，此反应称重氮化反应（diazotization）。

$$\text{C}_6\text{H}_5-\text{NH}_2 + \text{NaNO}_2 + 2\text{HCl} \xrightarrow{0\sim 5\ ℃} \text{C}_6\text{H}_5-\overset{+}{\text{N}}\equiv \text{NCl}^- + \text{NaCl} + 2\text{H}_2\text{O}$$

氯化重氮苯（重氮苯盐酸盐）

芳香重氮盐在低温强酸溶液中较稳定，加热时即分解生成苯酚并放出氮气。

$$\text{C}_6\text{H}_5-\overset{+}{\text{N}}_2\text{Cl}^- + \text{H}_2\text{O} \xrightarrow{\triangle} \text{C}_6\text{H}_5-\text{OH} + \text{N}_2\uparrow + \text{HCl}$$

干燥的重氮盐稳定性很差，易爆炸。因此，重氮盐的制备和使用都要在温度较低的强酸性介质中进行。

2. 仲胺与亚硝酸的反应

脂肪仲胺和芳香仲胺与亚硝酸作用，生成 N-亚硝基化合物（简称亚硝胺），N-亚硝基化合物为中性、不溶于水和酸的黄色油状液体或固体，但溶于有机溶剂。

$$(\text{CH}_3\text{CH}_2)_2\text{N}-\text{H} + \text{HO}-\text{N}=\text{O} \longrightarrow (\text{CH}_3\text{CH}_2)_2\text{N}-\text{NO} + \text{H}_2\text{O}$$

N-亚硝基二乙胺

$$\text{C}_6\text{H}_5-\text{NH}-\text{CH}_3 + \text{HNO}_2 \longrightarrow \text{C}_6\text{H}_5-\underset{\text{NO}}{\text{N}}-\text{CH}_3 + \text{H}_2\text{O}$$

N-甲基-N-亚硝基苯胺

亚硝基胺类（nitrosoamines）化合物主要用于实验室、橡胶和化工生产中。亚硝基化合物的毒性很强，一系列动物实验已证实亚硝胺化合物有强烈的致癌作用，可引起动物多种器官和组织的肿瘤，现已被列为化学致癌物。亚硝基胺对器官的特异性和致癌能力主要取决于化合物结构的不同，而与动物的种类无关。不对称亚硝胺主要诱发食道癌；环状亚硝胺可诱发肝癌和食道癌；酰基烷基亚硝胺可引起各部位的癌症。

亚硝胺也可以在人体内合成，在胃、口腔、肺和膀胱中最易合成，体内亚硝基化问题已引起人们极大的重视。腌制食品时常加入少量的 NaNO_2 以防腐并保持色泽鲜艳。例如，腌肉在高温烹调时，脯氨酸与亚硝酸作用生成吡咯烷亚硝胺。因此，亚硝酸盐、硝酸盐和能发生亚硝基化的胺类化合物进入人体内，都将是潜在的危险因素。实验表明，维生素 C 能对亚硝酸钠起还原作用，阻断亚硝胺在体内的合成。

3. 叔胺与亚硝酸的反应

脂肪叔胺与亚硝酸作用生成不稳定的亚硝酸盐，亚硝酸盐溶于水，所以观察不到反应现象。

$$\text{R}_3\text{N} + \text{HNO}_2 \longrightarrow \text{R}_3\overset{+}{\text{N}}\text{HNO}_2^- \xrightarrow{\text{NaOH}} \text{R}_3\text{N} + \text{NaNO}_2 + \text{H}_2\text{O}$$

芳香叔胺与亚硝酸反应，由于氨基的强活化作用，使芳环易发生亲电取代反应，与亚硝酸作用生成对亚硝基胺，如对位被占据，则亚硝基取代在邻位。

$$(\text{CH}_3)_2\text{N}-\text{C}_6\text{H}_5 + \text{HNO}_2 \longrightarrow (\text{CH}_3)_2\text{N}-\text{C}_6\text{H}_4-\text{NO}\ (90\%)$$

N,N-二甲基-4-亚硝基苯胺（翠绿色）

在强酸性条件下实际形成一个具有酸式结构的橘黄色的盐,只有用碱中和后才会得到翠绿色的亚硝基化合物。

$$(CH_3)_2N-C_6H_4-NO \underset{OH^-}{\overset{H^+}{\rightleftharpoons}} [(CH_3)_2\overset{+}{N}=C_6H_4=N-OH]Cl^-$$

　　　　翠绿色(结晶)　　　　　　　橘黄色(可溶于水的盐)

综上所述,可以利用亚硝酸与脂肪族及芳香族伯、仲、叔胺的不同反应来鉴别胺类。

(四)芳胺的特殊反应

氨基为第一类定位基,所以芳胺的苯环上容易发生亲电取代反应。如苯胺与溴水在常温下立即生成2,4,6-三溴苯胺白色沉淀。据此可用于苯胺的定性分析。

$$C_6H_5NH_2 + 3Br_2(水) \longrightarrow 2,4,6\text{-}Br_3C_6H_2NH_2 \downarrow + 3HBr$$

(五)重氮盐的反应

在低温下条件,芳香伯胺在强酸性溶液中与亚硝酸作用生成重氮盐。重氮盐是无色晶体,在溶液中呈离子形态。固态的重氮盐不稳定,遇热和振动易爆炸,但可以存在于低温酸性溶液中。重氮盐是活泼的中间体,可发生多种化学反应,生成多种有用的产品,它们在药物合成和分析方面有广泛的用途。

1. 重氮盐的取代反应

重氮盐在不同条件下,重氮基可以被羟基、卤素、氰基、氢原子等取代,同时放出氮气。

(1)硫酸重氮苯在强酸溶液中加热,重氮基被羟基取代,生成酚类化合物。

$$C_6H_5-\overset{+}{N}_2HSO_4^- \xrightarrow[\triangle]{H_2SO_4, H_2O} C_6H_5-OH + H_2SO_4 + N_2\uparrow$$

(2)重氮盐与氰化亚铜的氰化钾溶液共热时,重氮基被氰基取代生成苯腈。

$$C_6H_5-\overset{+}{N}_2HSO_4^- \xrightarrow[\triangle]{Cu_2(CN)_2, KCN} C_6H_5-CN + H_2SO_4 + N_2\uparrow$$

氰基容易被水解成为羧基,利用此反应可由苯胺等合成芳香羧酸。

(3)重氮盐与氯化亚铜的浓盐酸溶液、溴化亚铜的浓氢溴酸溶液或碘化钾溶液共热,分别生成氯苯、溴苯和碘苯。

$$C_6H_5-\overset{+}{N}_2Cl^- \xrightarrow[\triangle]{Cu_2(Cl)_2, HCl} C_6H_5-Cl + N_2\uparrow$$

$$C_6H_5-\overset{+}{N}_2HSO_4^- \xrightarrow[\triangle]{Cu_2(Br)_2, HBr} C_6H_5-Br + N_2\uparrow$$

$$C_6H_5-\overset{+}{N}_2HSO_4^- \xrightarrow[\triangle]{KI, H_2O} C_6H_5-I + N_2\uparrow$$

(4) 重氮盐与还原剂次磷酸反应,重氮基被氢原子取代。

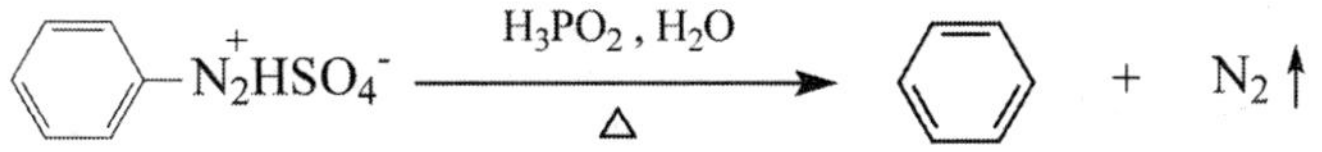

$$\text{C}_6\text{H}_5-\text{N}_2^+\text{HSO}_4^- \xrightarrow[\Delta]{\text{H}_3\text{PO}_2, \text{H}_2\text{O}} \text{C}_6\text{H}_6 + \text{N}_2\uparrow$$

2. 重氮盐的偶联反应

重氮盐在适当条件下与芳胺或酚类作用,生成偶氮化合物的反应称为偶联反应。偶氮化合物大都具有鲜艳的颜色,在化学结构中含有偶氮基(—N=N—),保留着重氮盐中的两个氮原子。共振结构显示重氮基两个 N 原子都带有部分正电荷。因此偶联反应可以看作重氮基是以 Ar—N=N:$^+$ 形式参与反应,属于重氮基进攻芳环的亲电取代反应。由于重氮正离子是较弱的亲电试剂,它只能进攻酚、芳胺等活性较高的芳环。例如:

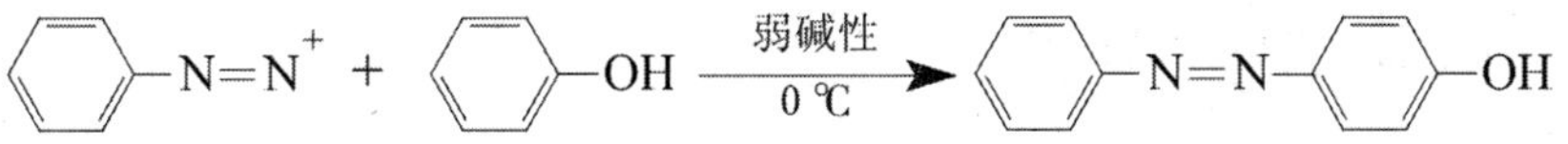

$$\text{C}_6\text{H}_5-\text{N}=\text{N}^+ + \text{C}_6\text{H}_5-\text{OH} \xrightarrow[0\ ℃]{\text{弱碱性}} \text{C}_6\text{H}_5-\text{N}=\text{N}-\text{C}_6\text{H}_4-\text{OH}$$
对-羟基偶氮苯(黄色)

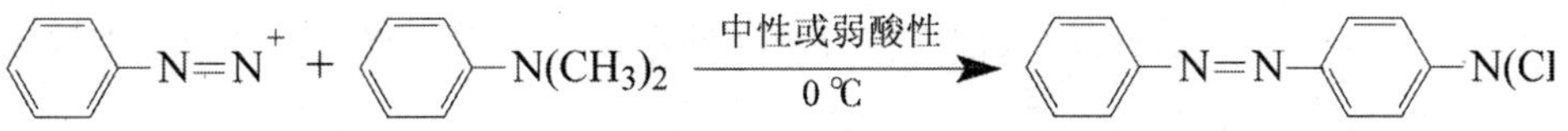

$$\text{C}_6\text{H}_5-\text{N}=\text{N}^+ + \text{C}_6\text{H}_5-\text{N}(\text{CH}_3)_2 \xrightarrow[0\ ℃]{\text{中性或弱酸性}} \text{C}_6\text{H}_5-\text{N}=\text{N}-\text{C}_6\text{H}_4-\text{N}(\text{CH}_3)_2$$
4-二甲氨基偶氮苯(黄色)

偶联反应通常发生在羟基或氨基的对位,当对位被其他取代基占据时,则发生在邻位,一般不发生在间位。如下列化合物中箭头所指位置为偶联反应发生的位置:

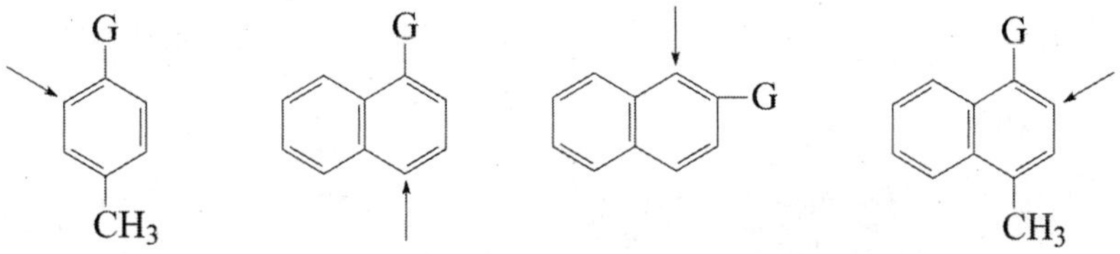

反应介质的酸碱性非常重要。一般来说,重氮盐与芳胺的偶联反应最佳 pH 为 5~7。pH < 5 时芳胺形成铵盐,带正电荷的基团使芳环上电子云密度降低,不利于重氮正离子的进攻。

偶氮基(—N=N—)是一种发色基团,故偶氮化合物都有颜色,其中很多被用作染料,称为偶氮染料(azo-dyes)。有些偶氮染料可用作酸碱指示剂或生物切片的染色剂。如酸性橙 I(acid orange)常用于羊毛、蚕丝织物的染色,也可用做生物染色剂。甲基橙(methyl orange)则是常用的酸碱指示剂。

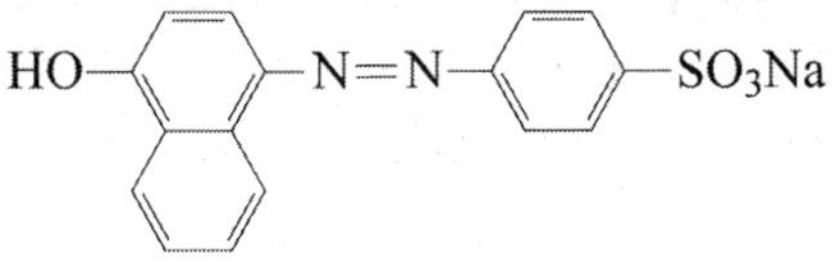

酸性橙 I 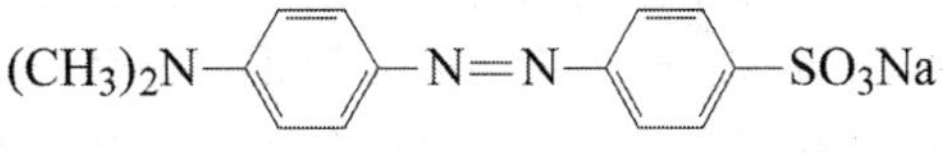   对-二甲氨基偶氮苯磺酸钠(甲基橙)

五、苯丙胺类化合物

苯丙胺具有止咳平喘作用,近年来以甲基苯丙胺等新的化合物代之。结构如下:

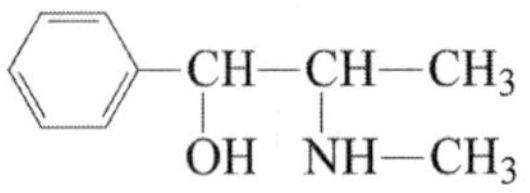

麻黄碱(ephedrine) 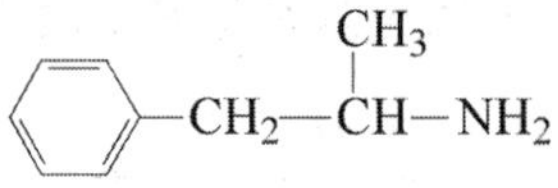　　　　苯异丙胺 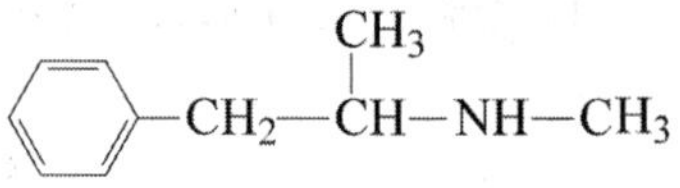　　　　N-甲基苯异丙胺(去氧麻黄碱)

麻黄碱具有扩张支气管作用,临床用作平喘、止咳。苯异丙胺(benzedrine amphetamine)和甲基苯异丙胺均属于苯丙胺类,由于这类化合物的致幻性和成瘾性,已被列入精神药物进行管制。

N-甲基苯异丙胺是一种无味透明晶体,形状像冰糖又似冰,故又称为"冰毒"。它对人体的损害更甚于海洛因,吸食或注射 2.0 g 即可致死。一般吸食 1~2 周,即产生严重的依赖性而成瘾,并对心、肺、肝、肾及神经系统等引起严重毒害作用。甲基苯丙胺(商品名"摇头丸"、"蓝特灵"、"忘我")也是危害极大的毒品。

六、生源胺的概念

生源胺(biogenic amine)是指人体中担负神经冲动传导作用的胺类化合物。结构如下:

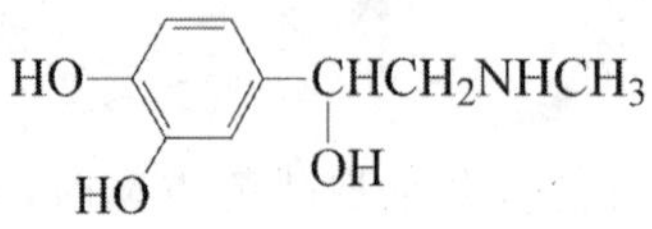

肾上腺素(adrentine) 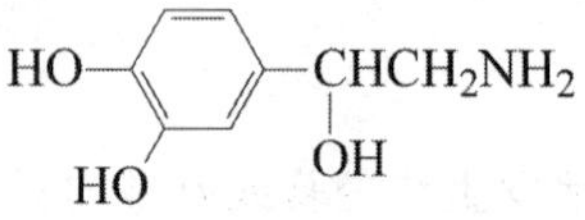　　　　去甲肾上腺素(moratlronaline)

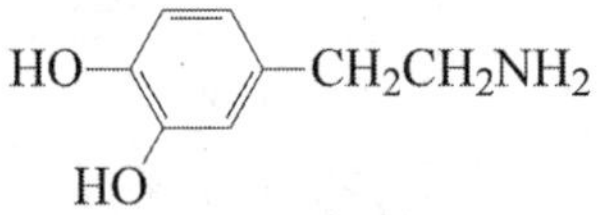

多巴胺(dopamine) 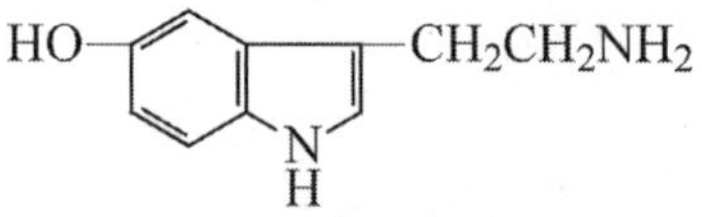　　　　5-羟基色胺(serotonine)

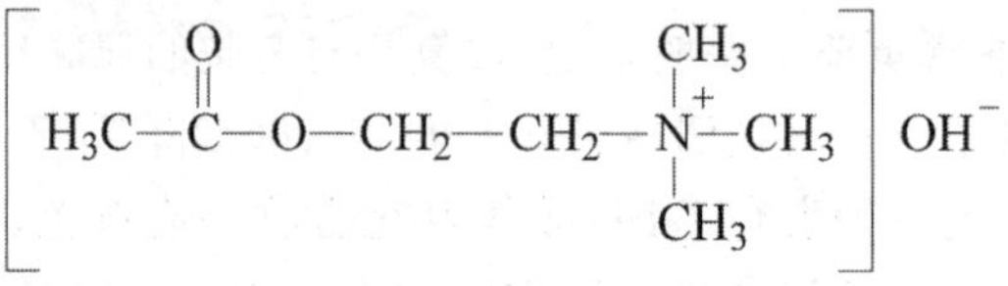

乙酰胆碱(acetylcholine)

肾上腺素是肾上腺髓质分泌的激素,人工合成的为外消旋体,白色固体,无臭、味苦、易氧化、难溶于水,临床上使用的是其盐酸盐。肾上腺素能使心脏收缩力加强、心率和传导速率加快、心输出量增加、收缩压上升等功能。去甲肾上腺素是交感神经末梢释放的递质,肾上腺髓质分泌的激素,纯品为白色固体,临床上用其酒石酸盐。去甲肾上腺素有收缩血管、升高血压等作用。多巴胺是去甲肾上腺素生物合成的前体,又是中枢神经和传出神经的一种递质,状为白色或类白色有光泽的结晶,临床上用其盐酸盐,用于各种类型的休克,特别对伴有肾功能不全患者尤为适用;5-羟色胺与多巴胺同为中枢神经系统的生源胺,它是脑中的神经传递介质。乙酰胆碱是副交感神经系统中传递神经冲动的生源胺,它在机体内的分解与合成是在胆碱酯酶的作用下进行的,一旦胆碱酯酶失去活性,就会破坏乙酰胆碱的正常分解与合成,引起神经系统错乱,甚至死亡。

习 题

1. 命名下列化合物。

(1) $(CH_3CH_2)_3N$

(2) 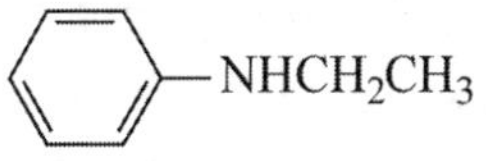 C$_6$H$_5$—NHCH$_2$CH$_3$

(3) 2-甲基苯胺 (邻甲基苯胺结构)

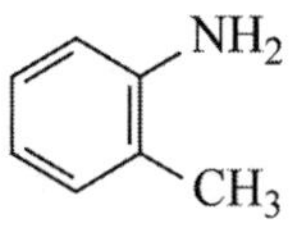

(4) $[(C_2H_5)_2\overset{+}{N}(CH_3)_2]Br^-$

(5) 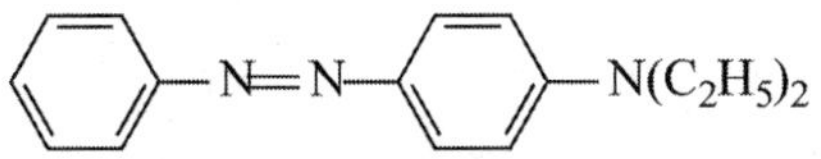 C$_6$H$_5$—N=N—C$_6$H$_4$—N(C$_2$H$_5$)$_2$

(6) 间异丙基苯重氮氯化物 $N_2^+Cl^-$ / CH(CH$_3$)$_2$

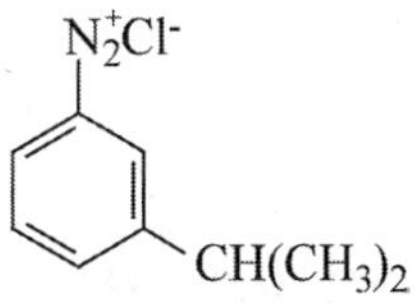

2. 写出下列化合物的结构式。
(1) 异丁叔丁胺　(2) 2-甲基-5-二甲氨基己烷　(3) 反-1,4 环己二胺
(4) 苯甲酰苯胺　(5) 对-硝基苯胺盐酸盐　(6) 氢氧化四甲铵
(7) 苄胺　　　　(8) N,N-二甲基-2,4-二乙基苯胺

3. 写出对-甲苯胺与下列试剂反应的主要产物
(1) 稀 H_2SO_4　(2) $(CH_3CO)_2O$　(3) $NaNO_2/HCl$
(4) Br_2/H_2O　(5) $C_6H_5N_2^+Cl^-$

4. 写出对-硝基氯化重氮苯与下列试剂反应的主要产物
(1) KI　(2) H_3PO_2　(3) $KCN/Cu_2(CN)_2$　(4) 对-甲苯酚　(5) $HBr/Cu_2(Br)_2$

5. 完成下列化学反应

(1) $CH_3CH_2NH_2 + HNO_2 \xrightarrow{H^+}$

(2) 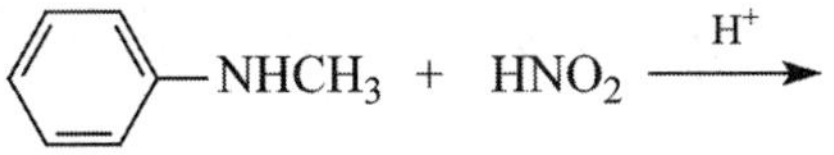 C$_6$H$_5$—NHCH$_3$ + HNO$_2$ $\xrightarrow{H^+}$

(3) H_3C—C$_6$H$_4$—N(CH$_3$)(CH$_2$CH$_3$) + HNO$_2$ $\xrightarrow{H^+}$

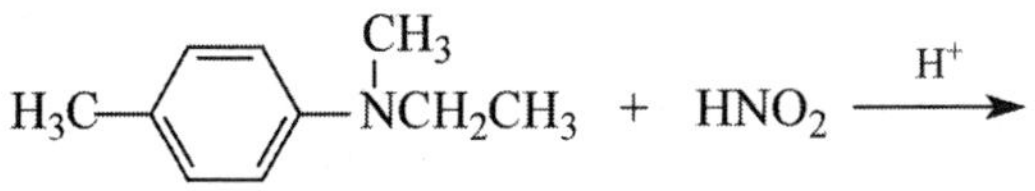

(4) CH_3NH_2 + 丁二酸酐 $\longrightarrow$

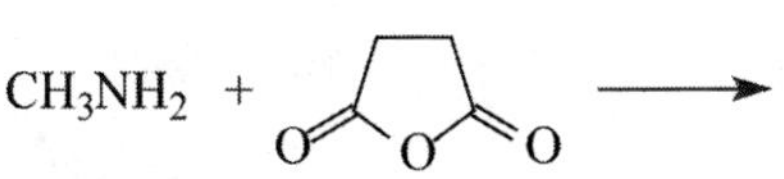

6. 将下列化合物按其碱性由强到弱排序
(1) 苯胺、乙酰苯胺、邻-苯二甲酰亚胺、氢氧化四甲铵

(2) 对-硝基苯胺、对-甲基苯胺、间-硝基苯胺、苯胺

7. 解释下列现象。

(1) 医药上常将一些胺类药物制成盐类使用

(2) 芳香胺在 0～5 ℃ 与 $NaNO_2$-HCl 发生重氮化反应,芳胺与酸的摩尔比一般需要 1∶25

(3) 对-硝基苯胺难以与重氮盐反应生成偶氮化合物

8. 用化学方法鉴别下列各组化合物。

(1) 邻-甲苯胺、N-甲基苯胺和 N,N-二甲基苯胺

(2) 苯胺、苯酚、苯甲酸、甲苯

(3) 苄胺、N-乙基苯胺、苄醇和对一甲基苯酚

9. 化合物 A 的分子式为 C_7H_9N,有碱性,A 的盐酸盐与亚硝酸作用生成 $C_7H_7N_2Cl$(B), B 加热后能放出氮气并生成对-甲基苯酚。在弱碱性溶液中,B 与苯酚作用生成具有颜色的化合物 $C_{13}H_{12}ON_2$(C)。试写出 A、B、C 的结构式。

10. 化合物 A、B、C 分子式均为 $C_4H_{11}N$。A 与亚硝酸结合成盐,而 B 和 C 分别与亚硝酸作用时除了有气体放出外,在生成的其他产物中还含有四个碳原子的醇;氧化 B 所得的醇生成异丁酸,氧化 C 所得的醇则生成一个酮。试推测 A、B、C 的结构式,并写出各步反应式。

11. 化合物 $A(C_5H_{11}O_2N)$ 有旋光性,用稀碱处理发生水解生成 B 和 C。B 也有旋光性,且手性碳的构型为 S,它既能与羧成盐,也能与碱成盐,并与 HNO_2 反应放出 N_2。C 没有旋光性,能发生碘仿反应。试写出 A、B、C 的结构式,并写出有关的反应方程式。

第十三章 杂环化合物和生物碱

杂环化合物(heterocyclic compounds)是由碳原子和非碳原子组成的具有环状骨架结构的一类有机化合物。环中的非碳原子称为杂原子,常见的杂原子有氮、氧、硫三种原子。

杂环化合物广泛分布于自然界中,种类繁多,其数量约占已知有机化合物的半数,是许多生物体的组成成分,并且多数具有生理活性。例如血红蛋白中的血红素、绿色植物中的叶绿素、细胞的重要组成成分核酸中的碱基、药物中的吗啡、异烟肼、青霉素、生物碱等都含有杂环的结构,有些杂环化合物还是动植物体内酶及辅酶的活性中心,它们使动物和植物表现出生命活力。

前几章节中已学习的内酯、内酰胺、环醚、环状酸酐等虽然也含杂原子组成的环系,但在性质上与相应的开链化合物相似,因此并入脂肪族化合物中讨论。本章重点讨论的是那些环系比较稳定,且具有不同程度芳香性的杂环,称作芳香杂环化合物(aromatic heterocycles)。

生物碱分子中大多含有含氮杂环,是一类重要的天然有机化合物。近几十年来,杂环化合物的理论和应用的研究有很大进展,杂环化合物在有机化合物(尤其是有机药物)中占有重要地位。

第一节 杂环化合物

一、杂环化合物的分类和命名

杂环化合物按杂原子数目可分为含一个、两个或多个杂原子的杂环,按环的多少又可分为单环和稠环两类,单环又可按环的大小分为五元杂环和六元杂环。

杂环化合物的命名比较复杂,我国目前主要采用外文译音法,即按照英文名称的译音,选用同音汉字再加上"口"字旁表示杂环名称(表 13-1)。当含一个杂原子的杂环连有取代基时,杂环编号的原则是:从杂原子开始,依次为 1,2,3…,或从杂原子旁的碳原子开始,依次为 α,β,γ…编号,取代基的名称位次写在杂环母体名称前。例如:

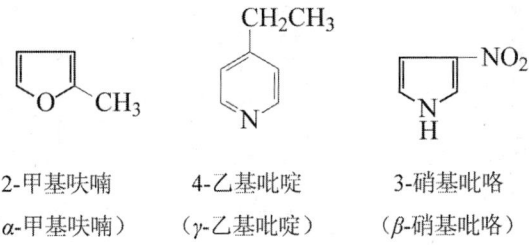

2-甲基呋喃　　4-乙基吡啶　　3-硝基吡咯
(α-甲基呋喃)　(γ-乙基吡啶)　(β-硝基吡咯)

含多个杂原子的单杂环命名时,杂环的编号按 O、S、—NH、N 的顺序,尽可能使杂原子编号最小。例如:

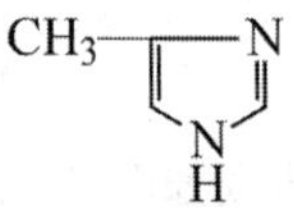

4-甲基咪唑 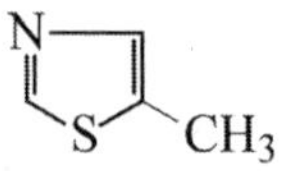　　　5-甲基噻唑 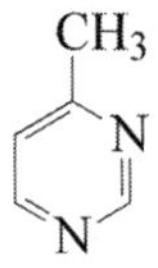　　　4-甲基嘧啶

稠杂环的编号,一般和稠环芳烃相同,但有少数稠杂环则有固定的编号顺序;共用碳原子一般不编号;编号时尽可能使杂原子取较小位次。例如:

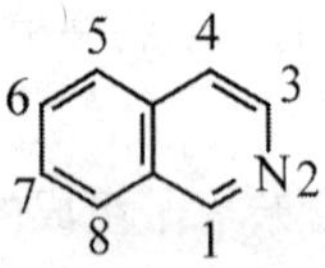

异喹啉 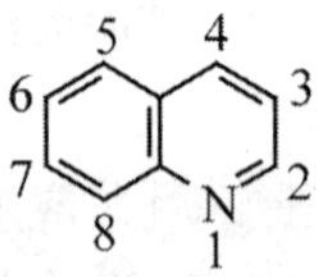　　　　喹啉 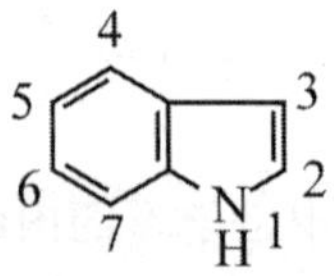　　　　吲哚

无特定名称的稠杂环母体的命名,是通过命名基本环和附加环,并标示出稠合边的位置进行命名。

1. 基本环和附加环的确定

稠杂环可以是碳环和杂环的稠合,也可以是两个杂环之间稠合而成。命名以基本环为母体,基本环的确定遵循如下原则:

(1) 芳环和杂环组成的稠杂环,以杂环为基本环。
(2) 成环原子数不同的杂环组成的稠杂环,以大环为基本环。
(3) 成环原子数相同的单杂环组成的稠杂环,按杂原子 N、O、S 的顺序确定基本环。
(4) 成环原子数相同的杂环组成的稠杂环,杂原子数目不同时,以杂原子数目多的为基本环;杂原子数目相同时,以杂原子种类多的为基本环。
(5) 成环原子数、杂原子数及种类均相同的杂环组成的稠杂环,以稠合前杂原子编号较小的为基本环。
(6) 含共同杂原子的稠杂环,共用杂原子属于两个环共同所有,按上述原则确定基本环。

例如(带 * 为基本环):

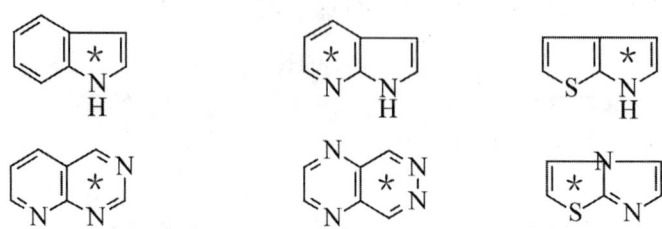

表 13-1　常见杂环化合物的结构和名称种类重要杂环单

种类		重要杂环
单杂环	五元杂环	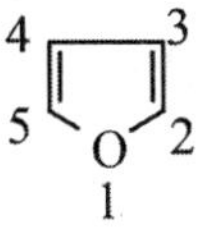 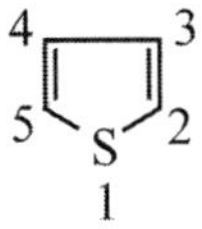 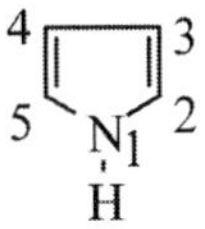 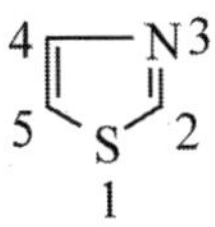 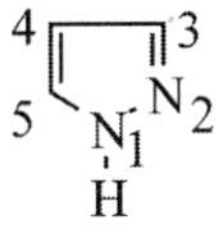 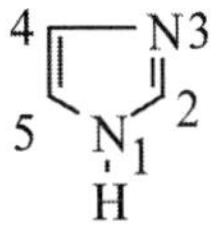 呋喃 furan；噻吩 thiophene；吡咯 pyrrole；噻唑 thiazole；吡唑 pyrazole；咪唑 imidazole
	六元杂环	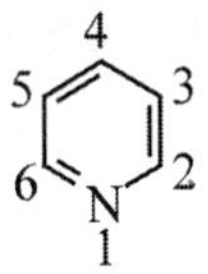 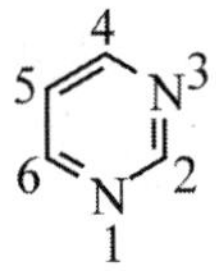 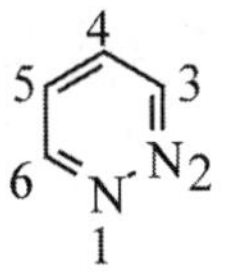 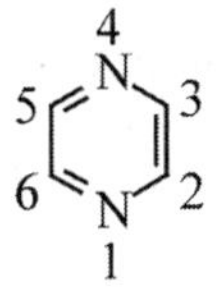 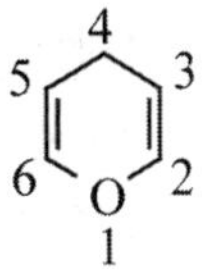 吡啶 pyridine；嘧啶 pyriamidine；哒嗪 pyridazine；吡嗪 pyrazine；4H-吡喃 4H-pyran
稠杂环		异喹啉 isoquindine；喹啉 quinoline；吲哚 indole；吖啶 acridine；qh-嘌呤 qh-purine

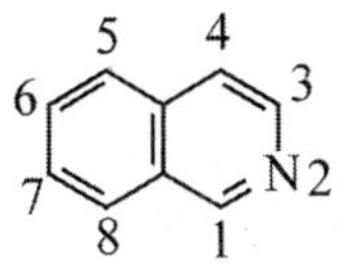

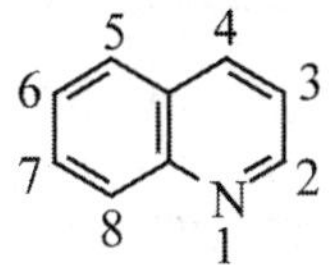

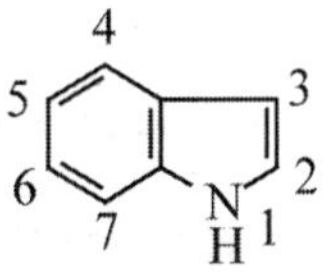

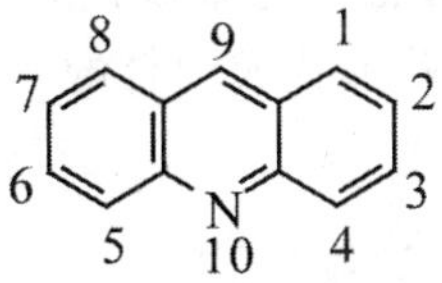

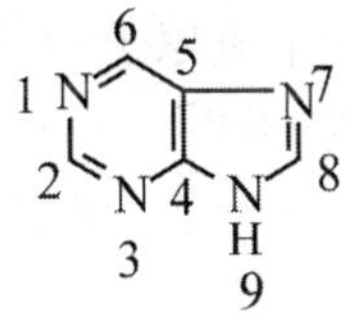

2. 稠合边的标示

基本环按原杂环的编号顺序,用英文字母 a、b、c…表示环上的各边;附加环则按原杂环的编号顺序,用 1、2、3…表示各成环原子。例如:

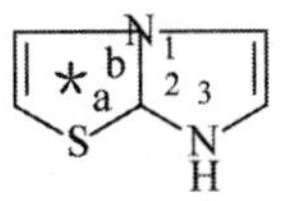

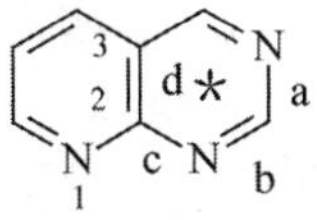

3. 稠杂环母环的命名:附加环名称＋并＋[稠合边的位置]＋基本环的名称

稠合边的位置的表示方法:在中括号内将表示附加环稠合边的阿拉伯数字写在前,表示基本环稠合边的英文字母写在后,中间用一短横线相连。阿拉伯数字的排列顺序,以表示基本环

各边的英文字母顺序为准,顺序相同时数字由小到大排列,相反时则数字由大到小排列。例如:

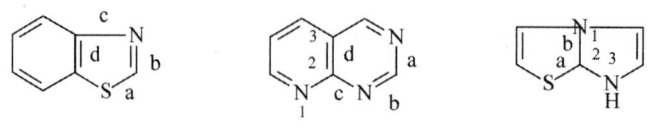

苯并[d]噻唑　　　吡啶并[2,3-d]嘧啶　　　咪唑并[2,1-b]噻唑

4. 周边编号

为了表明稠杂环上所连的取代基、官能团或氢原子的位置,需对整个环系的原子进行编号。其编号原则与稠合芳香烃相似,要尽可能使杂原子的编号最小;多种杂原子时,按 O、S、—NH、N 的优先顺序编号;包括共用杂原子在内的所有杂原子都要进行编号;共用碳原子一般不编号。例如:

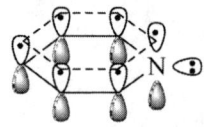

6-苯基-2,3,5,6-四氢咪唑并[2,1-b]噻唑(驱虫净)

二、六元杂环化合物

六元杂环化合物中最重要的是含氮的六元杂环,如吡啶、嘧啶等。

(一)吡啶的结构和物理性质

吡啶的结构与苯相似,可以看做是苯分子中的碳原子被氮原子取代所得到的化合物,环中的 5 个碳原子和一个氮原子均以 sp^2 杂化轨道相互重叠成键。环上六个原子都在一个平面上,同时每个原子各提供一个 p 轨道相互平行并重叠成闭合的 π 电子共轭体系。氮原子上的孤对电子占据另外一个 sp^2 杂化轨道,如图 13-1 所示。

图 13-1　吡啶结构

吡啶的结构符合 Hückel 规则,具有芳香性。但由于氮原子电负性较强,具有吸电子作用,使环上碳原子的电子云密度降低,因此吡啶是缺电子共轭体系,比苯难于发生亲电取代反应。吡啶环上各原子的相对电子云密度分布如下:

$$\begin{array}{c} 0.87 \\ 1.01 \\ 0.84 \quad N \\ 1.43 \end{array}$$

吡啶是无色液体,有特殊臭味,可以任意比例与水互溶,又能溶解多数极性或非极性有机

物,是一个良好的有机溶剂。

(二) 吡啶的化学性质

1. 碱性

吡啶($pK_b=8.8$)是一个弱碱,能与无机酸生成盐。这是因为吡啶氮原子上的未共用电子对易接受质子显碱性。吡啶碱性比氨和脂肪胺弱,这是由于未共用电子对处于sp^2杂化轨道中,s成分较多,电子受核约束较强。吡啶的碱性比苯胺($pK_b=9.3$)强。

$$\text{苯甲胺} > \text{氨} > \text{吡啶} > \text{苯胺}$$
$$pK_b \quad 3.4 \quad\quad 4.8 \quad\quad 8.8 \quad\quad 9.3$$

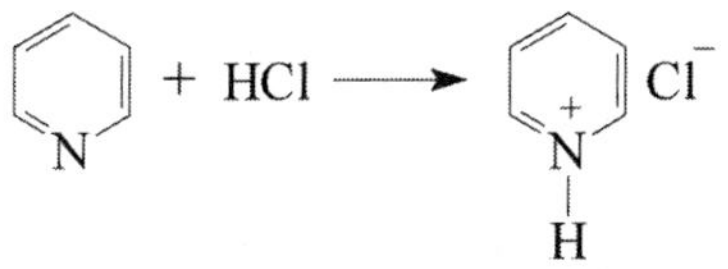

$$\text{吡啶} + HCl \longrightarrow \text{吡啶}^+H \cdot Cl^-$$

2. 亲电取代反应

吡啶环上由于氮原子的电负性较大,使得环上碳原子的电子云密度较苯低,尤其与质子或Lewis酸结合后,使氮原子带正电荷,环上碳原子的电子云密度更低,因而亲电取代反应比苯困难。其环上亲电取代反应的活性与硝基苯相似,亲电取代反应主要发生在β位,且不能发生傅-克反应。

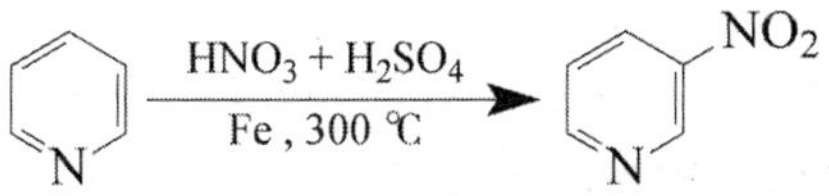

$$\text{吡啶} \xrightarrow[\text{Fe, 300 ℃}]{HNO_3 + H_2SO_4} \beta\text{-硝基吡啶}$$

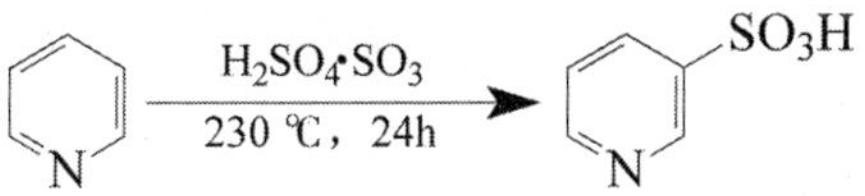

$$\text{吡啶} \xrightarrow[\text{230 ℃, 24h}]{H_2SO_4 \cdot SO_3} \beta\text{-吡啶磺酸}$$

$$\text{吡啶} \xrightarrow[\text{300 ℃}]{Br_2} \beta\text{-溴吡啶}$$

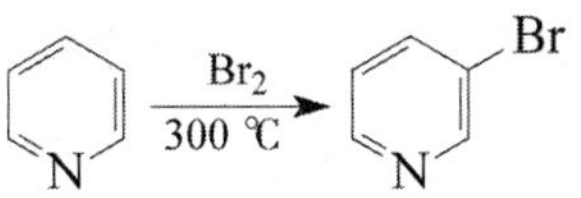

3. 亲核取代反应

吡啶环上氮原子的作用类似于硝基苯上的硝基,使环上电子云密度降低,是一个"缺π"电子体系,又称作"缺π"芳杂环,所以易发生亲核取代反应,主要生成α-位取代产物。

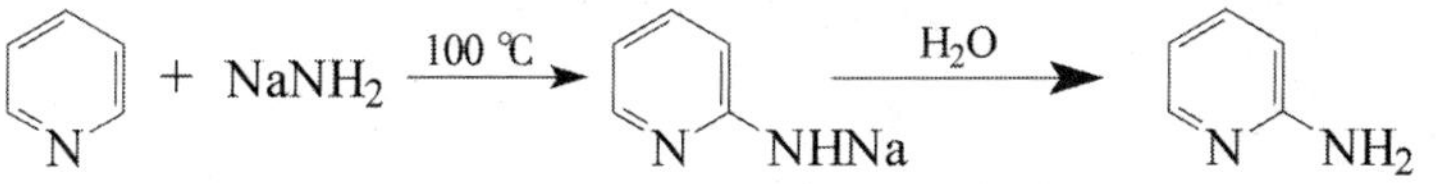

$$\text{吡啶} + NaNH_2 \xrightarrow{100 ℃} \text{2-NHNa-吡啶} \xrightarrow{H_2O} \text{2-NH}_2\text{-吡啶}$$

当α-位上有易离去基团(如Cl,Br)时,较弱的亲核试剂(如NH_3、H_2O等)就能发生亲核取代反应。例如:

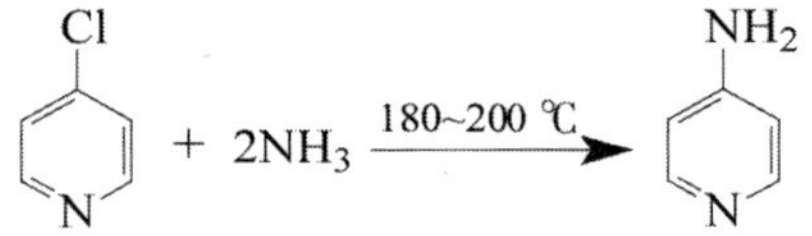

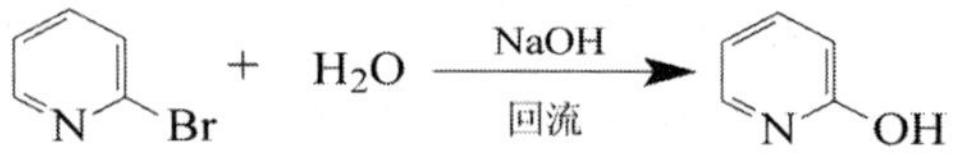

$$\underset{N}{\overset{Cl}{\bigcirc}} + 2NH_3 \xrightarrow{180\sim 200\ ℃} \underset{N}{\overset{NH_2}{\bigcirc}}$$

$$\underset{N}{\bigcirc}-Br + H_2O \xrightarrow[\text{回流}]{NaOH} \underset{N}{\bigcirc}-OH$$

4. 氧化和还原反应

吡啶环由于电子云密度较低,对氧化剂较苯环更为稳定。当环上有烷基侧链时,侧链可被氧化成羧酸。例如:

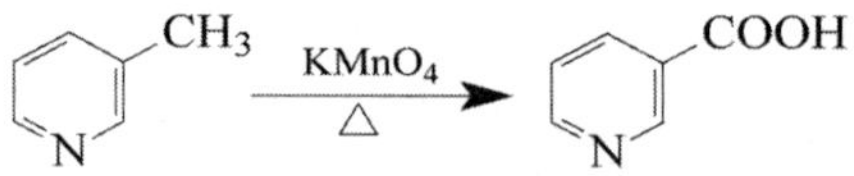

$$\underset{N}{\bigcirc}-CH_3 \xrightarrow[\triangle]{KMnO_4} \underset{N}{\bigcirc}-COOH$$

β-吡啶甲酸(烟酸)

相反,吡啶较苯易被还原,用金属钠和乙醇或催化氢化,都可使吡啶还原成六氢吡啶。

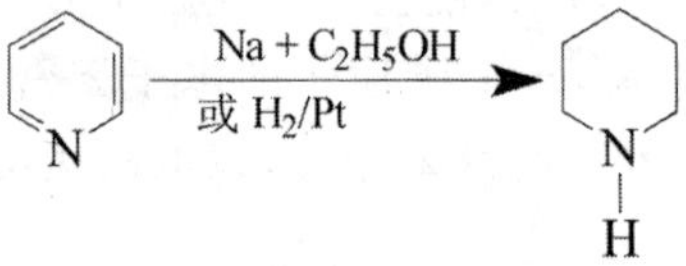

$$\underset{N}{\bigcirc} \xrightarrow[\text{或 } H_2/Pt]{Na+C_2H_5OH} \underset{\underset{H}{N}}{\bigcirc}$$

六氢吡啶

六氢吡啶又称哌啶($pK_b=2.8$),它的性质与脂肪族仲胺相似,碱性较吡啶强 10^6 倍,哌啶能与水互溶,常用作溶剂及有机合成的碱催化剂。

(三) 吡啶的重要衍生物

1. 烟酸 (nicotinic acid)

$$\underset{N}{\bigcirc}-COOH$$

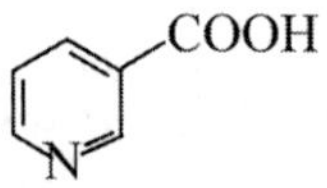

化学名 β-吡啶甲酸,又称维生素 PP,是 B 族维生素的一种,用于防治糙皮病和治疗舌炎、口腔炎、皮炎等。

2. 异烟肼 (isonicotinic acidhydrazine)

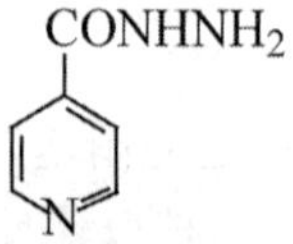

$$\underset{N}{\bigcirc}-CONHNH_2$$

商品名叫雷米封(rimifon),具有较强的抗结核作用。

(四) 嘧啶及其衍生物

嘧啶是含有两个氮原子的六元杂环,环上电子云密度比吡啶更低,亲电取代反应更困难,嘧啶是无色固体,熔点 22 ℃,易溶于水,具有弱碱性($pK_b=11.3$)。

嘧啶的衍生物在自然界分布很广，如维生素、生物碱及蛋白质中，许多药物也含有嘧啶结构。特别是氨基、羟基取代的嘧啶广泛存在于生物体中，在生物代谢中起着重要作用，如核酸中有胞嘧啶(cytosine)、尿嘧啶(uracil)和胸腺嘧啶(thymine)。

在嘧啶衍生物中，凡是杂环上连有双键氧的嘧啶衍生物，都可以产生酮式和烯醇式的互变异构现象，例如尿嘧啶的互变异构：

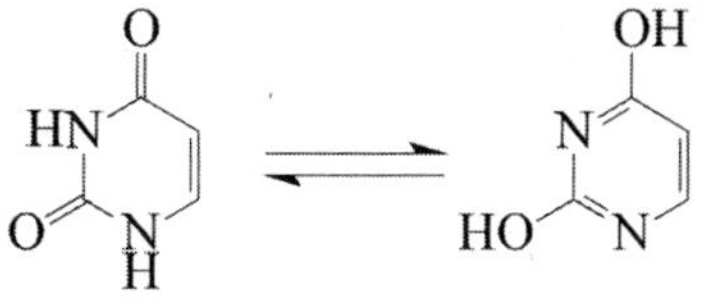

目前临床上使用的药物有许多含有嘧啶结构，如磺胺药、抗肿瘤药。

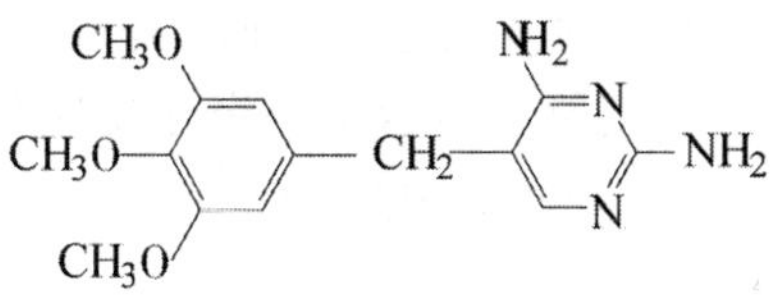

甲氧苄氨嘧啶（TMP）
（磺胺增效剂）

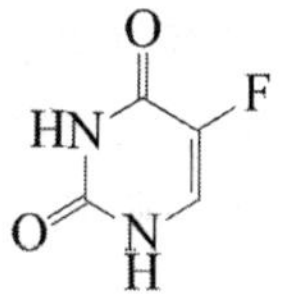

5-氟尿嘧啶（5-Fu）
（抗肿瘤药）

三、五元杂环化合物

（一）吡咯、呋喃和噻吩的结构

近代物理分析方法证明，吡咯，呋喃和噻吩都是一个平面的五元环结构，即成环的四个碳原子和一个杂原子都是 sp^2 杂化。环上每个碳原子的 p 轨道有一个电子，杂原子 p 轨道上有两个电子，p 轨道都垂直于 sp^2 杂化轨道所在的平面，互相侧面重叠形成一个闭合的 π 电子共轭体系，π 电子数为 6，符合 Hückel 规则，具有芳香性，如图 13-2。

吡咯、呋喃和噻吩是具有六个 π 电子的五元芳杂环，也就是说 N、O、S 原子向五元环闭合 π 电子共轭体系提供了电子。因此使环上电子云密度比苯环上的高，这一类杂环称"多 π"芳杂环。因此它们都比苯活泼，容易发生亲电取代反应。

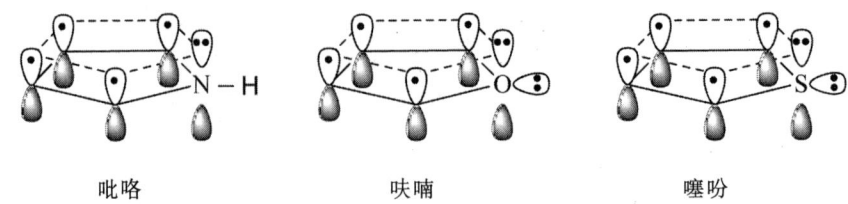

图 13-2 吡咯、呋喃和噻吩的结构

吡咯、呋喃和噻吩的芳香性都比苯差,这是由于杂原子(N、O、S)的电负性比碳大,杂环上的π电子云密度不像苯那样均匀,因此它们的稳定性也比苯小。故芳香性顺序为:苯 > 噻吩 > 吡咯 > 呋喃。

(二)吡咯、呋喃和噻吩的性质

吡咯存在于煤焦油中,为无色液体,沸点 130 ℃～131 ℃,有弱的苯胺气味。

呋喃存在于松木焦油中,为无色液体,沸点 31 ℃,有氯仿气味。

噻吩与苯共存于煤焦油中,由煤焦油中取得的苯中约含有 0.5% 的噻吩,是无色具特殊气味的液体,沸点 84 ℃。

1. 吡咯的酸碱性

吡咯分子中虽有氮原子,并没有碱性,原因是吡咯的 p 轨道中的孤对电子已参与形成大 π 键,不再具有给出电子的能力。相反,其氮原子上的氢原子显示出一定程度的酸性,其 pK_a = 17.5。所以吡咯可与强碱(如金属钾及固体氢氧化钾)共热成盐。

$$\underset{H}{\underset{|}{N}}\!\!\bigcirc + KOH \longrightarrow \underset{\underset{K}{|}}{\overset{-}{N}}\!\!\bigcirc{}^{+} + H_2O$$

呋喃中的氧也因参与形成大 π 键而不具备醚的弱碱性。

2. 亲电取代反应

亲电取代反应是吡咯、呋喃和噻吩的典型反应。由于它们环上的电子云密度比苯高,因此亲电取代反应比苯容易,且主要发生在 α 位。

吡咯、呋喃遇强酸时,杂原子能质子化,使芳环大 π 键破坏,所以不能在强酸性条件下进行硝化和碘化,要选用较温和的非质子性试剂。例如:

$$\underset{H}{\underset{|}{N}}\!\!\bigcirc + (CH_3CO)_2O \longrightarrow \underset{H}{\underset{|}{N}}\!\!\bigcirc\!\!-\overset{\overset{O}{\|}}{C}\!-CH_3$$

$$\underset{H}{\underset{|}{N}}\!\!\bigcirc + CH_3-\overset{\overset{O}{\|}}{C}-ONO_2 \xrightarrow[5℃]{(CH_3CO)_2O} \underset{H}{\underset{|}{N}}\!\!\bigcirc\!\!-NO_2 + \underset{H}{\underset{|}{N}}\!\!\bigcirc\!\!-NO_2$$

硝酸乙酰酯	α-硝基吡咯	β-硝基吡咯
(硝乙酐)	83%	17%

3. 加成反应

呋喃、噻吩和吡咯同苯一样加氢以后失去芳香性，其氢化产物与脂肪族化合物性质相似。

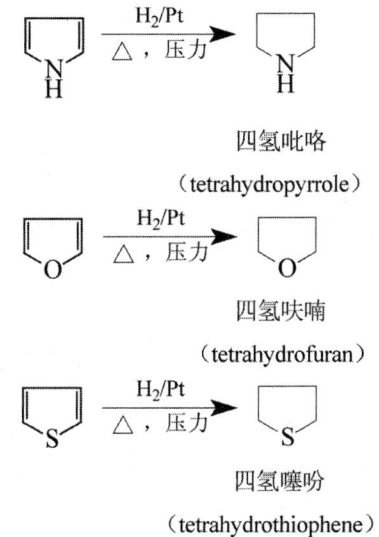

四氢吡咯
（tetrahydropyrrole）

四氢呋喃
（tetrahydrofuran）

四氢噻吩
（tetrahydrothiophene）

（三）五元杂环的衍生物

1. 吡咯衍生物

吡咯衍生物在自然界中分布很广，植物中的叶绿素和动物中的血红素都是吡咯衍生物。此外还有胆红素、维生素 B_{12} 等天然物质中都含有吡咯环，它们都具有重要的生理活性。

血红素的基本骨架称卟吩（porphin），它是由 4 个吡咯环通过 4 个次甲基在吡咯的 α-位相连成的大环，成环原子共平面，是一个交替相连而成的共轭体系。血红素（haem）是卟吩以共价键及配位键与亚铁离子形成的配合物，它与蛋白质结合形成血红蛋白，存在于人和动物的血红细胞中，它的功能是运输氧气。

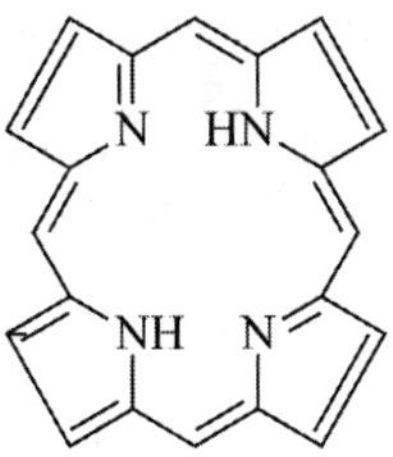

卟吩 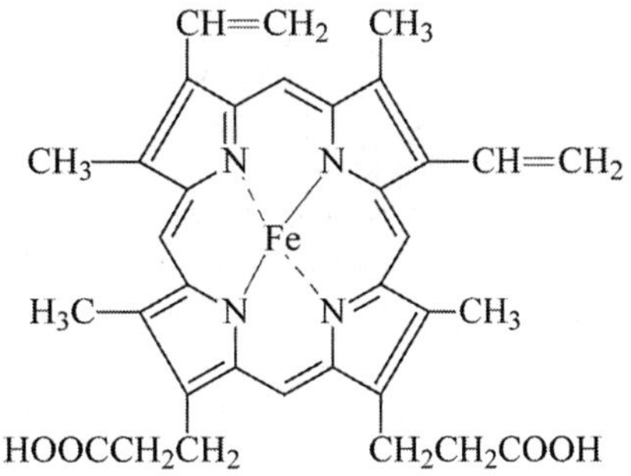　　　　　血红素

2. 呋喃衍生物

硝基呋喃类衍生物具有较强的抗菌作用，性质稳定，服用方便，如呋喃坦啶（furadantin）对革兰氏阴性及阳性细菌均有作用，用于治疗泌尿系统的感染。

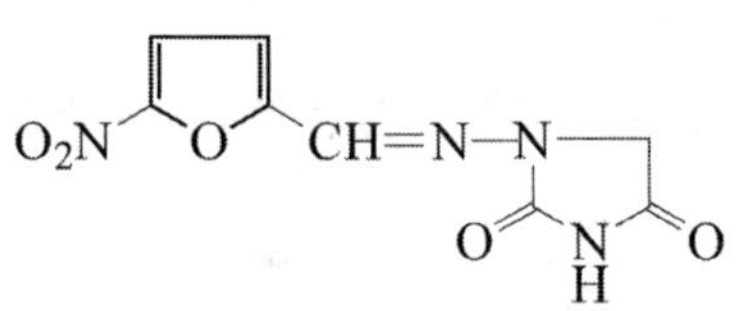

呋喃坦啶

3. 咪唑及其衍生物

咪唑可以看做是吡咯环 3 位的 CH 被氮原子取代而生成的杂环化合物。咪唑 3 位氮也是以 sp^2 杂化轨道而成键，但与吡咯 1 位氮原子不同，1 位氮是以一对 p 电子参与共轭，而咪唑 3 位氮是一个 p 电子参与共轭，形成环状闭合大 π 键，π 电子数为 6，符合 Hückel 规则，有芳香性。

咪唑的碱性比吡咯强（$pK_b=6.8$），这是由于氮原子的孤电子对没有参加共轭体系，因而较易与质子结合。

咪唑中氮原子上的氢可以转移到另一个氮原子上，因而存在着互变异构，这对无取代基的环不容易看出，但当环上有取代基时则很容易辨别，例如甲基咪唑可发生下列互变异构。

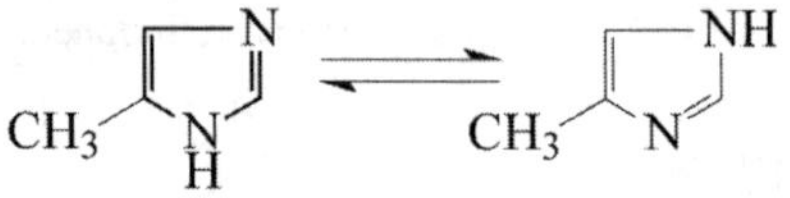

5-甲基咪唑　　　4-甲基咪唑

咪唑环既是质子供体，又是质子授体，在生物体中起着重要作用，在组氨酸分子中含有一个咪唑基，它的 pK_a 值接近于生理（$pH=7.35$）范围，它既是个弱酸，又是一个弱碱，在给出质子的同时又能接受一个质子，起到质子传递作用。由于咪唑环的这种特殊作用，在组氨酸中的咪唑环是构成酶活性中心的重要基团，从而使酶能催化生物体内酯和酰胺的水解。

4. 噻唑及其衍生物

青霉素（penicillin）是含有噻唑环的抗菌素，得自青霉菌的培养液。6-氨基青霉烷酸（6-APA）是青霉素族抗菌素的母核，它与各种类型的化合物进行缩合，可以得到各种新型的半合成青霉素。

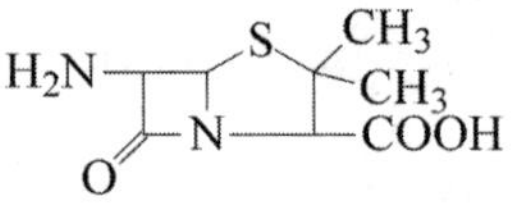

6-氨基青霉烷酸 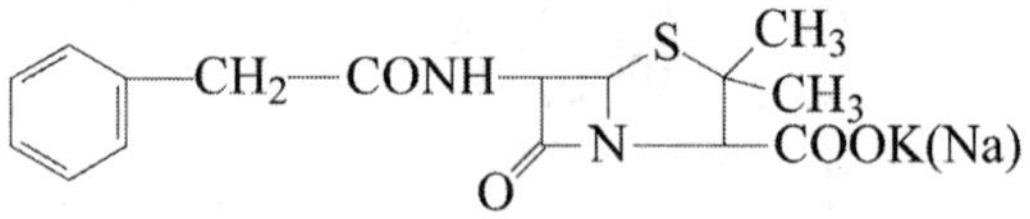　　　青霉素 G 钾（钠）

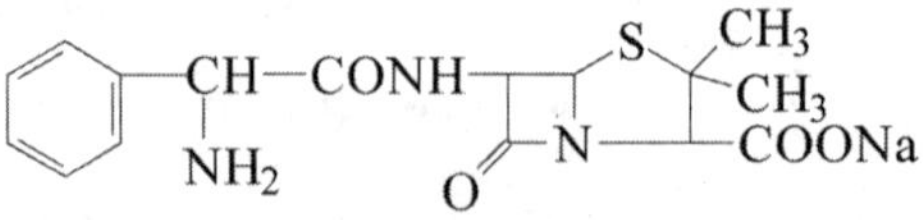

氨苄青霉素

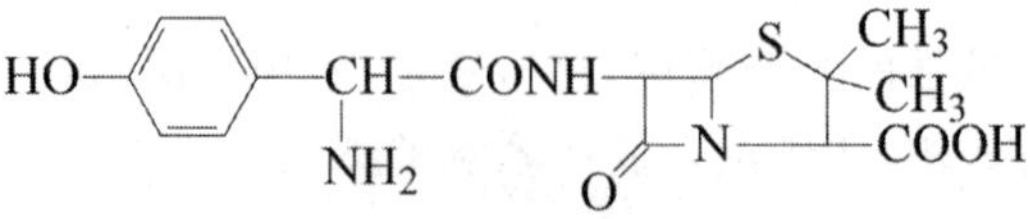

羟氨苄青霉素（阿莫西林）

四、稠杂环化合物

稠杂环化合物是指两个或两个以上杂环稠合或杂环与苯环稠合而成的杂环化合物。由苯环与杂环稠合的杂环化合物又称苯稠杂环，常见的稠杂环化合物有嘌呤、吲哚、喹啉等及其衍生物。

（一）嘌呤及其衍生物

嘌呤是由嘧啶和咪唑稠合而成，编号顺序如下所示。

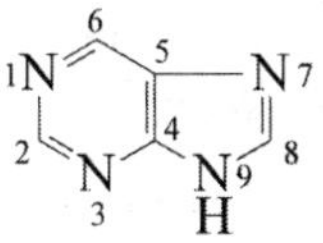

嘌呤

（Purine）

嘌呤为白色固体，熔点 216 ℃～217 ℃，易溶于水，水溶液呈中性，但可分别与酸或碱生成盐。嘌呤是两个互变异构体的平衡体系，在生物体内平衡偏向于 $9H$ 形式。

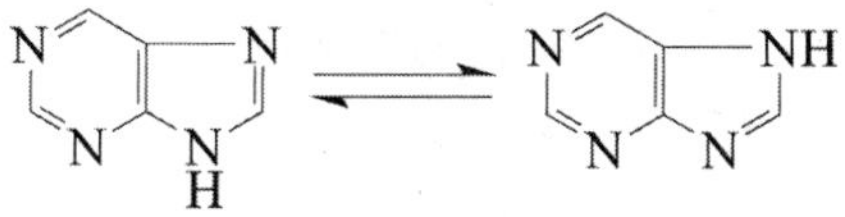

$9H$-嘌呤 $7H$-嘌呤

嘌呤衍生物广泛分布于动植物体中，如腺嘌呤、鸟嘌呤均为核酸的碱基。

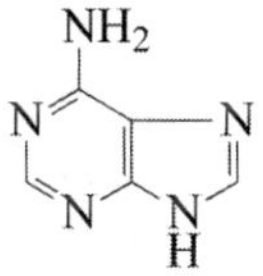

腺嘌呤   鸟嘌呤

（adenine）   （guanine）

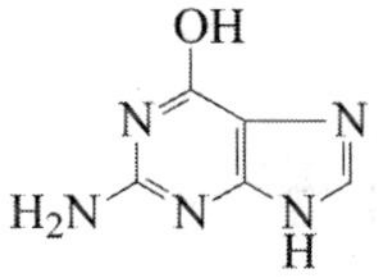

次黄嘌呤、黄嘌呤和尿酸是腺嘌呤与鸟嘌呤在体内的代谢产物，存在于动物肝、血和尿中。

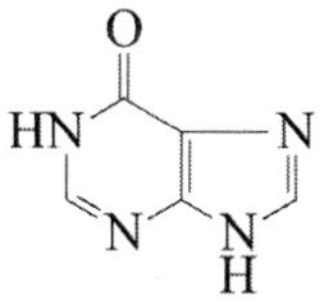

次黄嘌呤 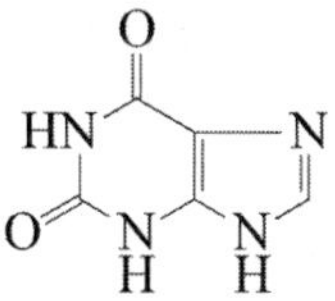   黄嘌呤 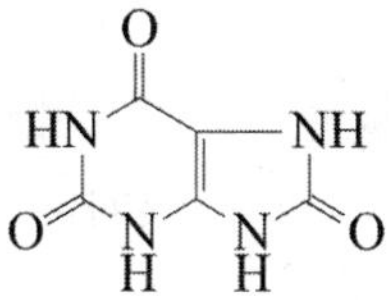   尿酸

尿酸具有酮式和烯醇式两种互变异构体，在生理 pH 范围内以酮式结构为主。

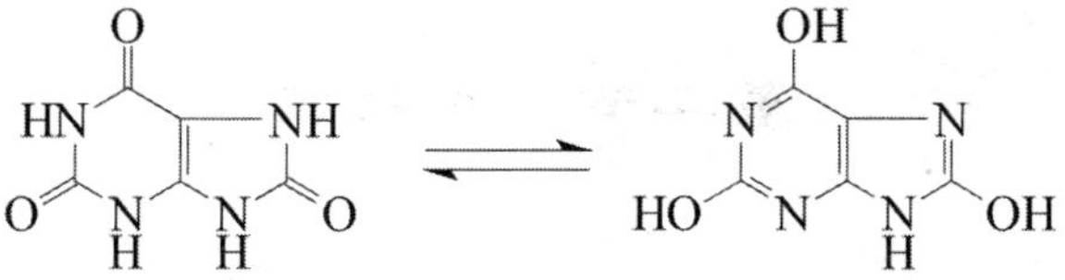

（酮式）   （烯醇式）

尿酸是白色结晶,难溶于水,酸性很弱,可与强碱成盐。尿酸在体内以盐的形式存在,溶解度较大,由尿排出,健康人每天排出量为 0.5 g～1.0 g。

但在嘌呤代谢发生障碍时,血和尿中尿酸量增加,严重时形成尿结石。血中尿酸含量过多时,可沉积在骨关节处,严重者导致痛风病。

(二) 吲哚及其衍生物

吲哚是苯并吡咯。稠合后的吲哚比吡咯环稳定。吲哚是比吡咯还弱的碱,$pK_a \approx 3.5$。吲哚的许多衍生物具有生理与药理活性。如人和哺乳动物的神经传递介质之一的 5-羟色胺(5-HT)、非甾体型的消炎镇痛解热药消炎痛(indomethacine)等。

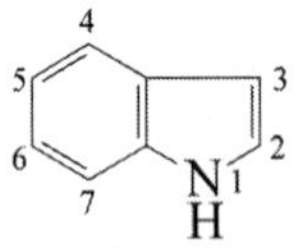

吲哚 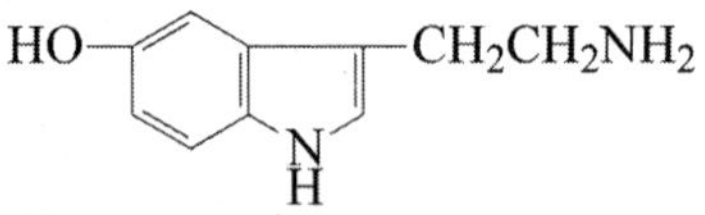　　　　　　　　　5-羟色胺

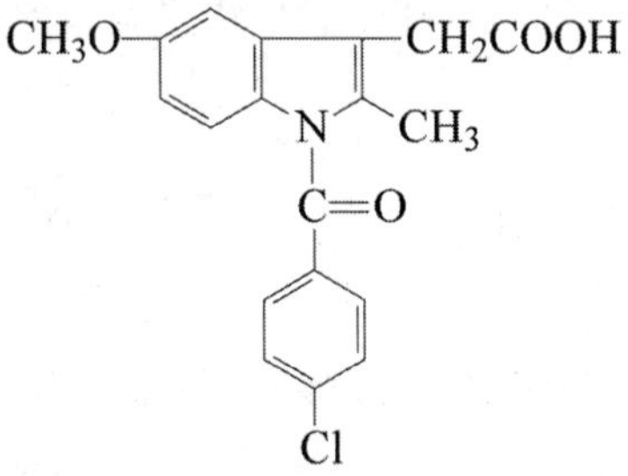

消炎痛

(三) 喹啉及其衍生物

喹啉是苯与吡啶的稠合化合物,分子中的氮原子的电子构型与吡啶中的氮原子相同,故它的碱性与吡啶相近。很多天然和合成的抗疟药物中含有喹啉的结构,如金鸡纳属植物树皮中的奎宁(quinine)、合成的抗疟药氯喹(ehloroquine)等。

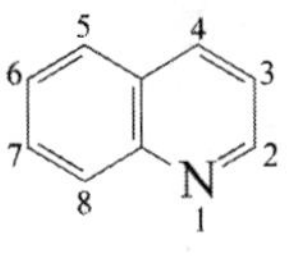

喹啉 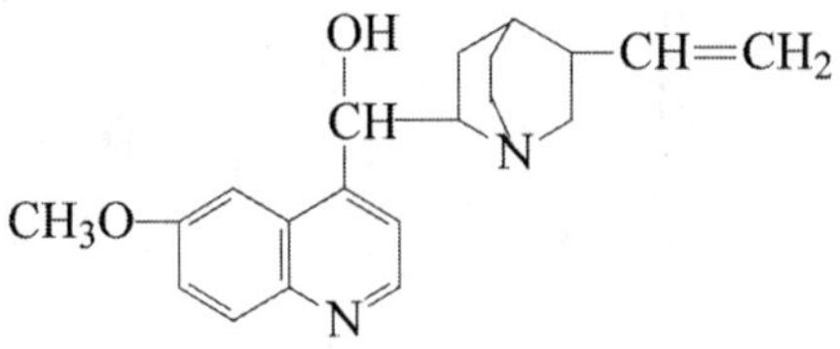　　　　　　　奎宁 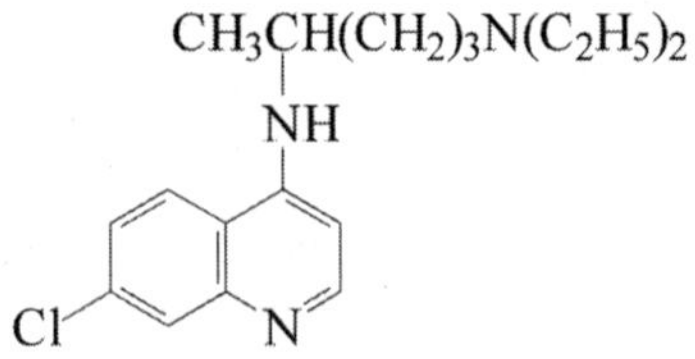　　　　　　　氯喹

第二节　生物碱

生物碱(alkaloid)是生物体内一类具有显著生理活性的含氮有机化合物。由于生物碱主

要存在于植物中,故又称植物碱。

生物碱广泛地应用于医药中,它是植物有效成分中研究得最多的一类。到目前为止,已知结构的生物碱已达两千多种,应用于临床的生物碱有 100 多种。

一、生物碱的分类与命名

由于生物碱的种类很多,分类方法也有多种,但以化学结构来分类较为常用。如麻黄碱是脂肪仲胺类、小檗碱和吗啡是异喹啉类等,一般可以分为十几类(见表 13-2)。

生物碱一般按其来源命名,例如:从麻黄中提取的生物碱称麻黄碱(epherdrine)、黄连中提取的生物碱称黄连素等。

二、生物碱的一般性质

(一) 一般性状

大多数生物碱都是味苦的、无色晶形固体,也有一些是非结晶型粉末。只有少数生物碱是液体,如烟碱。由于多数生物碱分子具有手性,因而呈现光学活性,且左旋体常有很强的生物活性。

(二) 碱性

生物碱分子中含有氮原子,多呈碱性反应,能和酸结合生成盐。生物碱分子结构不同,碱性强弱也不一样。

$$\text{生物碱} \underset{OH^-}{\overset{H^+}{\rightleftharpoons}} \text{生物碱盐}$$

(难溶于水)　　(易溶于水)

(三) 溶解性

游离的生物碱因极性较小,一般不溶于水或难溶于水,易溶于有机溶剂中,如氯仿、乙醚、酒精、丙酮和苯中。但生物碱与酸生成的盐,尤其是无机酸盐或小分子有机酸盐,易溶于水,而难溶于有机溶剂。

生物碱的溶解性十分重要,在提取、分离、精制生物碱时,一般都应用这些性质。即样品在酸性条件下用水提取;再调节至碱性条件下,用有机溶剂提取。

表 13-2　几种常见生物碱

名称	结构式	来源	结构特征、生理作用及功效
麻黄碱 ephedrine	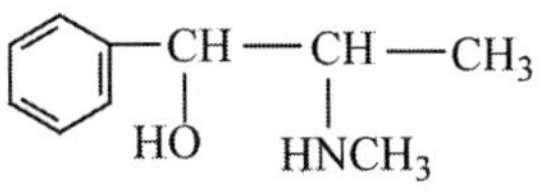 (结构式)	麻黄	脂肪仲胺 扩张支气管、平喘、止咳、发汗
烟碱 (尼古丁) micotine	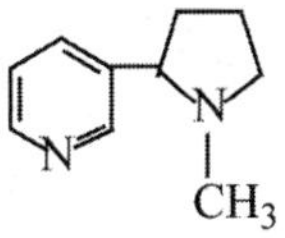 (结构式)	烟草	含吡啶环和四氢吡咯环 剧毒,人吸烟可发生尼古丁慢性中毒

名称	结构	来源	说明
茶碱 theophylline	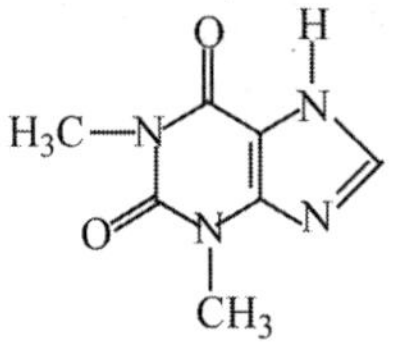	茶叶	嘌呤衍生物 收敛、利尿。嘌呤环上 7 位 N 上的 H 换为 $-CH_3$ 即为咖啡碱,是复方阿司匹林的成分之一
可卡因 cocaine	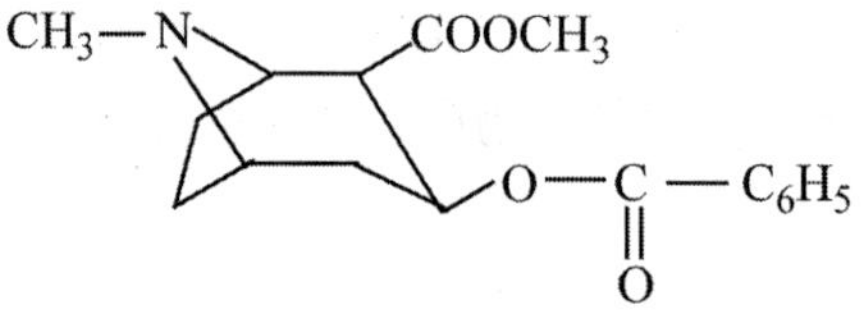	古柯	脂氮杂环,叔胺 局部麻醉、中枢兴奋,毒品
莨菪碱 hyoscyamine	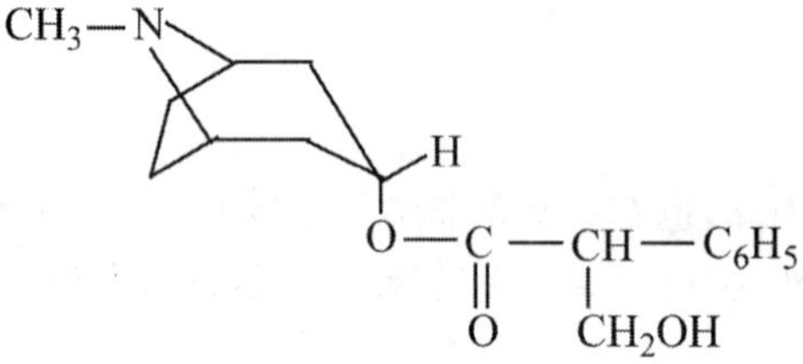	颠茄	脂氮杂环、叔胺 抗胆碱药、用于治疗平滑肌痉挛,胃及十二指肠溃疡,亦可用作有机磷中毒的解毒剂,眼科用于散瞳
小檗碱（黄连素）berberine	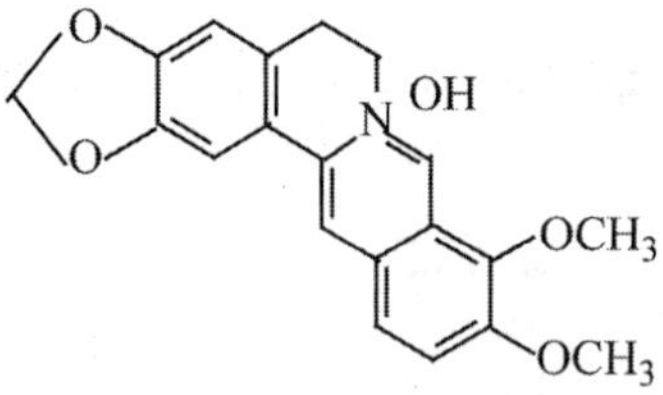	黄连	季铵碱 抗菌、消炎。治疗肠胃炎、眼结膜炎、化脓性中耳炎,细菌性痢疾等
喜树碱 camptothecine	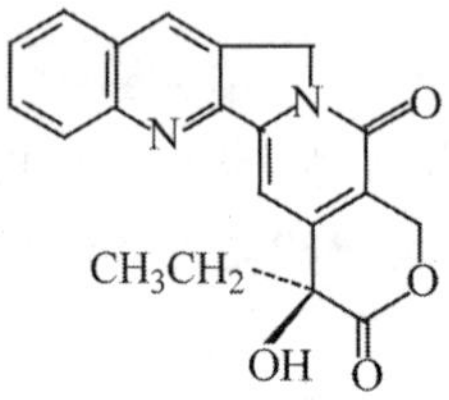	喜树	含酰胺结构 抗癌、治疗肠癌、胃癌、白血病
奎宁 quinitle	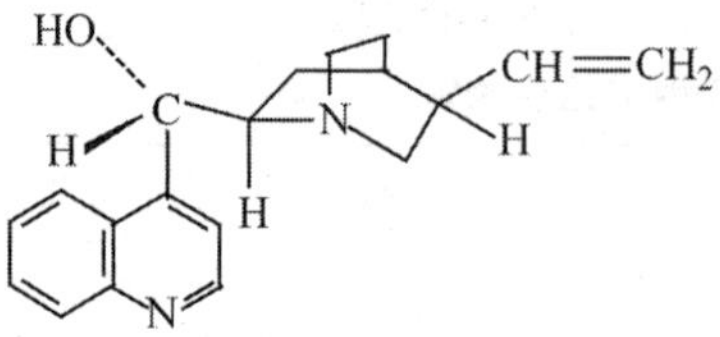	金鸡纳树	含喹啉环及脂氮杂环 抗疟疾药,并有退热作用
秋水仙碱 colchicine	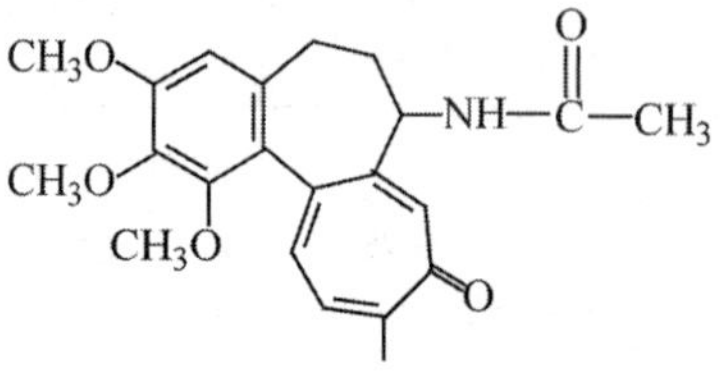	秋水仙	含酰胺结构 抗肿瘤药、抗痛风药

（四）沉淀反应和显色反应

生物碱遇一些试剂能发生沉淀，可利用这些试剂来检出生物碱的存在。常用的沉淀试剂有碘化汞钾（K_2HgI_4）、碘化铋钾（$BiI_3 \cdot 4KI$）、碘－碘化钾、苦味酸、鞣酸、磷钨酸（$H_3PO_4 \cdot 12WO_3 \cdot H_2O$）、硅钨酸（$12WO_3 \cdot SiO_2 \cdot 4H_2O$）等。值得注意的是：植物中的蛋白质、肽、氨基酸等，也会与一些沉淀试剂生成沉淀，所以必须排除这些杂质的干扰，用提纯的生物碱反应才能较灵敏、准确。

生物碱又可与某些试剂产生特殊的颜色。常用的生物碱显色剂有浓硫酸、浓硫酸－浓硝酸、浓硫酸－甲醛等。可用于某些生物碱的鉴别检查。

三、几种常见的生物碱

罂粟是一种一年或两年生草本植物，其带籽的蒴果含有一种浆液，在空气中干燥后形成棕黑色黏性团块，这就是中药阿片（opium），旧称鸦片。阿片中含 20 种以上的生物碱，其中最重要的是吗啡（morphine）、可待因（codeine）和罂粟碱（papaverine）等，尤其是前两者在临床上应用较多。吗啡及其重要衍生物一般具有以下结构通式。

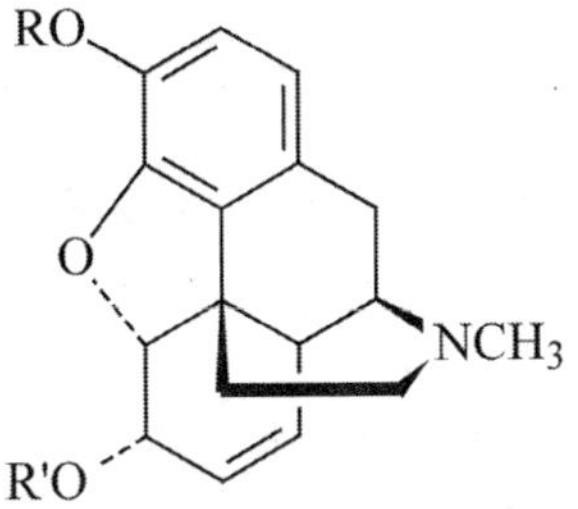

R＝R'＝H　　吗啡

R＝CH_3　　R'＝H　　可待因

R＝R'＝$\overset{\overset{\displaystyle O}{\|}}{-C-CH_3}$　　海洛因

吗啡是阿片中最重要、含量最多的有效成分。其纯品为无色六面短棱锥状结晶，味苦，难溶于水、醚、氯仿等，较易溶于热戊醇及氯仿与醇的混合溶剂。因分子结构中同时含有叔氮原子和酚羟基，故为两性化合物。临床用药一般为吗啡的盐酸盐及其制剂。它是强烈的镇痛药物，其镇痛作用能持续 6 小时，还能镇咳，但容易成瘾，一般只为解除晚期癌症病人的痛苦而使用。正常的大手术病人在三天内也可以小剂量使用。

可待因为无色斜方锥状结晶，味苦、无臭。微溶于水，溶于沸水、乙醇等。它的结构中不具有酚羟基，故不显两性。临床应用的制剂一般是其磷酸盐，主要用作镇咳剂。其镇咳和镇痛作用均比吗啡弱，但比吗啡安全，成瘾倾向也较小。

海洛因（heroin）即二乙酰吗啡，为白色柱状结晶或结晶性粉末，难溶于水，易溶于氯仿、苯和热醇，光照或久置易变为淡棕黄色。海洛因不存在于自然界中，其成瘾性为吗啡的 3～5 倍，严禁作为药用，是对人类危害最大的毒品之一。

习 题

1. 命名下列化合物。

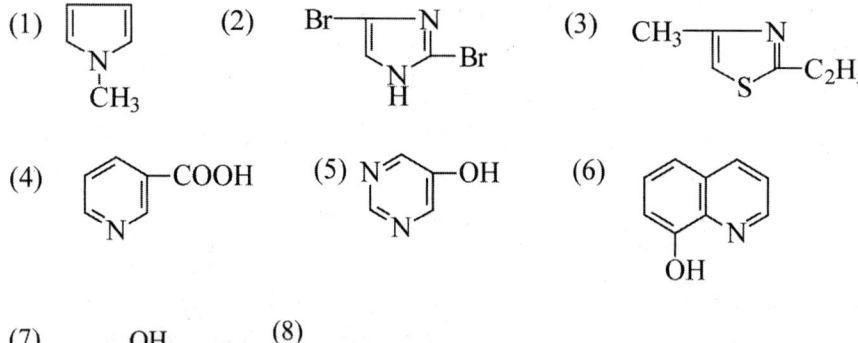

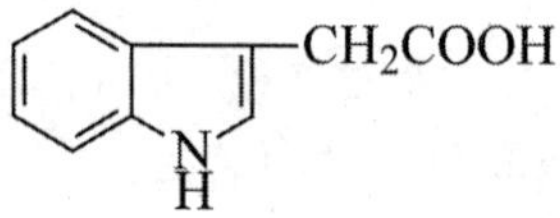

2. 写出下列化合物的结构式。
(1) 2,5-二溴呋喃　　(2) 4-甲基-六氢吡啶　　(3) 4-羟基-5-氟嘧啶
(4) 2,8-二甲基喹啉　(5) 3-吡啶甲酰胺　　　(6) 6-甲基-2-氨基嘌呤

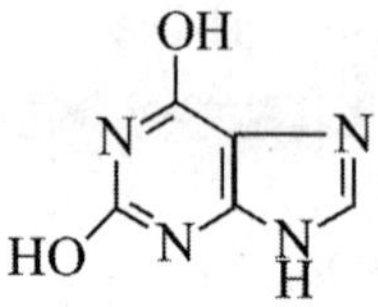

3. 将下列化合物按碱性由强到弱排列顺序。

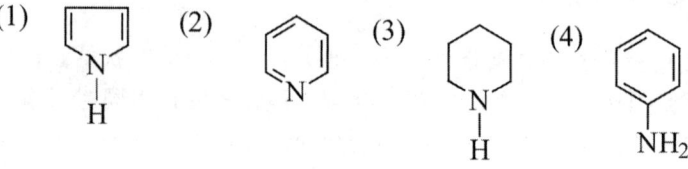

4. 指出下列杂环化合物所含的杂环母核。

(1) 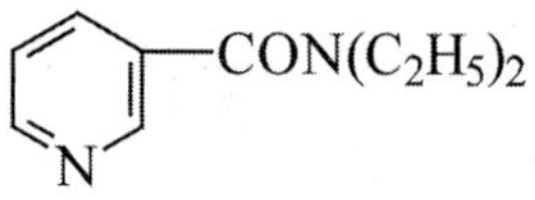 _2)

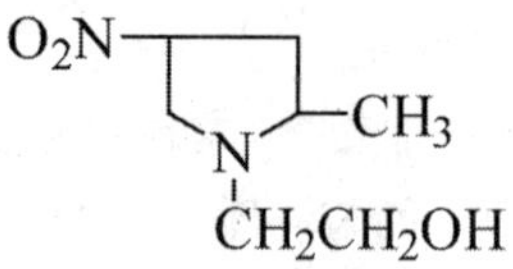

(2) O$_2$N—pyrrolidine with CH$_3$ and N-CH$_2$CH$_2$OH

(3) SO$_3$Na-purine

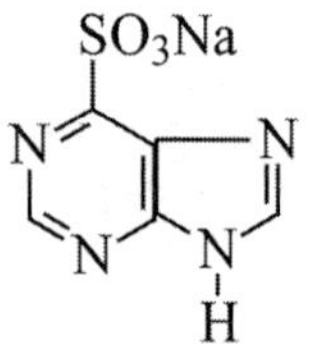

(4) 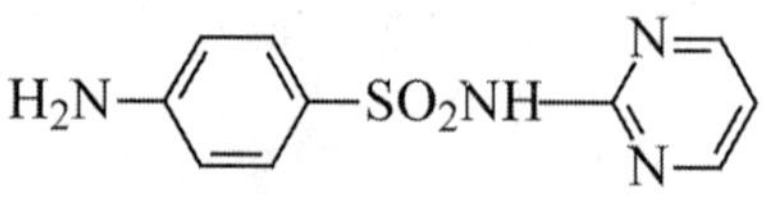 H$_2$N—C$_6$H$_4$—SO$_2$NH—pyrimidine

5. 比较下列各化合物中不同氮原子的碱性强弱。

(1) 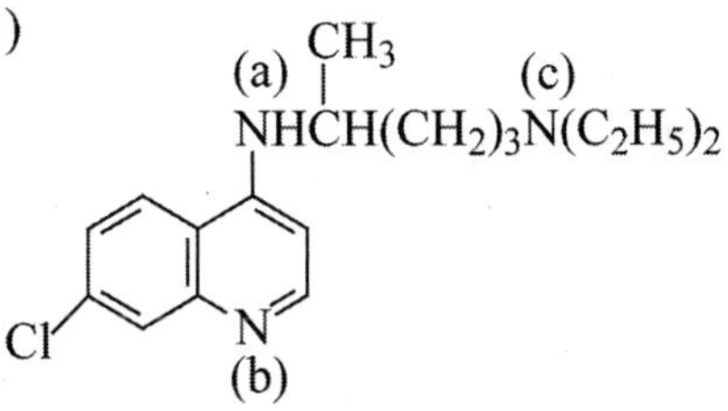
(a) CH_3
$\text{NHCH(CH}_2\text{)}_3\text{N(C}_2\text{H}_5\text{)}_2$ (c)

[7-氯喹啉结构，(b)标注于N]

(2)
(a) N — CH₂CH₂NH₂ (c)
咪唑环 N(b)H

(3)
(a) CH₃NH—C(=O)—O— [与稠环相连]
3a位 CH₃
(b) N—CH₃, (c) N—CH₃

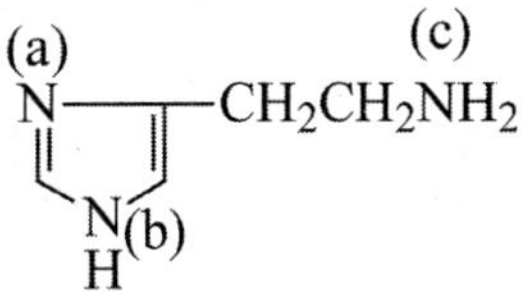

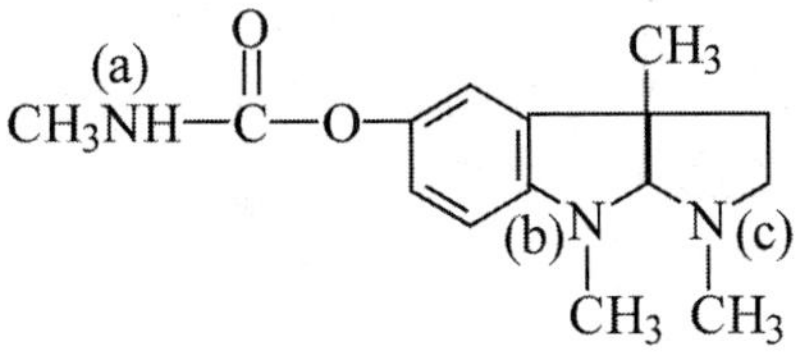

6. 下列各杂环化合物哪些具有芳香性？在具有芳香性的杂环化合物中，指出参与共轭体系的未共用电子对。

(1) 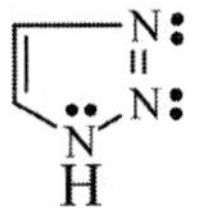 1H-1,2,3-三唑

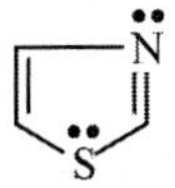

(2) 噻唑

(3) 咪唑

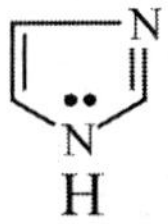

(4)  1,4-二甲基-1,4-二氢吡嗪

(5) 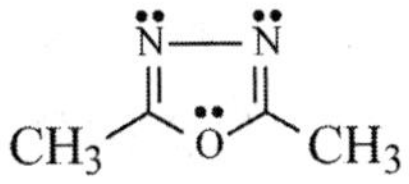 2,5-二甲基-1,3,4-噁二唑

7. 试比较吡咯、吡啶、苯的亲电取代反应活性大小。

8. 完成下列反应式：

(1) 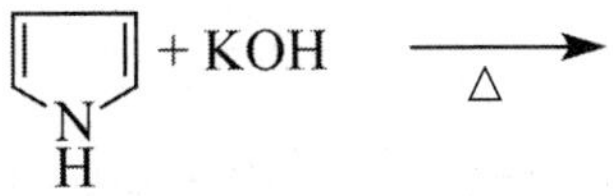 吡咯 + KOH $\xrightarrow{\Delta}$

(2) 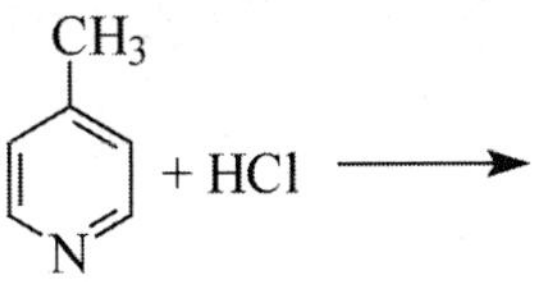 4-甲基吡啶 + HCl ⟶

(3) 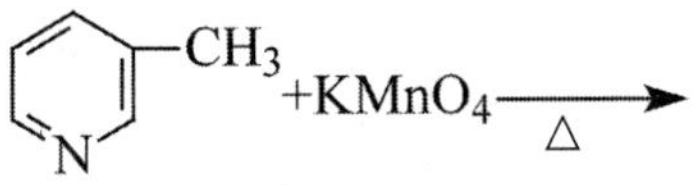 3-甲基吡啶 + KMnO₄ $\xrightarrow{\Delta}$

第十四章 糖 类

糖类(saccharide)是自然界广泛存在的一类有机化合物,如葡萄糖、果糖、蔗糖以及淀粉、纤维素和糖原等。在植物体中,糖约占其干重的 80%。工业上,淀粉、纤维素、蔗糖和葡萄糖均可从各种植物来源获得。在人和动物体中,葡萄糖是血液、淋巴液和其他体液的正常组分。在肝脏、肌肉中,葡萄糖以多聚的形式(糖原)存在。在 ATP 和核酸中,糖以结合状态存在。

从 20 世纪 70 年代开始,随着细胞生物学的发展及近代仪器分析和分离技术的进步,科学家们不断地从分子水平上揭示糖类化合物的结构与功能的关系以及在生命活动中的作用。从而认识到糖不仅是动、植物的结构组分,而且是重要的信息物质,在生命过程中发挥着重要的生理功能。

糖类化合物又叫碳水化合物(carbohydrate),因早期发现这类物质中碳、氢、氧的比例通式为:$C_n(H_2O)_m$,其中氢与氧的比例与水相同,所以被称为碳水化合物。但后来发现,某些糖如鼠李糖($C_6H_{12}O_5$)、去氧核糖($C_5H_{10}O_4$)并不符合通式 $C_n(H_2O)_m$,而有些符合这个通式的化合物如乙酸($C_2H_4O_2$)在结构上不属于糖。因此碳水化合物这个名称并不确切。

糖类是一类多羟基醛(酮),或通过水解能产生这些醛酮的物质。例如,葡萄糖、鼠李糖、甘露糖是多羟基醛;果糖是多羟基酮,淀粉和纤维素可经水解产生葡萄糖。

根据糖类化合物的水解情况,可将其分为三类,即单糖、寡糖和多糖。单糖(monosaccharide)是不能再被水解成更小分子的糖。如葡萄糖、果糖、核糖等。水解后产生二个到十个单糖的称为寡糖(oligosaccharide)或称低聚糖,如蔗糖、麦芽糖等。完全水解后产生十个以上单糖的称为多糖(polysaccharide),如淀粉、糖原和纤维素等。

第一节 单 糖

从结构上,单糖可分为醛糖(aldose)和酮糖(ketose)。根据分子中所含碳原子的数目不同又可分为三碳(丙)糖、四碳(丁)糖、五碳(戊)糖和六碳(己)糖等。最简单的醛糖是甘油醛(glyceraldehyde),酮糖是 1,3-二羟基丙酮;自然界存在最广泛的葡萄糖是己醛糖;在蜂蜜中富含的果糖是己酮糖。在生物体内以戊糖和己糖最为常见。

一、单糖的结构

(一) 单糖的构型和开链结构

单糖的构型可以用 R、S 标记法标出每一个手性碳原子的构型,这对手性碳原子多的单糖来说比较麻烦。目前习惯用 D、L 构型标记法。因一对对映体已有名称,只要按 D、L 标记法标出其中一个手性碳原子的构型,便能将整个结构表示清楚。

单糖 D、L 标记法划分是以甘油醛的结构作为标准,并根据 Fischer 投影式中最下面的一个不对称碳原子的构型决定。若该手性碳原子的构型与 D-甘油醛的结构相同,则属于 D 系列。若与 L-甘油醛的结构相同,则属于 L 系列。例如:

D-(+)-甘油醛　　D-(-)-赤藓糖　　L-(-)-甘油醛　　L-(+)-赤藓糖

一般单糖具有旋光性,含三个手性碳的戊醛糖应有 8 个对映异构体,含 4 个手性碳的己醛糖有 16 个对映异构体。酮糖中,由于比相应的醛糖少一个手性碳原子,因此异构体数目也相应减少。如己酮糖有 8 个对映异构体。

单糖的名称常根据其来源采用俗名。含有 3~6 个碳原子的各种 D-醛糖(图 14-1)多数存在于自然界,如 D-葡萄糖广泛存在于生物细胞和体液里。半乳糖存在于乳汁中。D-核糖为核酸的组成部分,广泛存在于细胞中。少数 D-醛糖是人工合成的。

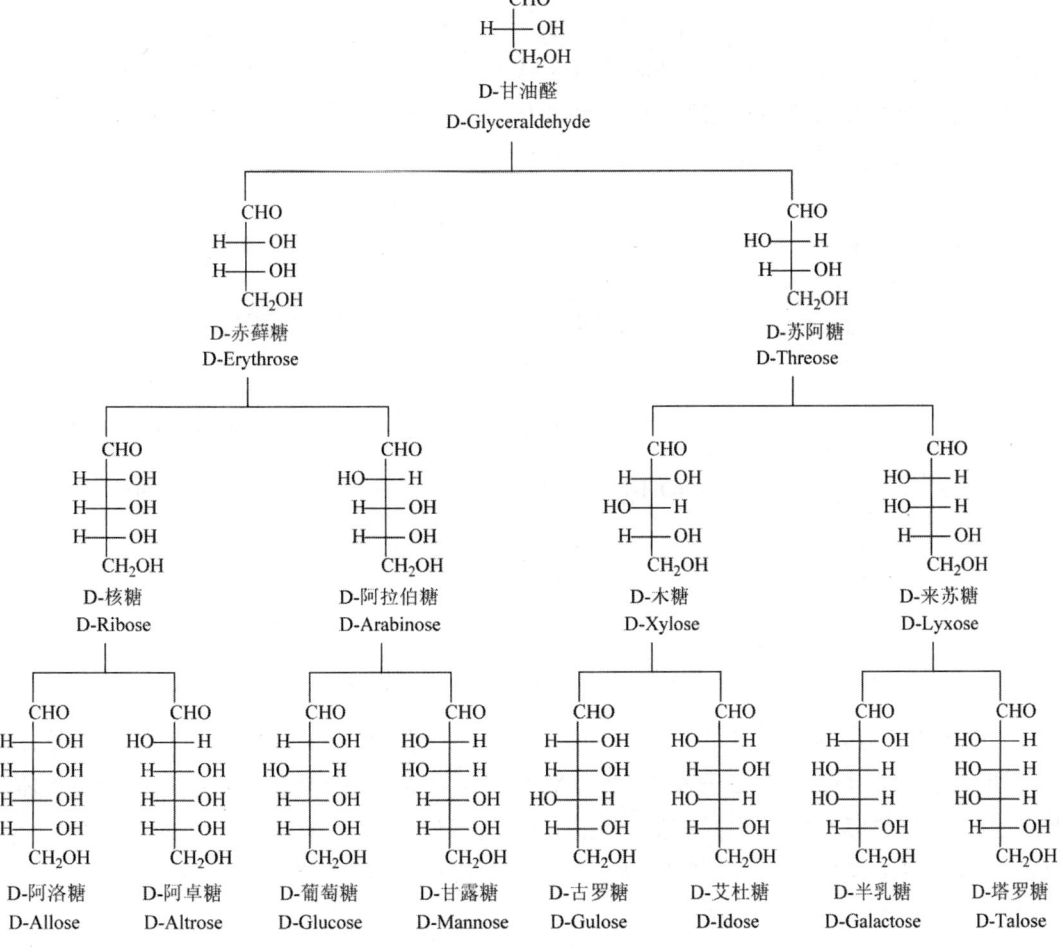

图 14-1　D-醛糖系列

(二) 单糖的变旋光现象和环状结构

单糖的开链结构表明,分子中都含有羰基。但随着研究工作的不断进展,人们发现这种开链结构与某些实验事实不相符。例如 D-(+)-葡萄糖:(1)它具有醛基,却不发生某些羰基的加成反应;(2)一般醛应在干燥 HCl 存在下与两分子甲醇反应生成缩醛,但葡萄糖只与一分子甲醇反应生成稳定化合物;(3)D-葡萄糖在不同条件下可得两种结晶,从冷乙醇中可得熔点为 146 ℃、比旋光度为 +112° 的晶体,而从热吡啶中可得熔点为 150 ℃、比旋光度为 +18.7° 的晶体;(4)上述两种晶体溶于水后比旋光度都会发生变化,并都在 +52.5° 保持恒定不变。这种比旋光度发生变化的现象称为变旋光现象(mutarotation);(5)固体葡萄糖在红外光谱中不显示羰基的伸缩振动吸收峰,在核磁共振谱中也不显示醛基质子的特征峰。

为了解释上述实验事实,人们从 δ-羟基醛(酮)易自发的发生分子内的亲核加成,生成稳定的环状半缩醛的反应(见第九章)得到启示,葡萄糖分子内具有醛基和醇羟基,它们相互作用生成环状半缩醛。后来的 X 射线衍射结果也证实了单糖是环状化合物。

单糖通常以六元环或五元环形式存在,当以六元环存在时,与杂环化合物吡喃相似,故称为吡喃糖(pyranose)。若以五元环存在时,与杂环呋喃相似,故称为呋喃糖(furanose)。由于形成环状半缩醛(酮),原来没有手性的羰基碳原子变成了手性中心,结果生成两种不同的环状半缩醛(酮),如 D-葡萄糖、D-果糖和 D-核糖都有 α、β 两种异构体,它们是非对映体,这种仅仅端基不同的异构体称为端基异构体(anomer)。

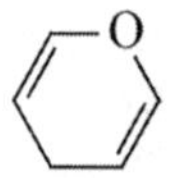

吡喃 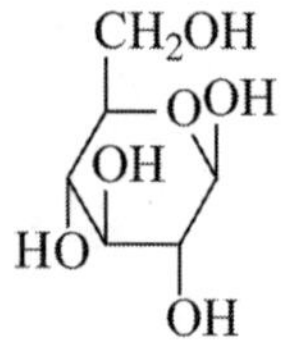   β-D-吡喃葡萄糖 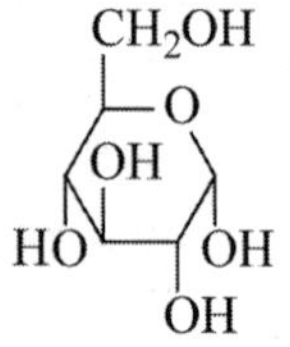   α-D-吡喃葡萄糖

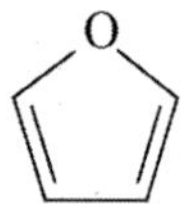

呋喃 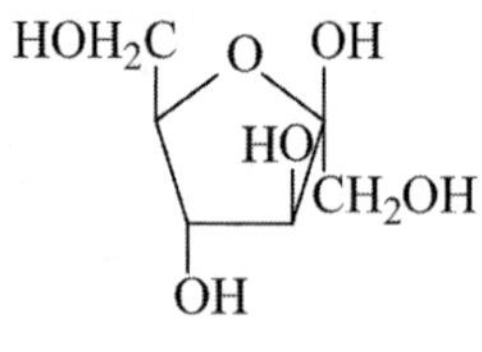   β-D-呋喃果糖 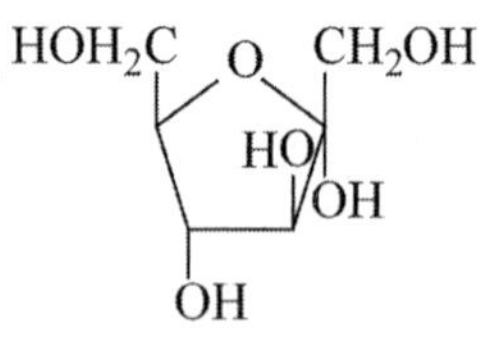   α-D-呋喃果糖

上述环状结构表示式称为 Haworth(哈沃斯)式。半缩醛(酮)羟基在环平面上方(总是与 C_6 羟甲基位于同侧)的称为 β 异构体,在环平面下方的称为 α 异构体。当把这两种异构体分别溶于水中,它们可通过开链结构相互转化,最终达到平衡,例如 D-葡萄糖平衡混合物中 β 异构体占 64%,α 异构体占 36%,开链结构占 0.02%,混合物的比旋光度为 +52.5°。

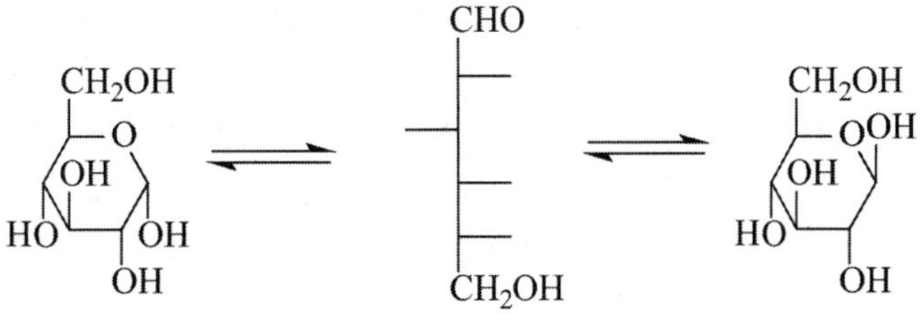

	α-D-吡喃葡萄糖	D-葡萄糖	β-D-吡喃葡萄糖
平衡时的含量:	36%	0.02%	64%
比旋光度:	+112°		+18.7°

$$+52.5°$$

如何从单糖直链的 Fischer 投影式改变成 Haworth 式呢？以 D-葡萄糖为例，它的 Fischer 投影式代表 C_1 羰基朝后，C_5 羟基朝前，这种排布方式不利于它们互相接触成环。为了使 C_5 羟基靠近醛基，可使 C_4 — C_5 间的单键旋转 120°，致使 C_5 羟基由朝前转成朝后，使原朝后的 C_6 羟甲基朝向左前方，此时的 Fischer 投影式可改变为如下所示的修饰后的 Fischer 投影式。此过程并没有断裂任何键，因此 C_5 的构型并没有改变，但发生了有利于成环方向的取向。修饰后的 Fischer 投影式中碳链的曲折，使 C_5 羟基有利于向 C_1 羰基的进攻，最后 C_5 羟基分别从羰基平面两侧进攻羰基碳，得到两个端基异构体。具体过程表示如下：

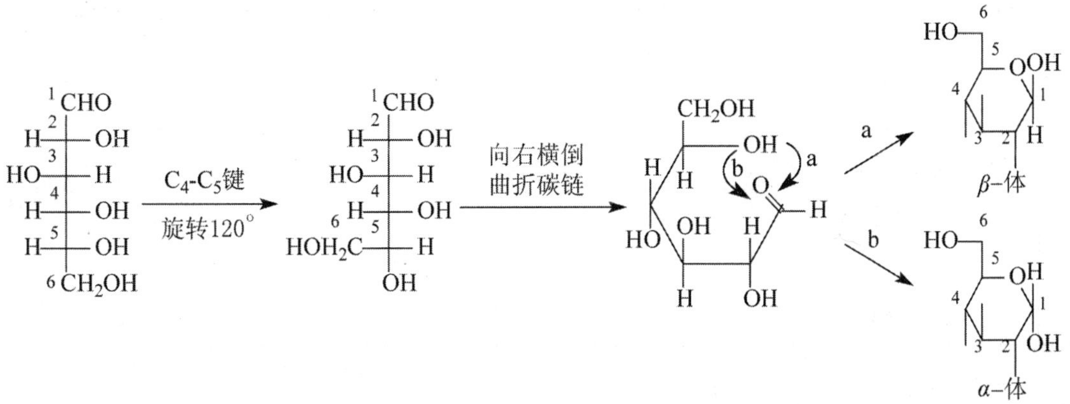

从上述 Fischer 投影式转变为 Haworth 式可以看出，凡在 Fischer 式中处于右侧的羟基（指连在手性碳上的羟基）应在 Haworth 式环平面的下边，左边的羟基在环平面的上边。端基 —CH_2OH 也在 Haworth 式环平面上边，表示 D-构型。

环上的羟基常可用一短直线表示，氢原子可省略。葡萄糖成环后如不需要强调 C_1 位构型，或表示两种端基异构体的混合物时，可将 C_1 上的氢原子和羟基并列写出或用波纹线与羟基平行相连：

α-D-吡喃葡萄糖和 β-D-吡喃葡萄糖通常可简称为 α-D-葡萄糖和 β-D-葡萄糖。在 D-葡萄糖水溶液中，β-D-葡萄糖的含量比 α-D-葡萄糖高（64∶36）。Haworth 式把环当作平面，原子和原子团垂直排布在环的上下方，不能完全表示出 D-葡萄糖的立体结构，也就不能体现为什么在水溶液中 β-D-葡萄糖的含量比 α-D-葡萄糖高。更符合实际情况的是吡喃糖与环己烷类似，稳定的六元环应是椅式的，并有两种形式，例如 β-D-葡萄糖和 α-D-葡萄糖的椅式构象。

β-D-葡萄糖构象中取代基全部位于 e 键而 α-D-葡萄糖构象中半缩醛羟基位于 a 键，前者比后者稳定，所以在水溶液中，β-异构体的含量要高。

二、单糖的物理性质

单糖是具有甜味的结晶性物质，易溶于水，难溶于有机溶剂，易形成过饱和溶液——糖浆。水—醇混合液常用于糖的重结晶。纯度不高的糖很难结晶，目前常采用层析方法分离提纯。

具有环状结构的单糖存在变旋光现象。一些单糖的物理常数见表 14-1。

表 14-1 某些单糖的物理常数

糖	熔点（℃）	比旋光度（°）
D-核糖	87	−23.7
D-2-去氧核糖	90	−59.0
D-葡萄糖	146	+52.7
D-果糖	104	−92.4
D-半乳糖	167	+80.2
D-甘露糖	132	+14.6

三、单糖的化学性质

单糖分子中含有羰基和羟基，具有一般醛、酮和醇的性质，由于这些官能团处于同一分子内而相互影响，所以又显示出某些特殊性质。

（一）成苷反应

单糖的半缩醛（酮）羟基易与其他含羟基或活性氢（如 −NH$_2$、−SH）的化合物脱水，生成的产物称为糖苷（或称糖甙）(glycoside)。此反应称为成苷反应。例如：D-葡萄糖在干燥 HCl 条件下与甲醇回流加热生成 D-葡萄糖甲苷。

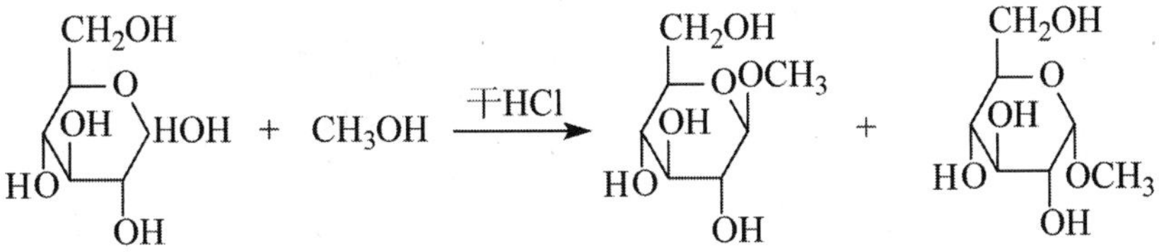

[反应式：D-葡萄糖 + CH₃OH —干HCl→ β-D-吡喃葡萄糖甲苷 + α-D-吡喃葡萄糖甲苷]

糖苷由糖和非糖两部分组成。上述糖苷中，糖部分为 D-葡萄糖，非糖部分为甲基，两者通过氧原子结合成糖苷。由氧原子把糖和非糖部分结合起来的键称为氧苷键。一般所说的苷键就是指这种氧苷键。除氧苷键外，常见的还有氮苷键、硫苷键和碳苷键。

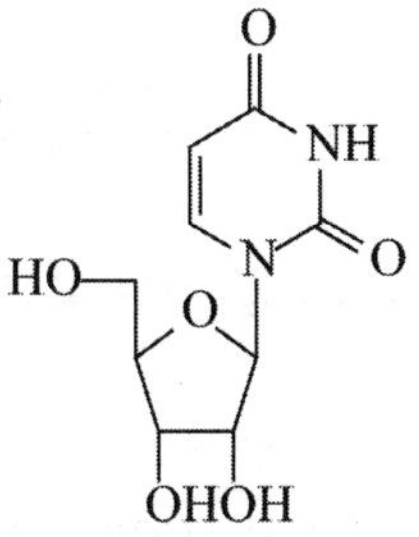

氮苷（尿苷） 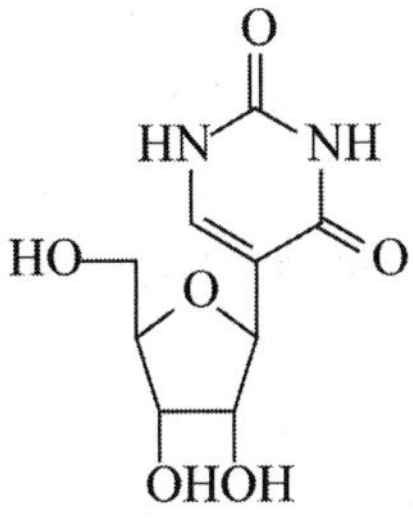　　　　　碳苷（伪尿苷） 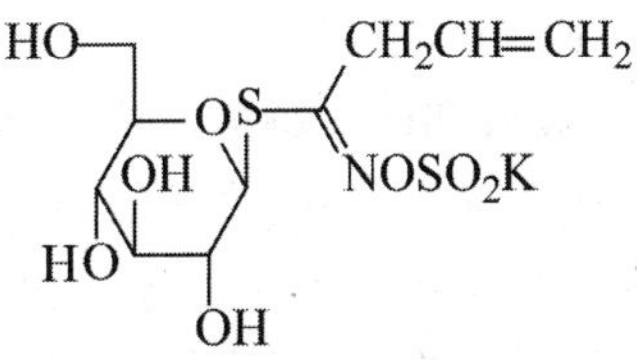　　　　　硫苷（黑芥子苷）

糖苷中已无半缩醛（酮）羟基，不能转变为开链结构，故糖苷无变旋光现象，也无还原性。与其他缩醛（酮）一样，它们在碱中较稳定，但在酸作用或酶催化下，氧苷键很容易水解，生成原来的糖和非糖部分。

糖苷广泛分布于自然界中，很多具有生物活性。糖部分的存在可增加糖苷的水溶性，同时与酶作用时常常是分子识别的部位。

（二）差向异构化

碱性条件下，D-葡萄糖、D-果糖和 D-甘露糖可通过中间体烯二醇相互转化。生物体内，酶可催化此类反应。

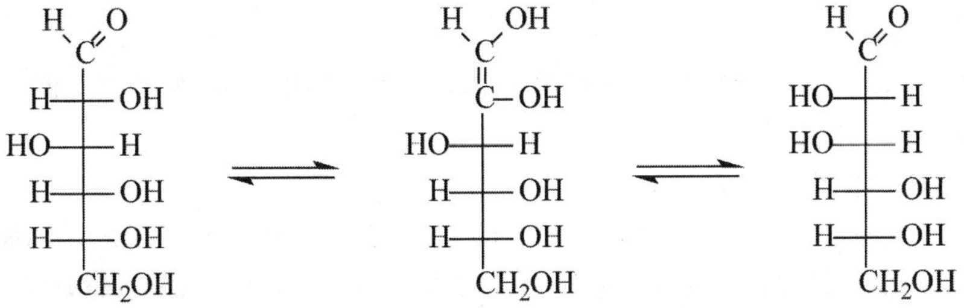

D-葡萄糖　⇌　烯二醇　⇌　D-甘露糖

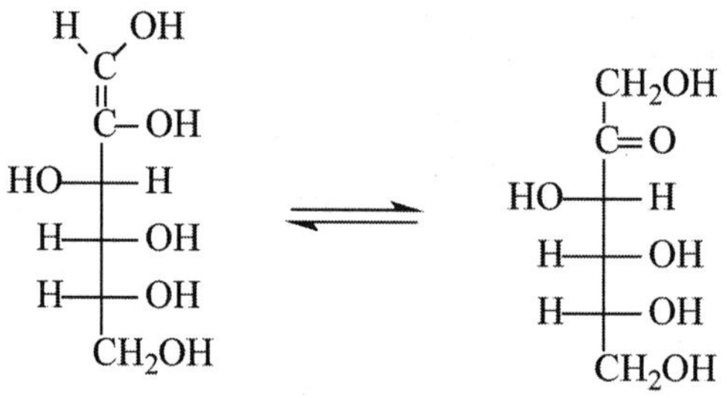

烯二醇 ⇌ D-果糖

（三）氧化反应

1. 与碱性弱氧化剂的反应

单糖虽然具有环状半缩醛（酮）结构，但在溶液中与开链结构处于动态平衡，因此可以与 Tollen、Fehling 和 Benedict 试剂反应分别产生银镜、Cu_2O 砖红色沉淀。Benedict 试剂是由硫酸铜、柠檬酸和碳酸钠配制成的蓝色溶液。果糖是酮糖，不具有被氧化的醛基，但在碱性条件下可发生差向异构化，产生醛糖，所以同样可被氧化。

在糖化学中能发生上述氧化反应的糖称为还原糖。

开链糖只在平衡体系中占很少比例，但由于在反应时开链结构不断被消耗，使平衡向开链结构方向移动。所以糖的一些不可逆反应仍然能以开链形式参与。

2. 与溴水的反应

溴的水溶液可很快地与醛糖反应，选择性地将其醛基氧化成羧基，先生成糖酸，然后很快生成内酯。酮糖不发生此反应。故此反应可用于醛糖和酮糖的鉴别。

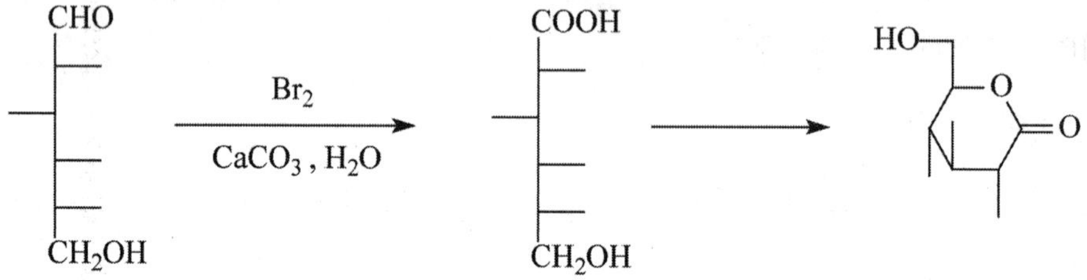

D-葡萄糖 →（Br_2，$CaCO_3$，H_2O）→ 葡萄糖酸 → 葡萄糖酸 δ-内酯

反应过程比较复杂，与半缩醛羟基有关，同时，α 和 β 体的反应速率也不同。生物体内可经酶催化氧化产生葡萄糖酸。

3. 与稀硝酸的反应

在温热的稀硝酸作用下，醛糖可转成糖二酸，在氧化醛基的同时，一级醇羟基也选择性的被氧化。例如 D-葡萄糖经硝酸氧化，生成 D-葡萄糖二酸（glucaric acid），经其适当方法还原，可得 D-葡萄糖醛酸（glucuronic acid）。

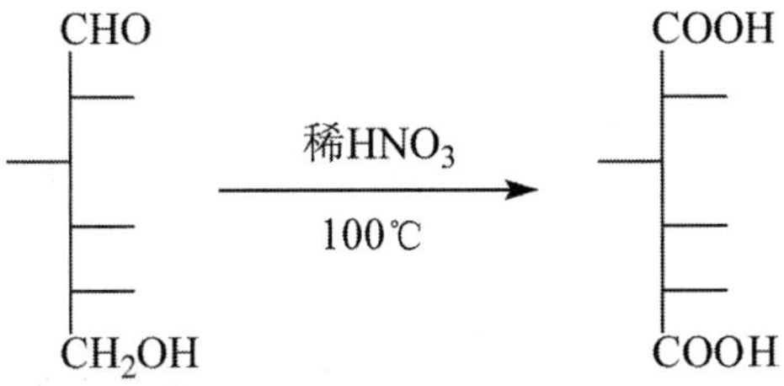

$$\text{D-葡萄糖} \xrightarrow[100℃]{\text{稀}HNO_3} \text{D-葡萄糖二酸}$$

D-葡萄糖醛酸广泛存在于动物和植物体内。如在肝脏中它可与某些醇、酚等有毒物质生成苷,然后排出体外,从而起到解毒作用。

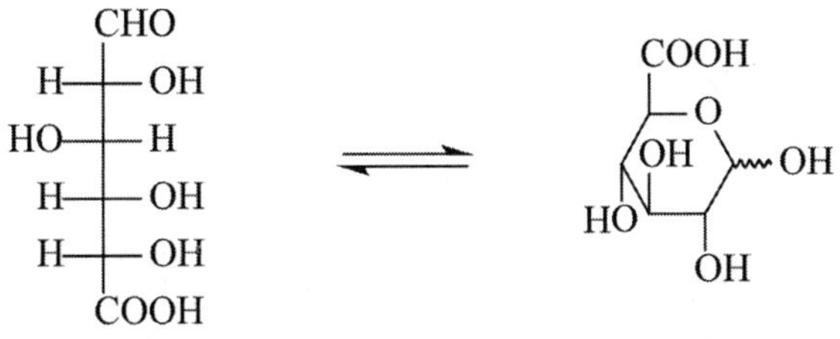

D-葡萄糖醛酸

酮糖在上述条件下发生 $C_2—C_3$ 键的断裂,生成小分子的醇酸,如 D-果糖可氧化成乙醇酸和三羟基丁酸。

(四) 磷酸酯的形成

单糖的羟基能发生多种反应,其中具有重要生物学意义的反应之一是形成磷酸酯。在生物体内,很多糖类分子都是以磷酸酯的形式存在并参与反应,如 1-磷酸葡萄糖酯和 6-磷酸葡萄糖酯等,其结构式如下:

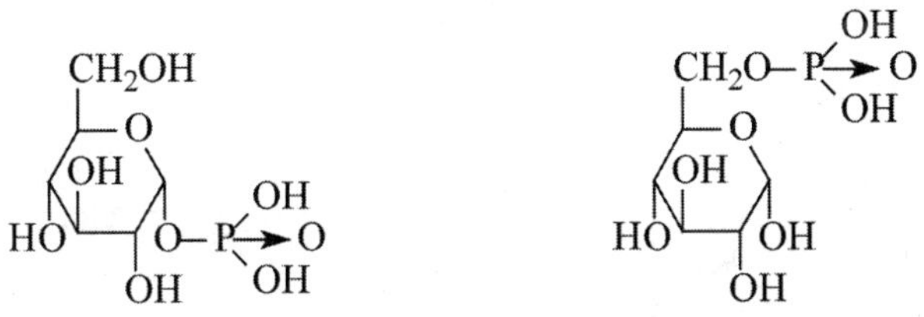

1-磷酸葡萄糖酯   6-磷酸葡萄糖酯

糖的磷酸酯是体内糖代谢的中间产物。例如 1-磷酸葡萄糖酯是合成糖原的原料,也是糖原在体内分解的最初产物。因此,糖的磷酸酯的生成是体内糖的贮存和分解的基本步骤之一。

(五) 成脎反应

单糖的羰基可与某些含氮试剂发生加成反应。如与等摩尔的苯肼在温和条件下可生成糖苯腙;但在苯肼过量(摩尔之比为 1∶3)时,与羰基相邻的 α-羟基可被苯肼氧化(苯肼对其他有机物不表现出氧化性)成羰基,然后再与苯肼反应,结果生成称为脎(osazone)的黄色晶体。脎的形成常可用于糖的定性和制备衍生物。此外,若两种糖形成同一种脎,则可推知二者的 $C_3 \sim C_6$ 部分具有相同的结构,因而可作结构鉴定的依据。

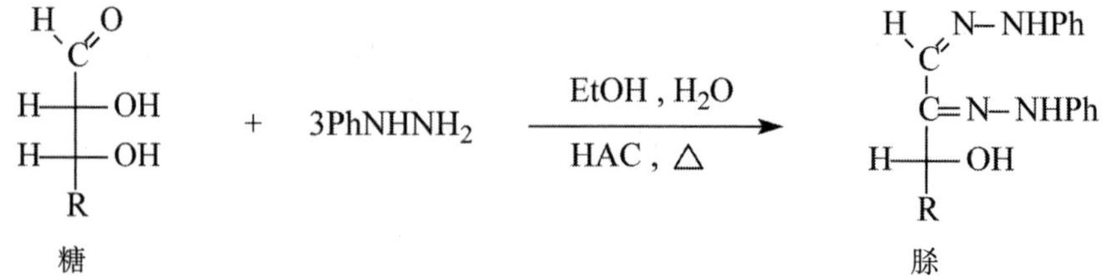

$$\begin{array}{c}\text{H}\underset{|}{-}\overset{\text{O}}{\overset{\|}{\text{C}}}\\ \text{H}-\overset{|}{\text{C}}-\text{OH}\\ \text{H}-\overset{|}{\text{C}}-\text{OH}\\ \overset{|}{\text{R}}\end{array} + 3\text{PhNHNH}_2 \xrightarrow[\text{HAC},\ \Delta]{\text{EtOH},\ \text{H}_2\text{O}} \begin{array}{c}\text{H}-\overset{|}{\text{C}}=\text{N}-\text{NHPh}\\ \overset{|}{\text{C}}=\text{N}-\text{NHPh}\\ \text{H}-\overset{|}{\text{C}}-\text{OH}\\ \overset{|}{\text{R}}\end{array}$$

糖　　　　　　　　　　　　　　　　　　　　　　　脎

此外，糖的羰基能在体内与酶（蛋白质）上赖氨酸残基的氨基形成 Schiff 碱，参与糖的代谢。

D-葡萄糖、D-甘露糖和 D-果糖生成相同的糖脎。因为三者在结构上的区别只有 C_1、C_2 不同。

四、重要的单糖及其衍生物

（一）D-葡萄糖

D-葡萄糖广泛存在于自然界。天然葡萄糖为右旋，故称为右旋糖。正常人每 100 mL 血液中含有 80 mg～100 mg 的葡萄糖，称为血糖。糖尿病患者的尿中含有葡萄糖，含量随病情的轻重而不同。葡萄糖是蔗糖、乳糖、淀粉、纤维素和糖原等许多糖类化合物的组成部分。

工业生产的葡萄糖为无色晶体，易溶于水，在醇中的溶解度小，在非极性溶剂中溶解度更小。水－醇混合液常用来结晶葡萄糖。葡萄糖的甜度约为蔗糖的 70%。

葡萄糖是人体内新陈代谢不可缺少的营养物质，在医药上也具有广泛的用途。葡萄糖是常用的营养剂，并有强心、利尿、解毒等作用，用于血糖过低、心肌炎的治疗和补充体液等。

（二）D-果糖

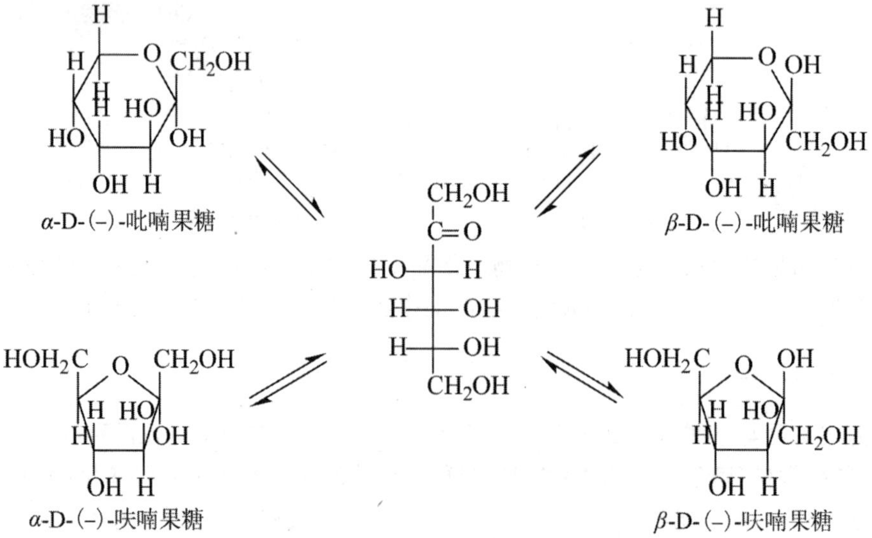

果糖的开链结构及环状结构

（结构式：α-D-(−)-吡喃果糖 ⇌ β-D-(−)-吡喃果糖 ⇌ 开链结构 ⇌ α-D-(−)-呋喃果糖 ⇌ β-D-(−)-呋喃果糖）

D-果糖是自然界中最丰富的己酮糖，以游离状态存在于水果和蜂蜜中，它是蔗糖的一个组成部分。某些植物中含有的名为菊根粉的多糖,也是 D-果糖组成的。动物的前列腺液和精液中也含有相当量的果糖。

天然果糖为左旋,故也称左旋糖。果糖为无色菱形晶体,易溶于水,可溶于乙醚及乙醇中,熔点 105 ℃。果糖是最甜的一种糖,甜度约为蔗糖的 170%。果糖及葡萄糖在体内都能与磷酸作用生成磷酸酯,作为体内代谢的重要中间产物。1,6-二磷酸果糖(简称 FDP)是高能营养性药物,有增强细胞活力和保护细胞的作用,可作为急救心肌梗塞及各类休克的辅助药物。

(三) 核糖与 2-脱氧核糖

核糖与 2-脱氧核糖这两种戊糖都是核酸的重要组成部分,它们是 D-型戊醛糖,具有左旋性,半缩醛环状结构中含呋喃环,其环状及开链结构式如下:

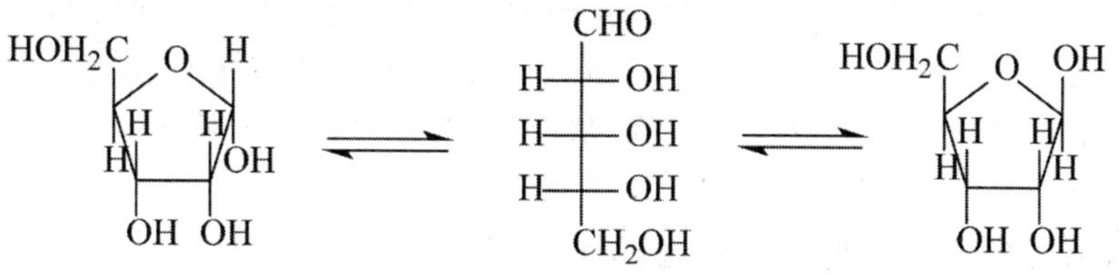

α-D-核糖   D-核糖   β-D-核糖

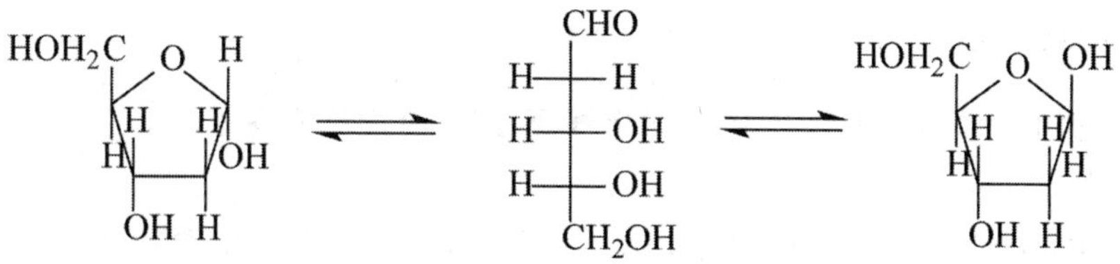

α-D-2-脱氧核糖   D-2-脱氧核糖   β-D-2-脱氧核糖

核糖与 2-脱氧核糖的半缩醛羟基与某些含氮有机碱的氮原子上的氢脱水,以氮苷键结合成 β-糖苷,分别称为核糖核苷与 2-脱氧核糖核苷。这些糖苷的 C_5 羟基与磷酸所形成的酯称为核苷酸,是组成核酸的单体。

(四) 氨基糖

单糖分子中的醇羟基被氨基取代就成为氨基糖。例如某些昆虫甲壳内的甲壳素是由 β-D-2-氨基-2-脱氧葡萄糖形成的高聚物。氨基葡萄糖衍生物和多肽形成的高聚物存在于细胞膜中。抗生素中的链霉素也含有氨基葡萄糖组分。

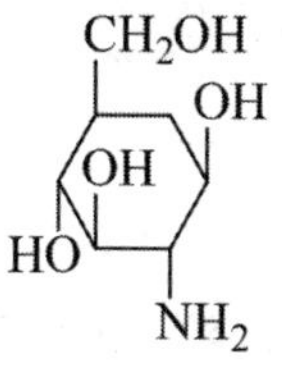

β-D-氨基葡萄糖 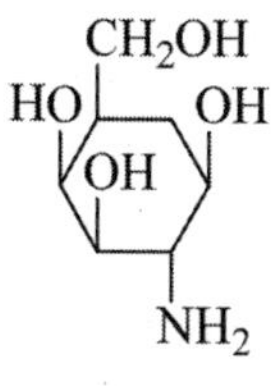   β-D-氨基半乳糖

第二节 二糖和多糖

二糖(disaccharide)和多糖都是单糖分子通过分子间脱水以苷键连接而成的化合物。本节将以几个代表性的二糖和多糖为例,讨论它们的结构及性质。

一、二糖

二糖广泛存在于自然界。它由两个单糖单元构成,两个单糖可以相同,也可以不同。连接两个单糖的苷键有两种情况:一种是两个单糖分子都以其半缩醛羟基脱水形成二糖,另一种是一个单糖分子的半缩醛羟基与另一个单糖分子中的醇羟基之间脱水形成二糖。第一种情况,二糖分子中已没有半缩醛羟基,不能生成开链糖,就没有还原性和变旋光现象,为非还原性二糖。第二种情况,二糖分子中还有半缩醛羟基,因而有还原性和变旋光现象,为还原性二糖。麦芽糖、纤维二糖、乳糖为还原糖,蔗糖为非还原糖。

单糖环状结构有 α-和 β-两种构型,这两种构型的半缩醛羟基都可参与苷键的形成,因此苷键有 α-苷键和 β-苷键之分。

(一) 还原性二糖

还原性二糖的分子结构中含有游离的半缩醛羟基,有变旋光现象。

1. 麦芽糖

麦芽糖(maltose)是淀粉经淀粉糖化酶部分水解的产物。因麦芽中含有淀粉糖化酶,故常用麦芽使淀粉部分水解成麦芽糖,其名称也由此而得。

麦芽糖结晶含一分子结晶水,熔点 103 ℃(分解),易溶于水,有变旋光现象,比旋光度为 $+136°$。

麦芽糖是由 1 分子 α-D-葡萄糖的半缩醛羟基和另一分子葡萄糖的 C_4 羟基脱水形成的二糖。具有还原性,属于还原性二糖。结晶状态的(+)-麦芽糖中,半缩醛羟基是 α-构型的。但在水溶液中,变旋成 α-体和 β-体混合物,故其构型可不标出。

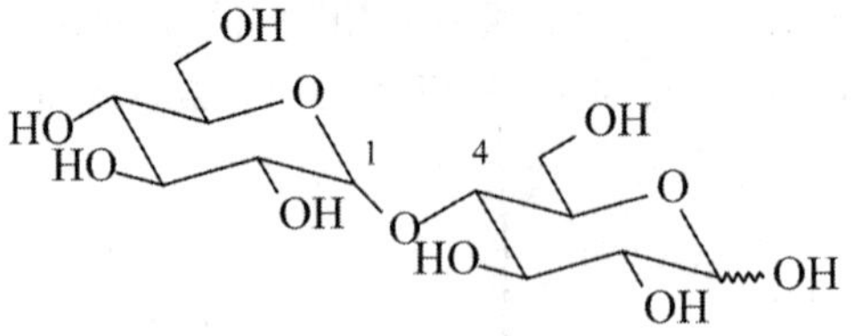

(+)-麦芽糖(maltose)

2. 纤维二糖

纤维二糖(cellobiose)是由纤维素部分水解得到的,其名称由此而来。

像麦芽糖一样,纤维二糖水解后也生成两分子 D-葡萄糖,且纤维二糖也是由一分子 D-葡萄糖的半缩醛羟基与另一分子 D-葡萄糖的 C_4 羟基间脱水形成苷键。但与麦芽糖不同的是,它是 β-葡萄糖苷,两个 D-葡萄糖单位以 β-1,4 苷键结合。其结构如下:

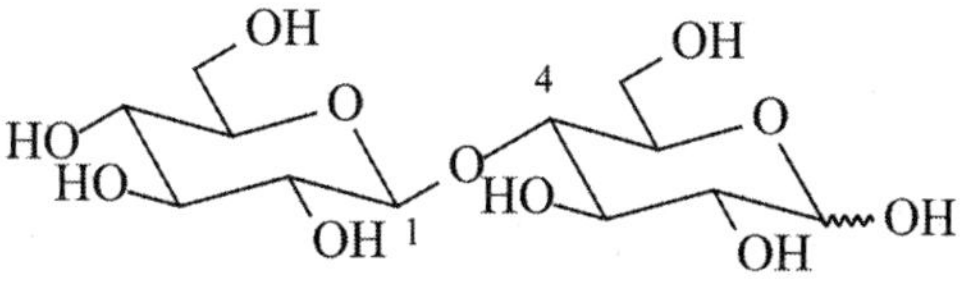

(+)-纤维二糖(cellobiose)

(+)-纤维二糖与(+)-麦芽糖虽只是苷键的构型不同,但生理上却有很大差别。(+)-麦芽糖有甜味,可在人体内分解消化,但(+)-纤维二糖既无甜味,也不能被人体消化吸收。

3. 乳糖

乳糖主要存在于哺乳动物的乳汁中,牛乳中含乳糖约 4%～5%,人乳中含 5%～8%,有些水果中也含有乳糖。

乳糖被人体小肠中的乳糖酶(能水解 β-半乳糖苷的酶)水解生成等摩尔的 D-半乳糖和 D-葡萄糖。乳糖有还原性,表明其分子中含有半缩醛羟基。若用溴水氧化乳糖之后再水解,则得到半乳糖和葡萄糖酸。由此可知,乳糖中的半缩醛羟基存在于葡萄糖部分。乳糖不能被麦芽糖酶水解,而能被 β-半乳糖苷酶水解,说明乳糖分子中具有 β-半乳糖苷键。两个糖的相互连接方式已被证明是 β-1,4-苷键。所以,乳糖是由 β-D-半乳糖中的半缩醛羟基和 D-葡萄糖中的 C_4 羟基脱水而形成的二糖。乳糖的结构表示如下:

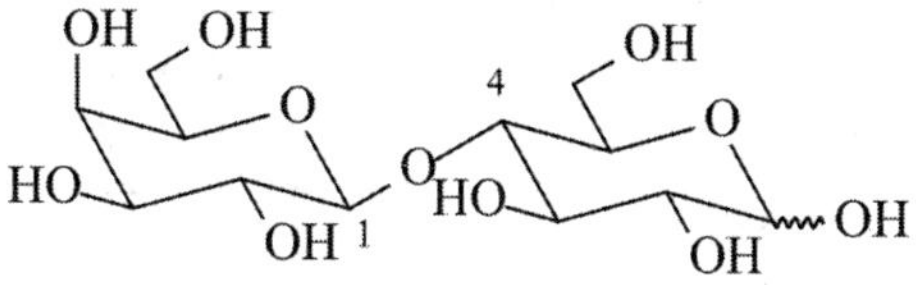

(+)-乳糖(lactose)

1 mol 乳糖的结晶中含有 1 mol 结晶水,熔点 202 ℃,溶于水,比旋光度为 +53.5°。乳糖是制乳酪的副产品,来源较少。医药上常利用其吸湿性小的特点,作为药物的稀释剂以配制散剂和片剂。

(二)非还原性二糖

非还原性二糖的分子结构中,无游离的半缩醛羟基,无变旋光现象。例如蔗糖。

(+)-蔗糖(sucrose)是自然界分布最广的二糖,在所有光合作用的植物中,都有蔗糖存在。尤其在甘蔗和甜菜中含量最高,故有蔗糖和甜菜糖之称。

蔗糖被稀酸水解,产生等量的 D-葡萄糖和 D-果糖。蔗糖没有还原性,也无变旋光现象,说明结构中无半缩醛羟基。其苷键由葡萄糖的半缩醛羟基和果糖的半缩酮羟基脱水而成。蔗糖既可被 α-葡萄糖苷酶水解,也可被 β-果糖苷酶水解生成相同产物,可知蔗糖既是 α-D-葡萄糖苷也是 β-D-果糖苷。后经 X 射线研究及全合成,确定了蔗糖为 α-D-吡喃葡萄糖基-β-D-呋喃果糖苷,也可称为 β-D-呋喃果糖基-α-D-吡喃葡萄糖苷。其结构如下:

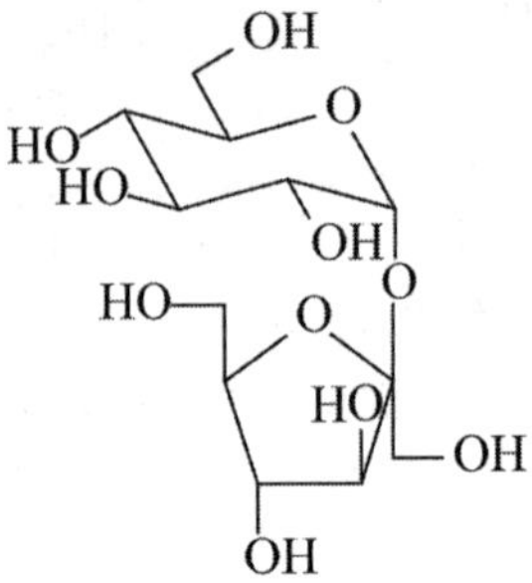

(+)-蔗糖（sucirose）

蔗糖 ⟶ D-葡萄糖 + D-果糖
$[\alpha]_D=+66.7°$ $[\alpha]_D=+52.5°$ $[\alpha]_D=-92.4°$

转化糖
$[\alpha]_D=-19.7°$

蔗糖是右旋糖,比旋光度为+66.7°,水解后生成等量的 D-葡萄糖和 D-果糖的混合物,其比旋光度为-19.7°,与水解前的旋光方向相反,因此把蔗糖的水解反应称为转化反应,水解后的混合物称为转化糖(invertsugar)。蜂蜜中大部分是转化糖。蜜蜂体内有一种能催化水解蔗糖的酶,这种酶被称为转化酶(invertase)。

二、多糖

多糖是由许多单糖分子以苷键相连形成的高分子化合物。如淀粉、纤维素、糖原等。自然界大多数多糖含有 80 个~100 个单元的单糖。也有相对分子质量更大的,如纤维素约含 3000 个葡萄糖单位,相对分子质量约 500000。连接单糖的苷键主要有 $\alpha 1,4$、$\beta 1,4$ 和 $\alpha 1,6$ 三种。直链多糖一般以 $\alpha 1,4$ 和 $\beta 1,4$ 苷键连接,支链多糖的链与链的连接点常是 $\alpha 1,6$ 苷键。在糖蛋白中还有 1,2、1,3 的连接方式。多糖分子中虽然有半缩醛羟基,但因分子量很大,因此它们没有还原性和变旋光现象。多糖水解常经历多步过程,先生成分子量较小的多糖,然后是寡糖,最后是单糖。

多糖大多数不溶于水,个别多糖能与水形成胶体溶液。它们都是无定形粉末,也无甜味。

(一) 淀粉

淀粉(starch)广泛分布于植物中,是人类获取糖类的主要来源。淀粉是白色无定形粉末。有直链淀粉(amylose)和支链淀粉(amylopectin)。

直链淀粉在淀粉中的含量约为 10%~30%,不易溶于冷水,在热水中有一定的溶解度,分子量比支链淀粉小,一般是由 250~300 个 D-葡萄糖以 α-1,4 苷键连接而成的直链化合物。

直链淀粉的结构如下:

直链淀粉并不是直线型的。这是因为 α-1,4 苷键的氧原子有一定键角,且单键可自由转动,分子内的羟基间可形成氢键,因此直链淀粉具有规则的螺旋状空间排列。每一圈螺旋有 6 个 D-葡萄糖。

淀粉遇碘显蓝色,可用于淀粉的定性。目前认为是碘分子钻入螺旋空隙中形成复合物的缘故。

支链淀粉在淀粉中的含量约占 70%～90%,不溶于水,与热水作用则膨胀成糊状。一般含有 6000～40000 个 D-葡萄糖。在支链淀粉分子中,主链由 α-1,4 苷键连接,而分支处为 α-1,6 苷键,如图 14-2。

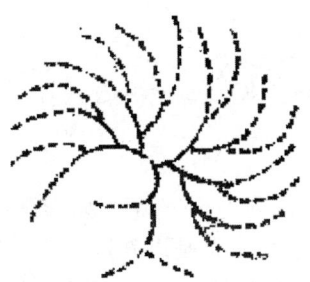

图 14-2 胶淀粉的分支状结构示意图

在支链淀粉分子的直链上,每隔 20～25 个 D-葡萄糖单元就有一个以 α-1,6 苷键连接的分支,因此其结构比直链淀粉复杂。支链淀粉可与碘生成紫红色的配合物。

淀粉在水解过程中先生成糊精,它是分子量比淀粉小的多糖,能溶于水,具有极强的黏性。分子量较大的糊精遇碘显红色,叫红糊精,再水解变成无色的糊精,无色糊精有还原性。淀粉的水解过程大致如下:

淀粉→红糊精→无色糊精→麦芽糖→葡萄糖

(二)糖原

糖原(glycogen)是无色粉末,易溶于水,遇碘呈紫红色。糖原主要存在于动物的肝脏和肌肉中,肝脏中糖原的含量达 10%～20%,肌肉中的含量约 4%。其功能与植物淀粉相似,是葡萄糖的贮存形式。当血液中葡萄糖含量低于正常水平时,糖原即可分解为葡萄糖,供给机体能量。糖原的结构与支链淀粉相似,但分支更密,支链淀粉中每隔 20～25 个葡萄糖残基就出现一个 α-1,6 苷键,而糖原只相隔 8～10 个葡萄糖残基就出现一个 α-1,6 苷键(图 14-3)。

图 14-3 糖原的分支状结构示意图

(三) 纤维素

纤维素(cellulose)是自然界最丰富的有机物。它是植物细胞壁的主要结构成分。植物干、叶中含纤维素为 10%～20%。木材中含纤维素 50%，棉花含 90%。

纤维素是由 β-D-葡萄糖以 β-1,4 苷键结合的链状聚合物。在纤维素结构中不存在支链，分子链之间因氢键的作用而扭成绳索状。

纤维素

纤维素在盐酸水溶液中水解可得到 D-葡萄糖。如用酶部分水解可产生纤维二糖。纤维素虽然与淀粉一样由 D-葡萄糖组成，但由于是以 β-1,4 糖苷键连接，不能被淀粉酶水解。因此人不能消化纤维素，但它可增强肠的蠕动，因此食入富含纤维素的食品有利于健康。食草动物的消化道中有一些微生物能分泌出可以水解 β-1,4 糖苷的酶，可以消化纤维素。

纤维素无变旋光现象，不易被氧化，但具有羟基一般反应，分子中游离的羟基经硝化和乙酰化后，可制成人造丝、火棉胶、电影胶片、硝基漆等。

(四) 粘多糖

粘多糖(mucopolysaccharide)又称糖胺聚糖(glycosaminoglycan)，是由 N-乙酰氨基己糖和糖醛酸组成的结构单元聚合而成。糖上有的羟基还以硫酸酯的形式存在，根据其重复二糖骨架的化学结构，一般可分为 4 类：

1. 透明质酸(hyaluronic acid)

由 D-葡萄糖醛酸以 β-1,3-苷键连接 D-N-乙酰氨基葡萄糖形成重复的二糖单位，每一个重复二糖彼此以 β-1,4-苷键相互连接。透明质酸的结构如下：

2. 硫酸软骨素/硫酸皮肤素(chondroitin sulfate/dermatin sulfate)

它们的骨架与透明质酸相似，但以 D-N-乙酰氨基半乳糖代替 D-N-乙酰氨基葡萄糖：

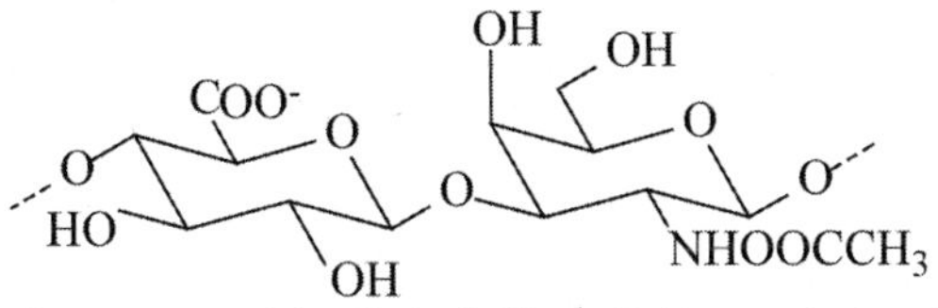

硫酸酯化的位置往往在 D-N-乙酰氨基半乳糖残基的 C_2 和 C_6 位。有些细胞含有一种特异的酶，它催化延长链中的某些葡萄糖醛酸分子上的 C_5 羧基发生差向异构化，使 e 键变为 a 键，因而使 D-葡萄糖醛酸转化成为 L-艾杜糖醛酸，并使 β-1,3-苷键变为 α-1,3-苷键。在硫酸软骨素发生这样的差向异构化作用而产生 1 个或多个艾杜糖醛酸时，则称为硫酸皮肤素。同时，L-艾杜糖醛酸一旦形成，即可在其 C_2 位上进行硫酸酯化。

3. 硫酸角质素(keratan sulfate)

与前两者相同，含有 β-1,3 和 β-1,4 交替连接苷的骨架结构，但己醛糖酸的位置被 N-乙酰氨基葡萄糖代替，氨基己糖的位置被半乳糖代替：

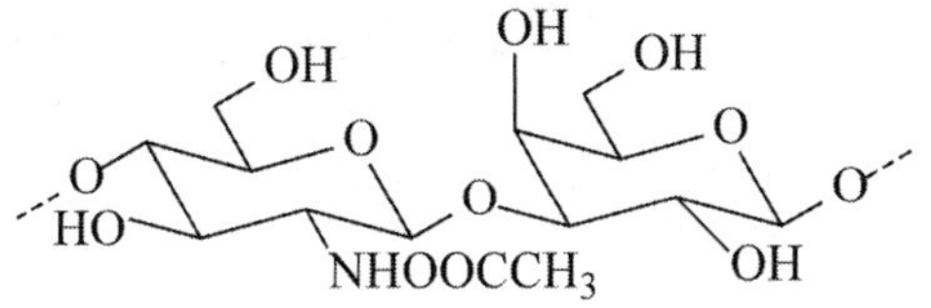

硫酸酯化的位置发生在两个单糖的 C_6 位。

4. 硫酸乙酰肝素和肝素

硫酸乙酰肝素(heparan sulfate)和肝素(heparin)具有相同的骨架结构。它们与其他粘多糖显著的差别是 N-乙酰氨基葡萄糖和葡萄糖醛酸之间是以 α-1,4-苷键相连：

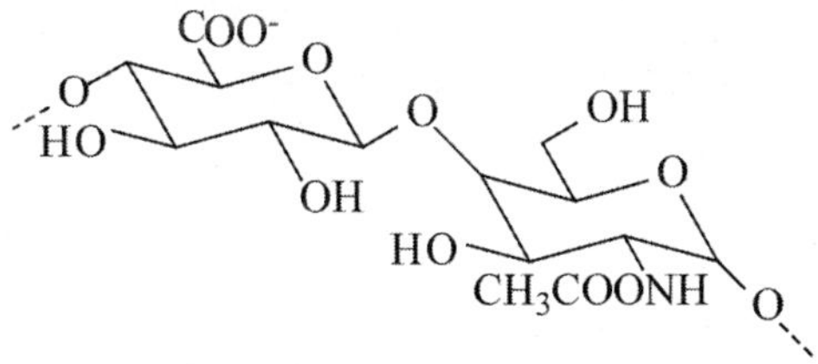

糖链骨架在链的延长过程中或紧接着链的延长之后，会发生一系列的变化。首先，一部分 N-乙酰基被除去，同时加硫酸基形成 N-硫酸氨基葡萄糖（形成磺酰胺键），从而使负电荷量有所增加。在肝素中，N-硫酸化的过程比硫酸乙酰肝素的高（前者常达 70% 或更多；后者一般不足 50%）。分子中的葡萄糖醛酸，也会发生差向异构化。而且有 2-硫酸酯化作用。后者可防止可逆的差向异构化发生。肝素的结构是高度多聚阴离子化的，通常，每个二糖含有 4 个潜在的阴离子：1 个羧基、1 个 N-硫酸基和两个 O-硫酸基。

粘多糖与蛋白共价结合后，可形成多种蛋白聚糖(proteoglycan)。这些蛋白聚糖可与其他生物大分子（包括一些细胞因子等）相互作用，参与许多生理过程的调节。蛋白聚糖代谢的异常或结构的改变，也与许多疾病的病理过程有密切关系。

习 题

1. 写出 D-甘露糖与下列试剂的反应产物。
(1) HNO_3 (2) Br_2/H_2O (3) $CH_3OH+HCl$(干) (4) 苯肼(过量)

2. 举例解释以下名词。
(1) 变旋现象 (2) 差向异构体 (3) 差向异构化
(4) 异头物(端基异构体) (5) 还原糖和非还原糖

3. 当 D-甘露糖用碱性水溶液较长时间处理时,产生了 D-葡萄糖、D-果糖,请说明其原因。

4. 用化学方法区别以下各组化合物。
(1) D-葡萄糖和 D-葡萄糖甲苷 (2) 乳糖和 D-果糖 (3) 麦芽糖、蔗糖和淀粉

5. 指出下列糖类化合物哪些有还原性?
(1) D-阿拉伯糖 (2) D-甘露糖 (3) 淀粉
(4) 蔗糖 (5) 纤维素 (6) 苯基-β-D-葡萄糖苷

6. 指出下列戊糖的名称、构型(D 或 L),哪些互为对映体?哪些互为差向异构体?

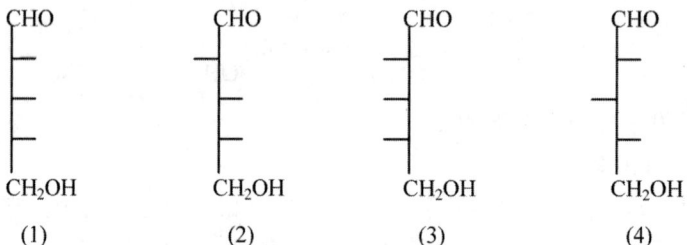

7. 有两个 D-丁醛糖(A)和(B)都有旋光性,将其用硝酸氧化时,(A)生成有旋光性的四碳二元羧酸(C),(B)生成无旋光性的四碳二元羧酸(D),试写出(A)、(B)、(C)、(D)的费歇尔投影式。

第十五章　氨基酸、蛋白质和核酸

蛋白质和核酸是一类结构复杂的生物高分子化合物，它们不仅是一切生物的重要化学组成部分，而且是生命活动的主要物质基础。没有蛋白质就没有生命，没有核酸就没有蛋白质。蛋白质在生物体内的功能是多方面的。例如，能催化体内化学反应的酶、调节体内物质代谢的某些激素。与遗传密切相关的核蛋白、能使细菌和病毒失去致病作用的抗体等都是蛋白质。血液中的血红蛋白具有运输氧和二氧化碳的功能。人体肌肉的主要成分是蛋白质，它是运动的物质基础。总之，一切生命活动过程几乎都与蛋白质有关。

为了研究蛋白质的结构和功能，首先必须掌握氨基酸的结构和性质。

第一节　氨基酸

羧酸分子中烃基上的氢原子被氨基取代的化合物，称为氨基酸(amino acid)。氨基酸分子中同时含有氨基和羧基两种官能团，根据二者的相对位置，氨基酸可分为 α-、β-、γ-等氨基酸。蛋白质在酸、碱或酶的作用下，可以逐步水解为比较简单的分子，最终转变成各种不同的 α-氨基酸。可见 α-氨基酸是组成蛋白质分子的基本单位。

一、氨基酸的结构、分类和命名

自然界中的氨基酸有 300 多种，但存在于生物体内合成蛋白质的氨基酸主要有 20 种(见表 15-1)。这 20 种氨基酸除了脯氨酸为 α-亚氨基酸外，其余 19 种都属于 α-氨基酸，即氨基和羧基都连在 α-碳原子上，其结构式可用下式表示：

$$\begin{array}{c} NH_2 \\ | \\ R—CH—COOH \end{array}$$

对氨基酸进行红外光谱测定，发现固态或溶液中大多数氨基酸只有羧酸根负离子(—COO^-)的吸收峰；X 射线晶体衍射分析也证实固态氨基酸呈离子状态。这是因为氨基酸分子内同时存在—COOH(酸性基团)和—NH_2(碱性基团)，它们可以相互作用形成内盐，也称为偶极离子或两性离子。因此，氨基酸在固态或水溶液情况下，羧基几乎全以—COO^- 的形式存在，大多数氨基也主要以—NH_3^+ 的形式存在，其偶极离子结构通式如下：

$$\begin{array}{c} NH_3^+ \\ | \\ R—CH—COO^- \end{array}$$

表 15-1　存在于蛋白质中的 20 种常见氨基酸

中文名称（英文）	英文三字母（单字母）	结构式（偶极离子）	等电点 pI
具非极性 R 基的中性氨基酸			
甘氨酸 glycine	Gly (G)	H—CH(NH$_3^+$)—COO$^-$	5.97
丙氨酸 alanine	Ala (A)	CH$_3$—CH(NH$_3^+$)—COO$^-$	6.02
亮氨酸* leucine	Leu (L)	(H$_3$C)$_2$CH—CH$_2$—CH(NH$_3^+$)—COO$^-$	5.98
异亮氨酸* isoleucine	Ile (I)	H$_3$C(H$_3$CH$_2$C)CH—CH(NH$_3^+$)—COO$^-$	6.02
缬氨酸* valine	Val (V)	(H$_3$C)$_2$CH—CH(NH$_3^+$)—COO$^-$	5.97
脯氨酸 proline	Pro (P)	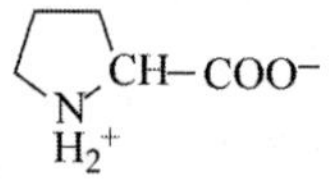 吡咯烷-CH—COO$^-$（环 NH$_2^+$）	6.48
苯丙氨酸* phenylalanine	Phe (F)	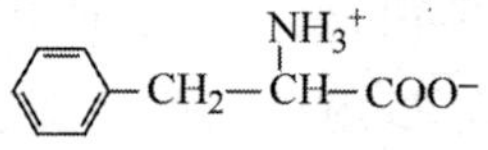 C$_6$H$_5$—CH$_2$—CH(NH$_3^+$)—COO$^-$	5.48
甲硫(蛋)氨酸* methionine	Met (M)	CH$_3$—S—CH$_2$—CH$_2$—CH(NH$_3^+$)—COO$^-$	5.75
不带电荷而具极性 R 基的中性氨基酸			
丝氨酸 serine	Ser (S)	HO—CH$_2$—CH(NH$_3^+$)—COO$^-$	5.68
谷氨酰胺 glutamine	Gln (Q)	H$_2$N—CO—CH$_2$—CH$_2$—CH(NH$_3^+$)—COO$^-$	5.65
苏氨酸* threonine	Thr (T)	CH$_3$—CH(OH)—CH(NH$_3^+$)—COO$^-$	5.60
半胱氨酸 cysteine	Cys (C)	HS—CH$_2$—CH(NH$_3^+$)—COO$^-$	5.07
天冬酰胺 asparagine	Asn (N)	H$_2$N—CO—CH$_2$—CH(NH$_3^+$)—COO$^-$	5.41
酪氨酸 tyrosine	Tyr (Y)	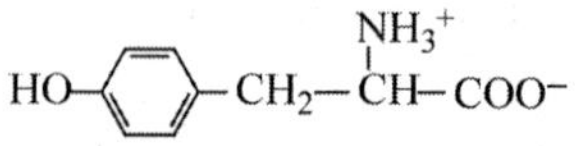 HO—C$_6$H$_4$—CH$_2$—CH(NH$_3^+$)—COO$^-$	5.66

色氨酸 * tryptophan	Trp (W)	![Trp structure] 吲哚-CH$_2$-CH(NH$_3^+$)-COO$^-$	5.89
酸性氨基酸			
天冬氨酸 Aspartic acid	Asp (D)	HO-CO-CH$_2$-CH(NH$_3^+$)-COO$^-$	2.98
谷氨酸 Glutamic acid	Glu (E)	HO-CO-CH$_2$-CH$_2$-CH(NH$_3^+$)-COO$^-$	3.22
碱性氨基酸			
赖氨酸 * lysine	Lys (K)	H$_3$N$^+$-CH$_2$CH$_2$CH$_2$CH$_2$-CH(NH$_3^+$)-COO$^-$	9.74
精氨酸 arginine	Arg (R)	H$_2$N-C(NH$_2^+$)-NHCH$_2$CH$_2$-CH(NH$_3^+$)-COO$^-$	10.76
组氨酸 histidine	His (H)	咪唑-CH$_2$-CH(NH$_3^+$)-COO$^-$	7.59

* 为营养必需氨基酸

医学上常根据氨基酸在生理 pH 范围内其侧链 R 基团的极性和所带电荷,将 20 种氨基酸分为 4 类(见表 15-1)。

(1) 第一类:R 为非极性或疏水性的氨基酸。

(2) 第二类:R 具有极性但不带电荷的氨基酸,其侧链含有—OH、—SH 等极性基团。这些基团在生理 pH 范围内不给出质子,不带电荷。第一类氨基酸和第二类氨基酸其分子中只含有一个—NH$_3^+$ 和一个—COO$^-$,两者的数目相等,统称为中性氨基酸。但这类氨基酸由于酸性解离大于碱性解离,故其水溶液并不呈中性,大多呈微酸性。

(3) 第三类:R 为带有负电荷的氨基酸。在生理 pH 范围内,其侧链带有已给出质子的—COO$^-$。这类氨基酸中羧基的数目多于氨基,又称为酸性氨基酸。

(4) 第四类:R 为带有正电荷的氨基酸,在其侧链上常带有易接受质子的胍基、氨基、咪唑基等基团。这类氨基酸中氨基的数目多于羧基,又称为碱性氨基酸。

生物体内的氨基酸,除甘氨酸外,其他所有 α-碳原子都是手性碳原子,都有旋光性。氨基酸的构型通常采用 D、L 命名法,以甘油醛为参考标准,在 Fischer 投影式中,氨基酸分子中 α-NH$_3^+$ 的位置与 L-甘油醛手性碳原子上—OH 的位置相同者为 L 型,相反者为 D 型。而且,生物体内的氨基酸均为 L 型。

如用 R、S 命名法,则生物体内的 L 型氨基酸,除半胱氨酸为 R 型外,其余都为 S 型。

氨基酸一般不采用系统命名法,而是习惯上根据来源或特征采用俗名。常见的 20 种 α-氨基酸的名称、结构及中英文缩写和符号见表 15-1。其中有 * 号的为人体不能合成,需要由食物供给的氨基酸,称为"必需氨基酸",主要有 8 种。不同动物体有不同的必需氨基酸,缺少了这些氨基酸,动物体就会产生某些疾病。人们食用的蛋白质并不是都含有全部必需氨基酸。含有全部必需氨基酸的为完全蛋白质。例如,酪蛋白(牛奶中蛋白质)含有19种普通氨基酸及全部必需氨基酸,属于完全蛋白质。玉米醇溶蛋白质(玉米蛋白质)则属于不完全蛋白质,其中缺乏两种必需氨基酸——赖氨酸和色氨酸。为了不影响身体的正常成长和健康,最好食用不同来源的蛋白质,以保证必需氨基酸的充分供应。

二、物理性质

组成蛋白质的 α-氨基酸均为无色晶体。由于 α-氨基酸的偶极矩较大,分子间静电引力导致氨基酸的熔点较高,一般在 200 ℃ 以上(分解点),并且多数在熔化时分解;因此,α-氨基酸的熔点不是一种能用于鉴定的可靠的物理常数。α-氨基酸大多难溶于有机溶剂,易溶于强酸、强碱等极性溶剂中,在水中的溶解度也各异(见表 15-2)。

α-氨基酸的物理性质也说明它具有内盐结构,即为偶极离子。

表 15-2 氨基酸的一些物理常数

氨基酸	分解点 (℃)	溶解度 (25℃)	$[\alpha]_D^{25}$	pK_{a1} (α-COOH)	pK_{a2} (α-NH_3^+)	pK_{a3} (R-基团)
甘氨酸	233	25	—	2.34	9.60	
丙氨酸	297	16.7	+8.5	2.34	9.69	
亮氨酸	293	2.4	−10.8	2.36	9.60	
异亮氨酸	284	4.1	+11.3	2.36	9.68	
缬氨酸	315	8.9	+13.9	2.32	9.62	
脯氨酸	220	162	−85.0	1.99	10.96	
苯丙氨酸	283	3.0	−35.1	1.83	9.13	
甲硫(蛋)氨酸	280	3.4	−8.2	2.28	9.21	
丝氨酸	228	5.0	−6.8	2.21	9.15	13.60
谷氨酰胺	185	3.7	+6.1	2.17	9.13	
苏氨酸	225	很大	−28.3	2.09	9.10	13.60
半胱氨酸	—	—	+6.5	1.96	10.28	8.18(巯基)
天冬酰胺	234	3.5	−5.4	2.02	8.80	
酪氨酸	342	0.04	−10.6	2.20	9.11	10.07(酚羟基)
色氨酸	289	1.1	−31.5	2.38	9.39	
天冬氨酸	270	0.54	+25.0	2.09	9.60	3.86(β-羧基)
谷氨酸	247	0.86	+31.4	2.19	9.67	4.25(γ-羧基)
赖氨酸	225	很大	+14.6	2.18	8.95	10.53(ε-氨基)
精氨酸	244	15	+12.5	2.17	9.04	12.48(胍基)
组氨酸	287	4.2	−39.7	1.82	9.17	6.00(咪唑基)

三、化学性质

氨基酸分子中含有氨基和羧基,故氨基酸既具有氨基的性质,又具有羧基的性质。由于这两种官能团相互影响的结果,氨基酸又具有某些特性。

(一)氨基酸的两性电离和等电点

氨基酸是偶极离子,既能与较强的酸起反应,也能与较强的碱起反应而形成稳定的盐,即呈现两性化合物特征。由于氨基酸中给出质子的酸性基团和接受质子的碱性基团的数目和能力各异,因此它们在水溶液中呈现不同的酸碱性。中性氨基酸在水溶液中电离时,由于$-NH_3^+$给出质子的能力大于$-COO^-$接受质子的能力,因此其水溶液并不呈中性,而是略偏酸性。酸性氨基酸的水溶液显酸性,因为带负电荷的氨基酸分子较多。碱性氨基酸的水溶液则显碱性,因带正电荷的氨基酸分子较多。

氨基酸在水溶液中总是以阳离子、阴离子和偶极离子三种结构形式呈动态平衡。何种形式(或以何种电荷状态)占优势,主要取决于溶液的pH。

若在水溶液中加入酸,氨基酸偶极离子的$-COO^-$与质子(H^+)结合,使平衡左移,有利于氨基酸以阳离子形式存在,若在电场中,则向负极移动;若在水溶液中加入碱,氨基酸偶极离子的$-NH_3^+$给出质子,平衡右移,有利于氨基酸以阴离子形式存在,若在电场中,则向正极移动。

$$\underset{\substack{\text{阳离子}\\ pH < pI}}{R-\overset{NH_3^+}{\underset{COOH}{C}}-H} \underset{H^+}{\overset{OH^-}{\rightleftharpoons}} \underset{\substack{\text{偶极离子}\\ pH = pI}}{R-\overset{NH_3^+}{\underset{COO^-}{C}}-H} \underset{H^+}{\overset{OH^-}{\rightleftharpoons}} \underset{\substack{\text{阴离子}\\ pH > pI}}{R-\overset{NH_2}{\underset{COO^-}{C}}-H}$$

若调节某氨基酸溶液的pH到某一固定值,该氨基酸刚好以偶极离子的形式存在,在电场中既不向负极移动,也不向正极移动,此时氨基酸分子所带的正负电荷数相等,净电荷为零,呈电中性,则此时溶液的pH称为该氨基酸的等电点(isoelectric point),通常以pI表示。各种氨基酸由于其组成和结构不同,因此具有不同的等电点。中性氨基酸的等电点小于7,一般在5.0~6.5之间。酸性氨基酸的等电点在3左右。碱性氨基酸的等电点在7.58~10.8。在等电点时偶极离子的浓度最大,这时氨基酸的溶解度最小。因而用调节等电点的方法可以分离氨基酸的混合物。常见的20种氨基酸的等电点列于表15-1。

(二)氨基酸与亚硝酸反应

氨基酸与亚硝酸反应,可定量释放氮气,$-NH_2$被羟基取代,生成α-羟基酸:

$$R-\overset{NH_2}{\underset{}{CH}}-COO^- + HNO_2 \longrightarrow R-\overset{OH}{\underset{}{CH}}-COOH + N_2\uparrow + H_2O$$

若定量测定反应中所释放出的N_2的体积,即可计算出氨基酸的含量。此种方法称为van Slyke氨基氮测定法,常用于氨基酸和多肽的定量分析。

脯氨酸分子中含有亚氨基,亚氨基不能与亚硝酸反应放出 N_2。

(三) α-氨基酸的脱水反应

α-氨基酸受热时,2 分子氨基酸易发生分子间脱水反应,生成环状的交酰胺。

$$R-\underset{NH_3^+}{\overset{COO^-}{CH}} + \underset{-OOC}{\overset{H_3N^+}{CH-R}} \xrightarrow{\triangle} \text{环状交酰胺结构}$$

交酰胺

若用酸处理,交酰胺可转变为二肽。

$$\text{交酰胺} + H_2O \xrightarrow[100℃]{H^+} H_3N^+-\underset{R}{CH}-\underset{O}{\overset{\parallel}{C}}-NH-\underset{R}{CH}-COO^-$$

二肽

肽分子中含有的酰胺键($-\overset{O}{\overset{\parallel}{C}}-\overset{H}{\overset{|}{N}}-$)称为肽键。肽键是多肽和蛋白质分子中的主要化学键。

若控制反应条件,采取一系列方法,则 α-氨基酸分子间的氨基和羧基可相互脱水,缩合成多肽。多肽的合成是 α-氨基酸最重要的反应。

(四) 氨基酸的氧化脱氨基反应

氨基酸在氧化剂或酶的作用下,可发生氧化脱氨反应,生成相应的酮酸。

$$R-\underset{NH_3^+}{\overset{}{CH}}-COO^- \xrightarrow[\triangle]{[O]} R-\underset{O}{\overset{\parallel}{C}}-COOH + NH_3\uparrow$$

在人体组织中,特别是在肝脏和肾脏内能通过某些酶类的作用进行氧化脱氨反应。如 L-谷氨酸经 L-谷氨酸脱氢酶的作用,可催化谷氨酸氧化脱氢生成 α-酮戊二酸。

$$^-OOC-CH_2CH_2\underset{NH_3^+}{\overset{}{CH}}-COO^- \underset{NAD^+ \quad NADH+H^+}{\overset{\text{L-谷氨酸脱氢酶}}{\rightleftharpoons}} [^-OOC-CH_2CH_2-\underset{NH}{\overset{\parallel}{C}}-COO^-]$$

$$\underset{-H_2O}{\overset{+H_2O}{\rightleftharpoons}} HOOC-CH_2CH_2-\underset{O}{\overset{\parallel}{C}}-COOH + NH_3$$

α-酮戊二酸

这是生物体内氨基酸分解代谢的重要方式。

(五) 氨基酸与茚三酮反应

氨基酸与茚三酮的水合物在乙醇(或丙酮)溶液中共热,可生成蓝紫色的化合物,称为罗曼紫(Ruhemann purple)。

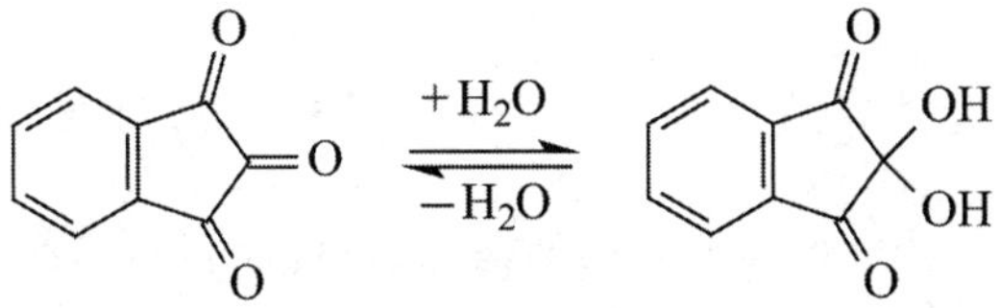

茚三酮
Indane-1,2,3-trione

水合茚三酮
Ninhydrin

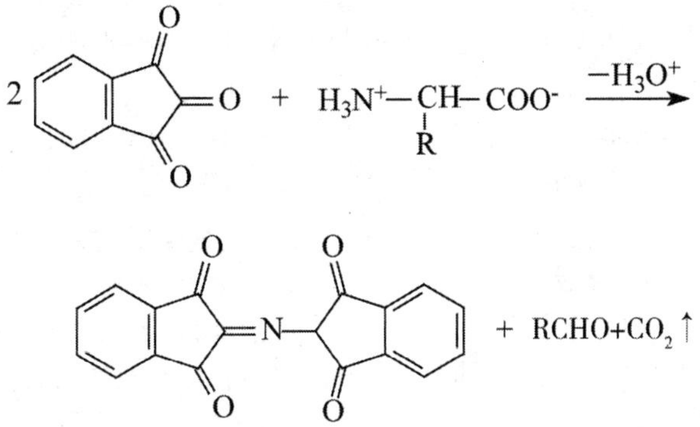

紫色物质

茚三酮反应广泛用于肽和蛋白质的鉴定或纸层析等的显色。根据 α-氨基酸与茚三酮反应所生成蓝紫色化合物在 570 nm 有强吸收,可进行比色分析,其吸收强度与氨基酸的含量成正比。因此可作氨基酸的定量分析。亚氨基酸(脯氨酸和羟脯氨酸)与茚三酮反应呈黄色。

第二节 多肽和蛋白质

一、多肽的结构和命名

肽是氨基酸之间通过酰胺键相连而成的一类化合物,肽分子中的酰胺键又称为肽键(peptide bond),二肽可视为一分子氨基酸中的 $-COO^-$(一般为 α-COO^-)与另一分子氨基酸中的 $-NH_3^+$(一般为 α-NH_3^+)脱水缩合而成。肽也以两性离子的形式存在。

$$H_3N^+-\underset{R_1}{CH}-COO^- + H_3N^+-\underset{R_2}{CH}-COO^- \longrightarrow H_3N^+-\underset{R_1}{CH}-CO-NH-\underset{R_2}{CH}-COO^- + H_2O$$

二肽

二肽分子的两端仍存在着游离的 $-NH_3^+$ 和 $-COO^-$，因此它可以再与另一分子氨基酸脱水缩合形成三肽；同样依次可形成四肽、五肽……。十肽以下的称为寡肽(oligopeptide)，大于十肽的称为多肽(polypetide)。氨基酸形成肽后，已不是完整的氨基酸，故将肽中的氨基酸单位称为氨基酸残基(amino acid residue)。虽然也有环肽存在，但绝大多数的肽呈链状，称为多肽链，一般可用通式表示：

$$H_3N^+-CH-CO-NH-CH-CO-NH-CH-CO-NH-CH-CO-NH-CH-COO^-$$
$$\quad\quad\quad |R_1\quad\quad\quad |R_2\quad\quad\quad |R_3\quad\quad\quad |R_4\quad\quad\quad |Rn$$

在肽链的一端仍保留着游离的 $-NH_3^+$，称为氨基末端或 N-端；而另一端则保留着游离的 $-COO^-$，称为羧基末端或 C-端。

肽的结构不仅取决于组成肽链的氨基酸种类和数目，而且也与肽链中各氨基酸残基的排列顺序有关。由两种不同的氨基酸（如甘氨酸和丙氨酸）组成二肽时，因连接顺序差异，可形成两种异构体：一种为丙氨酸的 $-NH_3^+$ 和甘氨酸的 $-COO^-$ 脱水缩合而成；另一种为甘氨酸的 $-NH_3^+$ 和丙氨酸的 $-COO^-$ 脱水缩合而成。

肽的命名通常以 C-端的氨基酸为母体称为某氨酸，而肽链中其他的氨基酸残基从 N-端开始依次称某氨酰，置于母体名称之前。也可用英文表示。例如由丙氨酸和甘氨酸构成的两种肽：

$$H_3N^+-CH_2-CO-NH-CH-COO^-\quad\quad\quad H_3N^+-CH-CO-NH-CH_2-COO^-$$
$$\quad\quad\quad\quad\quad\quad\quad\quad\quad |CH_3\quad\quad\quad\quad\quad\quad\quad\quad |CH_3$$

$\quad\quad\quad\quad$ 甘氨酰丙氨酸 $\quad\quad\quad\quad\quad\quad\quad\quad\quad\quad$ 丙氨酰甘氨酸
$\quad\quad\quad\quad$ （Gly-Ala） $\quad\quad\quad\quad\quad\quad\quad\quad\quad\quad\quad$ （Ala-Gly）

同理，由 3 种不同的氨基酸组成的三肽可有 6 种异构体；由 4 种不同的氨基酸组成的四肽可有 24 种异构体。由许多种氨基酸按不同的顺序排列，可形成大量的异构体，构成自然界中种类繁多的蛋白质和多肽。

二、肽键平面

多肽分子中构成多肽链的基本化学键是肽键，肽键与相邻的两个 α-碳原子所组成的基团（$-C_\alpha-CO-NH-C_\alpha-$）称为肽单元。肽链就是由许多肽单元连接而成的，它们构成多肽链的主链骨架。通过对一些简单的肽和蛋白质肽键的 X 射线晶体衍射法分析，证明肽单元的空间结构具有以下 3 个显著的特征：

（1）肽单元是平面结构。组成肽单元的 6 个原子位于同一平面内，形成一个肽键的平面结构，称为肽键平面，如图 15-1 所示。

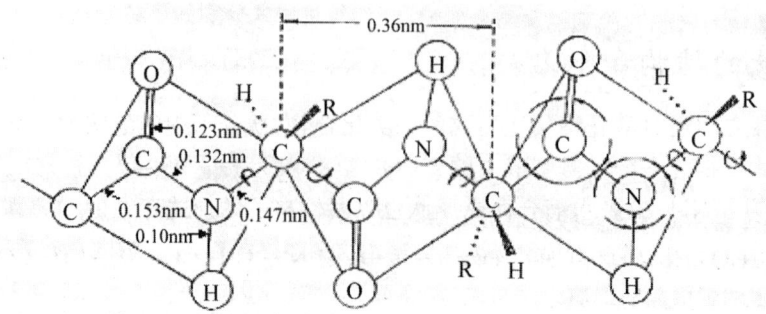

图 15-1 肽键平面

(2) 肽键具有局部双键性质，不能自由旋转。肽键中的 C—N 键长为 0.132 nm，比相邻的 C_α—N 单键(0.147 nm)短，而较一般的 C=N(0.127 nm)长，介于两者之间。这表明羰基的 π 电子发生离域现象，使肽键局部具有双键性质，因此 C—N 之间的旋转受到一定的阻碍。

(3) 肽键呈反式构型。由于肽键不能自由旋转，肽键平面上各原子可出现顺反异构现象，与 C—N 键相连的 O 与 H 或两个 C_α 原子之间一般呈较稳定的反式构型。

肽键平面中除 C—N 键不能旋转外，两侧的 C_α—N 和 C—C_α 键均为 σ 键，因而相邻的肽键平面可围绕 C_α 旋转，肽链的主链骨架也可视为由一系列通过 C_α 原子衔接的肽键平面所组成。肽键平面的旋转所产生的立体结构可呈现多种状态，从而导致蛋白质分子呈各种不同的构象。

天然存在的肽分子大小不等，有些是蛋白质降解的片断，有些是具有特殊的生理和药理作用的活性物质。就目前所知的多肽而言，多数是开链肽，少数为分支开链肽，环状的多肽则非常少见。肽的化学性质在某些方面与氨基酸类似，而各种氨基酸残基的 R 基团则对肽的性质有较大影响。肽与氨基酸一样，也含有—COO^- 和—NH_3^+ 等酸性和碱性基团，因此也以偶极离子形式存在，具有各自的等电点。在水溶液中的酸碱性质，主要取决于侧链可电离的 R 基团的数目和性质。

肽的 N-端的游离—NH_3^+ 和 C-端的游离—COO^- 能发生类似于氨基酸的各种反应，如脱羧反应、与亚硝酸反应和酰化反应等。肽也能发生氨基酸的显色反应。但多肽是由不同氨基酸残基连接而成，它的性质和功能与氨基酸又有明显差异。如，三肽以上的多肽能发生缩二脲反应，而氨基酸则无此现象。因此，缩二脲反应被广泛用于多肽和蛋白质的定性分析和定量分析。

三、蛋白质的分子结构

蛋白质分子是由许多氨基酸通过肽键相连形成的生物大分子。蛋白质和多肽均为氨基酸的聚合物，它们都是由 L-α-氨基酸残基通过肽键相连。因此，小分子蛋白质和大分子多肽之间不存在绝对严格的界限，通常将相对分子质量在 10000 以上的称为蛋白质，10000 以下的称为多肽。人体内具有生理功能的蛋白质都是有序结构，每种蛋白质都有其一定的氨基酸百分组成及氨基酸排列顺序，以及肽链空间的特定排布位置。因此由氨基酸排列顺序及肽链的空间排布等所构成的蛋白质分子结构，才真正体现蛋白质的个性，是每种蛋白质具有独特生理功能的结构基础。由于组成人体的蛋白质的氨基酸有 20 种，且蛋白质的分子量均较大，因此，蛋白质的氨基酸排列顺序和空间位置几乎是无穷尽的，足以为人类多达成千上万种蛋白质提供各异的序列和特定的空间排布，能完成生命所赋予的数以千万计的生理功能。蛋白质分子结构分成一级、二级、三级和四级结构，一级结构称为初级结构或基本结构，后三者称为高级结构或空间构象(conformation)。蛋白质的空间构象涵盖了蛋白质分子中的每一原子在三维空间的相对位置，它们是蛋白质特有性质和功能的结构基础。但并非所有的蛋白质都有四级结构。由一条肽链形成的蛋白质只有一级、二级和三级结构，由两条或两条以上多肽链形成的蛋白质才可能有四级结构。

(一) 蛋白质的一级结构

蛋白质的一级结构(primary structure)又称为初级结构和基本结构。蛋白质分子的一级结构是指多肽链中氨基酸残基的排列顺序,肽键是一级结构中连接氨基酸残基的主要化学键。有些蛋白质分子中只有一条多肽链,有些蛋白质分子中则含有两条或多条多肽链。任何特定的蛋白质都有其特定的氨基酸排列顺序,人胰岛素分子的一级结构如图15-2所示。

蛋白质分子的一级结构是其生物学活性和特异空间结构的基础,它包含着结构的全部信息,并决定了蛋白质分子构象的所有层次及其生物学功能的多样性和种属的特异性。不同的蛋白质,其一级结构是不相同的,甚至在不同种属的同一种蛋白质中氨基酸组成及其排列顺序也可能稍有差异。

蛋白质的一级结构与其功能之间的关系甚密,机体内某些蛋白质分子由于遗传基因的突变而引起其一级结构的改变,并使蛋白质的功能失常,造成病变,如镰刀状红细胞贫血症。

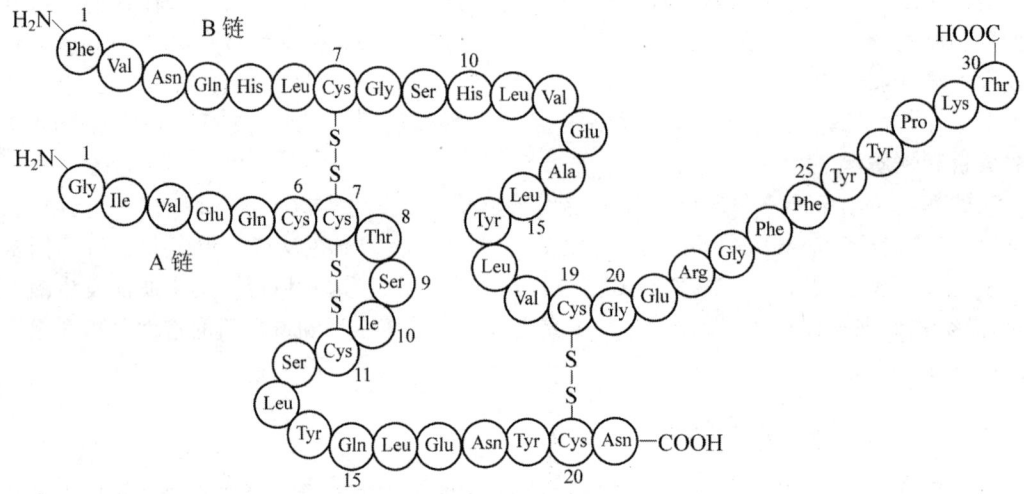

图 15-2 人胰岛素分子的一级结构

（二）蛋白质的二级结构

蛋白质的二级结构(secondary structure)是指多肽链的主链骨架中若干肽段在空间的伸展方式。也就是该段肽链主链骨架原子的相对空间位置,并不涉及氨基酸残基侧链的构象。各种蛋白质的主链骨架均相同,但连接在 C_α 上的侧链 R 基团的结构和性质却不同,它们与主链各原子间的相互影响使肽键平面的相对旋转出现不同角度,从而导致主链骨架在空间形成不同的主链构象,包括 α-螺旋、β-折叠层、β-转角和无规卷曲等几种类型。维系主链构象稳定的最主要因素是主链的羰基(╲C=O)和亚氨基(╲NH)之间所形成的氢键。

在 α-螺旋(α-helix)结构中(图 15-3 (a)),多肽链中各肽键平面通过 α-碳原子的旋转,围绕中心轴形成一种紧密螺旋盘曲构象,这种螺旋形成的盘曲可按左手方向和右手方向旋转形成左手螺旋和右手螺旋,绝大多数蛋白质分子中所存在的 α-螺旋几乎都是右手螺旋。

α-螺旋在蛋白质中的含量,因蛋白质种类不同而异。如毛发中的角蛋白、肌肉中的肌球蛋白、皮肤的表皮蛋白等纤维状蛋白,它们的多肽链几乎都呈 α螺旋结构,且往往数条螺旋拧在一起形成缆索状,从而增强其机械强度并使其具有弹性。有些蛋白质中的多肽链不是整条肽链形成 α螺旋,而是部分呈 α螺旋。

β折叠层(β-pleated sheet)是主链骨架充分伸展的结构(见图 15-3(b))。这种结构一般有两条以上的肽链或一条肽链内的若干肽段共同参与形成,它们平行排列,并在两条肽链或一条肽链内的两个肽段之间以氢键维系而成。为了在相邻主链骨架之间能形成最多的氢键,避免相邻侧链 R 基团之间的空间障碍,各条主链骨架须同时作一定程度的折叠,从而产生一个折叠片层,称为 β折叠层。因此,β折叠层的形成既可依靠不同肽链之间的氢键,也可依靠同一肽链的不同肽段之间形成的氢键。

β折叠层分为顺向平行和逆向平行两种。在纤维蛋白中,β折叠层的形成是靠不同肽链之间的氢键以顺向折叠为主,如 β角蛋白。在球蛋白中,顺向折叠和逆向折叠皆有。

此外,蛋白质的二级结构中还有 β转角和无规卷曲等。

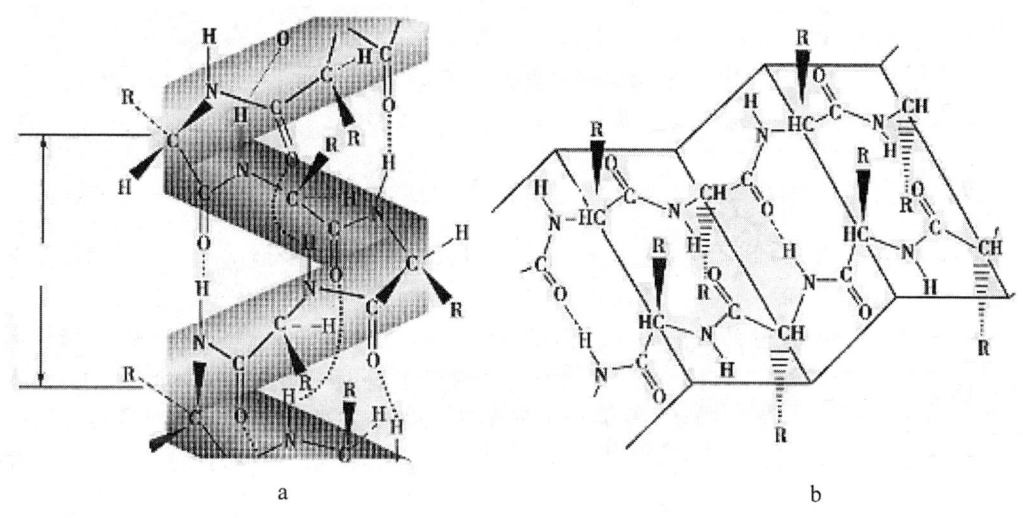

图 15-3　α-螺旋与 β-折叠

(三) 蛋白质的三级结构

蛋白质的三级结构(tertiary structure)是指整条肽链中全部氨基酸残基的相对空间位置,也就是整条肽链所有原子在三维空间的排布位置。

如肌红蛋白是由 153 个氨基酸残基构成的单个肽链的蛋白质,含有一个血红素辅基。由于侧链 R 基团的相互作用,多肽链缠绕,形成一个球状分子,球表面主要有亲水侧链,疏水侧链则位于分子内部。蛋白质三级结构的形成和稳定主要靠次级键——疏水作用、离子键(盐键)、氢键和 Van der Waals 力等(图 15-4)。

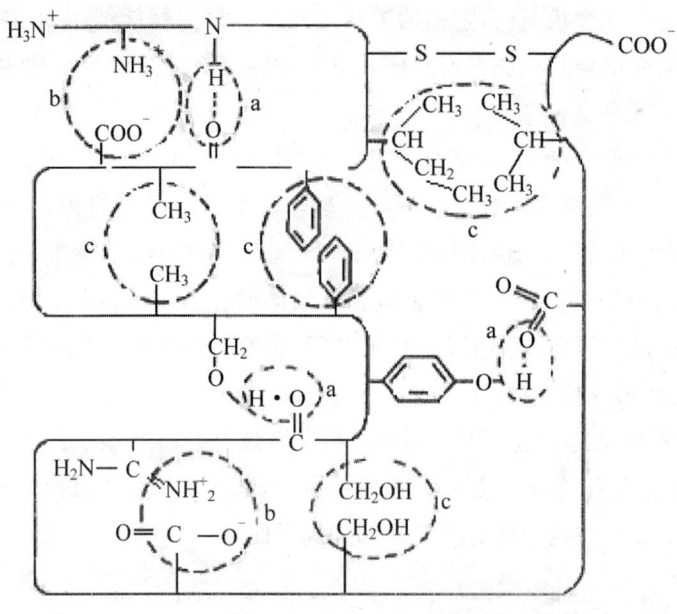

图 15-4　维持蛋白质分子构象的各种化学键
a. 氢键　b. 离子键　c. 疏水作用

(四) 蛋白质的四级结构

蛋白质由两条或两条以上具有三级结构的多肽链通过疏水作用力、盐键等次级键相互缔合而成。每一个具有三级结构的多肽链称为亚基(subunit)。在蛋白质分子中,亚基的立体排布、亚基间相互作用与接触部位的布局称为四级结构(quaternary structure)。四级结构不包括亚基内部的空间结构。亚基多为偶数,较小的蛋白质亚基数一般为 2~10 个,多的可有上千个。蛋白质中亚基可以是相同的,也可是不同的。如烟草花叶病毒(tobacco mosaic virus, TMV)的外壳蛋白是由 2130 个相同的亚基形成的多聚缔合体;而血红蛋白(hemoglobin)是由 4 个亚基组成的,含有两条 α 链、两条 β 链,α 链含 141 个氨基酸残基,β 链含 146 个氨基酸残基。每条肽链都卷曲成球状,都有一个空穴容纳一个血红素,4 个亚基通过侧链间次级键两两交叉紧密相嵌形成一个具有四级结构的球状血红蛋白分子(图 15-5)。

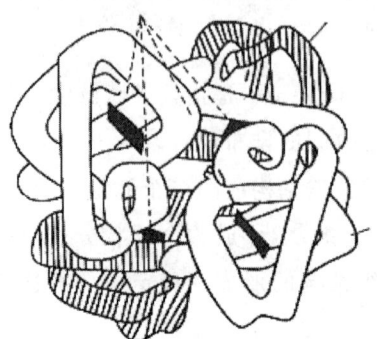

图 15-5　血红蛋白四级结构示意图

综上所述，不同蛋白质中多肽链的数目和长度不同，每条多肽链中氨基酸的排列顺序不同，构成了不同蛋白质的一级结构；多肽链通过氢键在空间的卷曲和折叠形成了特定的构象，这就是蛋白质的二级结构；在二级结构的基础上，多肽链经次级键进一步形成复杂的三级结构；几条具有三级结构的肽链之间主要依靠次级键缔合形成蛋白质的四级结构。

四、蛋白质的性质

（一）两性电离和等电点

蛋白质分子末端仍具有 α-氨基和 α-羧基，同时，组成肽链的氨基酸残基侧链上还含有不同数量的非 α-氨基、非 α-羧基、胍基、咪基等极性基团。因此，蛋白质和氨基酸一样，也具有两性电离和等电点的性质，在不同的 pH 时可电离为阳离子或阴离子。蛋白质分子存在下列电离平衡：

$$P\begin{smallmatrix}COOH\\NH_3^+\end{smallmatrix} \underset{H^+}{\overset{OH^-}{\rightleftharpoons}} P\begin{smallmatrix}COO^-\\NH_3^+\end{smallmatrix} \underset{H^+}{\overset{OH^-}{\rightleftharpoons}} P\begin{smallmatrix}COO^-\\NH_2\end{smallmatrix}$$

$$pH < pI \qquad pH = pI \qquad pH > pI$$

蛋白质在溶液中的带电状态主要取决于溶液的 pH，当蛋白质所带的正、负电荷相等时，静电荷为零，此时溶液的 pH 称为蛋白质的等电点（pI）。各蛋白质具有特定的等电点，如表 15-3 所示。

表 15-3　一些蛋白质的等电点

蛋白质名称	等电点（pI）	蛋白质名称	等电点（pI）
丝蛋白（家蚕）	2.0～2.4	血清 γ-球蛋白（人）	6.85～7.3
胃蛋白酶（猪）	2.75～3.00	白明胶（动物皮）	4.7～5.0
酪蛋白（牛）	4.6	胰岛素（牛）	5.3～5.35
卵清蛋白（鸡）	4.55～4.9	血红蛋白	6.7～7.07
血清白蛋白（人）	4.64	肌球蛋白	7.0
血清 α_1-球蛋白（人）	5.06	细胞色素 C	9.8～7.3
血清 α_2-球蛋白（人）	5.06	鱼精蛋白	12.0～12.4
血清 β-球蛋白（人）	5.12		

含酸性氨基酸较多的蛋白质在水溶液中给出质子的能力较大，蛋白质带负电荷，只有在此溶液中加入酸后方可使其达到等电点，故此类蛋白质的等电点偏酸性，如胃蛋白酶、丝蛋白等。含碱性氨基酸较多的蛋白质在水溶液中接受质子的能力较大，蛋白质带正电荷，只有在此溶液中加入碱后方可使其达到等电点，故此类蛋白质的等电点偏碱性，如细胞色素 C、鱼精蛋白等。对于体液中大多数所谓中性蛋白质而言，虽然其分子中含有的酸性氨基酸和碱性氨基酸数目相近，但由于其给出质子的能力略大于接受质子的能力，故此类蛋白质在水溶液中仍以阴离子

状态存在,等电点偏弱酸性,pI 一般在 5 左右,如血清蛋白、α_1-球蛋白、α_2-球蛋白、β-球蛋白等,它们在生理状态(pH＝7.4)时大多呈阴离子,可与 K^+、Na^+、Ca^{2+} 等离子结合成盐,构成体液中的缓冲对。

在等电状态时,因蛋白质所带净电荷为零,不存在电荷相互排斥作用,蛋白质颗粒易聚积而沉淀析出,此时蛋白质的溶解度、黏度、渗透压、膨胀性等都最小。蛋白质的两性电离和等电点的特性对蛋白质的分离纯化具有重要意义。

(二)蛋白质的胶体性质

蛋白质是高分子化合物,相对分子质量大,其分子颗粒的直径一般在 1～100 nm 之间,属于胶体分散系,因此蛋白质具有胶体溶液的特性。如布朗运动、丁铎尔效应、不能透过半透膜以及具有吸附性质等。

利用蛋白质分子胶体颗粒大不能透过半透膜的性质可将蛋白质分离提纯,这种方法称为透析法(dialysis)。人体的细胞膜、线粒体膜和血管壁等也都是具有半透膜性质的生物膜,蛋白质可有规律地分布在膜内,对维持细胞内外的水和电解质平衡均有重要生理意义。

(三)蛋白质的沉淀和变性

调节蛋白质溶液的 pH 至等电点使蛋白质呈等电状态,再加入适当的脱水剂除去蛋白质分子表面的水化膜,使蛋白质分子聚集而从溶液中沉淀析出。沉淀蛋白质的方法有盐析,加有机溶剂、重金属盐和生物碱等。

天然蛋白质因受物理因素(如加热、高压、紫外线、X 射线)或化学因素(如强酸、强碱、尿素、重金属盐、三氯乙酸等)的影响,可改变或破坏蛋白质分子的空间结构,导致蛋白质生物活性丧失以及理化性质改变,这种现象称为蛋白质的变性(denaturation)。性质改变后的蛋白质称为变性蛋白质。蛋白质具有严密的立体结构,它主要靠分子中的次级键和二硫键等在空间将肽键或链中某些肽段维系连接在一起。由于理化因素影响,这些次级键被破坏,多肽链在空间的伸展从有规则的结构转变为松散紊乱的结构。蛋白质的变性主要发生空间构象的破坏,并不涉及一级结构的改变。变性后的蛋白质分子形状发生改变,藏在分子结构内部的疏水基团大量暴露在分子表面,使蛋白质水化作用减弱,蛋白质溶解度也就减小。同时由于结构松散而使分子表面积增大,流动阻滞,黏度增大,不对称性增加,导致失去结晶性,且由于多肽链展开,使酶与肽键接触机会增多,因而变性蛋白质较天然蛋白质易被酶水解。

蛋白质变性在实际应用上具有重要意义。临床上常用高温、紫外线和酒精等物理或化学方法进行消毒,促使细菌或病毒的蛋白质变性而失去致病及繁殖能力。临床上急救重金属盐中毒病人,常先服用大量牛奶和蛋清,使蛋白质在消化道中与重金属盐结合成变性蛋白,从而阻止有毒重金属离子被人体吸收。在制备具有生物活性的蛋白质(如酶、激素、抗血清和疫苗等)时,必须选择能防止蛋白质发生变性的工艺条件,如低温、较稀的有机溶剂和合适的pH等。

第三节 核 酸

核酸对生物体的重要意义,就在于它是生物体内遗传信息的贮存库,并参与指导蛋白质的生物合成,主宰细胞的各种功能。核酸与生物的生长、繁衍、遗传、变异和转化各过程都有着十分密切的关系,是当前科学界研究的热点课题。关于核酸的生物学地位及其功能在有关后续课程还将深入学习和讨论。本章只着重就核酸的化学组成和基本结构作一介绍,以使学生对核酸有一个初步的认识,为进一步学习核酸奠定必要的基础。

一、核酸的分类

根据分子中所含戊糖的类型不同,核酸可分为核糖核酸(ribonucleic acid,RNA)和脱氧核糖核酸(deoxyribonucleic acid,DNA)。DNA 主要存在于细胞核和线粒体内,它是生物遗传的主要物质基础,承担体内遗传信息的贮存和发布。约 90% 的 RNA 存在于细胞质中,而在细胞核内的含量约占 10%,它直接参与体内蛋白质的合成。

根据在蛋白质合成过程中所起的作用不同,RNA 又可分为三类:

(1) 核蛋白体 RNA(ribosomal RNA,rRNA) 又称核糖体 RNA,细胞内 RNA 的绝大部分(80%~90%)都是核蛋白体组织。它是蛋白质合成时多肽链的"装配机"。参与蛋白质合成的各种成分最终必须在核蛋白体上将氨基酸按特定顺序合成多肽链。

(2) 信使 RNA(messenger RNA,mRNA) 它是合成蛋白质的模板,在蛋白质合成时,控制氨基酸排列顺序。

(3) 转运 RNA(transfer RNA,tRNA) 在蛋白质的合成过程中,tRNA 是搬运氨基酸的工具。氨基酸由各自特异的 tRNA"搬运"到核蛋白体,才能"组装"成多肽链。

二、核酸的基本物质组成

核酸在核酸酶的作用下水解为核苷酸,核苷酸完全水解可释放出等摩尔量的含氮碱基、戊糖和磷酸。因此,核酸的基本组成单位是核苷酸(nucleotide),而核苷酸则由碱基、戊糖和磷酸三种成分连接而成,其中碱基和戊糖组成核苷。核酸的水解过程为:

$$
\text{核酸} \rightarrow \text{核苷酸} \begin{cases} \text{磷酸} \\ \text{核苷} \begin{cases} \text{戊糖(核糖或脱氧核糖)} \\ \text{有机碱(嘌呤碱和嘧啶碱)} \end{cases} \end{cases}
$$

两类核酸水解所得产物列于表 15-4 中。

表 15-4　核酸水解后的主要最终产物

		DNA	RNA
酸		H_3PO_4	H_3PO_4
戊糖		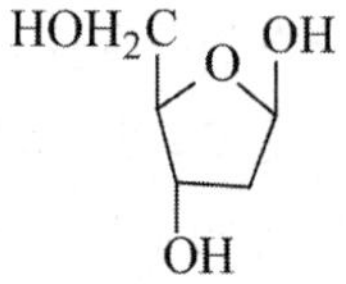 β-D-2-脱氧核糖	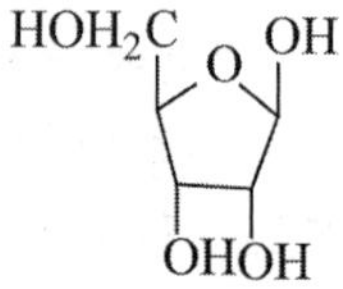 β-D-核糖
有机碱	嘌呤碱	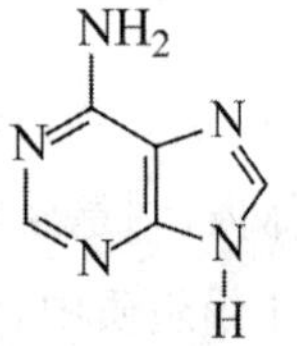 腺嘌呤(A) 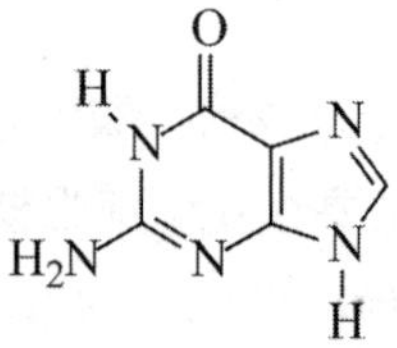　鸟嘌呤(G)	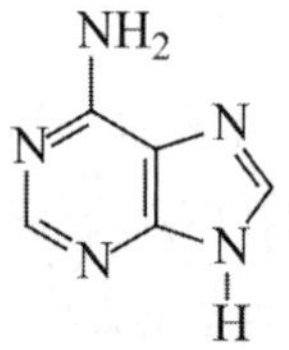 腺嘌呤(A) 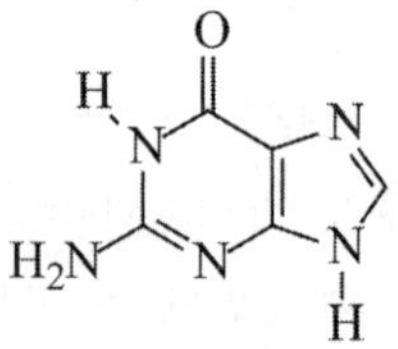　鸟嘌呤(G)
	嘧啶碱	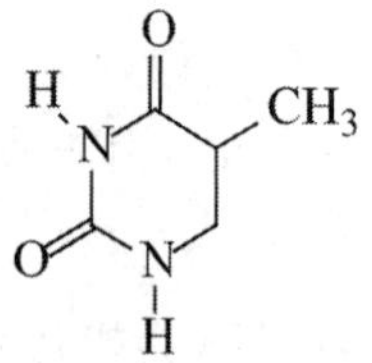 胸腺嘧啶(T) 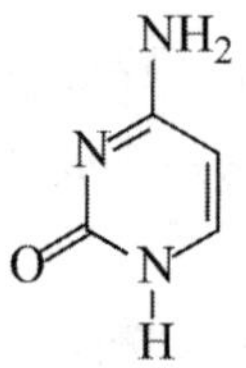　胞嘧啶(C)	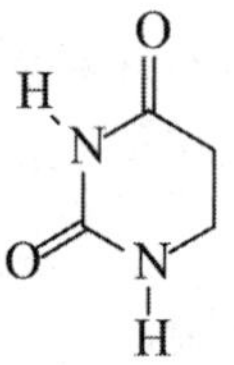 尿嘧啶(U) 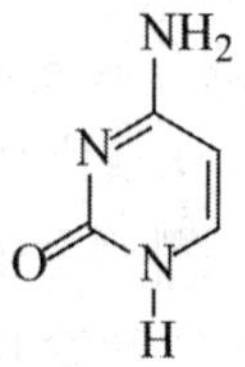　胞嘧啶(C)

戊糖分为两类，即 D-核糖和 D-2-脱氧核糖，都为 β-构型，D-核糖存在于 RNA 中，D-2-脱氧核糖存在于 DNA 中。DNA 和 RNA 中所含的嘌呤碱相同，都含有腺嘌呤和鸟嘌呤，但所含的嘧啶碱不同，两者都含有胞嘧啶，RNA 中含有尿嘧啶，而 DNA 中含有胸腺嘧啶。而且，碱基均可发生酮式-烯醇式互变，在生理条件下它们均以酮式为主。

三、核酸的结构

（一）核苷的结构

核苷(nucleoside)是由碱基与戊糖 C'_1 处的半缩醛羟基通过 β-氮苷键缩合而成。此处"核苷"一词是泛指核苷和脱氧核苷；"核糖"一词泛指核糖和脱氧核糖。为了不至于引起核苷分子中戊糖的碳原子编号与碱基的成环原子编号相混淆，而特别将戊糖的碳原子编号数字的左上角标"'"号,以示区别于碱基的成环原子编号数字。

当碱基与核糖成苷时,若碱基是嘌呤碱,则是第 9 位处的氢与 C_1' 的羟基脱水生成 β-氮苷;若碱基是嘧啶碱,则是第 1 位处的氢与 C_1' 的羟基脱水生成 β-氮苷。氮苷键对碱稳定,在酸性溶液中可以发生水解,生成相应的碱基和核糖。

在 DNA 中常见的 4 种脱氧核糖核苷的结构式如下:

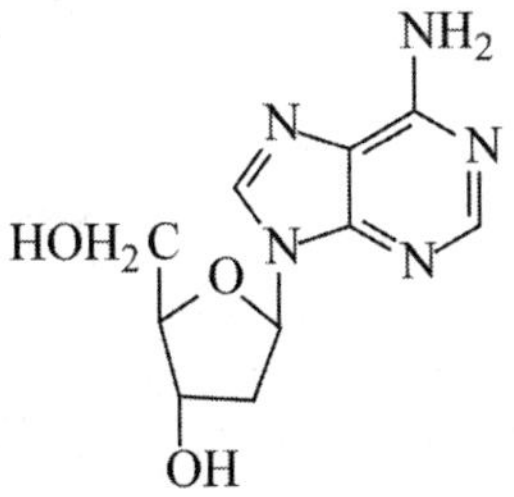

腺嘌呤脱氧核苷(脱氧腺苷) 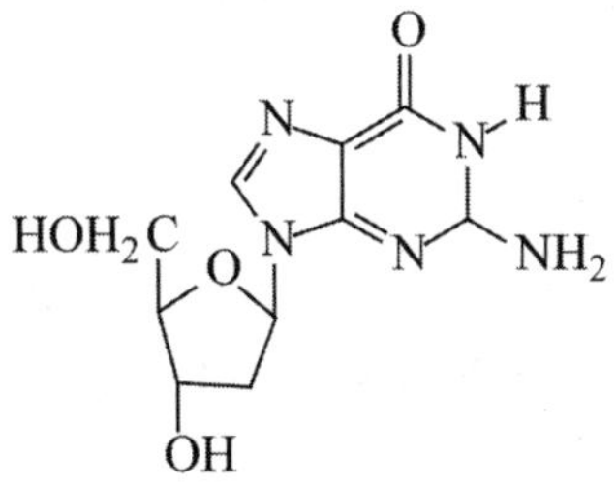　　　鸟嘌呤脱氧核苷(脱氧鸟苷)

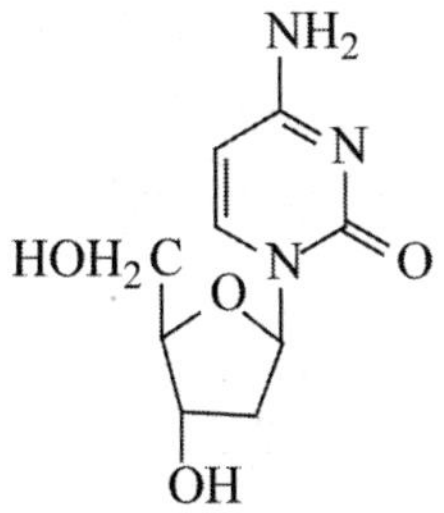

胞嘧啶脱氧核苷(脱氧胞苷) 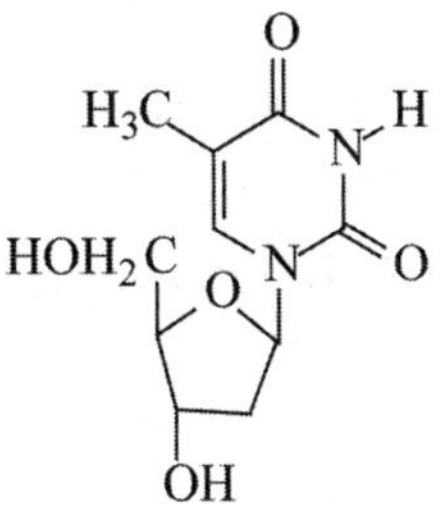　　　胸腺嘧啶脱氧核苷(脱氧胸苷)

在 RNA 中常见的 4 种核糖核苷的结构式如下:

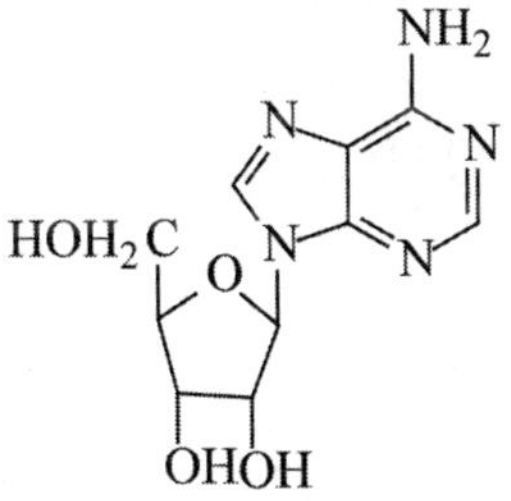

腺嘌呤核苷(腺苷) 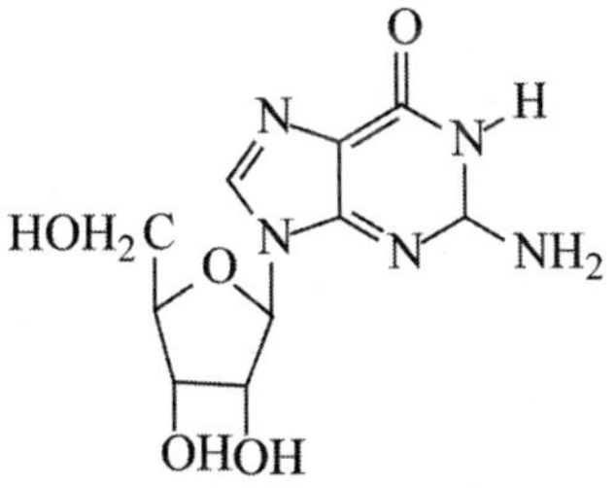　　　鸟嘌呤核苷(鸟苷)

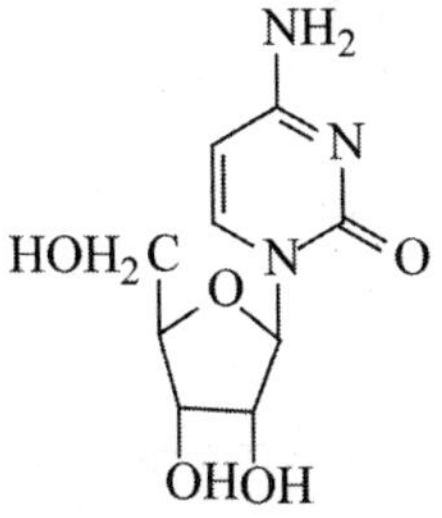

胞嘧啶核苷(胞苷) 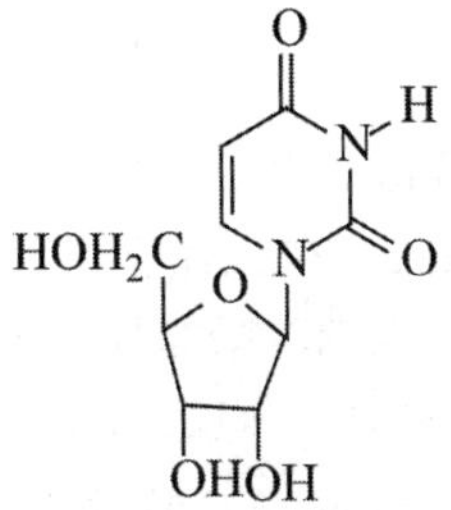　　　尿嘧啶核苷(尿苷)

核苷命名时,如果是核糖,词尾用"苷"字,前面加上碱基名称。如腺嘌呤核苷,简称腺苷。

如果是脱氧核糖,则在核苷前加上"脱氧"二字,如胞嘧啶脱氧核苷,简称脱氧胞苷。

(二) 单核苷酸的结构

单核苷酸是核苷与磷酸脱水,通过磷酸酯键结合而成的,它是核酸的基本组成单位。

核糖和脱氧核糖与磷酸酯化一般发生在 C_5' 位置,但核糖的 C_2' 和 C_3' 及脱氧核糖的 C_3' 上的羟基也可磷酸化生成核苷酸。生物体内游离存在的是 $5'$-核苷酸。核苷酸是两性物质,其酸性强于碱性。

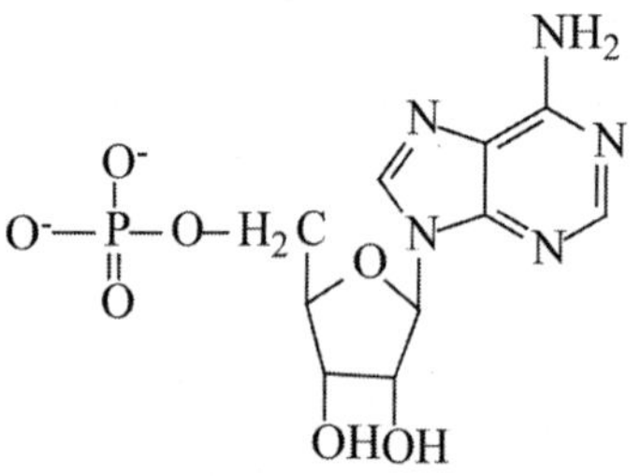

腺苷酸(AMP) 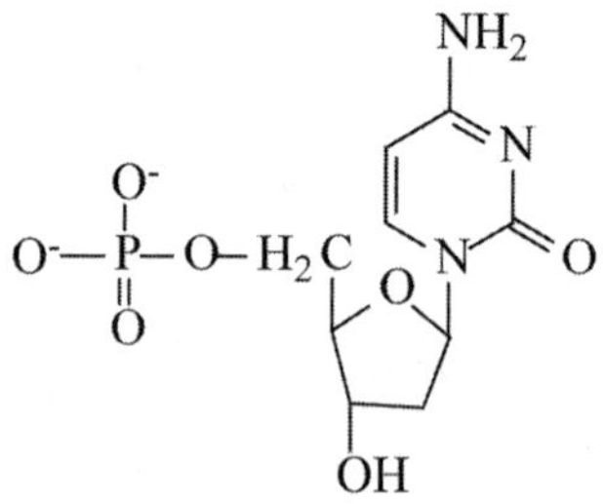　　　　　　　脱氧胞苷酸(dCMP)

各种 $5'$-单核苷酸还可以在 $5'$ 位的磷酸基上再与 1 分子或 2 分子磷酸脱水,通过磷酸苷键形成核苷二磷酸或核苷三磷酸,如图 15-6 所示。

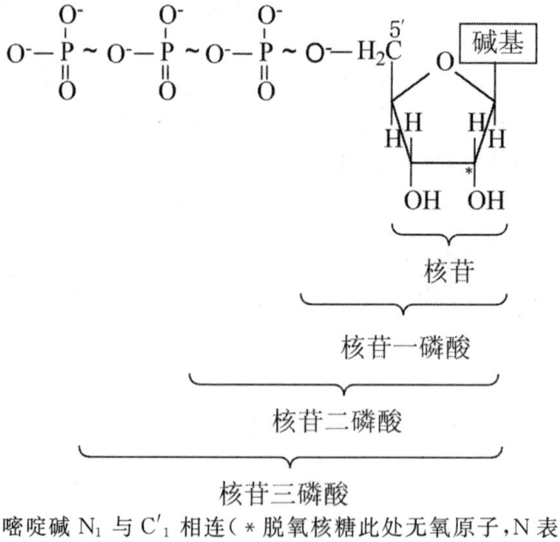

嘌呤碱 N_9 与 C_1' 相连;嘧啶碱 N_1 与 C_1' 相连(＊脱氧核糖此处无氧原子,N 表示任何一种核苷)

图 15-6　核酸和核苷酸的结构通式

特别是腺苷三磷酸 ATP,也常称其为三磷酸腺苷,属高能磷酸化合物,水解成 ADP 时,能释放出较多的自由能,可被机体直接利用,在细胞的能量代谢中起重要作用。ATP 在生物学上的重要意义是两个末端磷酸基团的水解所伴随的大量能量的释放。ATP 的磷酸基团水解释放的能量为 33.5~54.4 kJ·mol^{-1},而一般磷酸酯水解放出的能量仅为 8.4~16.8 kJ·mol^{-1}。在生物化学中,常将水解能释放出 20 kJ·mol^{-1} 能量以上的化学键称为"高能键"(high-enregy bond),在结构式中常用符号"~"表示。有些生物合成反应是由类似于 ATP 的物质所推动,如 CTP、GTP 和 UTP。它们都是一些激素的第二信使,在细胞间的信息传递上

（三）核苷酸的连接方式

DNA 和 RNA 都是核苷酸多聚体的不分支长链。在核酸的长链中，一个核苷酸的 C_3'-OH 与另一个相邻核苷酸的 C_5' 磷酸基脱水形成 $3',5'$-磷酸二酯键，多个核苷酸残基之间通过 $3',5'$-磷酸二酯键相连接而构成多核苷酸。核酸的片断结构如图 15-7 所示。

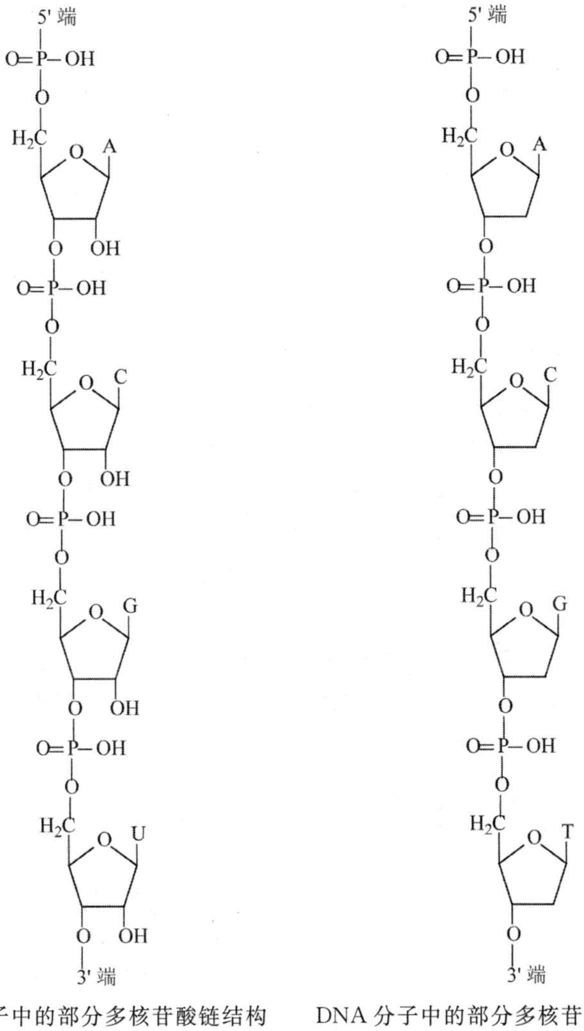

RNA 分子中的部分多核苷酸链结构　　DNA 分子中的部分多核苷酸链结构

图 15-7　核酸的片段结构

图 15-7 中糖-磷酸酯序列组成核苷酸分子链的骨架，磷酸二酯键按 $5' \rightarrow 3'$ 方向从顶端向底部排列，可以肯定多核苷酸链的一端必为 $5'$-磷酸基，另一端则为 $3'$-羟基。

图 15-7 中的结构式较为直观，各结构部分连接也较为清楚，但书写比较麻烦，所以通常用简化式表示核酸的片断结构。多核苷酸链和多肽链一样是分头尾的，也就是要注意是 $5'$ 至 $3'$，还是 $3'$ 至 $5'$ 的方向性。习惯上将 $5'$-磷酸基端作为多核苷酸链的"头"，写在左端，将 $3'$-OH 端作为"尾"，写在右端，亦即按 $5' \rightarrow 3'$ 方向书写。图 15-8 是图 15-7 的常用简化式。

线条式缩写(a)中的竖线表示糖的碳链，A、C、G、T 表示不同的碱基，P 表示磷酸基，两竖线之间有 3′,5′-磷酸二酯键，斜线与垂直线的交点处即为 3′ 与 5′ 的位置。最左方的磷酸基只与第一个核苷酸的 5′相连，未形成磷酸二酯键，称为 5′-p 末端；最右方的 3′-OH 是游离的，称为 3′-OH 末端或 3′-末端。还可用字母式缩写(b)进一步简化。在使用字母式缩写时，当 p 放在核苷符号右边时，则表示磷酸与 3′-OH 结合，即为二核苷一磷酸。这种缩写法对 RNA 也适用。

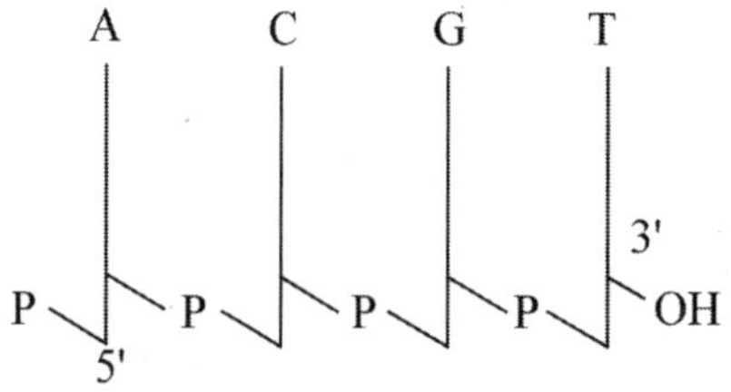

5′pApCpGpT-OH3′

5′pACGT3′

5′ACGT3′

(a) 线条式缩写　　　　　　(b) 字母式缩写

图 15-8　DNA 链的一个片断的几种常用的简化式

（四）DNA 的双螺旋结构

1950 年，Chargaff 等人发现所有的 DNA 分子中，腺嘌呤（A）和胸腺嘧啶（T）含量是相等的，鸟嘌呤（G）和胞嘧啶（C）的含量也相等。即嘌呤碱基的含量等于嘧啶碱基的含量，这就是为碱基配对理论奠定基础的 Chargaff 原则。Chargaff 关于 DNA 碱基组成的研究对苦于解决 DNA 结构的 Watson 产生巨大的影响。Watson 一直思索着 A—T 与 G—C 的真实意义，借助于分子模型从 4 种碱基的理化数据可知，嘌呤分子比嘧啶分子大，只能 1 分子嘌呤和 1 分子嘧啶相配对。并且从几何位置来看，只有 A 与 T 配对、C 与 G 配对，大小比较合适，并能形成使配对碱基稳定的氢键，而且两对碱基间的距离也相等（图 15-9）。他立即将这一发现告诉了 Crick。Crick 凭借其扎实的结晶学基础，对这一发现做了进一步解释。

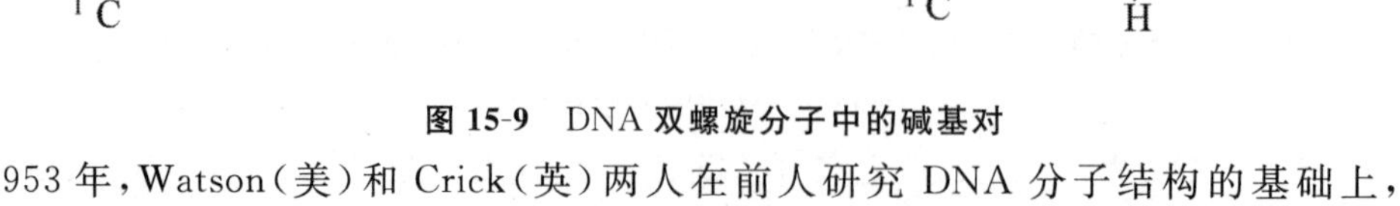

图 15-9　DNA 双螺旋分子中的碱基对

1953 年，Watson（美）和 Crick（英）两人在前人研究 DNA 分子结构的基础上，提出了 DNA 分子的双螺旋结构（double helix structure）模型。即由两条相互平行而方向相反的脱氧核糖核苷酸链共同围绕中心轴形成双螺旋结构，两条螺旋都是右手螺旋。DNA 的双螺旋结构模型对 DNA 分子结构特征和遗传信息的传递提供了理论依据，为遗传学进入分子水平奠定了基础，是现代分子生物学的一个里程碑。Watson-Crick 双螺旋结构模型如图 15-10 所示。

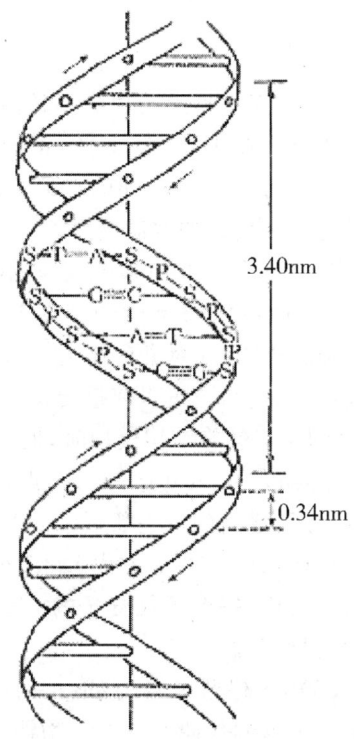

图 15-10 DNA 双螺旋结构模型

两条主链由脱氧核糖和磷酸基通过 3′,5′-磷酸二酯键交替连接而成。两条主链相互平行但走向相反,一条链为 3′→5′,另一条链为 5′→3′ 走向。两条主链都位于螺旋的外侧,碱基位于螺旋的内侧,糖基的平面与碱基的平面之间的角度近似直角。DNA 的两条链只有碱基配对才能形成双螺旋结构。配对时,—NH$_2$ 和—C=O 间形成氢键,A 与 T 之间可形成两条氢键,G 与 C 之间可形成 3 条氢键。这种 A—T、G—C 配对的规律,称为碱基互补规则。氢键维持了双螺旋横向的稳定性,而碱基对之间的堆积力(stacking force)又维持了双螺旋纵向的稳定性。相邻两个碱基之间的堆砌距离为 0.34 nm,其螺旋夹角为 36°。每 10 个碱基旋转一圈,因此双螺旋螺距为 3.40 nm。由此可见,一条链的碱基顺序已确定,则另一条链必有与之互补的碱基顺序。这就决定了 DNA 在控制遗传信息从母代传到子代的高度保真性。

DNA 双螺旋可以以不同几何形式存在,天然 DNA 的构象主要有 A、B 型。它们的碱基对平面、圈距以及每圈所含的碱基对都有差异,在低离子强度溶液和染色体内以 B 型(每圈 10 个碱基对)最为普遍。除此之外,尚存在其他类型。Rich 等人 1979 年底发现左手螺旋的双螺旋结构,其主链呈锯齿形(zigzag),故称 z-DNA。对 z-DNA 的研究资料表明,z-DNA 可能与突变的发生有关,也可能参与基因表达的调控。

大多数天然 RNA 以单链形式存在,但在单链的许多区域可发生自身回折,在回折区内,可以相互配对的碱基以 A—U 与 G—C 配对,分别形成两个或三个氢键,配对的多核苷酸链(约占 40%~70%)形成双螺旋结构,不能配对的碱基则形成突环(loop)。有关 RNA 结构将在生物化学课程中详细描述。

四、基因与遗传密码

从简单生物病毒到高等生物人类,遗传繁殖的功能都是由 DNA 执行的。时至今日,生物体的遗传物质就是 DNA,已无可争议。在 1909 年,Johannsen 提出用基因(gene)一词来表示遗传物质时,对 DNA 与基因的关系几乎是一无所知的。甚至到 20 世纪 50 年代,还有人坚持说基因是没有物质基础的一种唯心臆测出来的空洞概念。

现代遗传学家认为,基因是 DNA 分子上具有遗传效应的特定核苷酸序列的总称,是具有遗传效应的 DNA 分子片断。人类基因组(genome)约含 6 万~10 万个基因,由约 30 亿个碱基对(base pair,bp)组成,分布在细胞核的 23 对染色体上,并在染色体上呈线性排列。基因不仅可以通过复制把遗传信息传递给下一代,还可以使遗传信息得到表达。

当 Watson 和 Crick 在提出 DNA 双螺旋结构模型时,他们就已推测,由于 DNA 两股链之间有准确的碱基配对关系,一股链的 DNA 碱基序列可以严格的确定其互补链的碱基序列。当细胞分裂时,两条螺旋的多核苷酸链之间的氢键断裂,DNA 双链解开,然后以每条链各作为模板在其上合成新的互补链。这样新形成的两个子代 DNA 分子与原来 DNA 分子的碱基顺序完全一样。无论以哪一段单链作模板,每个子代分子的一条链来自亲代 DNA,另一条链则是新合成的,这种复制方式称为半保留复制。

按着半保留复制的规律,子代 DNA 保留了亲代 DNA 的所有遗传信息。这种遗传信息通过转录、翻译的过程来表达,决定着细胞的代谢类型和生物特性。遗传信息传递方向的这种规律称为中心法则(central dogma)。直到 20 世纪 70 年代,由于逆转录等科学上的不断新发现,对此法则提出了一些补充和修正。中心法则代表了大多数生物遗传信息贮存和表达的规律,并奠定了在分子水平上研究遗传、繁殖、进化、代谢类型、生长发育、生命起源、健康与疾病等生命科学上的关键问题的理论基础。

从分子生物学的中心法则可以看出,蛋白质的生物合成过程是生物遗传信息得以表达的最后一个阶段,可以认为蛋白质是体现生命现象最主要的物质基础。20 世纪 50 年代中期,DNA 作为蛋白质合成的模板已得到公认。但 DNA 主要存在于核内,而蛋白质合成都是在胞质,二者是如何联系起来的呢,曾困惑一时。后来,当发现 mRNA 是在核内合成,然后转移至胞质这一重要事实,人们很自然就推断出 DNA 的模板作用是通过 mRNA 来实现的。经研究得知,mRNA 的功能是把核内 DNA 的碱基序列(遗传信息),按照碱基互补的原则转录下来。如 DNA 的碱基序列为 CTT,转录出的 mRNA 的碱基序列则为 GAA。mRNA 分子上每 3 个核苷酸为 1 组,可决定多肽链上 1 个氨基酸,称为三联体密码或遗传密码(genetic code)。

4 种核苷酸碱基组成三联体来决定 1 个氨基酸,就可以有 64 种不同的密码。对 20 种编码氨基酸,除色氨酸和蛋氨酸外,多数氨基酸都要使用两个或两个以上的同义密码(synonym),见表 15-5。

如上述 mRNA 碱基顺序为 GAA,经 tRNA 辨认 mRNA 的遗传信息,则把谷氨酸转送至胞质的核糖体,用以决定蛋白质合成的氨基酸排列顺序。如上述 DNA 的碱基顺序突变为 CAT,转录出的 mRNA 的碱基顺序则为 GUA,查表 15-5 可知,这个遗传密码将是缬氨酸,必将改变蛋白质合成的氨基酸排列顺序。如镰刀状红细胞贫血症就是由于血红蛋白的 β-多肽链上错排一个氨基酸而造成先天性分子病。

表 15-5 遗传密码

氨 基 酸	密码	密码数目
甘氨酸	GGU GGC GGA GGG	4
丙氨酸	GCU GCC GCA GCG	4
缬氨酸	GUU GUC GUA GUG	4
亮氨酸	UUA UUG CUU CUC CUA CUG	6
异亮氨酸	AUU AUC AUA	3
丝氨酸	UCU UCC UCA UCG AGU AGC	6
苏氨酸	ACU ACC ACA ACG	4
半胱氨酸	UGU UGC	2
蛋氨酸	AUG（在 mRNA 起始部位的 AUG 为起始信号）	1
天冬氨酸	GAU GAC	2
谷氨酸	GAA GAG	2
天冬酰胺	AAU AAC	2
谷氨酰胺	CAA CAG	2
精氨酸	CGU CGC CGA CGG AGA AGG	6
赖氨酸	AAA AAG	2
苯丙氨酸	UUU UUC	2
酪氨酸	UAU UAC	2
脯氨酸	CCU CCC CCA CCG	4
组氨酸	CAU CAC	2
色氨酸	UGC	1
终止密码	UAA UAG UGA	3
密码总数		64

不同的 mRNA 碱基组成和排列顺序都不同，但都只有 A、G、C、U 4 种碱基。生物体各种 mRNA 链的长短差别很大，主要是由转录出 mRNA 的相应基因大小所决定的。mRNA 分子的长短，又决定了它要翻译出的蛋白质的相对分子质量的大小。当它完成功能后，即降解消失。

DNA 的复制过程极为复杂，而遗传信息从 mRNA 分子中传递至蛋白质的过程比 DNA 的复制和转录过程更为复杂。因为复制和转录都只是在一个共同的碱基配对"语言网络"上进行的。

至于基因表达调控、基因重组和基因工程等许多引人为之献身的内容将在有关医学后续课中阐述。截止到 2005 年，人类基因组计划的测序工作已经完成。人类基因组计划 1985 年由美国科学家率先提出，旨在阐明人类基因组 30 亿个碱基对的序列，发现所有人类基因并搞清其在染色体上的位置,破译人类全部遗传信息,从而最终弄清楚每种基因合成的蛋白质及其作用,使人类第一次在分子水平上全面认识自我。只有正确认识自我,才能更加完善自我。破译这本蕴藏着生命奥秘,决定人的生老病死的"天书",将使人类的生活发生巨大变化。基因药物走进人们的生活,利用基因治疗更多的疾病不再是一个奢望。很多疾病的病因将被揭开,药物就会设计得更好些,人类的整体健康状况将会提高,21世纪的医学基础将由此奠定。

习 题

1. 写出下列化合物的结构式。
  (1) α-丙氨酸　(2) 质子化的甘氨酸　(3) 甲硫氨酸(蛋氨酸)　(4) 丝氨
  (5) 半胱氨酸　(6) 组氨酸　(7) 5-氟尿嘧啶　(8) 1-甲基鸟嘌呤
  (9) 6-巯基嘌呤　(10) 5,6-二氢尿嘧啶

2. 写出在下列 pH 介质中各氨基酸的主要荷电形式。
  (1) 谷氨酸在 pH=3 的溶液中。
  (2) 丝氨酸在 pH=1 的溶液中。
  (3) 缬氨酸在 pH=8 的溶液中。
  (4) 赖氨酸在 pH=12 的溶液中。

3. 将甘氨酸(pI=5.97)、谷氨酸(pI=3.22)、赖氨酸(pI=9.74)分别溶于水中:
  (1) 水溶液呈酸性还是碱性?
  (2) 氨基酸带何种电荷?
  (3) 欲调节溶液 pH 至等电点,需加酸或加碱? 并写出 pH=pI 时各氨基酸的结构式。

4. 试写出 Ser 和 Cys 所有可能的立体异构体,并标明 D、L 构型和 R、S 构型。

5. 完成下列反应:
  (1) Tyr + Br$_2$ (水溶液) ⟶
  (2) Phe + HNO$_2$ ⟶
  (3) Cys $\xrightarrow{[O]}$
  (4) His $\xrightarrow[\text{酶}]{-CO}$

6. 人脑中发现具有镇痛和吗啡样麻醉作用的五肽——甲硫氨酸脑啡 Tyr—Gly—Gly—Phe—Met,写出其结构式。

7. 如何用化学方法鉴别下列各组化合物?
  (1) 苹果酸和组氨酸　　　　　(2) 丝氨酸和乳酸
  (3) 甘氨酰、半胱氨酸和谷胱甘肽　(4) 酪氨酸、水杨酸和酪蛋白

8. 写出下列化合物的名称
  (1) Tyr—Thr—Trp　(2) Ala—Cys—Cys—Val　(3) Glu—Asn—Ile—Met—Gly

9. 卵清蛋白(pI=4.6)、血清白蛋白(pI=4.9)和尿酶(pI=5.0)的蛋白质混合物在什么 pH 时进行电泳,其分离效果最佳?

10. 写出 DNA 和 RNA 水解最终产物的结构式及名称

11. 填空

(1)核酸根据分子中所含戊糖的类型不同可分为_____和_____。

(2)根据在蛋白质合成过程中所起的作用不同 RNA 可分为_____、_____和_____。

(3)核酸的基本结构单元是_____,它们以_____相连接。

(4)ATP 分子中含有_____键,它是细胞_____的重要物质。

12. 选择填空

(1) 非 DNA 的组分是(   )。

(A) dUMP   (B) dGMP   (C) dAMP   (D) dCMP   (E) dTMP

(2) 核酸中核苷酸之间的连接方式是(   )。

(A) C—N 糖苷键   (B) $2',5'$-磷酸二酯键   (C) $3',5'$-磷酸二酯键

(D) 肽键   (E) α-1,6-糖苷键

(3) 以 $5'$-ACTAGTCAG-$3'$(DNA 链)为模板合成相应的 mRNA 链的核苷酸序列为(   )。

(A)$5'$-TGATCAGTC-$3'$ (B)$5'$-UGAUCAGUC-$3'$ (C)$5'$-CUGACUAGU-$3'$

(D)$5'$-CTGACTAGT-$3'$ (E)$5'$-CAGCUGACU-$3'$

(4) 大多数氨基酸都有两个以上的遗传密码,只有一个遗传密码的氨基酸是(   )。

(A) 苏氨酸、甘氨酸   (B) 色氨酸、甲硫氨酸   (C) 脯氨酸、精氨酸

(D) 天冬氨酸、天冬酰胺   (E) 丝氨酸、亮氨酸

(5) 终止密码是(   )。

(A)AUG   (B)GAU   (C)GAA   (D)CUA   (E)UAA

第十六章 脂 类

脂类(lipid)是指存在于生物体内的不溶于水而易溶于有机溶剂的有机化合物。这些化合物在化学组成、化学结构和生理功能上都存在很大差异,它们唯一的共同特征是都具有脂溶性,可以用乙醚、氯仿和苯等非极性有机溶剂从细胞和组织中提取出来。脂类在生物体内具有重要的生理功能。有些脂类是生命的能量来源;有些是生物膜的构件;还有些是生物体内的激素,具有调节代谢、控制生长发育的功能。由于"脂类"只是从物理性质角度而不是根据化学结构或化学性质去定义的,所以脂类化合物包罗种类广泛。脂类可分为油脂和类脂化合物。油脂是油(oil)和脂肪(fat)的总称,是甘油和高级脂肪酸生成的酯;类脂指油脂以外的化合物,如磷脂、糖脂、萜类及甾体等。本章重点讨论油脂及磷脂、糖脂、甾族化合物的组成、结构和性质。

第一节 油 脂

油脂是指甘油与脂肪酸组成的中性酯。室温下呈液态的油脂称为油,呈固态或半固态的油脂称为脂肪。油脂是生物体内能量的主要来源,1 g 油脂完全氧化可放出 38.91 kJ 的热量,比 1 g 糖或蛋白质多 1 倍,所以当人体内能量供应不足时,首先消耗的是脂肪。

一、油脂的组成、结构和命名

油脂从化学组成上看,是由 1 分子甘油和 3 分子高级脂肪酸形成的酯,结构通式如下:

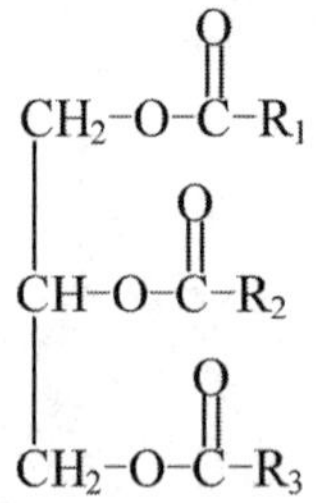

$$
\begin{array}{l}
CH_2-O-\overset{O}{\underset{\|}{C}}-R_1 \\
CH-O-\overset{O}{\underset{\|}{C}}-R_2 \\
CH_2-O-\overset{O}{\underset{\|}{C}}-R_3
\end{array}
$$

油脂又称三酰甘油(triacylglycerol),医学上称作甘油三酯(triglyceride)。若三酰甘油中的三个脂肪酸相同,称单三酰甘油酯,不同的称混三酰甘油酯。天然油脂是各种混三酰甘油酯,都具有 L-构型,即在 Fischer 投影式中 C_2 上的酰基在甘油基碳链的左侧。

油脂的命名通常把甘油名称写在前面,脂肪酸名称写在后面,称甘油某酸酯。或脂肪酸名称写在前面,甘油名称写在后面,称某酰甘油。如单三酰甘油命名时称为"三某脂酰甘油"或"甘油三某脂酸酯"。混三酰甘油命名时用 α、β 和 α' 标明脂肪酸的位次。例如:

$$\begin{array}{l}\text{CH}_2\text{-O-C(=O)-(CH}_2)_{16}\text{CH}_3\\ \text{CH-O-C(=O)-(CH}_2)_{16}\text{CH}_3\\ \text{CH}_2\text{-O-C(=O)-(CH}_2)_{16}\text{CH}_3\end{array}$$

三硬脂酰甘油
(tristearylglycerd)
(甘油三硬脂酸酯)

$$\begin{array}{l}{}^{\alpha}\text{CH}_2\text{-O-C(=O)-(CH}_2)_{16}\text{CH}_3\\ {}^{\beta}\text{CH-O-C(=O)-(CH}_2)_{14}\text{CH}_3\\ {}^{\alpha'}\text{CH}_2\text{-O-C(=O)-(CH}_2)_7\text{CH=CH(CH}_2)_7\text{CH}_3\end{array}$$

α-硬脂酰-β-软脂酰-α'-油酰甘油
(α-stearoyl-β-palmitoyl-α'-oleoylglycerol)
(甘油-α-硬脂酸-β-软脂酸-α'-油酸酯)

表 16-1 油脂中常见的脂肪酸

习惯名称	系统名称	结构式
月桂酸 (lauric acid)	十二碳酸	$CH_3(CH_2)_{10}COOH$
软脂酸 (palmic acid)	十六碳酸	$CH_3(CH_2)_{14}COOH$
硬脂酸 (stearic acid)	十八碳酸	$CH_3(CH_2)_{16}COOH$
油酸 (oleic acid)	顺-9-十八碳烯酸	$CH_3(CH_2)_7CH=CH(CH_2)_7COOH$
亚油酸 (linoleic acid)	顺,顺-9,12-十八碳二烯酸	$CH_3(CH_2)_4(CH=CHCH_2)_2(CH_2)_6COOH$
α-亚麻酸 (α-linolenic acid)	顺,顺,顺-9,12,15-十八碳三烯酸	$CH_3CH_2(CH=CHCH_2)_3(CH_2)_6COOH$
γ-亚麻酸 (γ-linolenic acid)	顺,顺,顺-6,9,12-十八碳三烯酸	$CH_3(CH_2)_4(CH=CHCH_2)_3(CH_2)_3COOH$

脂类中的脂肪酸(fatty acid)大多数是以结合成酯键或酰胺键的形式存在的,且多为高级脂肪酸,含碳原子数目一般在 12～20 个之间。在生物体中脂肪酸的基本生物功能有两方面,一是为构成生物膜的脂类(见第二节)提供亲脂性的非极性部分,二是为生物体贮存或提供能量。

油脂中的高级脂肪酸可分为饱和脂肪酸和不饱和脂肪酸两类。分子中只含有一个双键的脂肪酸称为单烯脂肪酸,含有多个双键的脂肪酸称为多烯脂肪酸。油脂中常见的脂肪酸见表 16-1。

天然脂类含高级脂肪酸,一般是直链含偶数碳原子的饱和脂肪酸和不饱和脂肪酸;一般的不饱和脂肪酸中的双键是顺式构型。人体中饱和脂肪酸一般是软脂酸和硬脂酸,不饱和脂肪酸是油酸。高等植物中不饱和脂肪酸含量高于饱和脂肪酸。

亚油酸、α-亚麻酸在人体内不能自身合成,只能从食物中获得,花生四烯酸虽然人体能自身合成,但量太少,还需要从食物中获得,故三者称为必需脂肪酸(essential fatty acid)。人体从食物中获得这些必需脂肪酸后就能合成同族的其他不饱和脂肪酸,所以必需脂肪酸对人体的健康是必不可少的。

脂肪酸的名称常用俗名,如软脂酸、亚油酸等。脂肪酸的系统命名法与一元羧酸的系统命名法基本相同,不同之处是脂肪酸的碳原子有三种编码体系,并且系统名称可用简写符号表示。脂肪酸碳原子的三种编码体系见表16-2。

Δ编码体系从脂肪酸羧基端的羧基碳原子开始计数编号;ω编码体系是从脂肪酸的甲基端的甲基碳原子开始计数编号;希腊字母编号规则与羧酸相同,即与羧基相邻的碳原子为α碳原子,离羧基最远的甲基碳原子称为ω碳原子。

例如,亚油酸(结构式见表16-2)的Δ编码体系的系统名称为$\Delta^{9,12}$-十八碳二烯酸,简写符号为$18:2\Delta^{9,12}$,表示亚油酸有18个碳原子,从羧基碳原子开始计数的第9和10位、第12和13位碳原子之间各有一个双键;ω编码体系的系统名称为$\omega^{6,9}$-十八碳二烯酸,简写符号为$18:2\omega^{6,9}$,表示有18个碳原子,自甲基端数起第6和7位、第9和10位碳原子之间各有一个双键。

表16-2 脂肪酸碳原子的三种编码体系

	$CH_3CH_2CH_2CH_2CH_2CH=CHCH_2CH=CHCH_2CH_2CH_2CH_2CH_2CH_2CH_2COOH$																	
Δ编码体系	18	17	16	15	14	13	12	11	10	9	8	7	6	5	4	3	2	1
ω编码体系	1	2	3	4	5	6	7	8	9	10	11	12	13	14	15	16	17	18
希腊字母编号	ω	…	…	…	…	…	…	…	…	…	…	…	…	δ	γ	β	α	

人体内的不饱和脂肪酸按ω编码体系主要分为ω-3族(如α-亚麻酸)、ω6族(如亚油酸)、ω7族(如棕榈油酸)和ω9族(如油酸)等。族内的不饱和脂肪酸均可以本族的母体脂肪酸为原料在体内衍生,而不同族的脂肪酸不能在体内相互转化。

α-亚麻酸是ω-3族多烯脂肪酸的母体,人体内只要从食物中获得α-亚麻酸就可以转化成ω-3族的多烯脂肪酸EPA(5,8,11,14,17-二十碳五烯酸)和DHA(4,7,10,13,16,19-二十二碳六烯酸)。ω6族的多烯脂肪酸可由ω6族的母体亚油酸衍生,在体内亚油酸可以转化成γ-亚麻酸,进而转化成花生四烯酸。在不同动植物体内不同的多烯脂肪酸分布是不同的,植物油中的多烯脂肪酸主要为ω6族的多烯脂肪酸,海生动物及鱼油的油脂中主要含ω3族的多烯脂肪酸,例如EPA和DHA。

近年的研究表明,ω3和ω6族多烯脂肪酸具有重要的生物活性。EPA和DHA具有降低血脂、减少血小板聚集和血栓形成的作用,可用于心血管病的防治。流行病调查显示,以海洋鱼油为主要脂肪来源的爱斯基摩人,他们的乳腺癌和结肠癌以及心血管疾病的发病率明显低于其他地区的人群,其原因被认为是与食物中ω3和ω6族多烯脂肪酸的比例有关。

二、油脂的物理性质

纯净的油脂为无色、无味的中性化合物。天然油脂常因混有色素、维生素、游离脂肪酸而具有特殊的颜色和气味。油脂的密度都小于1 g/cm^3,不溶于水,易溶于乙醇、乙醚、氯仿等有机溶剂。天然油脂无固定的熔点和沸点。由于不饱和脂肪酸的熔点比相应的饱和脂肪酸低，所以油脂的熔点随分子中不饱和脂肪酸的含量增加而降低，这是由于不饱和脂肪酸中 C=C 的顺式构型，使碳链弯曲，相邻分子间距离较远的缘故。

三、油脂的化学性质

（一）油脂的皂化

油脂在酸、碱或酶的作用下，可水解生成 1 分子甘油和 3 分子高级脂肪酸。通常油脂碱性水解所得到的高级脂肪酸钠盐或钾盐称为肥皂。因此，油脂在碱性溶液中的水解称为皂化（saponification）反应。广义的皂化反应含义可泛指羧酸酯的碱性水解。

$$\begin{matrix} & O \\ & \| \\ & CH_2-O-C-R \\ O & | \\ \| & \\ R'-C-O-C-H & \\ & | \quad O \\ & \quad \| \\ & CH_2-O-C-R'' \end{matrix} \quad + \quad 3KOH \quad \xrightarrow{\Delta} \quad \begin{matrix} CH_2OH \\ | \\ CHOH \\ | \\ CH_2OH \end{matrix} \quad + \quad \begin{matrix} RCOOK \\ R'COOK \\ R''COOK \end{matrix}$$

         油脂   甘油   脂肪酸钾

1 g 油脂完全皂化时所需 KOH 的质量（单位为 mg），称为皂化值（saponification number）。根据皂化值的大小可以判断油脂的平均分子质量。皂化值的大小与油脂的平均分子质量成反比，皂化值越大，油脂的平均分子质量越小。皂化值是衡量油脂质量的指标之一，并可反映油脂皂化时所需碱的用量。各种油脂的皂化值见表 16-3。

表 16-3　常见油脂中脂肪酸的含量(%)、皂化值和碘值

油脂名称	软脂酸	硬脂酸	油酸	亚油酸	亚麻酸	皂化值	碘值
猪油	28～30	12～18	41～48	3～8	—	195～208	46～70
牛油	24～32	14～32	35～48	2～4	—	190～200	30～48
棉籽油	19～24	1～2	23～32	40～48	—	191～196	105～114
花生油	6～9	2～6	50～57	13～26	—	185～195	83～105
大豆油	6～10	2～4	21～29	50～59	(γ) 2～10	189～194	127～138

（二）油脂的加成

含不饱和脂肪酸的油脂，分子中的不饱和双键可与氢、卤素等试剂发生加成反应。

(1) 加氢：油脂中不饱和脂肪酸的碳-碳双键可催化加氢，转化为含饱和脂肪酸的油脂，使液态的油变为半固态或固态的脂肪。所以，油脂的加氢又称为油脂的硬化。硬化后的油脂，不仅熔点升高，而且不易氧化变质，便于贮存和运输。

(2) 加碘：油脂中不饱和脂肪酸的碳-碳双键与碘的加成常用于测定油脂的不饱和程度。100 g 油脂所能吸收碘的质量（单位为 g）称为碘值（iodine number）。油脂的碘值越大，表明油脂的不饱和程度越高。由于碘与碳-碳双键的加成反应很慢，所以用氯化碘或溴化碘的冰醋酸

溶液与油脂反应。中华药典对药用油脂的碘值和皂化值都有一定的要求,天然油脂的碘值见表 16-3。

(三) 油脂的酸败

油脂在空气中长期放置,逐渐发生变质,产生难闻的气味,这种现象称为酸败(rancidity)。酸败是一复杂的化学变化过程,其实质是油脂受空气中的氧、水分和微生物(酶)的作用,一方面油脂中不饱和脂肪酸的双键被氧化生成过氧化物,这些过氧化物再经分解等作用生成有臭味的小分子醛、酮和羧酸等化合物;另一方面油脂被水解成甘油和游离的高级脂肪酸,后者在微生物的作用下可进一步发生 β 氧化、分解等生成小分子化合物。光、热或潮气可加速油脂的酸败过程。

油脂的酸败程度可用酸值来表示。中和 1 g 油脂中的游离脂肪酸所需氢氧化钾的毫克数称为油脂的酸值(acid number)。酸值大说明油脂中游离脂肪酸的含量较高,即酸败程度较严重,酸败的油脂有毒性和刺激性,通常酸值大于 6.0 的油脂不宜食用。为防止油脂酸败,油脂应贮存于密闭容器中,放置在阴凉处。也可添加少量适当的抗氧化剂(如维生素 E 等)。

中华药典对药用油脂的皂化值、碘值和酸值都有严格的规定。例如,对花生油碘值要求 84~100,皂化值要求 185~195。

(四) 多不饱和脂肪酸的生物活性

多不饱和脂肪酸(polyunsaturated fatty acids,PUFAs)指含有两个或两个以上双键的长直链脂肪酸。在过去 30 年中,PUFAs 独特的生物活性,引起人们的高度关注和深入研究,其在大脑的生长和发育、防治某些心血管和炎性疾病以及抗肿瘤、抗衰老的积极作用,得到了生理、生化、流行病学、药理学和营养学等专家学者的一致肯定,PUFAs 已经进入生物制药和营养保健品领域。

人体内的 PUFAs 按 ω 编码体系可分为四族(表 16-4),各族的名称根据各族母体脂肪酸从甲基碳原子数起的第一个双键的位次命名。

表 16-4 人体内 PUFAs 的分类

族	母体脂肪酸名称	族	母体脂肪酸名称
ω-7	棕榈油酸	ω-6	亚油酸
ω-9	油酸	ω-3	α-亚麻酸

同族内的 PUFAs 能以本族的母体脂肪酸为原料在体内衍生或合成,而不同族的 PUFAs 则不能互相转化。例如,ω-6 族的亚油酸可转化成 ω-6 族的花生四烯酸和 γ-亚麻酸;而 ω-9 族的油酸不能转化成花生四烯酸。其中,ω-3 族 PUFAs 的生物活性最为引人注目。α-亚麻酸是 ω-3 族 PUFAs 的母体(前体物质),它主要来源于植物油(如菜籽油和豆油),少量来自绿叶蔬菜。二十碳五烯酸(EPA)和二十二碳六烯酸(DHA)等长链的 ω-3 族 PUFAs 可以由 α-亚麻酸转化,但生成量有限,不能满足机体需要,需从食物摄入,主要来源于海洋生物(如甲壳类和鱼类);这些必需脂肪酸不仅是多种生物膜的重要成分,而且是合成前列腺素、血栓素和白三烯等二十碳化合物的前体。

在生物体内,PUFAs 尤其是 ω-3PUFAs 具有重要的生物活性。

首先,ω-3PUFAs 是生物膜(细胞膜和细胞器膜)的主要成分,与膜的渗透性和流动性密切相关。

ω-3PUFAs 在神经系统有重要作用。DHA 占大脑总脂肪酸的 95%,占视网膜总脂肪酸的 60%。长期缺乏 ω-3PUFAs,视网膜和神经膜中的 DHA 含量均减少,对光的视觉敏感性、记忆能力和神经膜酶的活性均有所改变。婴儿脑生长和发育过程中的 PUFAs 主要来自母乳和其他奶制品。缺乏 ω-3PUFAs 的婴儿,红细胞中 ω-3PUFAs 水平降低,视网膜功能减退,可产生视觉模糊等症状,因此,孕妇、哺乳期妇女及婴幼儿应充分保证 ω-3PUFAs 的摄入量。

ω-3PUFAs 对于心血管疾病的防治有重要作用。ω-3PUFAs 可使血小板的聚集和黏附功能明显降低,从而抑制血栓形成;EPA 和其他 ω-3PUFAs 能有效地减少甘油三酯生成及从肝脏的输出,从而降低血脂;从鱼油中摄入的 ω-3PUFAs 能使部分正常人和高血压患者的血压降低;ω-3PUFAs 还能防止心肌发生局部缺血,有利于减少冠心病的并发症;另外,ω-3PUFAs 能减少血细胞对内皮的黏着并降低血黏度,故能抑制并延缓动脉粥样硬化的发生和发展。

ω-3PUFAs 具有抗肿瘤作用。统计数据表明食物脂肪的摄取与乳腺癌和结肠癌的死亡率呈高度正相关。流行病学研究表明,爱斯基摩人和丹麦本土人乳腺癌和结肠癌死亡率下降与食物脂肪中 ω-3PUFAs 高比例有关。动物实验证明,鱼油中 EPA 对乳腺癌的转移有抑制作用。

ω-3PUFAs 具有抗衰老和抗炎作用。研究发现 EPA 和 DHA 进入肾细胞磷脂中可以改善衰老器官并发症,用 ω-3PUFAs 防治某些炎性疾病(如类风湿性关节炎、牛皮癣和哮喘等)已取得良好效果。

对 PUFAs 的生物活性和医学营养作用机理的研究已经取得了很大进展,国外在临床上已开始了应用。在我国,PUFAs 已经成为食品、保健品、化妆品和制药工业关注的热点。

第二节 类 脂

磷脂(phospholipid)和糖脂(glycolipid)广泛存在于动物的肝、脑、神经细胞以及植物种子中。磷脂可分为甘油磷脂和鞘磷脂两种,由甘油构成的磷脂称为甘油磷脂,由鞘氨醇构成的磷脂称为鞘磷脂;糖脂是由糖、脂肪酸和鞘氨醇构成的。

一、磷脂

甘油磷脂(phosphoglyceride)是磷脂酸(phosphatidic acid)的衍生物。磷脂酸是由 1 分子甘油、2 分子高级脂肪酸和 1 分子磷酸通过酯键结合而成的化合物,也就是油脂中 α'-碳原子所连脂肪酸被磷酸取代后的产物。

天然磷酸脂中的脂肪酸,C_1 位常是饱和脂肪酸,C_2 位常是不饱和脂肪酸。由于 C_3 位磷酸的引入,磷脂酸分子具有手性,C_2 为手性碳原子。

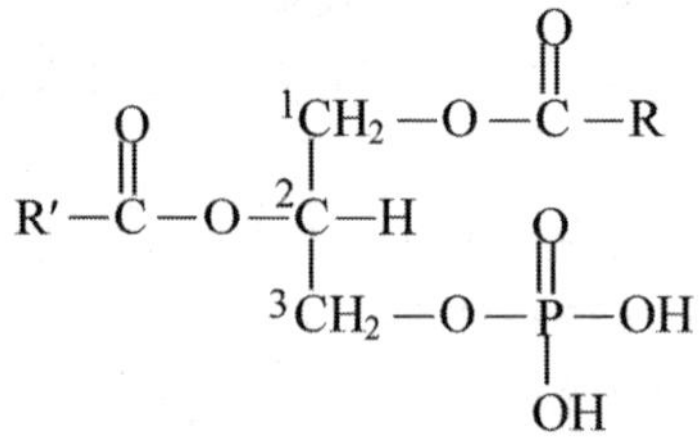

$$\text{磷脂酸}$$

磷脂酸结构(R'CO-O-CH, CH₂-O-COR, CH₂-O-P(O)(OH)₂)

1967年,国际纯粹和应用化学协会及国际生物化学协会的生物化学命名委员会建议,对手性分子的甘油磷脂采用以下的命名原则:在甘油的 Fischer 投影式中,C_2 上的羟基写在碳链左边,氢原子则写在右边,属 L-构型。碳原子从上至下的 1、2、3 编号顺序不能颠倒。这种编号称立体专一编号(stereospecific numering,Sn),写在化合物名称前。

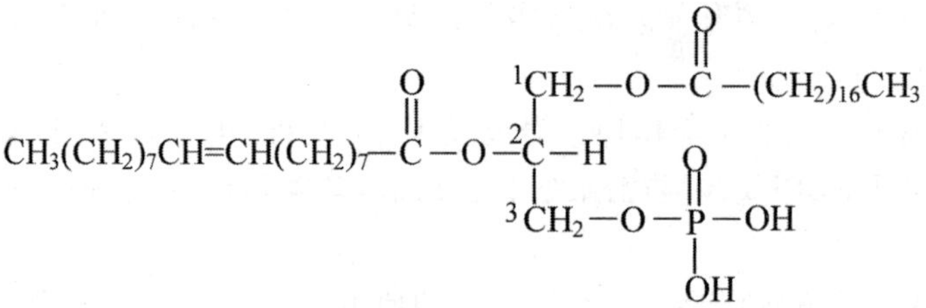

Sn-甘油-1-硬脂酸-2-油酸-3-磷酸酯

甘油磷脂是磷脂酸分子中的磷酸基与另一化合物中的羟基通过酯键结合而生成的磷脂酰化合物。最常见的甘油磷脂是卵磷脂和脑磷脂。

(一) 卵磷脂

磷脂酰胆碱俗名卵磷脂(lecithin),它是由磷脂酸与胆碱的羟基酯化的产物。卵磷脂的结构如下:

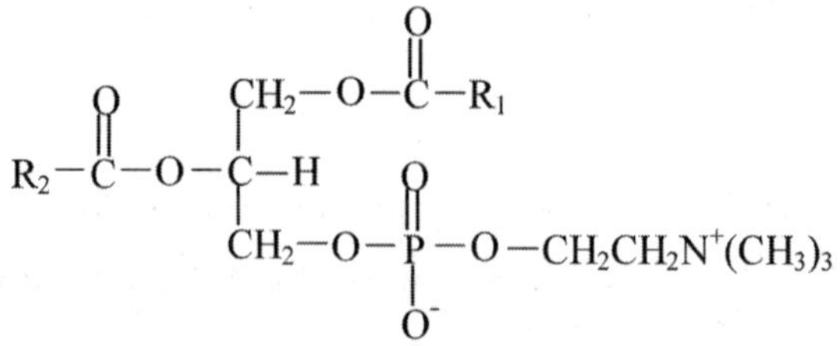

卵磷脂

卵磷脂通常是以偶极离子形式存在,因为磷酸残基上未酯化的游离羟基(—OH)呈酸性,它很容易与胆碱基的氢氧根(OH^-)发生分子内酸碱中和反应,形成内盐。

卵磷脂分子中的 R_1 为饱和脂肪酸的烃基链,R_2 为不饱和脂肪酸的烃基链。卵磷脂完全水解可得到甘油、脂肪酸、磷酸和胆碱四种水解产物。卵磷脂中的饱和脂肪酸通常是硬脂酸和软脂酸,不饱和脂肪酸为油酸、亚油酸、亚麻酸和花生四烯酸等。

卵磷脂存在于脑组织、大豆中,尤其禽类蛋黄中含量最为丰富。新鲜的卵磷脂是白色蜡状物质,在空气中易被氧化变成黄色或棕色。不溶于水及丙酮,溶于乙醇、乙醚及氯仿中。

(二) 脑磷脂

磷脂酰乙醇胺俗名脑磷脂(cephalin),它是由磷脂酸与乙醇胺的羟基酯化生成的产物。脑磷脂也是以偶极离子形式存在,脑磷脂结构如下:

$$\begin{array}{c}\text{O} \quad \text{CH}_2-\text{O}-\overset{\text{O}}{\overset{\|}{\text{C}}}-\text{R}_1 \\ \text{R}_2-\overset{\|}{\text{C}}-\text{O}-\overset{|}{\text{C}}\text{H} \quad \text{O} \\ \text{CH}_2-\text{O}-\overset{|}{\underset{\text{O}^-}{\overset{\|}{\text{P}}}}-\text{O}-\text{CH}_2\text{CH}_2-\overset{+}{\text{N}}\text{H}_3\end{array}$$

脑磷脂

脑磷脂完全水解可得到甘油、脂肪酸、磷酸和乙醇胺。脑磷脂存在于脑、神经组织和大豆中,通常与卵磷脂共存。脑磷脂在空气中易被氧化成棕黑色。能溶于乙醚,不溶于丙酮,难溶于冷乙醇。卵磷脂易溶于乙醇,利用这一溶解性质不同,可将卵磷脂与脑磷脂分离。

在生理(pH= 7.35)环境中,甘油磷脂中的磷酸残基均带负电荷。甘油磷脂的两个长脂肪碳氢链为疏水性的烃基链,而其余部分则为亲水性的极性基团,所以甘油磷脂具有乳化性质。

(三) 鞘磷脂

神经磷脂又称鞘磷脂(sphingomyelin),它不含甘油的构成成分,这是鞘磷脂与甘油磷脂最主要的差异。鞘磷脂的主链为鞘氨醇(一类脂肪族长碳链的氨基二元醇,人体以含十八碳的鞘氨醇为主)。鞘氨醇的氨基与脂肪酸通过酰胺键结合,所得 N-脂酰鞘氨醇称为神经酰胺。神经酰胺 C_1 上的羟基与磷酸胆碱(或磷酸乙醇胺)通过磷酸酯键相连接的化合物即为鞘磷脂。鞘磷脂结构如下:

$$\underbrace{CH_3(CH_2)_{12}-\overset{H}{\underset{H}{C}}=C-\overset{|}{\underset{OH}{C}}H-\overset{|}{\underset{\underset{O=C-R}{NH}}{C}}H-CH_2-O}_{\text{鞘氨醇部分}}-\underbrace{\overset{O}{\underset{O}{\overset{\|}{P}}}-O-CH_2-CH_2-\overset{+}{N}(CH_3)_3}_{\text{胆碱部分}}$$

脂肪酸部分

鞘磷脂由鞘氨醇残基和脂肪酸残基构成的两条疏水性长碳氢链,有一个亲水性的磷酸胆碱残基,因此结构上与甘油磷脂类似,也具有乳化性质。鞘磷脂是白色晶体,在空气中不易被氧化。鞘磷脂不溶于乙醚和丙酮,而溶于热乙醇。鞘磷脂是构成细胞膜的重要磷脂,大量存在于脑和神经组织中。鞘磷脂去除酰胺键上的酰基,就是溶血鞘磷脂。近年研究表明:这些化合物具有多种细胞活性,是细胞调控的一类内源性介质,是转换中生成的一类第二信使。

细胞膜(cell membrane)是细胞质和外界相隔的一层薄膜,又称质膜。膜的基本作用是隔开细胞的内外物质和形成界面,同时又要使细胞与外界环境之间有不断的物质、能量与信息的交流,其主要功能是进行离子转运、能量转换和信息传递。

通过对各种质膜和细胞中其他膜的微量化学分析,表明组成质膜的化学成分包括有脂类、蛋白质、糖、水及金属离子等,其中尤以脂类(约占膜总含量的30%～80%)和蛋白质为主。构成膜的脂类以磷脂最为丰富,其次是胆固醇和糖脂。磷脂的分子结构因具有亲水和疏水两部分,故具有乳化作用。如甘油磷脂(分子模型见图16-1)有一亲水的偶极离子头部和两条疏水的脂肪酸长链尾部。

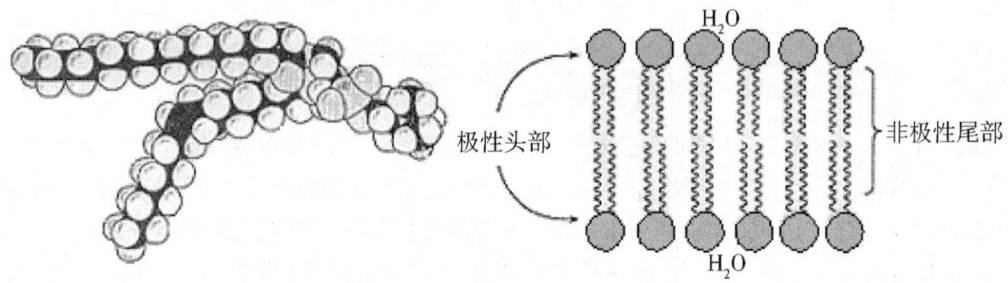

图 16-1　甘油磷脂的分子模型图　　图 16-2　脂双分子层结构模型图

磷脂分子在水环境中能自发形成双层结构,并且具有自我组装、自我封合的特性和流动性。极性的头部伸向水中,而疏水性尾部则互相聚集,尽量避免与水接触,以双分子层形式排列,成为热力学上稳定的脂双分子层(图16-2)。这种脂双分子层结构是细胞膜的基本构架。

细胞膜有两个明显的特征,即膜的不对称性和膜的流动性。膜的不对称性分别与膜脂和膜蛋白分布的不对称性有关。膜脂中,含胆碱的磷脂如磷脂酰胆碱(卵磷脂)、鞘磷脂大多分布在生物膜外层,而含氨基的磷脂如磷脂酰乙醇胺(脑磷脂)多分布于内层。膜脂双分子层的不对称分布,使膜的两层流动性有所不同。

膜的流动性是指膜内部的脂质和蛋白质两类分子的运动性。膜脂分子在特定的温度下,可进行横向扩散、旋转、摆动旋转异构和反转等运动,这些不同的运动状态对维持膜脂分子的不对称性很重要。

影响膜的流动性的因素有不少,其中与磷脂有关的有两点:

(1)脂肪酸链的长度和不饱和程度　这是影响膜的流动性的重要因素。脂肪酸的碳链短,将减少脂质分子疏水尾部的相互作用,从而增进流动性。饱和脂肪酸呈直形,相互之间排列紧密,膜的流动性减少。不饱和脂肪酸双键大多是顺式结构,使得碳链弯曲,脂质分子尾部难以互相靠近,排列疏松,流动性增大。

(2)卵磷脂与鞘磷脂的比值　哺乳动物细胞中,卵磷脂与鞘磷脂的含量约占整个膜脂的50%,二者在膜中都处于流动状态,但鞘磷脂的黏度比卵磷脂的黏度大6倍,因此流动性差。

在细胞衰老的过程中,卵磷脂与鞘磷脂的比值下降,膜的流动性随之降低。

生物膜的结构和功能的研究,是目前分子生物学最活跃的部分,将在其他的学科中深入讨论。

二、糖脂

糖脂(glycolipide)是含有糖成分的脂类,可分为糖鞘脂和甘油糖脂两类。糖脂是一大类化学结构不同的脂类化合物,在生物体内总含量虽然不高,但在脑组织、细胞质膜和内质网膜中起到重要生理作用。这里只介绍其中一种重要的糖脂——脑苷脂。

脑苷脂(cerebroside)是由一分子单糖与神经酰胺通过糖苷键相连构成的化合物。脑甘脂存在于脑组织中,是脑细胞膜的重要组分。

在脑苷脂中,单糖(主要是葡萄糖和半乳糖)的半缩醛羟基与神经酰胺的伯羟基形成 β 糖苷键。水解脑苷脂所得的高级脂肪酸主要是 22~26 碳脂肪酸,其中比较常见的有:羟神经酸(hydroxynervonic acid、2-羟基-15-二十四碳烯酸)、脑羟脂酸(cerebronic acid、2-羟基二十四碳酸)。分子中亲脂部分是神经酰胺的长碳链和脂肪酸残基的碳氢链,亲水部分为连在神经酰胺上的糖残基,因为它以糖为极性头部,不带电荷,故脑苷脂属于中性糖鞘脂。重要的脑苷脂有葡萄糖脑苷脂、半乳糖脑苷脂和硫酸脑苷脂(简称脑硫脂,硫酸在半乳糖残基的 C_3 位上酯化)。葡萄糖脑苷脂的结构如下:

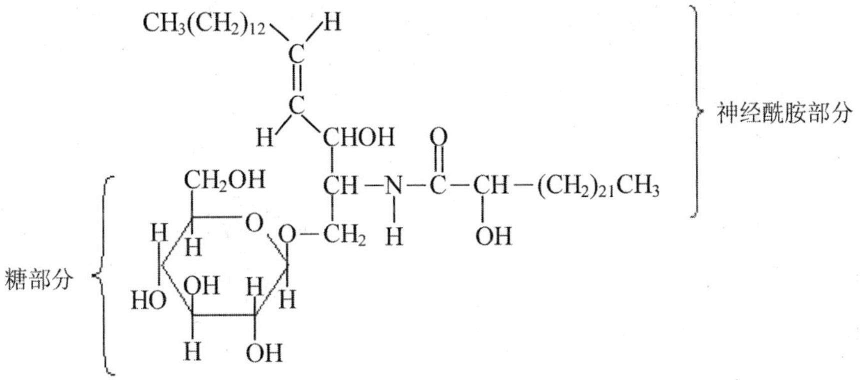

葡萄糖脑苷脂(glucocerebroside)

三、甾族化合物

甾族化合物(steroid)广泛存在于生物体内,在动植物生命活动中起着重要的作用。

(一)甾族化合物的基本结构

1. 甾族化合物的母核结构

甾族化合物的分子结构中都含有环戊烷并氢化菲的骨架,4 个环分别用 A、B、C、D 表示,环上碳原子有固定的编号顺序。一般在 C_{10} 和 C_{13} 上各连有一个甲基,称为角甲基。在 C_{17} 上连有一个不同碳原子数的碳链或取代基。中文"甾"字很形象的表示了甾族化合物基本结构的特点,甾字中的"田"表示四个环,"巛"象征地表示两个角甲基和一个 C_{17} 位上的取代基。

环戊烷并氢化菲　　　　甾族化合物基本骨架

2. 甾族化合物的立体结构

甾族化合物骨架中环与环之间的稠合方式与十氢化萘相似。十氢化萘是由两个环己烷通过共用两个碳原子稠合而成的桥环化合物。十氢化萘有顺反两种异构体,公用稠合边上的两个碳原子上的氢原子处于环平面同侧的称为顺-十氢化萘,而处于异侧的称为反-十氢化萘。

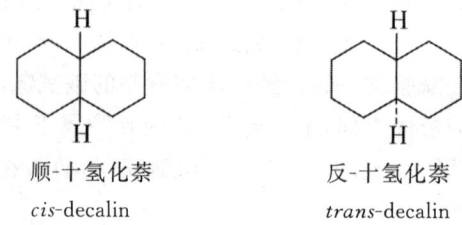

顺-十氢化萘　　　　反-十氢化萘
cis-decalin　　　　*trans*-decalin

顺或反-十氢化萘均由两个椅式环己烷稠合而成。若将一个环当作另一个环的两个取代基,则顺-十氢化萘中的两个环以 ae 键稠合,反-十氢化萘中的两个环以 ee 键稠合。从构象的稳定性分析,反-十氢化萘比顺-十氢化萘稳定。

反式(ee 稠合)　　　　顺式(ae 稠合)

甾族化合物基本骨架中有 7 个手性碳原子(C_5、C_8、C_9、C_{10}、C_{13}、C_{14}、C_{17}),理论上能产生 256 种旋光异构体,但实际上并非理论上那样复杂。至今的研究资料表明,自然界中的甾族化合物只存在着少数几种稳定的构型,这是由于多个稠环合在一起,相互制约,碳架刚性增大,因此异构体的数目大大减少。甾族化合物的骨架结构中碳环之间的稠合方式可以按十氢化萘的顺式方式稠合,也可以按反式方式稠合。天然的甾族化合物中,B 环与 C 环之间总是反式稠合(以 B/C 反表示),相当于反-式十氢化萘的构型;C 环与 D 环之间也几乎都是反式稠合(强心苷除外);A 环与 B 环之间有顺式稠合,也有反式稠合。

根据 C_5-H 构型的不同,甾族化合物可分为 5β 系和 5α 系两大类。5β 系甾族化合物,C_5 上的氢原子与角甲基在环平面同侧,用实线表示,即 A 环和 B 环为顺式稠合。5α 系甾族化合物,C_5 上的氢原子与角甲基在环平面异侧,用虚线表示,即 A 环和 B 环为反式稠合。

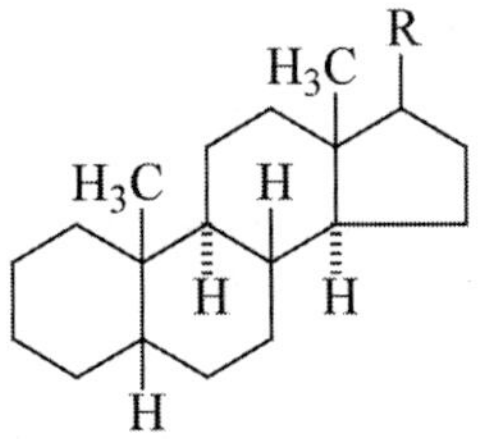

第十六章 脂 类

5β 系甾族化合物
A/B 顺、B/C 反、C/D 反

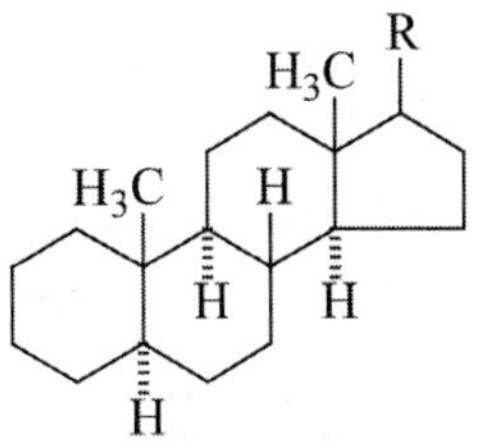

5α 系甾族化合物
A/B 反、B/C 反、C/D 反

5β 系和 5α 系甾族化合物中的 A、B 和 C 三个六元环的碳骨架通常均是椅式构象,并按顺式或反式十氢化萘构象的方式稠合。D 环为五元环,它具有半椅式构象,D 环取何种构象,取决于 D 环上的取代基及其位置。

一般情况下,5β 系甾族化合物和 5α 系甾族化合物的构象式如下:

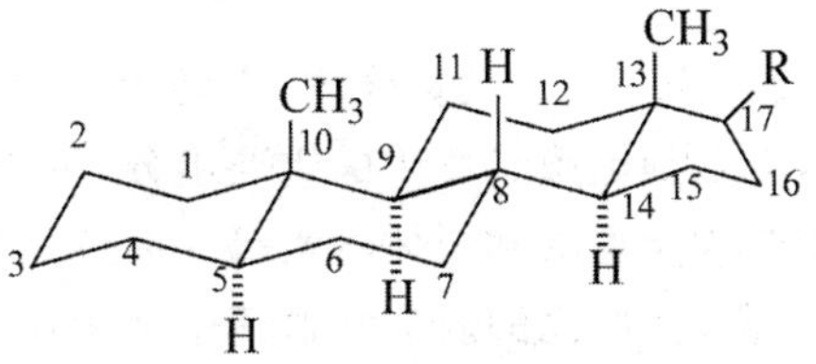

5α-系甾族化合物
A/B 反、ee 稠合、B/C 反、ee 稠合、C/D 反、ee 稠合

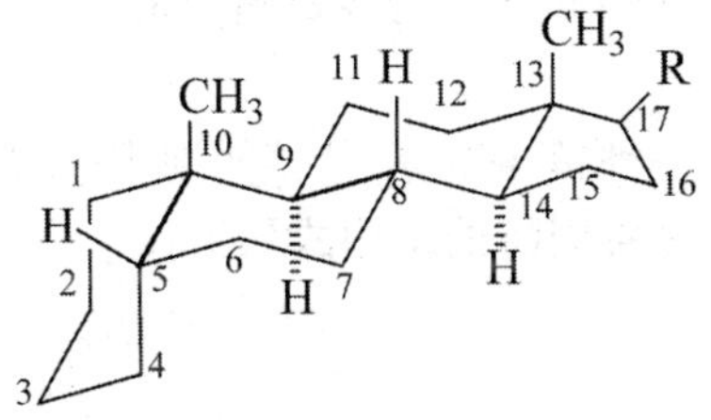

5β-系甾族化合物
A/B 顺、ea 稠合、B/C 反、ee 稠合、C/D 反、ee 稠合

(二) 重要的甾族化合物

1. 甾醇

甾醇(sterol)常以酯或苷的游离状态广泛存在于动植物组织中。根据来源不同,甾醇分为动物甾醇和植物甾醇两大类。天然的甾醇在 C_3 上有一个羟基,绝大多数都是 β 构型。甾醇又称为固醇。

(1) 胆固醇　胆固醇是一种动物甾醇,最初是在胆结石中发现的一种固体醇,所以称为胆固醇。胆固醇的分子结构特点是:C_3 上有一个 β 羟基,C_5 与 C_6 之间有一个碳碳双键,C_{17} 连有一个 8 碳原子的烷基侧链。由于 C_5 上的 C=C,分子无 5α 系和 5β 系的区别。胆固醇的结构式如下:

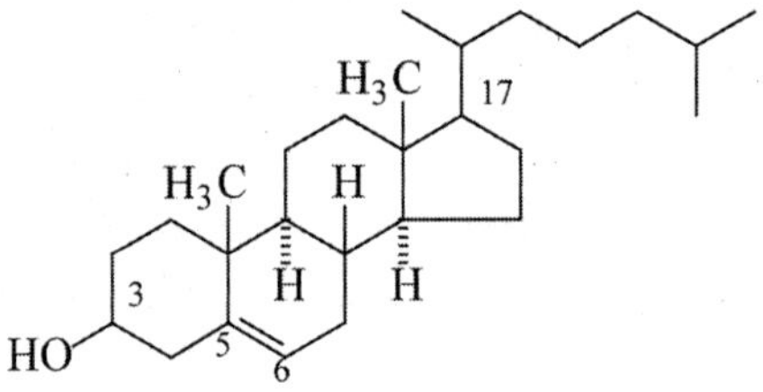

胆固醇(cholesterol)

胆固醇是一种无色或微黄色的晶体,熔点148.5 ℃,难溶于水,易溶于热乙醇、乙醚和氯仿等有机溶剂。胆固醇分子中有一个碳碳双键,它可以和一分子溴或溴化氢发生加成反应,也可以催化加氢生成二氢胆固醇。胆固醇分子中的羟基可酰化后形成酯,也可与糖的半缩醛羟基生成苷。溶解在氯仿中的胆固醇与乙酸酐及少量浓硫酸作用,颜色由浅红变蓝紫,最后转为绿色,此反应称为李伯曼-布查(Lieberman-Burechard)反应,常用于胆固醇及甾体皂苷等甾类化合物的定性检验。

胆固醇大多以脂肪酸酯的形式存在于动物体内,而常以糖苷的形式存在于植物体内。胆固醇广泛分布于动物细胞中,它是细胞膜脂质中的重要组分,生物膜的流动性和通透性与它有着密切关系,同时它还是生物合成胆甾酸和甾体激素等的前体,它在体内起着重要作用。但是胆固醇摄取过多或代谢发生障碍时,胆固醇就会从血清中沉积在动脉血管壁上,导致冠心病和动脉粥样硬化症;过饱和胆固醇从胆汁中析出沉淀则是形成胆固醇系结石的基础。然而近期有学者认为,体内长期胆固醇偏低会诱发癌症。所以,既要给机体提供足够的胆固醇来维持机体的正常生理功能,又要防止胆固醇过量或过少所造成的不良影响,这些是现代人类健康生活所应解决的热点问题。

(2) β-谷固醇 β-谷固醇是一种植物甾醇,是植物细胞的重要组分。与胆固醇在结构上的差异仅是在 C_{24} 位上多个乙基。β-谷固醇的结构式如下:

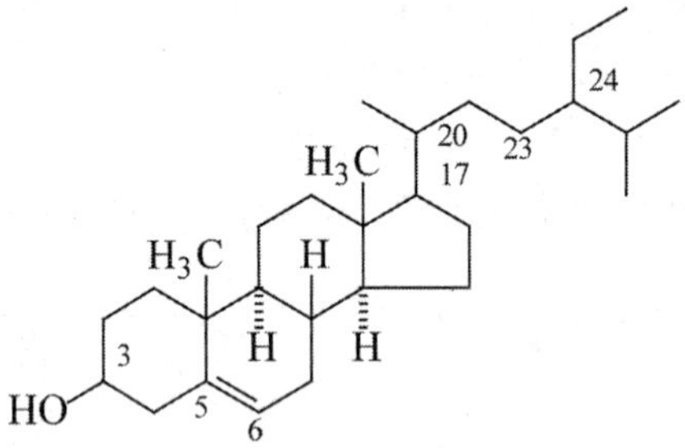

β-谷固醇(β-sitosterol)

β-谷固醇在人体肠道中不被吸收,在饭前服用可抑制肠道黏膜对胆固醇的吸收,从而降低血液中胆固醇含量,因此可作为降血脂的药物使用。

(3) 7-脱氢胆固醇和麦角甾醇 7-脱氢胆固醇是动物甾醇,与胆固醇在结构上的差异是 C_7 和 C_8 之间多了一个碳碳双键。在肠黏膜细胞内,胆固醇经酶催化氧化成 7-脱氢胆固醇后,经血液循环输送到皮肤组织中,若再经紫外线照射,7-脱氢胆固醇的 B 环开环转变成维生素 D_3。因此常作日光浴是获得维生素 D_3 的最简易方法。

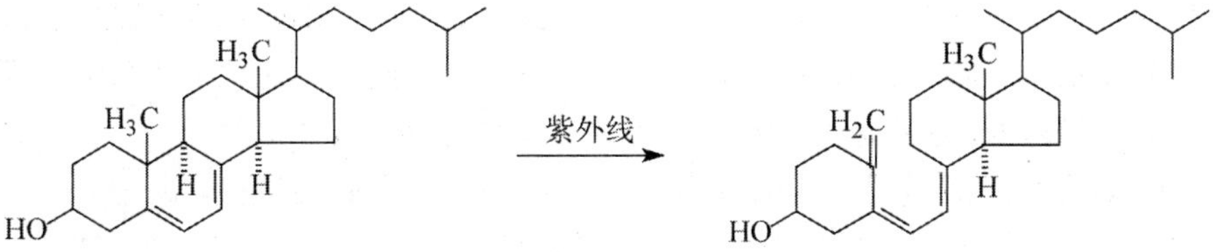

7-脱氢胆固醇(7-dehydrocholesterol) →紫外线→ 维生素 D_3

麦角甾醇是一种植物甾醇,存在于酵母和某些植物中。麦角甾醇分子结构中,比7-脱氢胆固醇在 C_{24} 上多了一个甲基,在 C_{22} 和 C_{23} 之间有一个碳碳双键。麦角甾醇经紫外线照射后,B环开环生成维生素 D_2。

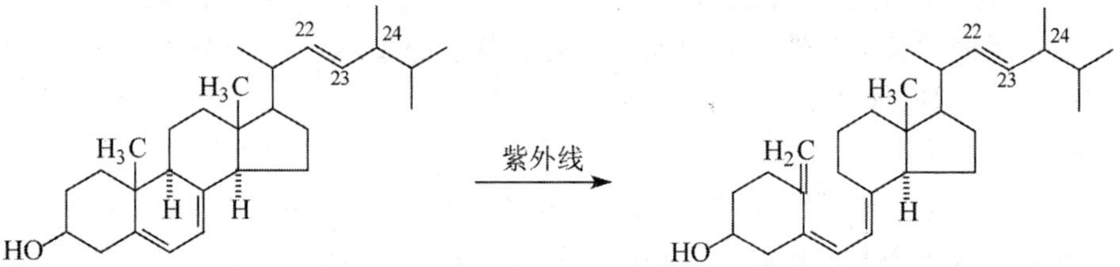

麦角甾醇(ergosterol) →紫外线→ 维生素 D_2

维生素 D 是一类抗佝偻病维生素的总称。目前已知至少有 10 种维生素 D,它们都是甾醇的衍生物,其中活性较高的是维生素 D_2 和维生素 D_3。维生素 D 的主要生理功能是调节钙、磷代谢,促进骨骼正常发育。当维生素 D 缺乏时,儿童可患佝偻病,成人引起软骨症。

2. 胆甾酸

胆汁中除含胆甾醇外,还含有几种与胆甾醇类似的酸,统称为胆甾酸。胆甾酸包括胆酸、脱氧胆酸(7-脱氧胆酸)、鹅脱氧胆酸(12-脱氧胆酸)和石胆酸(7,12-二脱氧胆酸),它们都是以胆固醇为原料直接合成的。在人体内含量最多的是胆酸和脱氧胆酸。

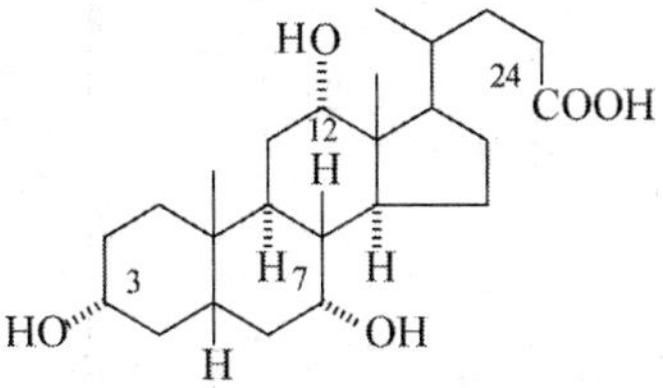

胆酸(cholic acid) 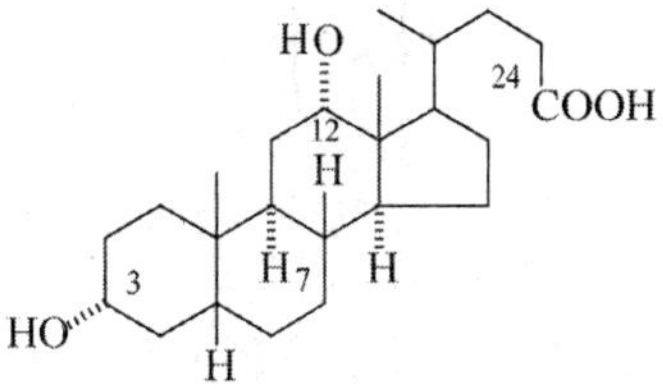 脱氧胆酸(deoxycholic acid)

胆甾酸都属于 5β-系甾类化合物,A/B 顺式, C_3、C_7 和 C_{12} 上的羟基均为 α-构型, C_{17} 上连有含 5 个碳原子的侧链,链端是羧基,分子中无碳碳双键。胆甾酸在酶的催化下,与甘氨酸(H_2NCH_2COOH)或牛磺酸($H_2NCH_2CH_2SO_3H$)通过酰胺键结合成甘氨胆甾酸或牛磺胆甾酸。这种结合胆甾酸总称为胆汁酸(dile acid)。胆汁酸在小肠内的碱性条件下,大部分形成胆汁酸盐。

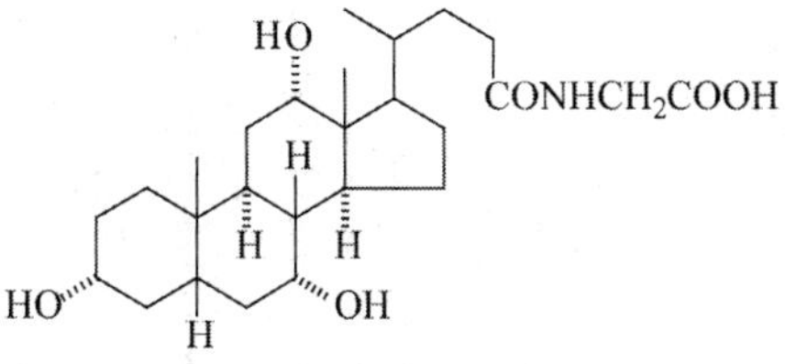

甘氨胆甾酸(glyco-cholic acid) 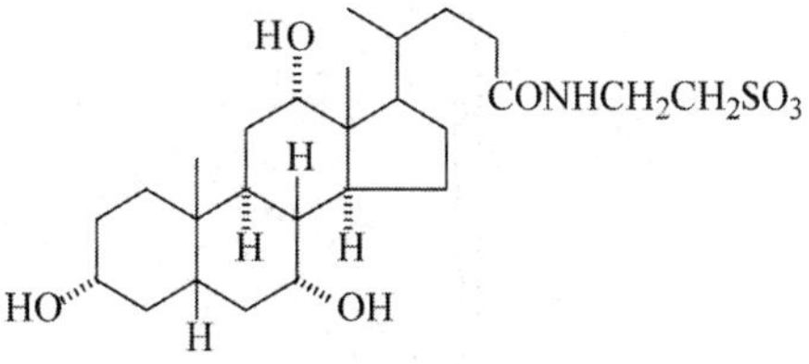 牛磺胆甾酸(tauro-cholic acid)

胆汁酸盐分子中既含有亲水的羟基、羧基或磺酸基,又有疏水的甾环,因此具有良好的表面活性。它能使油脂在肠中乳化,使脂肪及胆固醇等疏水的脂质乳化成细小微粒状态,增加消化酶对脂质的接触面积,易于消化和吸收。因此,胆汁酸盐被称为"生物肥皂"。甘氨胆甾酸钠和牛磺胆甾酸钠的混合物,常用于临床治疗胆汁分泌不足所引起的疾病。此外,胆汁酸盐可使胆汁中的胆固醇分散形成可溶性的微团,以免结晶而形成结石。

3. 甾体激素

激素(hormone)是由内分泌腺及具有内分泌功能的一些组织所产生的,并具有调节各种物质代谢或生理功能的微量化学信息分子。已发现人和动物的激素有几十种,它们按化学结构可分为 3 类。第一类是含氮激素,如胰岛素、促肾上腺皮质激素和催产素;第二类是甾体激素,甾体激素根据来源又分为性激素和肾上腺皮质激素两类;第三类是前列腺素,属于不饱和脂肪酸。这里仅介绍甾体激素。

(1) 性激素

性激素(sex hormone)是性腺(睾丸、卵巢、黄体)所分泌的甾体激素,它们具有促进动物发育、生长及维持性特征的生理功能。性激素分为雄性和雌性两类。

① 雄性激素 最早获得天然雄性激素(male hormone)纯品的是德国生物化学家 Butenandt(1939 年因发现并提纯出多种性激素而获诺贝尔化学奖),1931 年从 15000 L 男性尿中分离得到 15 mg 结晶雄酮。1935 年从公牛睾丸中分离出睾酮。天然雄性激素经结构分析为 19-碳甾族化合物,C_{17} 位上无碳侧链,而连有羟基或酮基。重要的雄性激素有睾酮、雄酮和雄烯二酮,其中睾酮的活性最大。

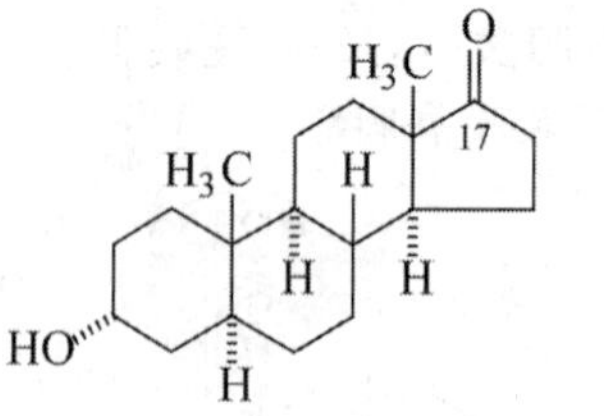

雄酮(androsterone) 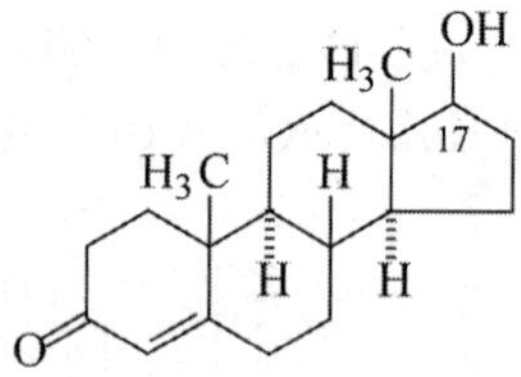   睾酮(testosterone)

从构效关系分析,3-位羰基(C=O)和 3α-OH 的引入能增加雄性激素活性,17β-OH 是雄性激素所必需的基团,17α-OH 无活性。

雄性激素具有促进蛋白质的合成、抑制蛋白质代谢的同化作用,能使雄性变得肌肉发达,骨骼粗壮。

② 雌性激素 雌性激素(female hormone)主要由卵巢分泌,它包含雌激素(estrogen)和孕激素(progestogen)两类。

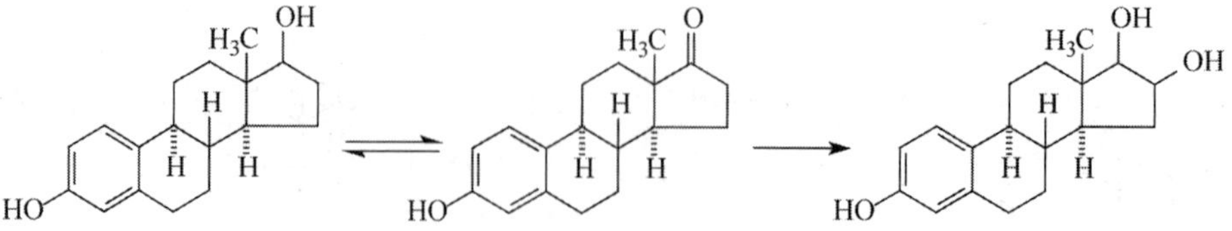

雌二醇(estradiol)   雌酮(estrone)   雌三醇(estriol)

分泌雌激素的主要部位在成熟的卵泡中。雌激素能促进雌性生殖器官的发育和维持雌性第二性征。20世纪30年代初先后从孕妇尿中分离得到雌酮和雌二醇,从卵巢分离得到雌三醇。雌酮和雌二醇系卵泡分泌的原始雌激素,两者在体内可以相互转变,再生物氧化形成雌三醇。

天然雌激素属于18-碳甾族化合物,结构特点是:A环为苯环,C_{10}上没有甲基,C_3上有一个酚羟基,故有酸性,C_{17}位为酮基或羟基。构效关系表明,酚环和C_{17}位氧的存在是生物活性所必需的。

雌激素在临床上主要用途是治疗绝经症状和骨质疏松,最广的用途是生育控制。人工合成的炔雌醇为口服高效、长效的雌激素,活性比雌二醇高7~8倍。临床上用于月经紊乱、子宫发育不全、前列腺癌等治疗。炔雌醇对排卵有抑制作用,可用作口服避孕药。

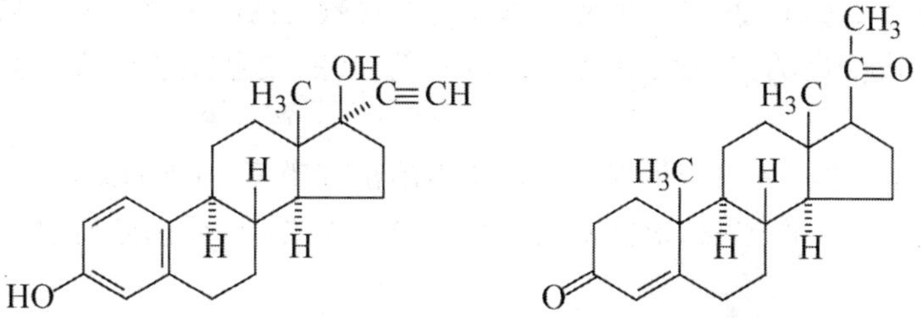

炔雌醇(ethinyl estradiol)　　　黄体酮(progesterone)

孕激素主要从排卵后的破裂卵泡组织形式的黄体中分泌,它们的主要生理作用是保证受精着床,维持妊娠。主要有孕酮(又称黄体酮),它属于21-碳甾族化合物,C_3为酮基,C_4与C_5之间有碳碳双键,C_{17}位上有一个β-乙酰基。首次获得的20 mg纯品天然黄体酮是从2万头母猪的卵巢中分离提取出来的。重要的天然孕激素是黄体酮。黄体酮构效关系表明:17α位引入羟基,孕激素活性下降,但羟基成酯则作用增强。在C_6位引入碳碳双键和甲基或氯原子都使活性增强。因此,制药工业上以黄体酮为先导化合物,对其进行结构改造,先后合成了一系列具有孕激素活性的黄体酮衍生物。

孕激素临床上用于治疗痛经、功能性子宫出血和闭经。另一主要用途是与雌激素联用作为避孕药。

(2) 肾上腺皮质激素

肾上腺皮质激素(adrenal cortical hormone)是肾上腺皮质分泌的激素,它分泌的激素种类很多,按照它们的生理功能可分为两类:一类是主要影响糖、蛋白质与脂质代谢的糖代谢皮质激素(glucocorticoid),另一类是主要影响组织中电解质的转运和水的分布的盐代谢皮质激素(mineralocorticoid)。这两类皮质激素均是21-碳甾族化合物,结构上的共同特点是:C_3上有酮基,C_4和C_5之间有一个碳碳双键,C_{17}上连有一个2-羟基乙酰基。主要皮质激素的化学结构如下。

① 糖代谢皮质激素

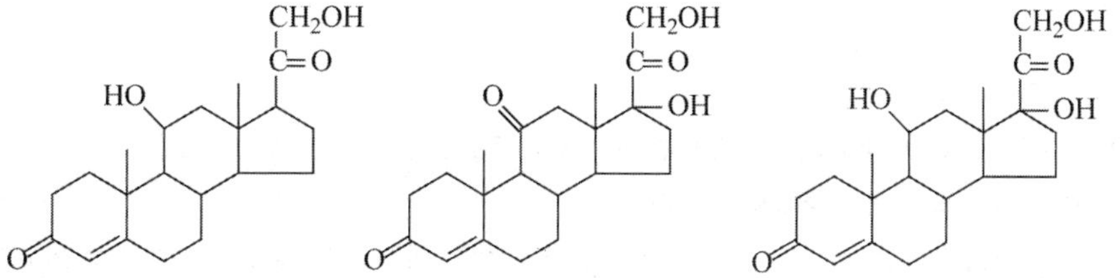

皮质酮(corticosterone)　　　可的松(cortisone)　　　氢化可的松(hydrocortisone)

② 盐代谢皮质激素

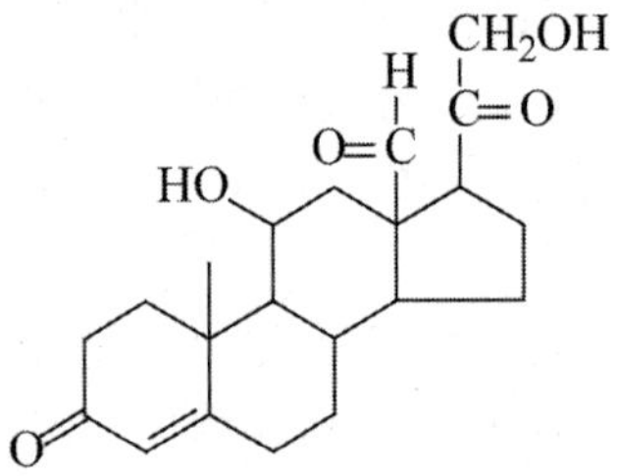

醛固酮(aldosterone) 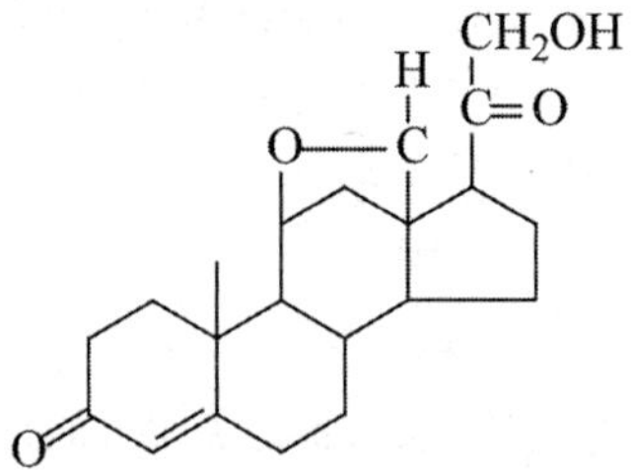　　　半缩醛式

早在 1855 年，Addison 医生就发现了肾上腺皮质激素的重要性，肾上腺皮质分泌的激素减少，会导致人体极度虚弱，贫血、恶心、低血压、低血糖，皮肤呈青铜色，这些症状临床上称 Addoson 病。

糖皮质激素是一种具有重要生理和药理作用的甾族激素，在临床治疗中占有相当重要的地位，例如，氢化可的松、泼尼松、地塞米松等都是较好的抗炎、抗过敏药物。

习 题

1. 命名下列化合物：

(1) 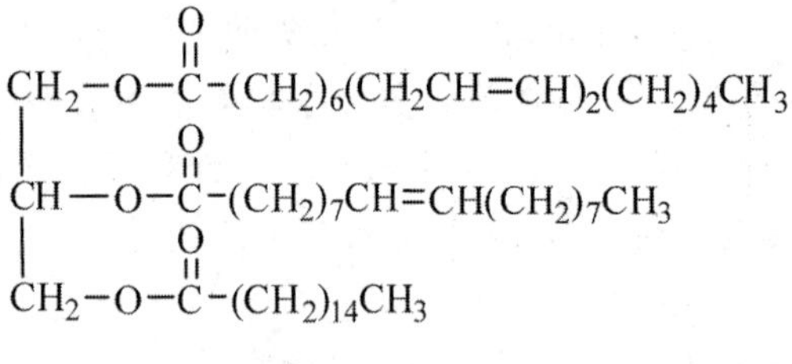
$$\begin{array}{l} CH_2-O-\overset{O}{\overset{\|}{C}}-(CH_2)_6(CH_2CH=CH)_2(CH_2)_4CH_3 \\ CH-O-\overset{O}{\overset{\|}{C}}-(CH_2)_7CH=CH(CH_2)_7CH_3 \\ CH_2-O-\overset{O}{\overset{\|}{C}}-(CH_2)_{14}CH_3 \end{array}$$

(2)
$$\begin{array}{l} \overset{O}{\overset{\|}{R'-C}}-O-\overset{CH_2-O-\overset{O}{\overset{\|}{C}}-R}{\underset{CH_2-O-\overset{}{\overset{}{P}}-OCH_2CH_2\overset{+}{N}(CH_3)_3}{\overset{|}{CH}}} \\ \overset{}{\underset{O^-}{}} \end{array}$$

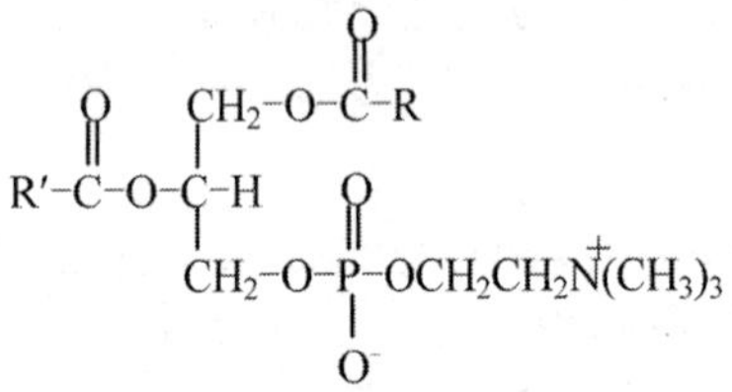

(3) (甾体结构，含 OH, COOH)

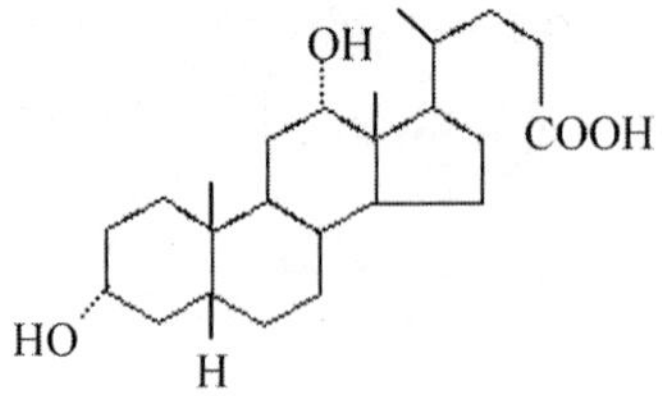

2. 写出下列化合物的结构式：
(1) 18:3ω^{3,6,9}　(2) 胆固醇　(3) 胆碱　(4) 18:1Δ^9
(5) 胆酸　(6) 磷脂酰乙醇胺(脑磷脂)

3. 比较 α-亚麻酸与 γ-亚麻酸在结构上的相同和不同点，两者在人体内能否相互转化，为什么？

4. 室温下油和脂肪的存在状态与分子中的脂肪酸有何关系？
5. 卵磷酯比脂肪易溶于水还是难溶于水？为什么？
6. 胆甾酸与胆汁酸的含义有何不同？为什么胆盐可帮助脂类的消化吸收？
7. 什么是油脂的皂化值、碘值、酸值？它们值的大小分别说明什么问题？
8. 写出三油酰甘油在 KOH 溶液中完全水解的反应式。

第十七章 有机波谱学简介

测定有机化合物的结构是有机化学研究的重要内容之一。有机化合物结构的测定一般经以下过程:化合物的分离提纯→元素定性、定量分析→测定相对分子质量、确定分子式→确定化合物可能的结构式→化合物的结构表征。在实际工作中,这些基本操作有时是互相交替进行的。

获得物质结构信息的途径一般有两种。其一是化学法,此法为经典方法,就是利用被测化合物在一系列典型反应中的行为推断它的结构。用化学法已成功地测定了成千上万种有机化合物的结构,其中包括一些极为复杂的分子结构,但是,这种方法一般需要较多的样品、很长的时间,且手续麻烦。如鸦片里的吗啡碱,它的结构测定从 1805 年开始,一直持续到 1952 年。获取结构信息的途径之二为物理法,波谱即是测定有机化合物结构时最重要的物理方法,这类方法具有用样量极少、速度快和结果准确等优点,可大大简化鉴定过程,为研究和确定有机化合物的结构提供强有力的依据。

波谱法中最常用的包括四大谱,即紫外光谱(ultraviolet spectroscopy,UV)、红外光谱(infrared spectroscopy,IR)、核磁共振谱(nuclear magnetic resonance spectroscopy,NMR)和质谱(mass spectroscopy,MS)。

第一节 红外光谱

一、基本原理

光是一种电磁波,具有波粒二相性,光的衍射、干涉及偏振等传播现象体现了光的波动性;光的发射和吸收体现了光的粒子性。光的粒子性证明,光是由一颗颗微小的光量子(即"光子")所组成,不同波长的光其光子的能量不同,光子的能量与光的频率成正比,与光的波长成反比:

$$E = h \cdot \nu = h \cdot \frac{c}{\lambda}$$

式中:E —— 光的能量;
ν —— 频率,表示每秒内振动的周数,单位为 Hz 或 s^{-1};
λ —— 波长,单位为 nm 或 μm;
c —— 光速,其值为 3×10^{10} cm·s^{-1};
h —— 普朗克(Planck)常数,其值为 6.626×10^{-34} J·s^{-1}。

分子是运动的,并且分子内的运动形式是多样的,如电子的运动、原子的振动和转动,原子核的自旋运动等等。在一定条件下,整个分子有一定的运动状态,各种运动状态均具有一定的能级（电子能级、振动能级和转动能级等的总和），并且能级是量子化的，分子获得能量后，可以从低能态跃迁到高能态。

这样，当电磁波照射有机分子时，如果某一波长的能量恰好等于分子运动的两个能级之差，分子就吸收该能量的光子，发生能级跃迁。将不同波长与对应的吸光度作图，即可得到吸收光谱（absorption spectroscopy）。而各种能级变化需要的跃迁能量不同，因此就形成不同的吸收光谱。

红外光谱是吸收光谱的一种。红外光是指处于可见光和微波区之间的电磁波，波长在 $0.78\sim500~\mu m$ 范围，可分为三个区段，见表 17-1。对有机化合物结构测定有着重要实用价值的为中红外区。

表 17-1　红外光谱区域的划分

区段	能级跃迁类型	$\lambda/\mu m$	ν/cm^{-1}
近红外	倍频	$0.78\sim2.5$	$12\,820\sim4\,000$
中红外	振动、转动	$2.5\sim25$	$4\,000\sim400$
远红外	骨架振动、转动	$25\sim500$	$400\sim20$

红外光谱是分子中成键原子的振动能级跃迁吸收红外光产生的。如果用一束连续波长的红外光（$2.5\sim25~\mu m$）照射样品，当某一波长的频率刚好与分子中某一化学键的振动频率相同时，分子就会吸收红外光，产生一个吸收峰。就是说分子吸收红外光的频率是与其结构相关的。

二、分子的振动和红外吸收频率

分子的振动分为两大类：伸缩振动（streching vibration）和弯曲振动（bending vibration），分别用符号 ν、δ 表示。伸缩振动是键长改变的振动，分为对称（symmetrical）伸缩振动 ν_s 和不对称（asmmetrical）伸缩振动 ν_{as}；弯曲振动是键角改变的振动，分为面内（in plane）弯曲振动 δ_{ip} 和面外（out of plane）弯曲振动 δ_{oop}。面内弯曲振动又有剪式（scissoring）β 和面内摇摆（rocking）ρ 之分；面外弯曲振动还有面外摇摆（wagging）ω 和扭曲（twisting）γ 之区别。

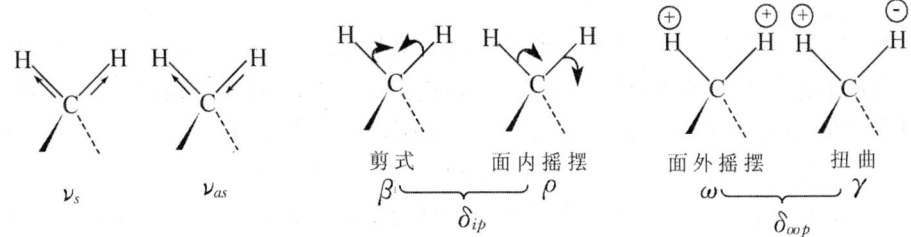

（图中 $\oplus$ 和 $\ominus$ 分别表示原子垂直于纸平面向前和向后运动）

双原子分子只存在伸缩振动，多原子分子的振动要复杂得多，既存在伸缩振动，也存在弯曲振动。

化学键的伸缩振动频率与成键原子质量和键长有关：

$$\nu=\frac{1}{2\pi c}\sqrt{k\left(\frac{1}{m_1}+\frac{1}{m_2}\right)}$$

式中：m_1 和 m_2 是成键原子质量，k 为力常数，键长越短，键能越强，其力常数越大。据此式可知，成键原子质量越小，力常数越大，该键的振动频率越高（即波数值越大）。

一些原子对的力常数见表17-2。

不同有机物的结构不同，它们的原子质量和化学键的力常数也不相同，因此具有不同的吸收频率，从而产生特征的红外吸收光谱。

表 17-2　常见原子对的力常数

原子对	力常数 /(g·s^{-2})	原子对	力常数 /(g·s^{-2})
C—C	4.5×10^5	C=C	9.77×10^5
C—O	5.77×10^5	C=O	12.06×10^5
C—N	4.8×10^5	C≡C	12.2×10^5
C—H	5.07×10^5	O—H	7.6×10^5

三、振动自由度和红外吸收峰

化合物的 IR 吸收峰的数目，取决于分子的振动自由度（degree of freedom）数。一个原子可以在三维空间运动，即有三个运动数，每个运动数称为一个自由度，由 n 个原子组成的分子，就有 $3n$ 个自由度。对于非线性分子来讲，因其有 3 个平移自由度和 3 个旋转自由度，这 6 种运动都不是分子的振动，因此，其振动自由度数等于 $3n-6$；对于线性分子，由于围绕分子价键的轴转动时，原子的位置没有变化，只有两个转动自由度和 3 个平移自由度，因此线性分子有 $3n-5$ 个自由度。从原则上讲，每一个振动自由度相当于红外区的一个吸收峰，但实际上，一个化合物的 IR 吸收峰的数目往往少于振动自由度的数目。其原因是多方面的：

（1）只有引起分子偶极矩（μ）变化的振动才产生红外吸收，如一些对称分子 H_2、N_2、Cl_2 等则无红外吸收。

（2）振动频率相同的不同振动形式会发生简并。

（3）弱而窄的细瘦峰往往被与之频率相近的强而宽的吸收峰所覆盖。

四、红外光谱图

红外光谱图是以波长（λ）或波数（σ）为横坐标，以透光度（transmittancy，T）为纵坐标所得的谱图。物质对光的吸收越强，其透光度（T）就越小，故红外吸收光谱中的吸收峰表现为"谷"。目前 IR 谱中横坐标大多以波数表示，分子振动所需能量对应的波长在中红外区，因此，波数范围在 $400\sim4\,000\ cm^{-1}$。图17-1 为己烷的 IR 谱图。

图17-1 中，2944、2865 cm^{-1} 处为 C—H 的伸缩振动吸收峰；1460、1380 cm^{-1} 处为 C—H 的弯曲振动吸收峰。

有机化合物的 IR 谱由一系列吸收峰组成，吸收峰的数目和位置分别取决于分子的振动自由度和化学键的振动频率，吸收峰的强度则取决于振动时偶极矩变化（$\Delta\mu$）的大小，$\Delta\mu$ 值越大，吸收峰越强，峰"谷"越深。吸收峰的强度常可定性地表示为：vs（very strong）很强；s（strong）强；m（medium）中强；w（weak）弱；vw（very weak）很弱等。

在阅读有关化合物结构的 IR 文献时，不仅有峰位、峰强的说明，还常常会看到对峰型的标注。如宽(broad,br)、肩(shoulder,sho)、尖(sharp,sh)、可变(virable,v)等字样。

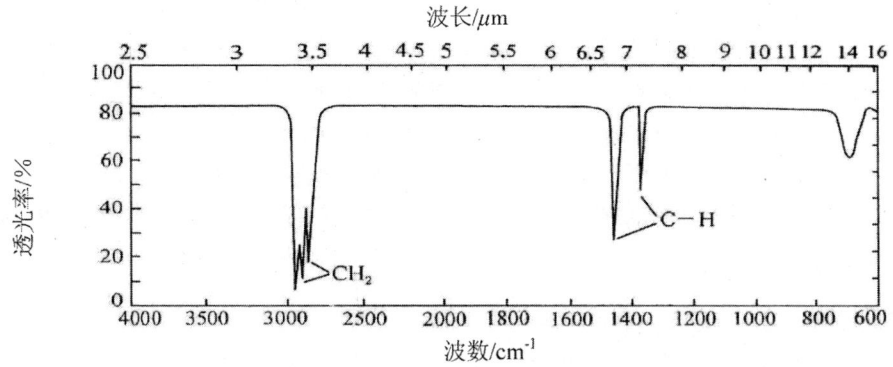

图 17-1 己烷的红外光谱图

五、化学键的特征吸收频率

分子中各种化学键或基团都会在 IR 谱的特定频区出现吸收峰,称为该化学键或基团的特征吸收峰。同类型化学键的振动是非常接近的,总是在某一范围内出现,例如羰基(C=O)伸缩振动的频率范围在 1 850～1 600 cm^{-1},因此认为这一频率范围是羰基的特征频率。而同一类型的基团在不同物质中所处的化学环境并不完全相同,所以它们的吸收频率在特征频率范围内也会有些差别。

几种常见官能团的红外吸收频率见表 17-3。

表 17-3 几种常见官能团的红外吸收频率

键型	化合物类型	吸收峰位置/cm^{-1}	吸收强度
C—H	烷烃	2 960～2 850	强
=C—H	烯烃及芳烃	3 100～3 010	中等
≡C—H	炔烃	3 300	强
C—C	烷烃	1 200～700	弱
C=C	烯烃	1 680～1 620	不定
C≡C	炔烃	2 200～2 100	不定
C=O	醛	1 740～1 720	强
	酮	1 725～1 705	强
	酸及酯	1 770～1 710	强
	酰胺	1 690～1 650	强
—OH	醇及酚	3 650～3 610	不定,尖锐
	氢键结合的醇及酚	3 400～3 200	强,宽
—NH$_2$	胺	3 500～3 300	中等,双峰
C—X	氯化物	750～700	中等

通常可将 IR 谱的吸收峰分为两大区域——功能区(function region)和指纹区(fingerprint region)。波数在 4 000~1 330cm^{-1} 区域为功能区，又称官能团吸收区(functional group region)，这一区域多为官能团的特征吸收峰，吸收峰受分子中其他结构的影响较小，彼此间很少重叠，容易辨认。通过辨认该区的吸收峰，可以知道所测化合物所含的大部分基本官能团。在 1 330cm^{-1} 以下的区域为指纹区，这一区域主要是各单键的伸缩振动和弯曲振动的吸收峰，它随每个化合物的结构不同而异，分子结构有细微变化，就会引起吸收峰的位置和强度的明显改变，就如人的指纹一样，因人而异。每一个化合物在该区都有它自己的特征光谱，为分子结构的鉴定提供重要信息。

六、IR 图谱的应用简介

红外光谱广泛应用于有机定性分析、定量分析和有机分子结构的测定。应用红外光谱进行定性分析，常用方法有两种：①标准品对照法：用已知物的标准品和要检验的样品，在完全相同的条件下，分别测定其红外光谱进行对照，若谱图完全相同，可肯定为同一化合物；②标准图谱查对法：这是一个最直接最可信的方法。在无标准品时，可根据待测样品的来源、物理常数、分子式以及谱图中特征谱带，查对标准图谱，进而确定其是否为某一化合物。定量分析一般是首先用基线法求得吸光度，然后可以用工作曲线法、内标法等进行定量分析。但往往不能仅靠 IR 来确定有机物分子结构，通常要与其他手段配合进行。

对不同官能团引起的特征吸收峰的鉴定是红外光谱解析的基础。例如羰基的伸缩振动频率范围在 1 850~1 600 cm^{-1}，故某一化合物的 IR 谱中，如在这一频区有吸收峰，则意味着该化合物分子中含有羰基。但是，基团的吸收峰可受各种因素的影响而发生位移，因此，解析 IR 图谱不是一件简单的事情。要解析 IR 图谱，首先必须熟悉各个特征吸收峰，了解它们在哪个区域出现。

IR 图谱的解析方法没有固定的程序，通常顺序为：①分析功能区，识别出特征峰，判断可能存在的官能团；②寻找相关峰，以确证存在的官能团；③根据以上信息确定化合物的类别；④查对指纹区，以确证可能存在的构型异构或位置异构；⑤如有可能，进一步将样品图谱和标准图谱对照，以确定二者是否为同一化合物。

例如：化合物 C_4H_8O 的红外光谱如图 17-2 所示，试推测其可能的结构式。

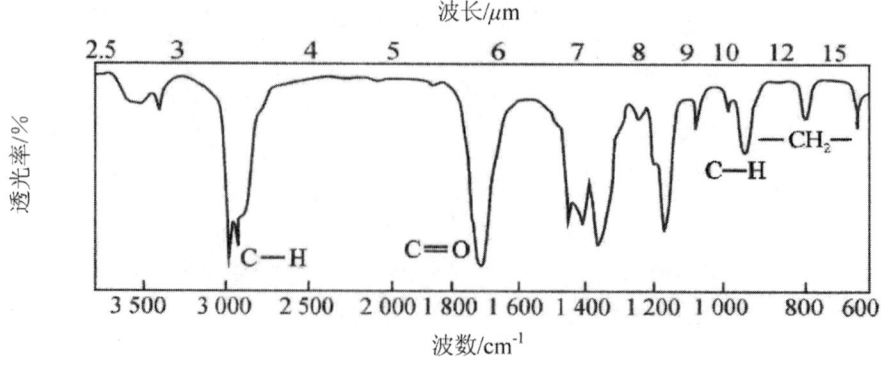

图 17-2　分子式为 C_4H_8O 化合物的红外光谱

解:从分子式可知,这个化合物可能为不饱和醇或不饱和醚、或是饱和的醛或酮。

在 1 700~1 750 cm^{-1} 区有强吸收峰,这是羰基(C=O)的特征吸收峰;在 2 900 cm^{-1} 处有醛基 C—H 伸缩振动双峰,在 950 cm^{-1} 处有面外弯曲振动吸收峰,可能是正丁醛或 2-甲基丙醛。在 730~740 cm^{-1} 处找到一吸收峰,可能是—CH$_2$—的弯曲振动吸收峰。由此推断化合物为正丁醛($CH_3CH_2CH_2CHO$)。

第二节　核磁共振谱

核磁共振谱是由具有磁矩的原子核受电磁波辐射而跃迁所形成的吸收光谱。

原子核除有质量、电荷外,还有自旋运动这一重要特性,通常用自旋量子数(spin quantum number)来表征核的自旋情况,如质子具有自旋量子数为 +1/2 和 -1/2 的两个自旋态。多数原子核的自旋量子数不等于零,即有自旋现象。原则上说,凡是自旋量子数不等于零的原子核,都可以测定它的核磁共振信号,但是,到目前为止,有实用价值的仅限于 H^1、C^{13}、F^{19}、P^{31} 和 N^{15} 等少数磁核的共振信号,其中以氢核磁共振谱(^{1}HNMR,proton magnetic resonance,PMR)和碳核磁共振谱(^{13}CNMR,carbon magnetic resonance,CMR)的应用最为广泛。

一、基本原理

质子是自旋的,有两个自旋态,自旋的氢核若不处在外磁场中,则两个自旋态的能量相等,其自旋取向是任意的。

质子可看作是一个旋转着的带电质点,会产生一个小的磁场,称旋转磁场,它有一定的磁矩,其方向和旋转轴重合。在外加磁场 H_0 中,两种自旋态的能量不再相等,一种自旋态的磁矩与 H_0 方向相同,此自旋态的能级较低,为低能态;另一种自旋态的磁矩与 H_0 方向相反,此自旋态的能级较高,为高能态。见图 17-3。

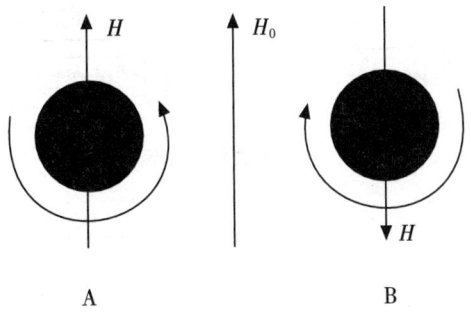

图 17-3　氢核在外加磁场中的两种自旋状态

即在外加磁场中,氢核的两种自旋态发生能级分裂。其能级差(ΔE)与外加磁场的强度(H_0)成正比:

$$\Delta E = \gamma \frac{h}{2\pi} H_0$$

式中：γ——质子的特征常数，称磁旋比；

h——普朗克常数；

H_0——外加磁场的强度。

可见，在一定磁场强度的外加磁场中，氢核的自旋能级差是一定的。此时，如果用能量为 $h\nu = \Delta E$ 的电磁波照射，可使质子吸收能量，从能量低的能级跃迁到能量高的能级，即质子发生了共振。"ν"称质子的共振频率。

核磁共振可用核磁共振仪检测，信号经放大后记录在纸上，产生核磁共振谱。获得核磁共振谱可采用两种手段：一种是固定外加磁场的强度 H_0，不断改变辐射电磁波的频率以达到共振条件，称之为扫频法（frequency sweep）；另一种是固定辐射电磁波的频率，不断改变外加磁场的强度以实现共振，称之为扫场法（field sweep）。后者目前较为常用。核磁共振仪的工作原理如图 17-4。

测定时，将样品管置于一定磁场强度的磁场中，射频振荡器产生的电磁波的频率是固定的，扫描发生器中通直流电，所产生的附加磁场可用来改变电磁铁原有磁场。通过控制扫描发生器中的电流，使附加磁场由低场向高场扫描，并将磁场强度的增加值折合成频率记录下来，得 NMR。

^{1}HNMR 谱提供了三类极其有用的信息：化学位移、耦合常数和峰面积。应用这些信息，可以推测有机分子中各种类型质子的情况。

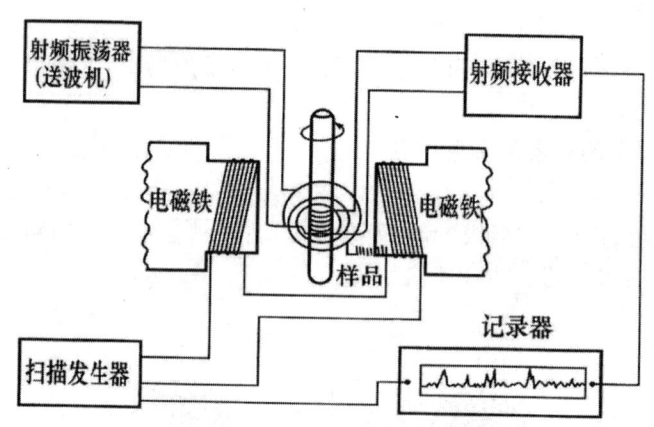

图 17-4　核磁共振仪示意图

二、化学位移

（一）化学位移

化学位移（chemical shift）是指质子核磁信号出现的位置，是由于分子中不同质子所处的化学环境不同而引起的。

发生核磁共振时，有机化合物分子中不同类型质子的共振频率并不相同，质子的共振频率不仅与外加磁场和核的磁性质有关，而且与质子周围的环境关系也很大。某一个质子实际受到的磁场强度，不完全与外加磁场相同。质子被电子云包围，在外加磁场作用下，电子云发生电子环流,从而产生感应磁场,其方向与外加磁场相反。这样,质子实际感受到的磁场强度比外加磁场的磁场强度要弱,核周围的电子对核的这种作用称屏蔽作用。不同类型质子周围的电子云密度不同,所受到的屏蔽作用不同,其化学位移也就不同,即在 ^{1}HNMR 谱的不同位置出现吸收峰。

但由于不同化学环境的质子受到的屏蔽作用的差别非常小(仅为百万分之几),很难测出化学位移的绝对值,因此 IUPAC 建议,将具有几个等性质子且其受到屏蔽作用最大的四甲基硅烷[$(CH_3)_4Si$,tetramethyl silane,简称 TMS]作为参照物,令 TMS 的信号位置为原点"零",将其他质子信号的位置相对于原点的距离定义为化学位移,用 δ 表示。质子化学位移的定义式为:

$$\delta = \frac{\nu_{样品} - \nu_{RMS}}{\nu_{射频}} \times 10^6 \text{(ppm)}$$

式中:$\nu_{样品}$、ν_{TMS} 分别为样品和参照物 TMS 的共振频率,$\nu_{射频}$ 为仪器电磁波辐射频率。

在 ^{1}HNMR 谱中横坐标用 δ 表示,$\delta_{TMS}=0$ 的值在谱图的右端,δ 值减小的方向即表示磁感应强度增加的方向。屏蔽作用使质子的信号出现在高场(图的右边,δ 值小);去屏蔽作用使质子的信号出现在低场(图的左边,δ 值大)。对有机化合物而言,大多数质子的 δ 值为正值,一般在 0~10 之间。常见类型质子的 δ 值见表 17-4。

表 17-4 常见类型质子的化学位移(δ 值)

常见基团质子	化学位移(δ)	常见基团质子	化学位移(δ)
RCH_3	0.9	$C\equiv C-CH_3$	1.8
R_2CH_2	1.3	$Ar-CH_3$	2.3
R_3CH	1.5	$R-COCH_3$	2.2
RCH_2Cl	3.5~4.0	$R-COOCH_3$	3.6
RCH_2Br	3.0~3.7	$R-O-H$	3.0~6.0
RCH_2I	2.0~3.5	$Ar-O-H$	6.0~8.0
$R-O-CH_3$	3.2~3.5	$R-CHO$	9.0~10.0
$C=C-H$	5.0~5.3	$R-COOH$	10.5~11.5
$C\equiv C-H$	2.5	$R-NH_2$	1.0~4.0
$Ar-H$	6.5~8.0	$Ar-NH_2$	3.0~4.5
$C=C-CH_3$	1.7	R_2N-CH_3	2.2

(二)影响化学位移的因素

化学位移取决于核外电子云密度,因此,影响电子云密度的各种因素都对化学位移有影响,影响最大的是电负性和各向异性效应。

1. 电负性

氢核附近的吸电子基团总是使其周围的电子云密度降低,屏蔽作用减小,质子峰移向低场(左移);供电子基团使质子峰移向高场(右移)。多取代比单取代的影响大。例如:

$$\begin{array}{ccccc} & CH_3F & CH_3Cl & CH_3Br & CH_3I \\ \delta & 4.3 & 3.1 & 2.7 & 2.2 \end{array}$$

```
           卤原子的电负性减小
        ────────────────────────→
           甲基质子感受的屏蔽作用增加
        CH₃F    CH₃OCH₃  (CH₃)₃N   CH₃CH₃
   δ    4.3      3.2       2.2      0.9
           与甲基相连的原子电负性减小
        ────────────────────────→
           甲基质子感受的屏蔽作用增加
        CHCl₃   CH₂Cl₂    CH₃Cl
   δ    7.3      5.3       3.1
           吸电子基团数目减少
        ────────────────────────→
           碳上质子感受的屏蔽作用增加
```

2. 各向异性效应

分子中某些基团的电子云排布不呈球形对称时,它对邻近的氢核产生一个各向异性的磁场,从而使某些空间位置上的氢核受屏蔽,而另一些空间位置上的氢核去屏蔽,这一现象称为各向异性效应(anisotropic effect)。例如:乙烯双键上的 π 电子环电流在外加磁场的影响下,产生一个感应磁场。该感应磁场在双键平面的上方和下方与外加磁场方向相反,所以该区域为屏蔽区;但由于磁力线是闭合的,在双键周围侧面,感应磁场的方向却与外加磁场的方向一致,称去屏蔽区。连在双键碳上的氢在去屏蔽区(见图 17-5),它的 δ 值比烷烃中质子的 δ 值大,在较低场出现。

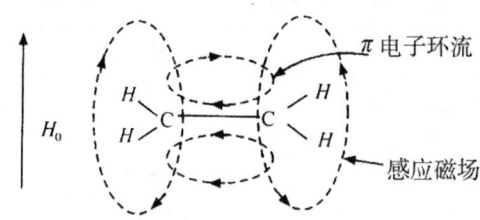

图 17-5 乙烯的感应磁场对烯氢的去屏蔽作用

炔键 π 电子云是圆筒形分布的,与双键类似,它也在分子中形成屏蔽区和去屏蔽区,叁键上的氢处于屏蔽区(见图 17-6),所以炔氢出现在较高场,δ 值比烯烃的小。同理,苯环 π 电子环流产生的感应磁场也使苯分子的整个空间划分为屏蔽区和去屏蔽区,苯环上的 6 个氢恰好都处于去屏蔽区(见图 17-7),所以出现在低场,δ 值大。

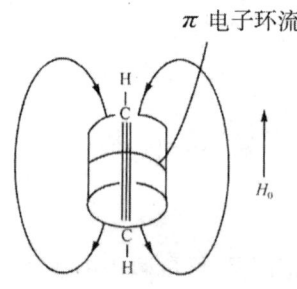 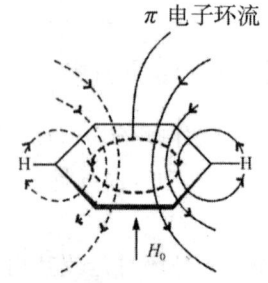

图 17-6 乙炔感应磁场对炔氢的屏蔽作用　　**图 17-7 苯环感应磁场对环上氢的去屏蔽作用**

三、自旋耦合和自旋裂分

在 ^{1}HNMR 谱中,另一个有用的现象是自旋耦合(spin coupling)和自旋裂分(spin splitting)。化合物的共振信号并不都是单峰(singlet, s),也可以分裂成两重峰(doublet, d)、三重峰(triplet, t)、四重峰(quarterlet, q),甚至是复杂的多重峰(multiplet, m)等。

图 17-8 是溴乙烷(CH_3CH_2Br)的 ^{1}HNMR 谱。溴乙烷分子中有两组质子,一组是甲基碳上的质子,另一组是亚甲基碳上的质子,它们的数目之比是 3∶2。但在溴乙烷图谱中出现的不是两个单峰,而是两组峰。其中一组相当于两个质子,以四重峰形式出现在 δ 值 3.2~3.6 之间;另一组峰相当于三个质子,以三重峰形式出现在 δ 值 1.5~1.8 之间。

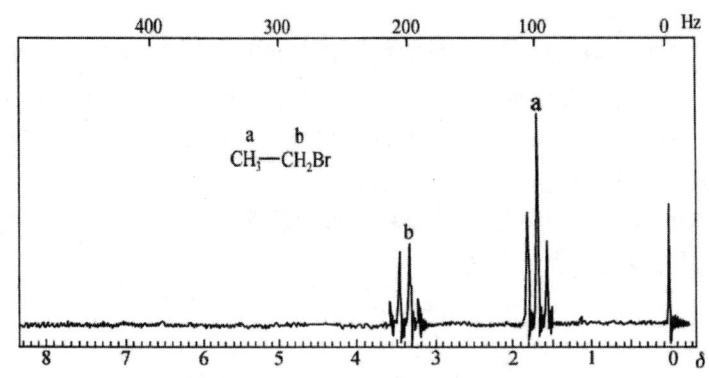

图 17-8 溴乙烷(CH_3CH_2Br)的 ^{1}HNMR 谱

为什么会出现这种情况呢?这是由于相邻不等性质子(指处于不相同化学环境的质子,不等性质子具有不相同的化学位移)的自旋干扰而引起的。这种相邻的不等性质子由于自旋而产生的磁性相互作用,称为自旋-自旋耦合(spin-spin coupling),简称自旋耦合。自旋耦合而引起的信号吸收峰裂分而峰数增多的现象,称为自旋-自旋裂分(spin-spin splitting),简称自旋裂分。分裂峰中各小峰之间的距离称为耦合常数(coupling constant),用符号 J 表示,单位为赫(Hz)。J 值的大小反映了核之间自旋耦合的有效程度,而且相互耦合而引起峰裂分的两组信号应具有相同的 J 值。因此,参数 J 值对阐明各基团之间的关系极为有用。

简单有机化合物,^{1}HNMR 信号的裂分通常遵循以下规律:

(1) 裂分主要发生在同一碳或相邻碳上不等性质子之间。如:

$$\begin{matrix} Cl \\ Br \end{matrix} C=C \begin{matrix} H_a \\ H_b \end{matrix} \qquad CH_3-CH_2-Br$$

以上结构中 H_a 和 H_b 彼此之间有自旋耦合作用,各自的信号都会发生分裂。当 H_a 和 H_b 之间的距离超过三个共价键时,基本上无自旋耦合(共轭体系中的质子除外)。等性质子之间不发生裂分,如以下质子只给出单峰:

$$Br_2CHCHBr_2 \quad (CH_3)_4Si \quad (CH_3)_3N \quad CH_3-O-$$

(2) $n+1$ 规律 裂分的峰数取决于邻接碳原子上等性质子数,若该数为 n,则峰的裂分数为 $n+1$。如溴乙烷中亚甲基质子由于和一组三个等性的甲基质子耦合($n=3$),于是裂分成四重峰；而甲基质子由于和一组亚甲基上的两个等性质子耦合($n=2$)，于是以三重峰形式出现。若一组质子分别受到邻接两组质子的耦合，如丙烷($CH_3CH_2CH_3$)中的CH_2，因两组CH_3质子是等性质子，$n=3+3=6$，故CH_2信号分裂成七重峰。

（3）裂分峰的相对强度比相当于二项式$(a+b)^n$展开式的系数比，n为相邻等性磁核数。如二重峰的强度比为$1:1$；三重峰的强度比为$1:2:1$；四重峰的强度比为$1:3:3:1$。

（4）信号裂分成左右对称的多重峰只是一种理想状态，实际看到的互相耦合的两组峰常常呈现出"屋脊"效应(roof effect)，即内侧峰略高，外侧峰略低。此现象可帮助我们判别哪两组峰是由互相耦合而得到的，如图17-8。

四、峰面积

在^{1}HNMR谱中，每组峰的面积与产生这组信号的质子数目成正比。对于一个分子式已知的有机物，若测得各组峰相对面积之比，则根据化合物所含的总质子数，可算出各组峰所代表的相应质子数。在实际工作中，核磁共振自动积分仪将图谱中各峰的面积转换成积分阶梯曲线，曲线的高度之比就是相应的质子数目之比。

例如，图17-9中，三组峰的积分曲线阶梯高度之比为$a:b:c=8.8:2.9:3.8$，由分子式$C_{11}H_{16}$可计算出各峰所代表的氢的数目：

$$\frac{16H}{8.8+2.9+3.8}=1.03H$$

$a=1.03H \times 8.8=9.1$(9个H)；$b=1.03H \times 2.9=3.0$(3个H)；$c=1.03H \times 3.8=3.9$(4个H)。

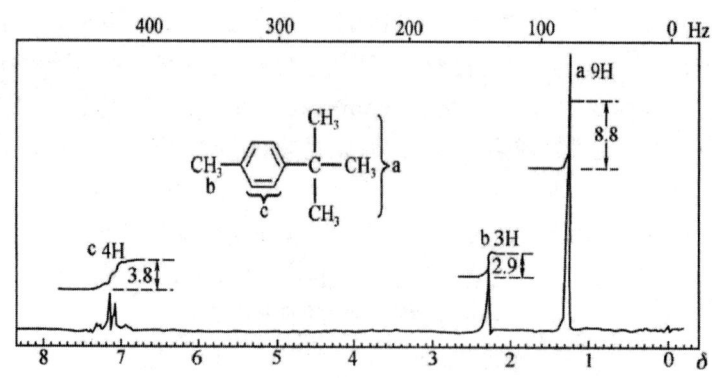

图17-9 对叔丁基甲苯的^{1}H-NMR谱

五、^{1}HNMR在有机化学中的应用

由于^{1}HNMR具有其他光谱无法比拟的优点：信号量丰富，图谱无多余信号，测定技术多样及不破坏样品等，因此得到广泛的应用，是目前研究有机化合物结构最有力的工具之一。

解析^{1}HNMR谱，主要是从中寻找信号的数目、位置、峰面积及裂分情况的信息。信号的数目表明分子中含有多少种不同类型的质子；从信号的位置(δ值)可知每类质子的化学环境；从积分曲线可知各种类型质子的相对数目；从信号的裂分情况可提供邻近基团结构的信息。

综合上述信息,再结合有关物理常数、化学性质及其他波谱数据,就可推测有机化合物的结构。对某些简单有机化合物,往往一个 ^{1}HNMR 谱就足可以确定结构。解析 ^{1}HNMR 图谱的一般顺序如下:

(1) 首先根据样品的分子式,确定所含有的氢核数。

(2) 根据积分曲线高度和氢核总数,计算出各组信号所代表的氢核数。

(3) 根据信号的 δ 值,判断氢核类型。

(4) 根据吸收峰的裂分数和 J 值找出相互耦合的信号,进而确定邻接碳原子上的氢核数和相互关联的结构片断。

(5) 对于已知物,可将样品图谱与标准图谱核对后加以确证。

例如,已知化合物 A 的分子式为 $C_8H_{10}O$,试根据其 ^{1}HNMR(图 17-10)推断其结构。

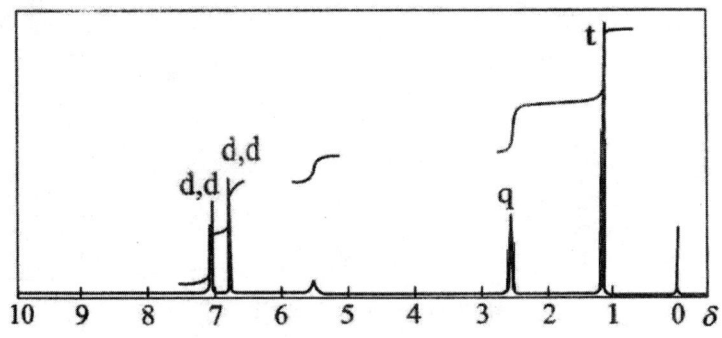

图 17-10 化合物 A [$C_8H_{10}O$] 的 ^{1}HNMR 图谱

解:(1)在化合物 A 的 ^{1}HNMR 谱中,除 TMS 信号外,共有五组信号,从低场到高场积分曲线高度比为 2:2:1:2:3。由分子式共有 10 个氢可推知各组峰代表的氢核数分别为 2H、2H、1H、2H 和 3H。

(2) 由分子中碳与氢的比值初步推断,δ 值为 6.8、7.1 处应为苯环上的质子信号。从其峰型可推测此苯环应是对位取代,且为不同的基团。

(3) δ=5.5 处峰型低且宽,通常为 OH(δ=0.5~5.5);δ=2.7 处四重峰(2H),应是与甲基相连的 CH_2;δ=1.2(3H)处的三重峰,提示其邻接碳上有两个氢,即分子中有片断—CH_2CH_3;同时在 δ=9~10 处无峰,可排除—CHO 的存在。

(4) 综合上述分析,化合物 A 的结构应为:对乙基苯酚。

第三节 质 谱

质谱(MS)不是吸收光谱,而是基于把样品裂解成结构碎片后按质量大小顺序排列而得的谱。MS 的突出优点是:凭借极少量样品,即可获得有关相对分子质量、分子结构的大量信息。

一、基本原理

分子在高真空下,经高能(50~100 eV)电子束轰击时,化合物分子失去一个电子而成为带正电荷的分子离子(molecular ions),一般用 M·⁺("＋"表示正离子,"·"表示不成对电子)表示,实际上是正离子自由基。由于电子的质量很小,分子离子的质量即等于化合物的分子量。

$$A:B + e^- \rightarrow A:B^+ + 2e^-$$
分子　　电子　　分子离子　　电子

在高能量的电子束作用下,分子离子还可能断裂成碎片离子,所有的正离子在电场和磁场的综合作用下,按质荷比(质量、电荷之比,ratio of mass to charge,m/z)大小依次排列而得到谱图。图 17-11 是普通质谱仪组成的示意图。

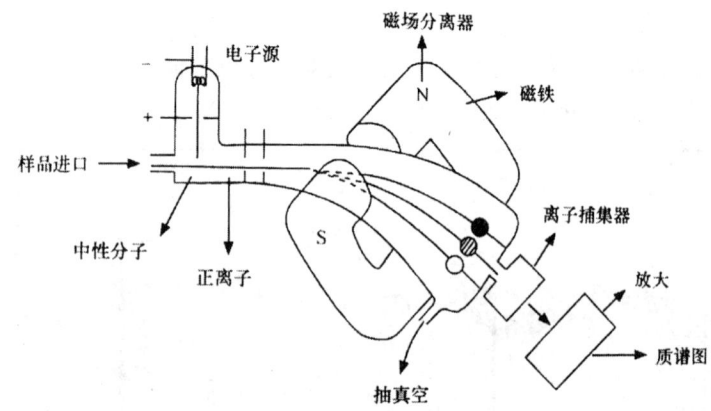

图 17-11　质谱仪组成示意图

质谱仪主要包括三大部分:

(1) 离子源　在这里待测分子汽化后被高能电子束轰击,转变成分子离子 M·⁺、碎片离子等。产生的正离子流经加速器加速(阴离子和中性分子不被加速,由真空泵抽走)聚为离子束,然后通过一个孔径可变的狭缝进入磁分析器。

(2) 磁分析器　在磁分析器中,离子受到一个垂直于运动方向的力的作用,运动方向发生偏转而作弧形运动。不同 m/z 的正离子,其轨道弯曲程度不同。m/z 与轨道半径的关系为:

$$m/z = \frac{H^2 R^2}{2V}$$

式中:m/z 为质荷比;H 为磁场强度;R 为离子作弧形轨道运动的半径;V 为加速电压。在质谱中,V 和 R 是固定的,因此,离子的 m/z 与 H 成正比。这样,磁场由低到高进行磁场扫描(磁扫描),不同 m/z 的离子即按由小到大的次序相继穿过收集狭缝,进入离子捕集器。

(3) 离子捕集器及记录仪　各种不同 m/z 的离子流到达该系统时产生信号,其强度和离子数目成正比,信号经放大记录下来即得质谱图。

二、质谱图

(一)质谱图的表示

质谱图最常用的表示方式是棒图。棒图是以质荷比(m/z)为横坐标,图中每一条直线表示一个峰,高低不同的峰各代表一种离子,其中最高的峰称基峰,并人为地把它的强度定为100,其他各峰的强度为基峰的相对百分比,称为相对丰度(或称相对强度),以此为纵坐标作图。图 17-12 为丁酮的质谱图,其中 m/z 72 和 43 分别为丁酮的分子离子峰(参见下面有关分子离子峰的内容)和基峰。

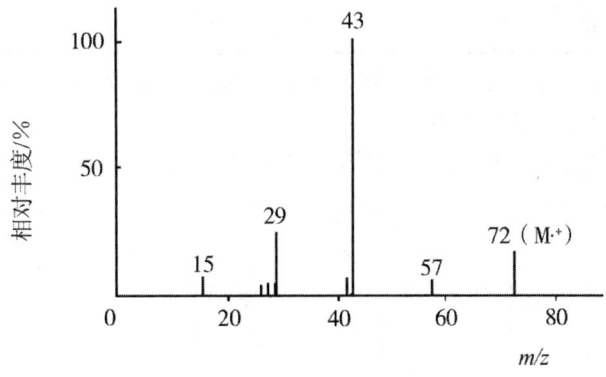

图 17-12　丁酮的质谱图

(二) 分子离子峰

MS 图中,由分子离子产生的峰叫分子离子峰(molecular ion peak)。根据分子离子峰的 m/z,可获得最为准确的分子质量,故正确识别分子离子峰至关重要。大多数有机物的质谱中都有分子离子峰,通常 MS 图最右端的较强峰为分子离子峰。

判断分子离子峰时应注意:

(1)质量数的判断　分子离子峰的质量数要符合氮规则,即不含氮或含偶数氮的有机物的相对分子质量为偶数,含奇数氮的有机物的相对分子质量为奇数。

(2)m/z 差值的合理性　假定的分子离子峰与其左侧邻近峰的质量差应为 1(H)、15(CH_3)、17(OH 或 NH_3)、18(H_2O)、28(C_2H_4 或 CO)、29(C_2H_5 或 CHO)等数值。

(3)M+1 或 M−1 峰的存在　含羟基、氨基、酯基等以及分叉较多的链状化合物的分子离子峰很小,甚至不出现,但其 M+1(H)或 M−1(H)峰却很强,这取决于 M·$^+$ 的稳定性和质谱仪的操作条件。

各类 M·$^+$ 的稳定性次序大致如下:

芳香族>共轭多烯>脂环>直链烷烃>硫醇>酮>胺>酯>醚>酸>分叉较多的烷烃>醇

由于醚、酯、胺、氨基酸等有机化合物的分子离子很容易与中性分子碰撞时捕获一个 H·,所以应注意 M+1 峰;而芳醛等化合物则应注意其 M−1 峰。

可见,分子离子峰不一定是最强峰,也不一定是 m/z 最大的峰。

(三) 同位素离子峰

在质谱图最右端,除了 M+1(H)峰以外,还有 m/z 大于分子离子的、相对丰度较小(除 Br 外)的 M+1 峰、M+2 峰等。这是由于同位素存在引起的,称同位素离子峰(isotopic ion peak)。表 17-5 列举了一些同位素的天然丰度。

表 17-5 一些同位素的天然丰度

同位素	^2H	^{13}C	^{15}N	^{17}O	^{18}O	^{33}S	^{34}S	^{36}S	^{37}Cl	^{81}Br
丰度%	0.015	1.107	0.366	0.037	0.204	0.76	4.22	0.014	24.47	49.46

M+1峰可以由分子中分别含有一个 ^{13}C、^2H、^{15}N、^{17}O 或 ^{33}S 形成。M+2峰可由分子中含有一个 ^{18}O 或同时含有上述两个重同位素的原子而形成。由表17-5可知，^{81}Br 的丰度最大，与 ^{79}Br 几乎是 1∶1 的关系，其次是 ^{37}Cl、^{34}S。因此，若分子中含有一个 Br，则它的 M·$^+$峰和 M+2峰应具有大约相等的峰强（图17-13）；若分子中含有一个 Cl，其峰强应约为 3∶1。

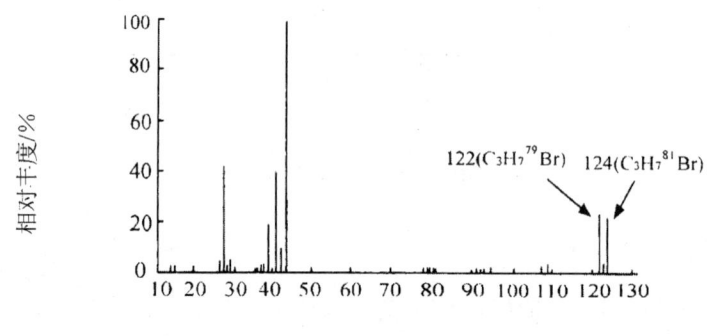

图 17-13 1-溴丙烷的质谱图

（四）碎片离子峰

在质谱断裂过程中，除了生成分子离子外，最大量的还是断裂分子离子结构中不稳定键生成的碎片离子，有些碎片离子还能进一步发生键的断裂，不同碎片离子的相对丰度与分子结构有密切的关系。高丰度的碎片离子峰代表分子离子中易于裂解的部分；反之亦然。这显示分子离子断裂成碎片离子或碎片离子进一步断裂成更小的碎片离子是按照一定规律进行的。因此，掌握这些碎片离子及其断裂规律，对确定分子结构具有重要意义。如果有 n 个主要的碎片峰，并且代表着分子中不同的部分，则由这些碎片峰就可以粗略地把分子骨架拼凑起来。

三、MS 图谱解析

一般情况下，对分子量较大，结构较复杂的化合物，必须结合其他图谱进行综合解析。对分子量较小，结构较简单的化合物，靠质谱数据有可能推出其结构。

解析的一般步骤如下：

（1）分子离子峰的确定 在高 m/z 区假定的 M·$^+$峰与相邻碎片离子峰关系合理，且符合氮规律，可认为是分子离子峰。由 M·$^+$峰的相对强度可了解分子结构的信息：M·$^+$峰强度大，化合物可能是芳烃；M·$^+$峰弱或不出现，化合物可能是多支链的烃类、醇类等。

（2）推导分子式、计算不饱和度 由高分辨质谱仪测出未知物精确分子量，从而得到分子式。当无高分辨质谱数据，分子量较小时，可利用同位素丰度推出分子式。进而计算出不饱和度。

（3）碎片离子峰分析 分析主要碎片离子峰及相对丰度，可以为确定结构提供大量非常有用的数据。

（4）综合以上的全部信息，结合分子式和不饱和度推出分子结构。用各种裂解机理，对质谱图中的主要峰应得到合理解析。

例如：图 17-14 为己烷的质谱图。其中 m/z 86 和 57 分别为己烷的分子离子峰和基峰，主要 MS 峰为：

$$CH_3CH_2CH_2CH_2CH_2—CH_3\overline{]}^+ \cdot \longrightarrow CH_3CH_2CH_2CH_2\overset{+}{C}H_2 + \cdot CH_3$$
$$m/z\ 86\ 分子离子峰 \qquad\qquad m/z\ 71$$

$$CH_3CH_2CH_2CH_2—CH_2CH_3\overline{]}^+ \cdot \longrightarrow CH_3CH_2CH_2\overset{+}{C}H_2 + \cdot CH_2CH_3$$
$$\qquad\qquad\qquad\qquad m/z\ 57\ 基峰$$

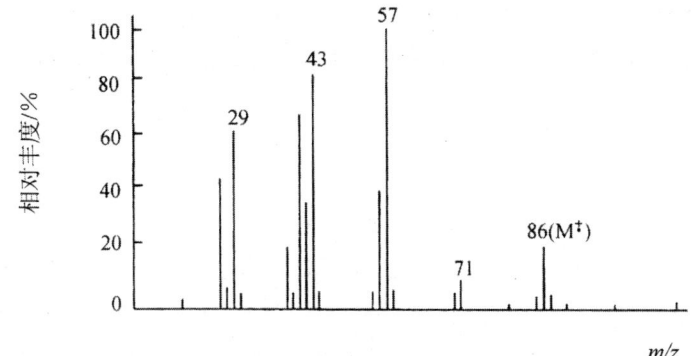

图 17-14 己烷的质谱图

图 17-15 为异己烷的质谱图。其中 m/z 86 和 43 分别为异己烷的分子离子峰和基峰，主要 MS 峰为：

$$CH_3CH_2CH_2—\underset{\underset{CH_3}{|}}{CH}CH_3\overline{]}^+ \cdot \longrightarrow CH_3CH_2CH_2 \cdot + CH_3\overset{+}{C}HCH_3$$
$$m/z\ 86\ 分子离子峰 \qquad\qquad\qquad m/z\ 43\ 基峰$$

$$CH_3CH_2CH_2\underset{\underset{CH_3}{|}}{CH}—CH_3\overline{]}^+ \cdot \longrightarrow CH_3CH_2CH_2\overset{+}{C}HCH_3 + \cdot CH_3$$
$$\qquad\qquad\qquad\qquad m/z\ 71$$

$$CH_3CH_2—CH_2\underset{\underset{CH_3}{|}}{CH}CH_3\overline{]}^+ \cdot \longrightarrow CH_3CH_2 \cdot + (CH_3)_2CH\overset{+}{C}H_2$$
$$\qquad\qquad\qquad\qquad m/z\ 57$$

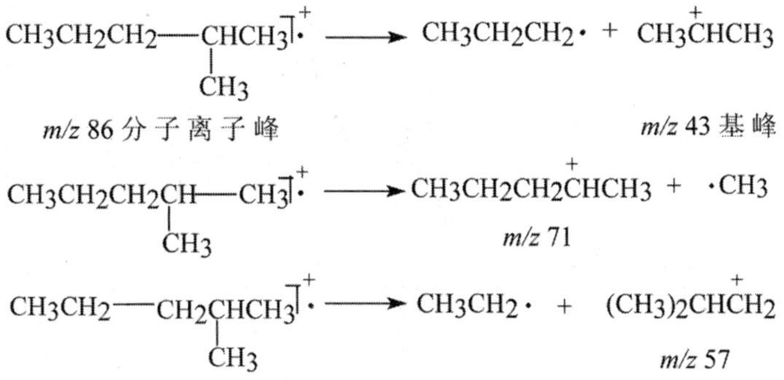

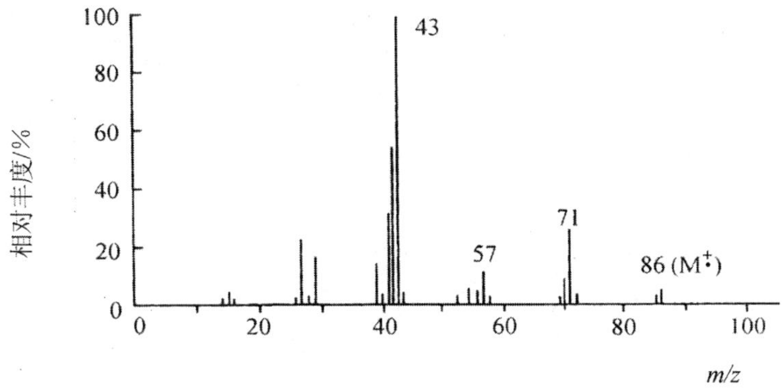

图 17-15 异己烷的质谱图

习 题

1. 指出下列各化合物中的 ^{1}HNMR 信号数及各信号裂分的峰数。

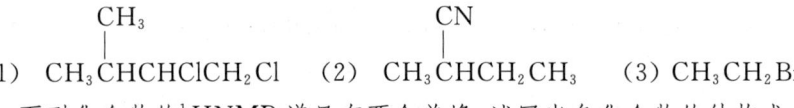

2. 下列化合物的 ^{1}HNMR 谱只有两个单峰,试写出各化合物的结构式。
(1)$C_3H_5Br_3$　(2)C_2H_5SCl　(3)$C_3H_6O_2$　(4)$C_5H_{10}Br_2$

3. 有一无色液体化合物,分子式为 C_6H_{12},它与溴的四氯化碳溶液反应,溴的棕黄色消失。该化合物的 ^{1}HNMR 谱中,只在 $\delta = 1.6$ 处有一个单峰,写出该化合物的结构式。

4. 化合物 A,分子式为 C_8H_9Br。在它的 ^{1}HNMR 谱中,在 $\delta = 2.0$ 处有一个二重峰(3H);在 $\delta = 5.15$ 处有一个四重峰(1H);在 $\delta = 7.35$ 处有一个多重峰(5H)。写出 A 的结构式。

5. 在碘甲烷的质谱中,m/z 142,143 两个峰是什么离子产生的峰,各叫什么峰?

6. 某化合物的分子式为 C_4H_8O,它的红外光谱在 1715 cm^{-1} 有强吸收峰;它的 ^{1}HNMR 谱有一单峰(3H),有一四重峰(2H),有一三重峰(3H)。试写出该化合物的构造式。

7. 指出下面一个 ^{1}HNMR 谱图是 $CH_3CH_2CH_2Cl$ 还是 $CH_3CHClCH_3$。

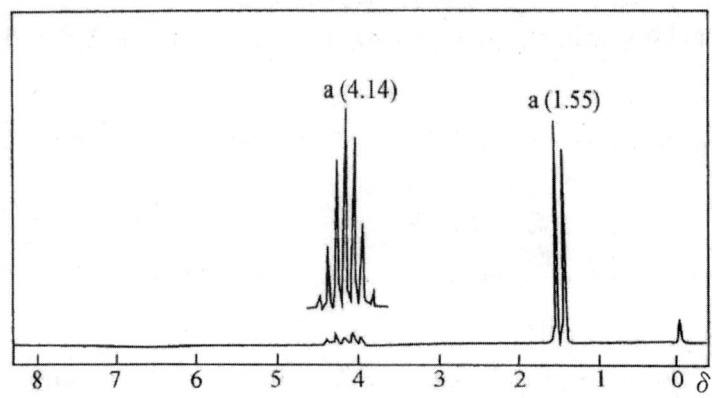

参考文献

[1] 邢其毅,徐瑞秋,裴伟伟等.基础有机化学.第三版.北京:高等教育出版社,2006
[2] 王礼琛.有机化学.北京:中国医药科技出版社,2006
[3] 倪沛洲.有机化学.第五版.北京:人民卫生出版社,2004
[4] 李艳梅,赵圣印.有机化学.北京:科学出版社,2015
[5] 林友文,石秀梅.有机化学.北京:中国医药科技出版社,2016
[5] 唐玉海.医用有机化学.北京:人民卫生出版社,2003
[6] 魏俊杰,吕以仙.有机化学.第二版.哈尔滨:黑龙江科学技术出版社,2000
[7] 赵正保,项光亚.有机化学.北京:中国医学科技出版社,2016
[8] 胡春.有机化学.北京:高等教育出版社,2013
[9] 唐玉海.有机化学.北京:化学工业出版社,2011
[10] 张付利,李省.有机化学.开封:河南大学出版社,2010